“十三五”职业教育国家规划教材

人大芸窗
RENDAYUNCHUANG
·数字教材版·

互联网+远程一体化智慧数字教材

GUOJI JINRONG

国际金融

（第二版）

主编　刘震

中国人民大学出版社
·北京·

图书在版编目（CIP）数据

国际金融：数字教材版 / 刘震主编. --2版. --北京：中国人民大学出版社，2022.11
ISBN 978-7-300-31034-3

Ⅰ. ①国… Ⅱ. ①刘… Ⅲ. ①国际金融—高等学校—教材 Ⅳ. ①F831

中国版本图书馆 CIP 数据核字（2022）第 176930 号

"十三五"职业教育国家规划教材
互联网＋远程一体化智慧数字教材
国际金融（数字教材版）（第二版）
主　编　刘　震
Guoji Jinrong

出版发行	中国人民大学出版社		
社　　址	北京中关村大街 31 号	**邮政编码**	100080
电　　话	010-62511242（总编室）		010-62511770（质管部）
	010-82501766（邮购部）		010-62514148（门市部）
	010-62515195（发行公司）		010-62515275（盗版举报）
网　　址	http:// www. crup. com. cn		
经　　销	新华书店		
印　　刷	天津鑫丰华印务有限公司	**版　　次**	2018 年 6 月第 1 版
开　　本	787 mm × 1092 mm　1/16		2022 年 11 月第 2 版
印　　张	17.75	**印　　次**	2023 年 12 月第 2 次印刷
字　　数	419 000	**定　　价**	49.00 元

PREFACE 第二版前言

国际金融（数字教材第一版）自2018年出版以来，受到了用书院校师生和读者的好评。教材入选十三五国家规划教材，2020年获得中国人民大学教材建设一等奖，2021年被评为北京市思政示范课程。在教材使用过程中，有许多师生和专家给我们提了很多建设性的意见和建议，在此表示衷心的感谢！

第二版在第一版的基础上进行了修订，主要内容包括：

本书以习近平新时代中国特色社会主义思想为指导，全面融入党的二十大精神，始终把提高学生的思想道德素质与专业素养融为一体，培养学生诚实守信、爱岗敬业等优秀品质，为中国式现代化建设提供高技能人才支撑。

第一，增加了导学材料，包括每章的专业学习目标、素养目标和知识结构导图，强化了学习的方向感和整体性，便利教师教学和学生自学。

第二，资料和数据更新。国际金融市场日新月异，理论创新不断，为了让读者尽可能地了解国际金融理论和实务的最新动态，对第一版中涉及的文献和数据进行了更新，尽可能使用可获得的最新数据。

第三，党的十九大以来，我国实行更加积极主动的开放战略，加快推进自由贸易试验区建设，共建“一带一路”成为深受欢迎的国际公共产品和国际合作平台。金融对外开放稳步推进，资本项目日益开放，人民币国际化进程不断提升，本次修订反映了这些最新进展。党的二十大指出，要“推动构建新型国际关系”，“中国积极参与全球治理体系改革和建设，践行共商共建共享的全球治理观，坚持真正的多边主义，推进国际关系民主化，推动全球治理朝着更加公正合理的方向发展”。第九章中国际金融治理体系改革相关内容的修订反映了这些精神。

第四，对前版教材进行了全面细致的审定，对其中的错误进行了修订，以期尽可能减少纰漏和错误。

囿于作者水平与学识的局限性，不妥和错漏之处在所难免，敬请广大读者和业内专家一如既往地给予批评和指正！

刘震

PREFACE 前言

近二十年来，互联网技术正在改变着我们的学习和教学模式。“互联网＋”推动着高等学校在课堂形式、教材建设、教师角色、培养模式等方面发生了深刻变革。以校园课堂面授为特征的工业化社会的近代学校教育体制，正在向学校课堂面授与线上教育融于一体的终身教育体系和学习型社会转型。作为一名高校教师，我也在努力适应这种转变，积极探索教学内容和教学组织的不同呈现方式。从 2001 年给中国人民大学网络教育学院录制“国际金融”网络课件开始，到 2015 年推出“国际金融”慕课课程，探索的脚步虽然笨拙，但态度始终诚恳。这本纸质教材就是在中国人民大学出版社的推动和帮助下，作为“互联网＋远程一体化智慧数字教材”的一个重要组成部分而编写完成的。一体化数字教材涵盖纸质教材、授课视频、学习指导、习题及其答案、课后阅读文献、网上答疑与辅导等，形成一个完整的立体化课程资源，希望借助这些资源建设，将学习的主动权交给学员，让学员可以随时随地通过读、听、看、做、问、思等环节，以个性化的学习方式，完成课程的学习任务。

本书是在 2016 年 6 月中国人民大学出版社出版的《国际金融》(第二版)的基础上，针对一体化数字教材建设的实际需要，精简更新而成。具体说来，本书有如下几个特点：

第一，力图构建一门能够体现中国视角和中国特色的国际金融课程。随着经济实力的不断增长和对外开放的不断深入，我国的宏观资金运行和金融市场发展不仅已经与世界市场紧密相关，而且，反过来也在影响着世界主要金融市场的运行。基于这一背景，在本书的编写修订过程中，进一步强调和突出了中国视角和中国特色。例如：深入剖析了我国对外开放格局与宏观金融资金运行之间的关系，探讨了我国外汇储备呈现趋势性下降后的货币政策变化，对人民币汇率制度的历史沿革、改革进程、人民币可兑换以及国际化进程重新进行了梳理，探讨了我国近年来国际资本流动及其监管政策的变化，剖析了国际货币体系改革过程中的金融治理权争夺以及我国逐步参与国际金融治理体系重建的实践，等等。

总之，就是将国际金融的基本理论融于中国实践，用中国实践诠释国际金融知识。

第二，补充和完善了有关国际金融治理体系改革的相关内容，以期与中国正在进行的伟大实践相呼应。2008 年的全球金融危机本质上是目前国际货币体系矛盾运动的产物。尽管以中国为代表的新兴经济体在世界经济版图中所占的比重越来越大，但在国际金融治理领域，以美国为核心的发达国家仍然居于绝对的支配地位，经济格局和金融权力之间明显错配。实现经济格局和金融治理权力之间的匹配，是未来国际货币体系改革和国际金融治理体系重建的主要内容。中国正在稳步推进人民币国际化进程，近年倡导成立的亚投行、金砖国家开发银行、10＋3 外汇储备基金等，都是我国积极参与区域和全球金融治理、尝试向全球提供公共产品的有益尝试。

第三，进一步明晰了教材的逻辑结构。本教材包括四个模块：在深入了解对外开放条件下的宏观资金运行与外汇储备管理（第一、二章）之后，才能更好地理解汇率变动以及人民币汇率制度的选择问题（第三、四章）；在学习了外汇交易的主要工具、国际金融市场的运行特征以及资本流动与金融危机之间的关系（第五、六、七章）之后，再探讨国际货币体系的演变以及国际金融治理体系的改革问题（第八、九章）。全书的编写遵循从国家层面的宏观到市场层面的微观再到国际层面的宏观这条逻辑线索。

第四，尽可能地使用最新的数据资料，力图展示近年来我国对外金融以及国际金融市场发展的最新进展。

总之，作者试图尽自己所能，以简洁的篇幅反映中国特色的国际金融学科发展的最新进展。然而，受视野和水平所限，错误和纰漏在所难免，希望广大读者和业内专家不吝指正！联系方式：liuzhen@ruc.edu.cn。

刘　震

CONTENTS 目录

第一章 国际收支

第二章 国际储备

第三章 外汇与汇率

第四章　汇率制度与外汇管制

第五章　外汇交易

第六章　国际金融市场

第七章 国际资本流动与金融危机

第八章 国际货币体系

第九章 国际金融组织与国际金融治理体系

第一章 国际收支

专业学习目标

掌握国际收支平衡表的主要内容；

能根据国际收支平衡表分析编表国家的国际收支运行状况及其影响，并提出相应的调整政策；

掌握国际投资头寸表；

掌握主要的国际收支调节理论，理解制定国际收支调节政策措施的理论基础。

素养目标

深入理解我国近年来的国际收支状况、对外金融资产和负债的变化情况，理解我国宏观政策的制定背景，认识我国对外开放的伟大成就。

知识结构导图

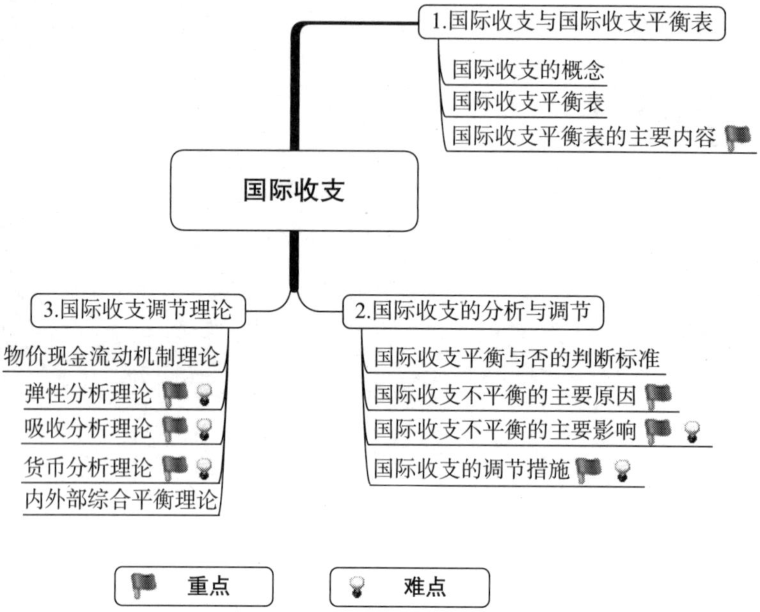

国际金融是纷繁复杂的经济世界里最为耀眼的部分，它集中体现了一国对外经济活动的能力与实力。国际收支的调节与外汇储备的管理，汇率制度的选择与人民币的国际化，资本流动的监管与金融危机的防范，国际货币体系的改革与全球金融治理体系的完善等问题，都对国际金融的理论研究和实务操作提出了极高要求。国际经济是国际政治的基础，一国的国际收支状况恰好是该国国际金融能力以及国际经济实力的最佳反映，国际收支调节对于任何一个开放的国家都十分重要。本书从国际收支分析开始，与你一起探索国际金融的神秘世界。

第一节 国际收支与国际收支平衡表

国际收支之所以是我们学习国际金融的起点，是因为国际收支是一国对外经济活动的综合反映，国际收支平衡表是一定时期内一国国际收支活动的综合记录，是宏观经济决策的重要依据。

一、国际收支的概念

（一）狭义的国际收支

狭义的国际收支是指一个国家在一定时期（1 年、1 个季度或 1 个月）内，由于各种对外交往而发生的、必须立即结清的、来自其他国家的外汇收入与付给其他国家的外汇支出总额的对比。

狭义的国际收支强调的是在一定的时期内必须立即结清的外汇的收入与支出。例如，2021 年 10 月，中国甲企业从美国进口了一批设备，结算方式为 6 个月远期信用证，按照狭义的国际收支概念，在 2021 年的中国国际收支平衡表中就不用反映这一笔交易，因为它不用在 2021 年内结清，不会涉及当年的外汇支出。由此可见，狭义的国际收支概念是建立在会计处理的现金收付基础之上的。凡是本期涉及的外汇资金实际流入与流出，才反映在本期的国际收支中；凡是本期不涉及的外汇资金实际流入与流出，即使发生在本期，也不在本期的国际收支中反映。从这个角度来看，狭义的国际收支概念可以理解为一个国家的外汇收支。

（二）广义的国际收支

由于现金收付制不便于考察经济主体真实的债权与债务状况，因此，现在各国普遍采用权责发生制的原则进行会计账务处理，由此就产生了广义的国际收支概念。第二次世界大战之后，没有外汇收支的交易，如无偿转移、补偿贸易等在国际经济中的重要性大大加强，国际货币基金组织（International Monetary Fund，IMF）所倡导的广义的国际收支概念被各国普遍接受。

广义的国际收支是指一个国家或地区在一定时期（1 年、1 个季度或 1 个月）内，各种对外往来所产生的全部国际经济交易的统计。要正确掌握广义的国际收支概念，必须把握以下三个方面。

1. 国际收支是一个流量的概念

国际收支是指一定时期内发生的国际经济交易的事后统计，是一个时期数而不是一个时点数。当我们谈到某个国家的国际收支时，一定是指这个国家在一定时期内，如 1 年、1 个季度内的国际收支情况。这与会计上的损益表是类似的，而不同于资产负债表。

2. 国际收支所反映的内容是经济交易

所谓经济交易，是指经济资源在不同的经济主体之间的转移。这和我们日常生活中谈到的交易概念是不同的。在经济学中，只要经济资源的所有权发生了转移，就是发生了经济交易。即使是无偿援助和捐赠，由于财产的所有权发生了变更，也必须统计在内。例如，张三每个月寄给母亲赡养费，他并不会认为他和自己的母亲之间有什么交易行为，但从经济学上来说，由于这一笔钱的所有权从张三的手中转移到了他母亲手中，因此的确是发生了一笔交易。同样，你向四川地震灾区捐献善款也是一种经济交易行为。

根据所有权转移的内容，我们可以把经济交易划分为五类：（1）金融资产与商品和劳务之间的交换，即商品和劳务的买卖；（2）商品和劳务与商品和劳务之间的交换，即物物交换；（3）金融资产和金融资产之间的交换，如以货币购买股票；（4）无偿的、单向的商品和劳务转移，如捐赠物资；（5）无偿的、单向的金融资产转移，如旅居国外的华侨寄给家人的侨汇。

3. 国际收支所反映的经济交易发生在居民与非居民之间

判断一项经济交易是否应包括在一国的国际收支范围之内，所依据的不是交易双方的国籍，而是交易双方是否分别是该国的居民与非居民。居民是以居住地为标准，包括个人、政府、非营利团体和企业。比如，假定你是一位中国居民，你捐献给四川地震灾区的善款就不应该反映在中国的国际收支统计中；但如果你是一位非中国居民（假定是俄罗斯居民），你的善款就应该反映在中国的国际收支统计中。

专栏　　关于居民与非居民的界定

2013 年 11 月，我国对 1995 年发布的《国际收支统计申报办法》进行了修订，并于 2014 年 1 月 1 日起实施。该办法对中国居民规定如下：

中国居民是指以下四类人：

（1）在中国境内居留 1 年以上的自然人，外国及香港、澳门、台湾地区在境内的留学生、就医人员、外国驻华使馆领馆外籍工作人员及其家属除外；

（2）中国短期出国人员（在境外居留时间不满 1 年）、在境外留学人员、就医人员及中国驻外使馆工作人员及其家属；

（3）在中国境内依法成立的企业事业法人（含外商投资企业及外资金融机构）及境外法人的驻华机构（不含国际组织驻华机构、外国驻华使领馆）；

（4）中国国家机关（含中国驻外使馆领馆）、团体、部队。

二、国际收支平衡表

（一）概念与作用

一个国家的国际收支状况可以用国际收支平衡表来表示。国际收支平衡表是一个国家在一定时期内（1 年、1 个季度或 1 个月）全部国际经济交易的统计表。

鉴于国际收支反映的是一个国家对外往来的总体状况，因此，了解国际收支平衡表的主要内容并对该表进行深入分析，是我们掌握这个国家对外往来状况的一个重要途径。但是，国际收支平衡表的编制和分析是一项技术性比较强的工作，对于初学国际金融的人来说，枯燥的表格和大量的数据可能会让人生畏，但如果掌握了一些基本编制原则和主要内容，这就不是一件太困难的事情。

（二）记账规则

国际收支平衡表采用会计上的复式记账原理，任何一笔国际经济交易都分别在借贷双方同时记录，即有借必有贷，借贷必相等。借方记录资产的增加和负债的减少，贷方记录资产的减少和负债的增加。

这个记账规则在具体操作时首先要判断各类经济交易的性质是属于资产类还是负债类或是损益类；其次要明确这些资产、负债、损益是增加还是减少；最后根据记账规则进行相应的处理。

对于这一记账规则，有一个便于记忆和操作的经验法则：凡是引起本国外汇收入的项目，都记入贷方。凡是引起本国外汇支出的项目，都记入借方。或者更进一步说，凡是引起外汇供给的经济交易都记入贷方，凡是引起本国外汇需求的经济交易都记入借方。

按照这个经验法则，一切商品及劳务的出口、资本流入、获取的外援及侨民汇款等均应记入贷方，而一切商品及劳务的进口、资本流出、对外捐赠等均应记入借方。

当收入大于支出有盈余时，称为顺差；反之，则称为逆差，并在逆差数字前冠以“—”号。一般把逆差称为赤字，把顺差称为黑字。

（三）入账日期

一项国际经济交易可能涉及的日期有很多个，如签约日期、发货日期、商品和劳务的所有权变更日期以及支付日期等。按照 IMF 的规定，登录国际收支平衡表时，应以商品、劳务和金融资产所有权变更的日期为准，即采用会计上的权责发生制作为入账的处理原则。

如果一项国际经济交易在报告期内已经结清，毫无疑问应该在报告期的国际收支平衡表中反映。在报告期内已经发生所有权的转移，但没有进行实际支付的经济交易也应该反映在报告期的国际收支平衡表中。如 2021 年 10 月，中国甲企业从美国进口了一批设备，采用 6 个月的远期信用证方式进行结算，在 2021 年内虽然没有进行外汇的支付，但是由于该企业已经收到进口的设备，对方也获得了索取货款的有效凭证，所有权已经发生了变更，因此，在中国 2021 年的国际收支平衡表中就要反映该笔经济交易。

为了让读者更好地理解国际收支平衡表的登录方法，我们在本章的附录中提供了一个国际收支平衡表的账户登录实例，有兴趣的读者可以参考一下。

三、国际收支平衡表的主要内容

国际收支平衡表（Balance of Payments，BOP）的主要内容包括三个部分：经常项目、资本和金融项目、平衡项目。

（一）经常项目

经常项目（Current Account）也称经常账户，是国际收支平衡表中最重要、最基本的项目，它包括以下几个子项目。

1. 货物（Goods）

包括货物输出和货物输入，即货物的进出口。由于货物的输出、输入体现为看得见、摸得着的实物，故又可称为有形贸易收支。其差额即通常所说的贸易差额。

在一般的国际贸易统计中，大多数国家对出口商品价格以离岸价格（FOB）计算，对进口商品价格则按到岸价格（CIF）计算，到岸价格等于离岸价格加上运费和保险费用。但国际货币基金组织规定，在国际收支统计中，进出口商品价格均按离岸价格计算。这样，在统计进口商品时，要把原价中的运费和保险费扣除，并将这些扣除数分别列入服务收支项目。

在国际收支平衡表中，货物输入即进口记入借方，货物输出即出口记入贷方。

2. 服务（Services）

服务所涉及的主要是看不见实物的“服务”交易，所以又称为无形贸易收支。这个项目所包含的内容复杂多样，主要包括运费、保险费及保险赔偿金、旅游费、各国使领馆以及代表团发生的费用，还有其他一些费用如邮电费、手续费、专利费等。随着社会的发展、产业结构的变化，各国的服务行业在社会总产值中的比重都在逐步增加。对有些国家和地区而言，服务项目收支的情况对国际收支的总体平衡起着至关重要的作用。例如，20 世纪六七十年代的中国香港地区，远洋船务收入对全港经济有着举足轻重的作用。

在国际收支平衡表中，服务的输入即外国为本国提供的各种服务数额记入借方，本国为外国提供的服务数额记入贷方。

包含货物与服务业在内的贸易账户余额反映的是一个国家或地区的产业结构，产品或服务的国际竞争力以及在国际分工中的地位；是一个国家或地区对外交往的重要经济基础。

3. *初次收入（Primary Income）/ 收益（Incomes）*

初次收入记录的是因生产要素在国际上的流动而引起的要素报酬收入。国际上生产要素流动包括劳工输出、输入和资本输出、输入，因此，初次收入项目就包括职工报酬和投资收益两部分，前者如支付给国外居民的工资，后者主要包括利息、股息、利润等。

在国际收支平衡表中，本国支付或应该支付给外国居民的收益记入借方，本国居民获得的来自外国的收益记入贷方。初次收入账户的状况与一国海外净资产或净债务密切相关。

4. *二次收入（Secondary Income）/ 经常转移（Current Transfers）*

经常转移又称为单方面无偿转移。单方面无偿转移的含义是资金在国际上移动后，并不产生归还或偿还的问题，是属于单方面的、无对等的收支。根据单方面转移的不同授受对象，可分为政府转移与私人转移。政府间的无偿转移包括战争赔款、无偿的经济援助与军事援助、捐款、向国际组织定期缴纳的会费等。例如，2020 年为了支持各国政府抗击“新冠”，我国政府向多国捐赠了抗疫物资；2008 年 5 月，四川汶川特大地震灾害发生后，国际社会纷纷向灾区捐款捐物。私人的无偿转移包括侨汇、捐赠、继承、赡养费、资助性汇款、退休金等。

在国际收支平衡表中，本国对外国的无偿转移记入借方，外国对本国的无偿转移记入贷方。

在《国际收支手册》（第六版）中，为了与国民账户体系等其他国际统计标准的相关概念协调统一，经常账户的“收益”改为“初次收入”，经常转移改为“二次收入”。

（二）资本和金融项目

资本和金融项目（Capital Account and Financial Account）是指对资产所有权在国际上流动进行记录的账户，它包括资本项目（Capital Account）和金融项目（Financial Account）两个部分。

1. *资本项目*

资本项目主要记录：（1）资本转移，主要包括债务减免和移民的转移支付；（2）非生产、非金融资产的收买与出售，包括不是由生产创造出来的有形资产（如土地和地下资产）和无形资产（如专利、版权、商标、经销权等）的购买或出售。需要指出的是，对于因无形资产使用而引起的费用开支应记录在经常项目下的服务项目中，而无形资产所有权的买卖则记录在资本项目下。目前，我国资本项目的发生额较小。

在《国际收支手册》(第四版)中也有一个“资本项目”，但此资本项目非彼资本项目，第四版中的资本项目基本上与第五版、第六版中的金融项目类似。

2. 金融项目

金融项目又分为直接投资（Direct Investment）、证券投资（Portfolio Investment）、衍生工具和雇员认股权证（Financial Derivatives and ESOs）以及其他投资（Other Investment）。

直接投资的主要特征是投资者对另一个经济体的企业拥有永久利益。这一永久利益意味着投资者和企业之间存在长期关系，并且投资者对企业的经营管理有很大的发言权和影响力。直接投资可以采取在国外直接建立分支企业的形式，也可以采取购买国外企业一定比例以上股票的形式。按照国际货币基金组织的规定，拥有一个企业10%以上的股份才算是直接投资。值得注意的是，随着国际上兼并购的风起云涌，采用收购股份的方式进行直接投资的比重越来越大。直接投资是我国目前吸引和利用外资的主要形式。

证券投资是指跨越国界的股本证券、债务证券的投资。20世纪90年代以来，中国对外出售的股本证券和债务证券规模越来越大。

第六版国际收支手册将金融衍生工具和雇员认股权证从证券投资中单列出来。

其他投资是指以上三项中未包括的金融交易，包括贷款、预付款、金融租赁项下的货物、货币和存款等。

同经常项目以借方总额和贷方总额的记账方法不同，资本项目和金融项目是按净额即借贷差额来记录的。对外债权（或资产）的净减少以及负债的净增加，记入贷方科目；对外债权（或资产）的净增加以及负债的净减少，记入借方科目。这是因为金融交易往往非常频繁，规模较大，分析资产和负债的净变化比分析总流量更有意义。

专栏　红筹公司不包含在我国境内企业境外上市统计中

境内企业境外上市的统计对象是指在中国大陆注册的法人机构，而非中国背景的公司。目前，国内企业海外上市有两种途径：一是经证监会批准直接在海外上市，也称H股公司；二是红筹模式，即国内企业股东首先在境外或港澳台地区注册一家特殊目的公司（SPV），通过收购或协议方式控股国内企业，SPV再从境外证券市场上市，也称红筹公司。

例如，在纽约证券交易所上市的阿里巴巴是Alibaba Group Holding Ltd，该公司注册地在开曼群岛，实际上是特殊目的公司。统计口径上，该公司是境外企业而非境内企业，因此不属于境内企业海外上市范畴。据有关资料显示，2014年中国企业以红筹模式在美国纳斯达克和证交所挂牌上市筹资金额达254亿美元，除阿里巴巴外，还包括京东商城、聚美优品、迅雷、陌陌等14家企业。2014年，真正属于境内企业境外上市且筹资规模排前三的企业是中国银行、工商银行和中国平安，筹资金额分别为65亿美元、56亿美元和47亿美元，这均包含在342亿美元的统计规模之内。

无论是哪种形式的海外上市企业，在符合商务部、证监会以及外汇局有关政策规定的情况下，均可将筹集资金留存境外或汇回国内结汇使用。对于红筹模式企业，境外募股资金汇回境内的主要渠道有返程投资、收回境外放款及股东贷款。相应地，其境外募集资金的调回，不是直接统计在证券投资项下，而是根据具体交易行为记录在外来直接投资或其他投资项下。

资料来源：国家外汇管理局国际收支分析小组 .2014 年中国跨境资金流动监测报告 .2015.

（三）平衡项目

平衡项目（Balancing Account）是为了平衡经常项目、资本和金融项目借贷双方的差额而设立的项目。经常项目、资本和金融项目收支相抵，产生差额时，无论是顺差还是逆差，都要在本项目中有所反映，从而使国际收支平衡表保持平衡。平衡项目包括以下两个项目。

1. 官方储备资产（Reserve Assets）的变动

官方储备资产是一国货币当局（如中国人民银行）持有的用于稳定汇率、弥补国际收支逆差和偿付对外债务的各种储备资产，也称为国际储备。包括货币性黄金储备、外汇储备、在基金组织的储备头寸和特别提款权。该账户记录的是各种储备资产的增减变化，由于储备资产变动属于资产科目，故其增加应记入借方，数字之前冠以“－”号；减少记入贷方，数字之前冠以“＋”号。

（1）黄金储备的变动。黄金可分为商品性黄金和货币性黄金。当黄金掌握在货币当局（如中国人民银行）手中并被用作国际储备时，就成为货币性黄金。该项目记录一国货币当局在某一时期黄金储备的实际增加和减少的数额，没有记录就代表无增无减。

（2）外汇储备的变动。外汇储备是一个国家货币当局拥有的各种外汇资产的总称。该项目记录一国货币当局在某一时期外汇储备的实际增加或者减少的数额。

（3）在 IMF 中的储备头寸的变动。

（4）特别提款权的变动。

在 IMF 中的储备头寸和特别提款权都是国际货币基金组织的会员国才有的项目，有关具体内容将在第二章中详细解释。

2. 净误差与遗漏（Net Errors and Omissions）

这是一个人为设立的项目。如前所述，国际收支平衡表是按照复式记账原理编制的，按道理其借贷双方的总额应该是相等的。而实际上，由于各种国际经济交易的统计资料来源不一，有的数据还来自估算（如旅游外汇收入），再加上诸如走私、地下钱庄等地下经济的存在，国际收支平衡表几乎不可避免地会出现净的借方差额或贷方差额。于是，基于会计上的需要，就人为设置了这个项目，以抵消上述偏差。如果国际收支平衡表其他项目的借方总额大于贷方总额，就在净误差与遗漏的贷方列出这一差额。如果表中其他项目的贷方总额大于借方总额，则将其差额列在净误差与遗漏的借方。在实务中，净误差与遗漏项目的数字是根据下面的公式倒挤出来的。

$$\begin{matrix}\text{经常项目}\\\text{差额}\end{matrix}+\begin{matrix}\text{资本和非储备性质}\\\text{金融项目差额}\end{matrix}+\begin{matrix}\text{净误差与}\\\text{遗漏}\end{matrix}=\begin{matrix}\text{官方储备资产}\\\text{变动的相反数}\end{matrix}$$

专栏　国际收支平衡表与国际投资头寸表

国际投资头寸表（International Investment Position，IIP）是反映特定时点上（如年末）一个国家或地区对世界其他国家或地区的金融资产和负债存量（余额）的统计报表。国际投资头寸的变动由特定时期内的国际收支交易、价格变化、汇率变化等引起。该表中对外金融资产和负债的差额就是净头寸，表明此国家或地区是对外净债权国还是净债务国。发达国家自20世纪70年代开始陆续编制本国的IIP。

国际投资头寸表与国际收支平衡表一起，构成一个国家或地区完整的国际账户体系。国际收支平衡表反映的是在特定时期内一个国家或地区与世界其他国家或地区发生的一切经济交易。国际投资头寸表反映的是特定时点上一个国家或地区对世界其他国家或地区的金融资产和负债存量状况。国际投资头寸表在计价、记账单位和折算等核算原则上均与国际收支平衡表一致。打个比方，国际收支平衡表相当于企业的财务状况变动表，反映的是交易流量情况；而国际投资头寸表相当于企业的资产负债表，反映的是资产和负债的存量状况。

编制和公布国际投资头寸表，可以为一个国家或地区衡量自身的涉外经济风险状况提供基础信息，对宏观经济分析和政策决策具有重要意义。

我国近年的国际投资头寸如表1–1所示。

表1–1　中国国际投资头寸表（年末数）　单位：亿美元

项目	2017年末	2018年末	2019年末	2020年末	2021年末
净头寸	20 652	21 075	22 996	22 868	19 833
资产	71 915	74 327	78 464	88 791	93 243
1 直接投资	18 450	20 015	22 366	25 807	25 819
1.1 股权	15 949	17 023	19 341	22 638	22 341
1.2 关联企业债务	2 501	2 993	3 026	3 169	3 477
1.a 金融部门	2 371	2 518	2 839	3 103	3 722
1.1.a 股权	2 276	2 416	2 739	3 003	3 570
1.2.a 关联企业债务	95	102	100	99	152
1.b 非金融部门	16 079	17 498	19 528	22 704	22 097
1.1.b 股权	13 673	14 607	16 602	19 634	18 771
1.2.b 关联企业债务	2 405	2 891	2 926	3 070	3 325
2 证券投资	4 992	5 065	6 575	9 030	9 797
2.1 股权	3 044	2 786	3 853	6 048	6 484
2.2 债券	1 948	2 279	2 722	2 982	3 313
3 金融衍生工具	59	62	67	206	154

续表

项目	2017 年末	2018 年末	2019 年末	2020 年末	2021 年末
4 其他投资	16 055	17 505	17 226	20 184	23 205
4.1 其他股权	54	69	84	89	95
4.2 货币和存款	3 611	3 896	3 962	4 839	5 489
4.3 贷款	6 373	7 097	6 963	8 432	9 628
4.4 保险和养老金	101	106	135	167	216
4.5 贸易信贷	5 319	5 972	5 604	5 972	6 587
4.6 其他	597	364	479	685	1 191
5 储备资产	32 359	31 680	32 229	33 565	34 269
5.1 货币黄金	765	763	954	1 182	1 131
5.2 特别提款权	110	107	111	115	531
5.3 国际货币基金组织的储备头寸	79	85	84	108	107
5.4 外汇储备	31 399	30 727	31 079	32 165	32 502
5.5 其他储备资产	5	−2	0	−5	−1
负债	51 263	53 252	55 468	65 923	73 410
1 直接投资	27 257	28 271	27 964	32 312	36 238
1.1 股权	25 150	25 858	25 296	29 410	32 992
1.2 关联企业债务	2 107	2 413	2 668	2 903	3 246
1.a 金融部门	1 351	1 422	1 605	1 828	2 119
1.1.a 股权	1 241	1 277	1 426	1 609	1 839
1.2.a 关联企业债务	110	145	179	218	281
1.b 非金融部门	25 906	26 849	26 359	30 485	34 118
1.1.b 股权	23 909	24 581	23 869	27 801	31 153
1.2.b 关联企业债务	1 997	2 268	2 490	2 684	2 965
2 证券投资	11 775	11 628	14 526	19 558	21 554
2.1 股权	8 405	7 506	9 497	12 607	13 360
2.2 债券	3 370	4 122	5 029	6 951	8 194
3 金融衍生工具	34	60	65	129	103
4 其他投资	12 197	13 294	12 913	13 923	15 516
4.1 其他股权	0	0	0	0	0
4.2 货币和存款	4 365	4 833	4 245	5 259	5 971

续表

项目	2017年末	2018年末	2019年末	2020年末	2021年末
4.3 贷款	3 922	4 169	4 605	4 414	4 447
4.4 保险和养老金	100	109	135	168	235
4.5 贸易信贷	3 523	3 931	3 644	3 719	4 053
4.6 其他	188	154	189	263	304
4.7 特别提款权	100	97	97	101	507

备注：

1. 本表计数采用四舍五入原则。

2. 净头寸是指资产减负债，"+"表示净资产，"—"表示净负债。

3. 从2015年一季度开始，本表按照国际货币基金组织《国际收支和国际投资头寸手册》（第六版）标准进行编制和列示。

4. 2017年末以来贸易信贷数据根据最新调查结果修订，未追溯调整之前数据。

5.《国际投资头寸表》采用修订机制，最新数据以本表为准。

资料来源：国家外汇管理局

四、新版国际收支平衡表与旧版国际收支平衡表

为了便于在各会员国之间进行国际比较，IMF于1948年首次颁布了《国际收支手册》，之后又于1950年、1961年、1977年、1993年进行了修订完善。该手册规定了国际收支平衡表的标准构成，并要求会员国按照这个标准编制表格。2009年，IMF发布了修订的《国际收支和国际投资头寸手册》（第六版），我国决定于2015年开始按照第六版的标准编制和公布国际收支平衡表。图1-1和图1-2分别列出了《国际收支手册》（第五版）和《国际收支和国际投资头寸手册》（第四版）国际收支平衡表的标准构成，以便对照。

国际收支平衡表
- 经常项目
  - 货物
  - 服务
  - 收入
  - 经常转移
- 资本和金融项目
  - 资本项目
  - 金融项目（含直接投资、证券投资、其他投资、官方储备）
- 错误和遗漏项目

图1-1 《国际收支手册》（第五版）

国际收支平衡表

- 经常项目
  - 货物
  - 无形贸易
  - 单方向转移
- 资本项目
  - 长期资本流动
  - 短期资本流动
- 储备项目（即官方储备）
- 错误和遗漏

图 1－2 《国际收支和国际头寸手册》（第四版）

专栏　第五版与第六版国际收支平衡表表式对比

我国将从 2015 年开始按照国际货币基金组织 2009 年发布的《国际收支和国际投资头寸手册》（第六版）的标准编制和公布国际收支平衡表。较之前版本中的国际收支平衡表有以下一些变化：

一是储备资产并入金融账户下。在此之前，我国公布的国际收支平衡表中，储备资产作为一级项目与经常账户、资本和金融账户并列列示。从第六版开始，将按照国际标准将储备资产列于金融账户下。为兼顾公众的阅读习惯，在金融账户下设“非储备性质的金融账户”和“储备资产”两个大项，前者口径与之前公布表式的金融账户相同。在新的表式下，如果不考虑误差与遗漏，当经常账户出现顺差时，资本和金融账户必然出现逆差，不会再出现“双顺差”。

二是项目归属及分类变化。最重要的变化是，来料加工在第五版下按照进口和出口分别记录在货物贸易下，而第六版是按照工缴费净额记录在服务贸易下，转手买卖则由服务贸易调整至货物贸易下。这样，货物和服务贸易差额就出现此消彼长的变化。另外，金融账户下原分为直接投资、证券投资和其他投资，现将“金融衍生工具和雇员认股权”从证券投资中单列出来，变为与证券投资并列的分类，增加了一个大类，等等。

三是项目名称有所调整。一种是英文名称未变而中文翻译改变，如“经常项目”改为“经常账户”，“资本和金融项目”改为“资本和金融账户”，“旅游”改为“旅行”（包括商务旅行和私人旅行），“建筑”改为“建设”等。另一种是项目的英文名称变化，以与国民账户体系等其他国际统计标准的相关概念相协调，如经常账户下的“收益”改为“初次收入”，“经常转移”改为“二次收入”，“贸易信贷”改为“贸易信贷与预付款”等。

四是金融账户按差额列示而不分别列示借贷方。主要是因为金融交易买卖往往非常频繁，规模非常大，分析资产和负债的净变化比分析总流量更有意义。

五是使用一列方式列示数据且借方记负值。之前在公布国际收支平衡表时按贷方、借方、差额三列列示数据，未来将按照一列列示数据。这种列示方法有助于进行时间序列分析。在第六版下，按照国际标准，在国际收支平衡表中将以负值来表示借方数据。

五、我国的国际收支平衡表

在新中国成立后的很长一段时间里，我国都未编制国际收支平衡表，只编制外汇收支平衡表。外汇收支平衡表是建立在现金收付基础上的，它只反映在报告期间内已经实现外汇收支的国际经济交易情况，不反映已经发生但尚未实现外汇收支的国际经济交易，因而不能反映我国对外交往的全貌。

1980 年 4 月 14 日，我国恢复了在 IMF 的席位和合法权益，国家统计局和外汇管理局开始按照国际货币基金组织的要求，着手编制并从 1985 年陆续公布国际收支平衡表。目前，我国每年定期向社会公布国际收支平衡表。读者如果有这方面的需要，可登录国家外汇管理局的网站（www.safe.gov.cn）查询自 1982 年以来的国际收支平衡表。表 1－2 是我国近年的国际收支平衡表。

表 1－2　中国国际收支平衡表（年度表）　　单位：亿美元

项目	2017	2018	2019	2020	2021
1. 经常账户	1 887	241	1 029	2 488	3 173
贷方	27 471	29 473	29 304	30 204	38 780
借方	−25 585	−29 231	−28 275	−27 716	−35 607
1.A 货物和服务	2 170	879	1 318	3 586	4 628
贷方	24 293	26 510	26 310	27 389	35 543
借方	−22 123	−25 631	−24 992	−23 803	−30 915
1.A.a 货物	4 759	3 801	3 930	5 111	5 627
贷方	22 162	24 174	23 866	25 100	32 159
借方	−17 403	−20 374	−19 936	−19 989	−26 531
1.A.b 服务	−2 589	−2 922	−2 611	−1 525	−999
贷方	2 131	2 336	2 444	2 289	3 384
借方	−4 720	−5 257	−5 055	−3 814	−4 384
1.A.b.1 加工服务	179	172	154	127	135
贷方	181	174	157	132	142
借方	−2	−3	−4	−5	−7
1.A.b.2 维护和维修服务	37	46	65	43	40
贷方	60	72	102	77	79
借方	−23	−25	−37	−34	−38
1.A.b.3 运输	−560	−669	−590	−380	−206
贷方	373	423	462	567	1 273
借方	−933	−1 092	−1 052	−947	−1 479
1.A.b.4 旅行	−2 193	−2 369	−2 188	−1 211	−944

续表

项目	2017	2018	2019	2020	2021
贷方	386	404	358	100	113
借方	−2 579	−2 773	−2 546	−1 311	−1 057
1.A.b.5 建设	36	49	51	45	56
贷方	123	136	144	126	154
借方	−86	−86	−93	−81	−97
1.A.b.6 保险和养老金服务	−74	−66	−62	−94	−144
贷方	41	49	48	30	49
借方	−115	−116	−110	−124	−193
1.A.b.7 金融服务	18	12	15	8	4
贷方	34	33	39	48	52
借方	−16	−21	−24	−40	−47
1.A.b.8 知识产权使用费	−239	−302	−278	−293	−351
贷方	48	56	66	86	117
借方	−287	−358	−344	−379	−468
1.A.b.9 电信、计算机和信息服务	75	65	80	64	106
贷方	269	300	349	390	507
借方	−194	−235	−270	−326	−401
1.A.b.10 其他商业服务	169	191	194	195	339
贷方	593	662	692	698	869
借方	−424	−470	−498	−503	−531
1.A.b.11 个人、文化和娱乐服务	−20	−24	−31	−20	−18
贷方	8	10	10	10	14
借方	−27	−34	−41	−30	−33
1.A.b.12 别处未提及的政府服务	−18	−27	−21	−11	−17
贷方	17	18	16	25	16
借方	−35	−45	−37	−36	−32
1.B 初次收入	−165	−614	−392	−1 182	−1 620
贷方	2 897	2 685	2 735	2 455	2 745
借方	−3 062	−3 299	−3 127	−3 637	−4 365
1.B.1 雇员报酬	149	82	31	2	−13
贷方	217	181	143	147	171

续表

项目	2017	2018	2019	2020	2021
借方	−68	−99	−112	−145	−184
1.B.2 投资收益	−319	−713	−434	−1 204	−1 638
贷方	2 673	2 483	2 575	2 279	2 536
借方	−2 992	−3 196	−3 008	−3 483	−4 174
1.B.3 其他初次收入	4	18	11	20	31
贷方	7	21	18	28	38
借方	−3	−3	−7	−8	−7
1.C 二次收入	−119	−24	103	85	165
贷方	282	278	259	360	492
借方	−400	−302	−157	−276	−327
1.C.1 个人转移	−25	−4	1	4	9
贷方	70	62	40	42	54
借方	−95	−66	−40	−38	−45
1.C.2 其他二次收入	−93	−20	102	81	156
贷方	212	216	219	319	438
借方	−305	−236	−117	−238	−282
2. 资本和金融账户	179	1 532	263	−901	−1 499
2.1 资本账户	−1	−6	−3	−1	1
贷方	2	3	2	2	3
借方	−3	−9	−5	−2	−2
2.2 金融账户	180	1 538	266	−900	−1 500
资产	−4 239	−3 620	−2 605	−6 752	−8 116
负债	4 419	5 158	2 871	5 852	6 616
2.2.1 非储备性质的金融账户	1 095	1 727	73	−611	382
资产	−3 324	−3 432	−2 798	−6 463	−6 234
负债	4 419	5 158	2 871	5 852	6 616
2.2.1.1 直接投资	278	923	503	994	2 059
2.2.1.1.1 资产	−1 383	−1 430	−1 369	−1 537	−1 280
2.2.1.1.1.1 股权	−1 363	−1 129	−1 090	−1 347	−992
2.2.1.1.1.2 关联企业债务	−20	−301	−279	−190	−288

续表

项目	2017	2018	2019	2020	2021
2.2.1.1.1.a 金融部门	−178	−208	−175	−237	−370
2.2.1.1.1.1.a 股权	−176	−200	−191	−238	−338
2.2.1.1.1.2.a 关联企业债务	−2	−8	16	1	−32
2.2.1.1.1.b 非金融部门	−1 205	−1 223	−1 194	−1 300	−910
2.2.1.1.1.1.b 股权	−1 186	−930	−898	−1 108	−654
2.2.1.1.1.2.b 关联企业债务	−18	−293	−296	−192	−256
2.2.1.1.2 负债	1 661	2 354	1 872	2 531	3 340
2.2.1.1.2.1 股权	1 406	1 859	1 623	2 208	2 772
2.2.1.1.2.2 关联企业债务	255	495	249	323	568
2.2.1.1.2.a 金融部门	121	176	184	171	235
2.2.1.1.2.1.a 股权	90	149	159	109	185
2.2.1.1.2.2.a 关联企业债务	32	26	25	62	50
2.2.1.1.2.b 非金融部门	1 539	2 178	1 688	2 360	3 105
2.2.1.1.2.1.b 股权	1 316	1 710	1 463	2 099	2 587
2.2.1.1.2.2.b 关联企业债务	223	468	225	261	518
2.2.1.2 证券投资	295	1 069	579	955	510
2.2.1.2.1 资产	−948	−535	−894	−1 512	−1 259
2.2.1.2.1.1 股权	−328	−177	−293	−1 314	−856
2.2.1.2.1.2 债券	−620	−358	−601	−199	−403
2.2.1.2.2 负债	1 243	1 604	1 474	2 468	1 769
2.2.1.2.2.1 股权	362	607	449	803	831
2.2.1.2.2.2 债券	881	997	1 025	1 664	938
2.2.1.3 金融衍生工具	4	−62	−24	−108	111
2.2.1.3.1 资产	15	−48	14	−51	179
2.2.1.3.2 负债	−12	−13	−37	−58	−68
2.2.1.4 其他投资	519	−204	−985	−2 452	−2 298
2.2.1.4.1 资产	−1 008	−1 418	−549	−3 363	−3 873
2.2.1.4.1.1 其他股权	0	−15	−15	−5	−6
2.2.1.4.1.2 货币和存款	−571	−150	−1 017	−1 463	−1 525
2.2.1.4.1.3 贷款	−435	−818	260	−1 352	−1 205
2.2.1.4.1.4 保险和养老金	0	−6	−12	−32	−44

续表

项目	2017	2018	2019	2020	2021
2.2.1.4.1.5 贸易信贷	−194	−653	368	−371	−616
2.2.1.4.1.6 其他	191	224	−132	−141	−478
2.2.1.4.2 负债	1 527	1 214	−437	911	1 576
2.2.1.4.2.1 其他股权	0	0	0	0	0
2.2.1.4.2.2 货币和存款	1 079	514	−557	922	656
2.2.1.4.2.3 贷款	501	321	425	−183	51
2.2.1.4.2.4 保险和养老金	7	2	18	31	33
2.2.1.4.2.5 贸易信贷	−12	408	−288	78	335
2.2.1.4.2.6 其他	−47	−31	−35	62	85
2.2.1.4.2.7 特别提款权	0	0	0	0	416
2.2.2 储备资产	−915	−189	193	−289	−1 882
2.2.2.1 货币黄金	0	0	0	0	0
2.2.2.2 特别提款权	−7	0	−5	−4	−416
2.2.2.3 在国际货币基金组织的储备头寸	22	−7	0	−23	1
2.2.2.4 外汇储备	−930	−182	198	−262	−1 467
2.2.2.5 其他储备资产	0	0	0	0	0
3. 净误差与遗漏	−2 066	−1 774	−1 292	−1 588	−1 674

备注：

1. 本表计数采用四舍五入原则。

2. 根据《国际收支和国际投资头寸手册》（第六版）编制，资本和金融账户中包含储备资产。

3. “贷方”按正值列示，“借方”按负值列示，差额等于“贷方”加上“借方”。本表除标注“贷方”和“借方”的项目外，其他项目均指差额。

4. 金融账户下，对外金融资产的净增加用负值列示，净减少用正值列示。对外负债的净增加用正值列示，净减少用负值列示。

5.《国际收支平衡表》采用修订机制，最新数据以此表为准。

资料来源：国家外汇管理局。

第二节

国际收支的分析与调节

国际收支平衡表提供了开放条件下一国对外交往的系统记录，在了解国际收支平衡表的编制原理和主要内容之后，我们可以着手利用该表对一国的国际收支状况进行分析。分析的主要内容包括：该国的国际收支状况如何，是平衡还是不平衡；造成不平衡的主要原因是什么；不平衡可能造成什么样的影响；如何采取有效政策对国际收支的不平衡加以纠正等。

一、国际收支平衡与否的判断标准

国际收支平衡表是按照会计上“有借必有贷，借贷必相等”的记账原理编制的，因此就国际收支平衡表本身而言，它的借方发生额永远都等于贷方发生额，国际收支平衡表本身是平衡的。但国际收支平衡表的平衡并不等于国际收支的平衡。那么，怎样才能判断一国的国际收支是否平衡呢？

（一）自主性交易与调节性交易

通常，我们可以把国际收支平衡表中的各种经济交易划分为以下两种类型：

一种是自主性交易，或称事前交易，是经济实体或个人出于某种经济动机和目的、独立自主进行的经济交易。例如，一个进口企业出于自身谋利和经营的需要而决定进口某种商品；一位居民为了度假休闲而选择去国外旅行等。由于是成千上万的经济个体独立自主进行的交易，因此，自主性交易的结果不可能刚好是借贷双方的总额相等，必然要出现借方或贷方差额。

另一种是调节性交易，或称弥补性交易。由于自主性交易会不可避免地出现借方差额或贷方差额，这就要运用另一种交易来弥补自主性交易所造成的外汇供求缺口，这个交易就是调节性交易。例如，一国货币当局在本国外汇市场外汇供应紧张的情况下，从国外融通短期资金等。

从理论上来说，判断一个国家或地区在一定时期内国际收支是否平衡，就是看它的自主性交易是否平衡。如果自主性交易平衡或基本平衡，则认为该国或地区的国际收支是平衡的。由于自主性交易的借贷双方数额不可能恰好相等，所以，判断自主性交易是否平衡的标准就会因国、因时而异。例如，同样是 1 000 万美元的逆差，有人可能会认为是基本平衡，而有的人则可能无法忍受。另外，同样是 1 000 万美元的逆差，对经济规模不同的国家和地区来说，所造成的后果可能完全不同。

国际收支平衡表中的项目究竟哪些属于自主性交易，哪些属于调节性交易？一般人们认为，经常项目、直接投资等属于自主性交易，而官方储备项目则属于调节性交易。而金融项目中的证券投资以及其他投资的判定则比较困难。按照交易动机来识别国际收支是否平衡，从理论上看虽然很有道理，但是在统计上和概念上很难精确地区别自主性交易与调节性交易。所以，这种识别国际收支差额的方法只是提供了一种思维方式，迄今为止，还无法将这一思维付诸实践。

（二）不同口径的收支差额分析

在实务中，人们往往根据分析问题的需要，采用不同口径的国际收支差额来分析一个国家的国际收支状况。

1. 经常项目差额

经常项目差额是贸易差额、服务差额、初次收入和二次收入差额的合计。

经常项目差额是判断一个国家国际收支地位的重要指标。由于经常项目的主要构成项目的收支状况在短期内难以很快改变，因此，经常项目差额就成了我们判断一个国家或地区在一段时期内对外经济实力及货币汇率稳定的重要依据。对于发展中国家来说，更是如此。其中，贸易差额由于其重要性及数据获得的及时性与方便性，在分析中更被人们所看重。

专栏

美国的“双赤字”现象

20 世纪 70 年代以来，美国出现了财政赤字和经常项目赤字，即“双赤字”持续增长的现象。财政赤字高峰的出现与战争和经济危机密切相关，而经常项目赤字自 20 世纪 70 年代以来已经成为美国经济发展中的常见现象。但上述现象似乎并没有成为美国经济增长的负担，反而在一定程度上成为 20 世纪 70 年代后期美国经济增长的推动力量。

美国经常项目赤字是国际分工升级的必然结果。信息技术革命之后，以信息产业为代表的高科技新兴产业逐渐代替传统制造业成为美国经济主导产业，而大量商品流入既是美国进行产业升级和转移的结果，也填补了美国产业结构转型和制造业向海外迁徙留下的产出缺口。大量相对低廉的国外商品进入美国，有助于稳定物价水平，提高了美国国内居民的真实收入和整体福利水平。图 1–3 为美国“双赤字”占 GDP 的比重。

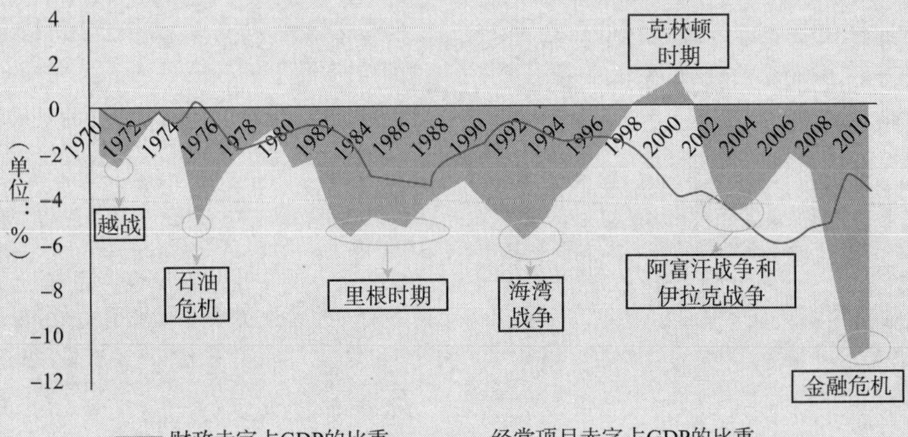

图 1–3 美国“双赤字”占 GDP 的比重

在经济全球化背景下，美国低储蓄率导致的投资储蓄缺口是造成国内经济失衡的重要原因，政府采取的包括赤字政策在内的各种经济政策是解决国内经济失衡的重要途径，这在客观上造成了大量的财政赤字。而经常项目逆差则是美国充分利用在国际经济中的优势地位调节国内失衡的重要手段。

由于美元是现行国际货币体系中的主导储备货币，美国可以通过发行国债向国外转移财政赤字负担，支持国内赤字财政。扣除通货膨胀和美元贬值因素，国债融资的成本异常低廉。海外投资者已经成为美国国债购买的重要力量，而正是包括中国在内的对美净贸易顺差国这样的海外投资者成为美国转移财政赤字负担的重要渠道。由于美国拥有这种将国内问题国际化的特殊优势，使得“双赤字”问题不仅没有成为经济增长的桎梏，反而成为其推动力量。图 1－4 为美国货物贸易、服务贸易及贸易平衡（1948—2010 年）。

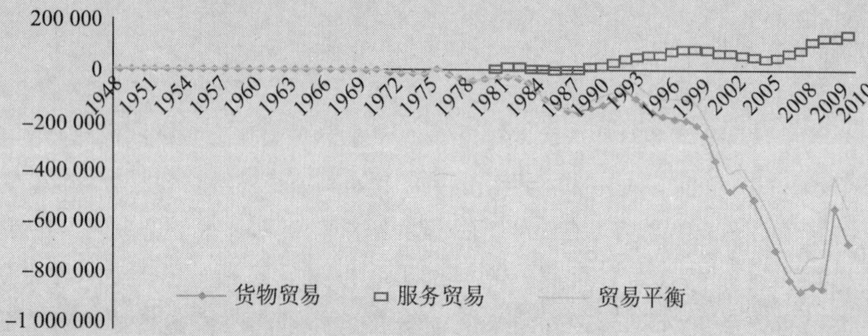

图 1－4 美国货物贸易、服务贸易及贸易平衡（1948—2010 年）（单位：百万美元）

然而，“双赤字”推动美国经济增长的发展方式是可持续的吗？当投资者对美元有足够的信心，并始终愿意将手中的贸易美元兑换成债务美元时，这也许不是一个问题。但是，当投资者对美元信心下降到特定的临界点以后，“双赤字”到底是美国经济的救市良药，还是高悬在美国经济增长之上的达摩克利斯之剑？

在 2007 年以来的全球金融危机背景下，“双赤字”与经济增长之间表现出来的长期稳定关系似乎被打破，美国出现了 20 世纪 90 年代以来罕见的经济负增长和高失业率现象。随后，奥巴马政府提出了出口翻番计划，鼓励制造业重回美国，并于 2012 年开始筹建数十个国家制造业中心，不遗余力地推动美国制造业复苏，其效果和影响还有待进一步观察。

资料来源：①丁振辉，等．“双赤字”与美国经济增长：理论、事实及解释．国际贸易问题，2012（12）．

②陈继勇，等．美中经常账户的失衡与测度研究．经济评论，2012（6）．

2. 资本和金融项目差额

资本和金融项目差额是资本项目差额和金融项目差额的合计。由于资本项目的发生额相对较小，因此，构成这个差额的最重要因素是金融项目差额。

在金融项目当中，最具稳定性的是直接投资。对发展中国家来说，直接投资的流入量在全部流入资金中所占的比重是判断该国金融市场能否维持稳定的一个重要指标。

影响资本流动的因素十分复杂，在当今国际经济一体化、金融市场创新不断涌现的格局下，国际、国内政治经济形势的任何风吹草动都可能引起资本的大规模流动，特别是短期资本的流动。大规模的资本流进或流出会对该国的国际收支状况造成重大影响，进而对该国的金融市场和货币汇率的稳定构成直接威胁，如在 1997 年爆发的东南亚金融危机中就伴随着国际资本的大量流出。

3. 总差额

总差额（Overall Balance）是经常项目差额、资本和金融项目（不含储备资产）差额和净误差与遗漏三项的合计，有时又称为线上项目总差额，实际上就是国际收支账户中剔除储备资产之后的余额，它代表着编表国家在这段时期内的国际收支总体状况。如果总差额为正数，则表示该国在这段时期内国际收支是顺差，相应地，官方储备就会增加。反之，如果总差额是负数，则表示该国国际收支为逆差，官方储备就会减少。可见，总差额的意义在于它可以衡量国际收支对一国储备资产的压力，其余额必然导致储备资产的相反方向变动。

之所以把总差额称为线上项目总差额，是因为经常项目、资本和金融项目以及净误差与遗漏这三个项目在性质上与官方储备资产项目的性质有所不同，官方储备资产项目称为线下项目。线上项目的借方（－）表示有外汇资金流出，贷方（＋）表示有外汇资金流入。而线下项目的借方（－）表示储备资产增加，贷方（＋）表示储备资产减少。线上项目的总差额与线下项目总差额的绝对值相等，符号相反。国际收支平衡表最终的差额等于零，体现了国际收支平衡表的记账规则——“有借必有贷，借贷必相等”。

各种口径的国际收支差额计算及分析是国际收支平衡表分析的重要环节和主要手段之一。表 1－3 列出了各种差额的计算步骤。

表 1－3　各种口径的国际收支差额及其相互关系

（以 2020 年 BOP 表为例）　　单位：亿美元

<table>
<tr><td rowspan="9">线上项目总差额
＋280</td><td rowspan="4">一、经常项目差额
＋2 740</td><td>货物贸易差额　＋5 150</td><td rowspan="5"></td></tr>
<tr><td>服务贸易差额　－1 453</td></tr>
<tr><td>初次收入差额　－1 052</td></tr>
<tr><td>二次收入差额　＋ 95</td></tr>
<tr><td rowspan="5">二、资本和非储备性质金融项目差额
－779</td><td>资本项目差额　－1</td></tr>
<tr><td rowspan="4">非储备性质金融项目差额
－778</td><td>直接投资　＋1 026</td></tr>
<tr><td>证券投资　＋873</td></tr>
<tr><td>金融衍生工具　－114</td></tr>
<tr><td>其他投资　－2 562</td></tr>
<tr><td>储备资产　－280</td><td>三、净误差与遗漏
－1 681</td><td></td><td></td></tr>
<tr><td>国际收支平衡表的差额 0</td><td></td><td></td><td></td></tr>
</table>

从表 1－3 可知，国际收支平衡表的最终差额恒为零。如果经常项目差额加上资本和

金融项目差额、错误与遗漏净值后（即线上项目总差额）为正数，则下面的储备资产项目就是一个数量相等的负数，即减去储备的增加。如果线上项目总差额为负数，则下面的储备资产项目是一个数量相等的正数，即加上储备的减少。所以，线上项目总差额也就是我们简单判断一国国际收支是否平衡的重要标志。总差额为正，代表国际收支是顺差；总差额为负，代表国际收支是逆差。

二、国际收支不平衡的主要原因

一国的国际收支不平衡可能由多种因素引起，概括起来主要有以下几方面。

（一）周期性因素

不论是社会主义国家还是资本主义国家，受经济体自身的发展规律所制约，总会呈现出一定的阶段性发展。经济周期的不同阶段会给国际收支带来不同的影响，而且这种影响往往互相渗透、互相影响。例如，当本国经济处于繁荣阶段而贸易伙伴国经济处于衰退阶段时，本国对外国产品的需求就会比外国对本国产品的需求旺盛，因此有可能造成本国贸易顺差缩小或者贸易赤字。例如，在东南亚金融危机中，受到危机影响的国家和地区进口需求急剧下降，造成我国对该地区出口的困难。2007 年美国的次贷危机对中国企业的出口和投资也产生了不容忽视的影响。但是情况并非总是如此，比如 1981—1982 年发达资本主义国家在衰退期就普遍伴有巨额的贸易赤字，美国在 1990—1992 年的经济衰退期间就伴有对日本的贸易逆差。由此可见，经济周期对相关国家国际收支的影响是十分复杂的，不能简单定论为有利还是不利。

第二次世界大战后，西方主要国家的经济周期具有同步性，当一国处于繁荣阶段时，贸易伙伴也处于繁荣阶段；当一国处于衰退阶段时，贸易伙伴也处于衰退阶段。这样，两个贸易伙伴对对方商品的需求变化是同方向的，即同增同减，对双方国际收支平衡的影响较小，因此，工业化国家经济周期的影响主要表现在发展中国家的国际收支上。当主要发达国家经济出现衰退时，就会使得发展中国家的出口困难；同时，发展中国家对进口商品又很难压缩，由此造成了国际收支的不平衡。这种由经济周期的阶段更替而引起的国际收支不平衡称为周期性不平衡。

（二）收入性因素

一个国家或地区国民收入的增减变化也会对其国际收支的平衡产生影响。当一个国家国民收入快速增长时，国民对进口商品的承受能力提高，从而引起进口的增加。如果出口不能同步增长，就会导致贸易逆差。当一个国家国民收入增长较快时，国民的出国旅游等非贸易支出会同时增加，对外投资也更活跃，这些都有可能导致国际收支的逆差。由于国民收入的增减变化而引起的国际收支不平衡称为收入性不平衡。

（三）结构性因素

经济结构对一国国际收支的影响是长期的。经济结构包括产品结构、产业结构等。由经济结构所引起的国际收支不平衡称为结构性不平衡。

结构性不平衡主要体现在贸易账户或经常账户上。主要有两种情况：第一，因经济和产业结构变动的滞后和困难所引起的国际收支失衡。例如，一国的国际贸易在一定的生产条件下处于均衡状态，但是当国际市场发生变化，如新产品淘汰了老产品，新款式、高质量的产品淘汰了旧款式、低质量的产品的时候，如果该国的生产结构不能根据市场变化及时加以调整，那么原有的贸易平衡就会遭到破坏，贸易逆差就会出现。这种结构性不平衡在发展中国家和发达国家都有可能发生。国际市场的发展变化是无情的，跟不上市场的变化就会被淘汰。第二，一国的产业结构比较单一，或其生产的出口商品的收入弹性低（如出口的都是一些低档产品，不会随着目标市场群体收入的增加而增加销售量，甚至还有可能减少销售量）；或价格弹性高（主要靠价格优势获取订单，而价格优势的潜力是有限的）；或其进口需求的价格弹性低（如进口的主要是一些资本性货物，无论价格变化如何，需求量的变化是有限的，因为不进口就没有办法出口）。这种结构性失衡在发展中国家表现得尤为突出。

结构性不平衡是一个国家长期历史积累所造成的，具有长期性，要想扭转相当困难。

（四）货币性因素

一国的价格水平、成本、汇率、利率等货币性因素的变化也有可能造成该国国际收支的失衡。由货币性因素引起的国际收支失衡称为货币性不平衡。

一国的货币数量发行过多，会引起国内物价的普遍上涨，生产成本上升，如果此时汇率仍然维持以前的水平，就有可能造成该国的出口困难，请看下面这个例子。

假定基期的人民币汇率是 1 美元 =4 元人民币，甲商品的国内成本是 3 元人民币，国际市场的价格是 1 美元。这样，每出口 1 件甲商品，获得 1 美元，换成人民币 4 元，出口毛利就是 1 元。

如果此时国内出现通货膨胀，物价上涨，造成甲商品的生产成本上升，由 3 元上升到 4 元。如果人民币的汇率仍然维持以前的水平，那么，出口商就无利可图，如不采取出口退税等促进出口的措施，出口就会萎缩，贸易收支就可能出现失衡。

如果此时的人民币汇率由 4 调整到 6，国际市场的价格仍然维持在 1 美元，那么每出口 1 件甲商品，出口商可获得 2 元的出口毛利，这必然会刺激出口商的出口积极性，有助于改善贸易收支状况。

表 1-4 列出了以上几种不同的国内生产成本、国际市场价格和汇率水平的组合情况。

表 1-4　不同汇率条件下的国内生产成本与国际市场价格组合

汇率	国内成本（元）	国际市场价格（美元）	出口毛利（元）
R=4	3	1	1
R=4	4	1	0
R=6	4	1	2

其他的货币性因素也可能引起国际收支的不平衡。例如，当一个国家降低利率时，就有可能导致资本外流增加、资本流入减少，从而导致国际收支的不平衡。

由此可见，货币性不平衡不仅与经常项目有关，也与金融项目有关。货币性失衡可能是短期的，也可能是中期甚至是长期的。

（五）偶发性因素

引起国际收支失衡的原因有很多，除了以上所述，还有一些偶发性因素也会导致贸易收支的不平衡和巨额资本在国际上的转移，从而使一国的国际收支出现不平衡。例如，一国政府非正常或正常的更替，有可能导致资本的大量流入或流出；又如，自然灾害导致某些商品进口的增加或某些商品出口的减少，这些都有可能导致该国出现国际收支不平衡。例如，2020 年上半年发生的“新冠”疫情就使得我国大量进口相关医疗器械。

就上述各种因素来说，经济结构和经济增长变化所引起的国际收支不平衡具有长期、持久的性质，因此被称为持久性不平衡；其他因素所引起的国际收支不平衡一般具有临时性的特征，因此被称为暂时性不平衡。

综上，国际收支不平衡的主要原因如图 1－5 所示。

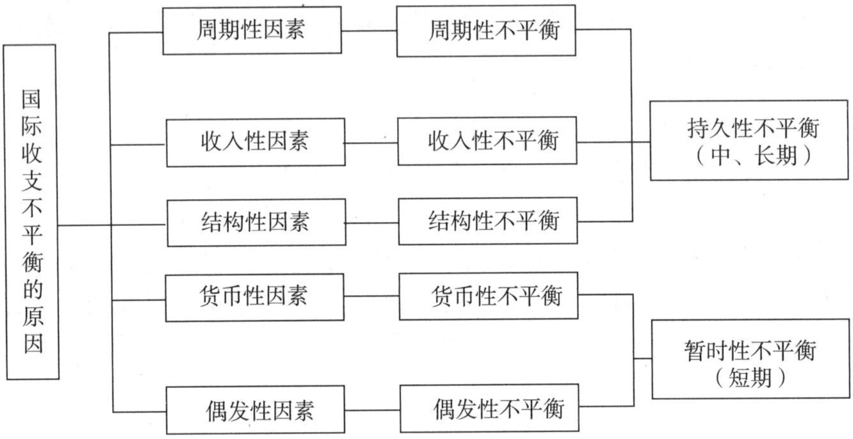

图 1－5　国际收支不平衡的主要原因

三、如何对国际收支平衡表进行分析

由于国际收支平衡表汇集了编表国家或地区在一定时期内全部的对外经济交易，因此不论是编表国家本身还是其他国家，都可以借助这张表获得一些重要的经济信息。

对于编表国家而言，通过编表对国际收支进行深入分析，可以了解本国在国际交往中的地位以及存在的主要问题，从而有助于本国政府制定正确的对内及对外政策。例如，如果一国在上一年度内进口急剧增加，出口增长缓慢，贸易顺差缩小，那么，该国就可采取必要的措施促进出口，抑制进口，从而扭转这种局面。

对于非编表国家而言，国际收支平衡表是本国了解他国政治经济实力和对外政策走向的重要依据。通过对不同国家的国际收支平衡表的对比分析，可以对世界经济形势做出较为客观的判断，及时调整本国的经济政策和对外政策。特别值得指出的是，国际收支平衡表是分析不同国家货币汇率走向的重要工具。

国际收支平衡表的分析方法概括起来主要有三种：静态分析法、动态分析法和比较分析法。

（一）静态分析法

静态分析法是针对某个国家或地区一定时期内的国际收支平衡表所进行的分析，其主要内容包括：计算和分析平衡表中的各项目及其差额，分析各差额形成的原因及对国际收支总差额的影响，从而找出国际收支总差额形成的主要原因及政治经济影响。静态分析又称为差额分析。

在静态分析中要注意一国的国际收支无论在哪个项目上出现了逆差或顺差，都是由多方面因素综合造成的。在分析中可以引入因素分析法，尽量找出引起问题的主要因素，以便做出正确的判断。例如，在对贸易项目进行分析时，就应该明确，影响贸易收支的因素是很多的，如经济周期的阶段更替、财政政策和货币政策的变化、国际商品市场上的供求关系以及主要商品的价格变化、技术创新等。

（二）动态分析法

动态分析法是指对某国若干连续时期的国际收支平衡表进行比较分析。运用这种方法有助于掌握这个国家在一段时期内国际收支状况的变化情况，探讨引起这些变化的原因所在，从而有助于把握一国国际收支的过去、现在与未来。

（三）比较分析法

比较分析法是针对不同国家在相同时期内的国际收支平衡表进行的比较分析。随着国际上政治经济乃至军事关系的变化，相关国家之间的国际收支也会发展变化，因此，必须对相关国家的国际收支平衡表进行横向比较分析。需要指出的是，由于各国的国际收支平衡表在项目的分类与局部差额的统计上都不尽相同，因此在进行比较分析时要注意统计口径的一致性，即要有可比性。利用 IMF 的资料有助于解决这个问题，因为它公布的若干主要指标都是经过重新整理后编制的，统计口径一致，具有可比性，但是这些数据往往较粗略，可能满足不了特定的分析需要。

专栏　从国际收支的视角分析东南亚金融危机发生的必然性

一国国际收支状况的好坏在一定程度上反映了该国国民经济运行状况。通过对国际收支状况进行分析可以发现，1997 年始于泰国并迅速席卷东南亚的金融危机，有其内在的必然性，索罗斯等国际金融投机者的猛烈冲击，只是为这场危机点燃了导火索。

1. 经常项目逆差

20 世纪 90 年代以来，被国际社会称为“四小虎”的泰国、菲律宾、印度尼西亚、马来西亚一直保持经常项目逆差。泰国经常项目逆差一直占其国内生产总值的 5% 以上，1994 年、1995 年、1996 年经常项目赤字分别为 89 亿美元、140 亿美元、163 亿美元，分别占当年国内生产总值的 6.4%、8.5% 和 9.1%；马来西亚的经常项目赤字占国内生产总值的比例也分别在 1991 年和 1995 年超过 8%，大大超过国际货币基金组织建议的 5% 的警戒线。国际货币基金组织经济学家莫里斯·戈尔茨坦曾在《经济学家》上发表预言，如果东亚国家的经常项目逆差继续保持在相当于国内生产总值 5% 以上的水平，那么它们就是在玩火。

2. 引进外资不当，直接投资比重偏低

经常项目的大量逆差显示“四小虎”国内储蓄大大低于投资需求，不同程度地依赖于国际投资。自20世纪90年代以来，随着对外资依赖性的提高，为了保证外资的持续流入，东亚各国纷纷出台多项优惠政策，先后不同程度地开放了金融市场，在尚未建立完善的金融监管制度的情况下敞开了大门。

泰国自20世纪90年代起为弥补国内资金的不足大量举借外债。除个别年份外，外债总额均在GNP的35%以上。尤为不可取的是，其直接投资在投资净流入量（系指金融项目中扣除储备资产部分）中所占比重连年下降，从1990年的25.3%降至1995年的5.4%，1996年虽略有回升，但也只占7.2%。随着外债的大幅度上升，不可避免地需要动用大量外汇来偿付投资收益。1990—1996年仅此一项即达203.53亿美元，占同期投资净流入量的21.6%，其中1996年的这一比例达到26.6%。尽管1996年底泰国的外汇储备达377亿美元，但考虑到其商品和服务贸易逆差120亿美元，需偿付投资收益80亿美元左右，加上随时可提取的货币和存款近60亿美元以及随时可抛售的股票和债券35亿美元，总计已达295亿美元，可应付突发事件的机动款项仅有80亿美元左右。因此，当泰铢兑美元的汇率出现下跌之势，为维持固定汇率而动用了60多亿美元之后，泰国政府不得不放弃努力而让泰铢自由浮动。

菲律宾在“四小虎”中仅次于泰国，直接投资占投资净流入量的比例不到20%。与泰国一样，随着每年居高不下的大量融资，1990—1995年累计支付投资收益96亿美元，占同期投资净流入量219亿美元的43.8%。

印度尼西亚与泰国和菲律宾相比，直接投资在投资净流入量中所占比重较高，但在1993年以前，其他投资所占比重也在70%以上。印度尼西亚外债总额占GNP的比重始终在57%以上，而经常项目又长期处于逆差状态，1995年经常项目逆差大幅上扬，为1994年的2.5倍，达到创纪录的70.23亿美元，已占GDP的3.5%。

马来西亚与其他三小“虎”相比，直接投资在投资净流入量中所占比重最大，但是马来西亚因所借债务需偿付的投资收益在1990—1995年平均每年达30.7亿美元，占同期年平均融资额59.4亿美元的51.7%，1995年竟高达56.8%。

资料来源：①何新华．从国际收支状况看东亚金融危机发生的必然性．世界经济，1998（10）．

②王宇．是钉住汇率制度酿成了泰铢危机吗？——泰国的汇率市场化改革和资本项目开放研究．南方金融，2013（8）．

四、国际收支不平衡的主要影响

无论是国际收支顺差还是国际收支逆差，如果规模过大，持续时间较长，都会对该国的经济产生不良影响。

（一）国际收支逆差的影响

国际收支逆差意味着外汇资金流出，将导致本国外汇市场上外汇供给减少、需求增加，从而使得外汇的汇率上涨，本币的汇率下跌。如果该国政府不愿意本币下跌，就必须采取措施进行干预，即抛售外币、买进本币。而要这样做，政府手中必须拥有足够的外汇储备，否则这种干预将会导致外汇储备的枯竭，以及对外支付能力的减弱，进而导致本币的贬值。政府的干预即买进本币、抛出外币，将直接引起本国货币供应量的减少，货币供应量的减少又将引起国内利率水平的上升并导致经济下滑，失业增加。

从引起国际收支逆差的原因来看，如果国际收支逆差是由经常项目的逆差所引起的，则必然导致与出口有关的部门就业机会减少，进而增加失业率，导致经济下滑。如果国际收支的逆差是由资本项目逆差所引起的，那么意味着大量资本外流，国内资金供应紧张，推动利率水平上升，利率水平的上升导致失业率增加，经济下滑。如果不能及时采取有效措施扭转经济下滑，则有可能引起新一轮的国际收支逆差和本币贬值（见图 1－6）。

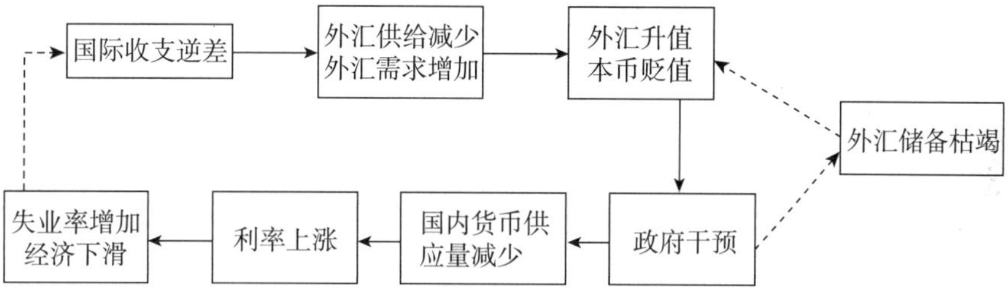

图 1－6　国际收支逆差的影响

当然，图 1－6 中所列出的影响只是一个可能的途径。因为国际收支逆差所带来的影响是错综复杂的，任何一个经济因素的改变都会产生不同的影响。

（二）国际收支顺差的影响

国际收支顺差意味着该国可以增加外汇储备，特别是对发展中国家来说，外汇储备的增加往往被认为是一件好事。但是，外汇储备的过快增长或者是外汇储备规模过大，也会带来一些不良的后果。具体来说主要有以下几个方面：

（1）国际收支顺差过大，将引起本国外汇市场中外汇供应的增加，本币将面临升值压力。本币升值，导致以本币表示的出口收入减少，出口压力增加。例如，在汇率为 1 美元 =5 元人民币的情况下，假定甲商品的国内成本为 4 元，国际市场价格为 1 美元，则企业每出口一件商品能获取 1 元的毛利。但是，如果这时人民币的汇率上涨为 1 美元 =4 元人民币，假定国际市场价格仍为 1 美元，企业每出口 1 件商品获得 1 美元，能换得 4 元人民币，出口利润为零，出口将面临困难。

（2）如果在本币面临升值压力时，政府出面干预，在外汇市场上买进外币、抛售本币，其结果是造成本国货币供应量增加，导致通货膨胀。当国内物价上升时，出口商品的国内成本上升，必然导致本国商品出口进一步困难。

（3）如果国际收支顺差是由大量贸易收支顺差所引起的，必然要受到贸易伙伴的报复，引起贸易摩擦，进一步增加出口的负担。同时，大量贸易顺差的存在意味着本国资源的大量外流，而经济资源是有限的，大量外流必然导致本国居民无法享用这些资源。如果国际收支顺差是由资本项目的大量顺差所引起的，那就意味着本国在本期引进了大量外资，如果不能很好地加以利用和管理，就可能导致本国在将来出现外债偿付危机。

由此可见，尽管国际收支的顺差和逆差都有一些不利的影响，但是比较起来，国际收支逆差所产生的后果更为危险和紧迫，调节的难度也更大。特别是对发展中国家而言，由于在国际经济分工中处于不利地位，国际收支逆差的调节更为艰巨。

五、国际收支的调节措施

鉴于一个国家的国际收支失衡会对该国经济的稳定与发展产生十分重大的影响，因此，世界各国在面临国际收支失衡的时候，都会采取一定的政策措施加以调节，使国际收支朝着有利于本国经济稳定增长的方向发展。通常所采取的政策措施包括以下几个方面。

（一）财政政策

从宏观上来说，财政政策包括两个方面：一个是财政收入政策，主要是税收与补贴；另一个是财政支出政策。这两个方面都可以用来调节国际收支。

1. 税收与补贴

税收与补贴政策主要包括出口退税、出口免税、对出口企业或者进口替代企业实行税收优惠或者税收减免以及进口加税等。这些政策的主要目的是改善本国产品的出口条件，刺激出口，减少进口。当然，在运用这些政策的时候要视当时的具体条件而定。例如，在一国出口增长强劲的时期，就可以降低出口退税率，延长出口退税的时间，或者适时降低进口环节的税率等。

2. 财政支出政策

财政支出政策是通过影响社会总需求来影响国际收支的。当一国国际收支出现逆差时，政府可以实行紧缩性的财政政策，压缩公共开支与私人开支，抑制社会总需求，从而达到减少进口的目的；反之，当一国国际收支出现顺差时，政府可以实行扩张性的财政政策，扩大公共开支与私人开支，增加社会总需求，扩大进口。

（二）货币政策

货币政策的中心是利率与汇率。调节国际收支的货币政策主要有改变准备金比率、贴现政策、公开市场业务以及调整汇率等措施。

1. 改变准备金比率

商业银行吸收存款后一般应该按照一定的比率向中央银行缴纳存款准备金。这个比率的高低决定了商业银行等金融机构的最高贷款规模，从而决定了全社会的信用规模与货币供应量，并最终影响社会总需求和国际收支。这个过程如图 1－7 所示。

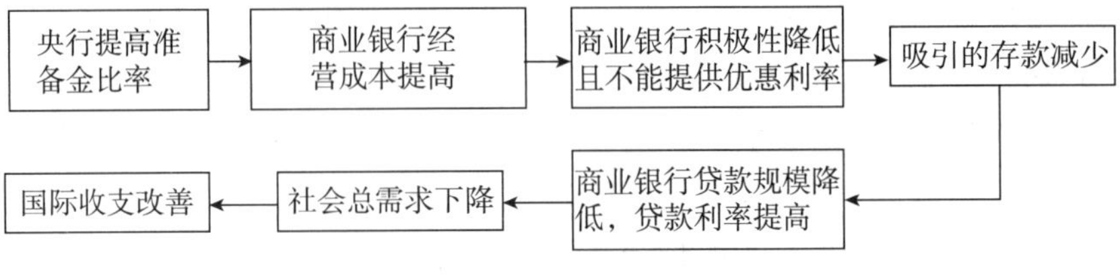

图 1－7　改变准备金比率与国际收支

中央银行在使用这个政策时，往往都是根据国际收支状况对不同类型的存款采取不同的准备金比率。例如，在20世纪70年代，大量外资涌入德国，对其通货膨胀造成了很大压力，于是德国中央银行对商业银行吸收的非居民存款制定了较一般存款更高的准备金比率，从而起到抑制游资流入的作用。又如，2021年我国央行为维护人民币汇率稳定，年内两次上调外汇存款准备金比率。

2. 贴现政策

贴现政策是中央银行通过改变其再贴现率来达到预期目标。通过调整再贴现率可以影响整个金融市场的利率水平，进而影响国内的社会总需求和资本的流出、流入规模，达到改善国际收支状况的目标（见图1-8）。

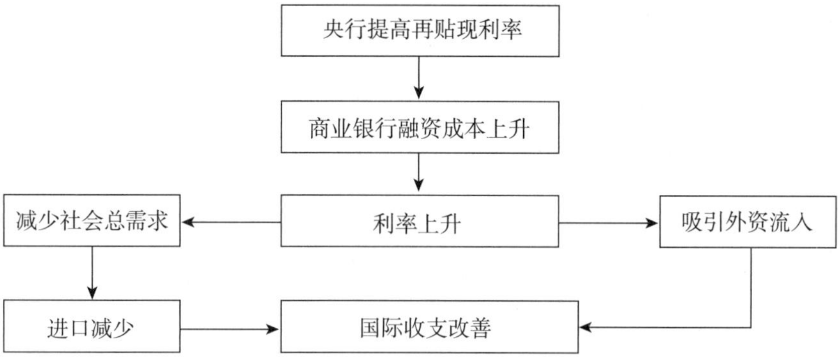

图1-8　国际收支出现逆差时通过提高再贴现利率进行调节

在图1-8中，在国际收支出现逆差的情况下，当央行提高再贴现利率时，必然抬高了商业银行的融资成本，由此带动整个社会利率水平的上涨。利率水平上升，一方面有利于吸引外资的流入，另一方面将导致投资和消费的萎缩（利率上升则投资成本上升，投资风险加大，投资萎缩。利率上升后，老百姓更愿意存钱或者进行其他有价证券的投资，必然要压缩当期消费），消费和投资的萎缩致使进口减少。这两个方面都有利于国际收支的改善。

3. 公开市场业务

即央行通过在公开市场上进行外汇的买卖来影响本国货币的汇率，从而达到引导国际收支的目的。例如，在本国货币出现贬值预期、资本外逃速度加快时，中央银行可以通过在市场上大量买进本国货币，支持本国货币汇率的办法，平抑外资抽逃的风潮。同样，当本国出现了大规模国际收支顺差，外汇市场上外汇供给增加，本币面临升值压力时，政府也可以入市买进外币、抛售本币。

运用公开市场业务来调节国际收支要求政府手上有足够的外汇储备，如果外汇储备不充分，市场上本币贬值的预期又较大，就有可能造成外汇储备资源的枯竭，更进一步引起本币的贬值。因此，对于巨额的、长期的国际收支赤字不能采用这个方法。它只能作为辅助手段，为进一步的调整争取时间和创造条件，减轻国内经济由于国际收支调整所带来的震荡。

同时，需要指出的是，由于公开市场业务可以随时随地进行，简便易行，再加上央行的行为具有强大的政策示范效应，是其他经济主体跟随的对象，因而公开市场业务是政府稳定市场汇率最常用的方法之一。

4. 调整汇率

汇率是一个重要的宏观经济杠杆，可被用来调节国际收支。当国际收支出现逆差时，可以对本币实行贬值，以改善国际收支；当国际收支出现顺差时，可以对本币实行升值，以减少和消除国际收支顺差。

运用汇率政策调节国际收支的过程可以参见图 1–9。在国际收支出现逆差时，通过本币贬值，可以降低以外币表示的本国出口产品的价格，同时提高以本币表示的外国进口产品的价格，从而达到增加出口，减少进口，改善国际收支的目的。

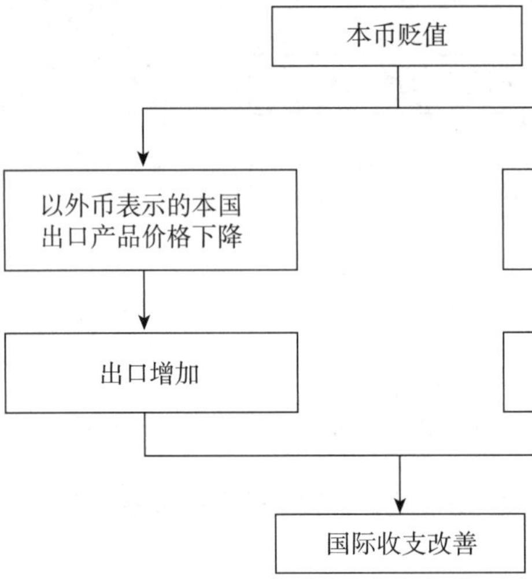

图 1–9　通过本币贬值改善国际收支逆差

譬如，我国在 1994 年 1 月 1 日进行了外汇体制改革，在人民币汇率并轨之前，官方汇率是 1 美元 =5.8 元人民币，市场调剂价格是 1 美元 =8.7 元人民币。并轨后把新的汇率水平定在并轨前的调剂价格上，即 1 美元 =8.7 元人民币。为便于演示，我们都取整数，来看一看贬值前后进出口产品的价格变化（见表 1–5）。

表 1–5　人民币贬值前后以美元表示的出口产品价格变化

汇率水平	国内成本	国际市场价格	出口毛利	相同毛利水平下的国际市场价格
R=5	4 元	1 美元	1 元	1 美元
R=8	4 元	1 美元	4 元	0.625 美元

假定某一产品的国内成本是 4 元，人民币贬值前的国际市场价格是 1 美元，这样，出口商每出口一件产品的出口利润是 1×5−4=1（元）。假定贬值后国内成本仍然保持在 4 元的水平上，国际市场的价格仍然是 1 美元，出口商的利润就是 1×8−4=4（元）。由于出口商的利润增加了，一方面，可以刺激出口商的出口积极性；另一方面，出口商可以用降低价格的办法来刺激销售。出口商的降价空间是 1 美元～0.625 美元。

同样，贬值后进口产品的国内价格会上升，从而起到抑制进口的作用（见表 1–6）。

表 1–6 人民币贬值前后进口产品的国内价格变化

汇率水平	国际市场价格	进口毛利	国内市场价格
R=5	1 美元	1 元	6 元
R=8	1 美元	1 元	9 元

当然，本币贬值以后是否一定有助于改善国际收支，还要视一国的具体情况而定。我们将在下一节的弹性分析理论中进一步探讨这个问题。

（三）直接管制

在国际收支出现不平衡时，也可以采用直接管制的办法加以扭转。直接管制的办法主要有外汇管制和贸易管制。如在国际收支出现逆差时，可以对资本外流采取强制措施，对进口采取配额制或限制进口用汇等。但是，采取直接管制的办法很容易遭到贸易伙伴国的报复，有关的国际组织也会施加压力，因此，在非紧急情况下，直接管制的办法一般不宜采用。

上述国际收支调节政策措施，需要根据国际收支不平衡的状况及其产生的原因，有选择性地加以使用。一般来说，暂时性不平衡可以通过以上政策措施得到有效缓解，而对于持久性不平衡，它的调整是长期而艰巨的。特别是对一些发展中国家而言，落后的经济结构以及不合理的国际经济秩序才是造成国际收支不平衡的主要原因，这些因素在短期内是难以消除的。

第三节 国际收支调节理论

国际收支调节理论是研究国际收支失衡的原因及调节对策的理论。经济学家通过分析影响国际收支的各种因素，试图找到国际收支失衡的根本原因，并对症下药，寻找解决国际收支失衡的调节措施。

最早的国际收支理论可以追溯到 18 世纪休谟的物价现金流动机制理论，但是较为系统和有影响的国际收支理论则产生于 20 世纪。主要有 20 世纪 30 年代金本位制度崩溃后出现的弹性分析理论；50 年代和 60 年代凯恩斯主义的吸收分析理论；70 年代货币主义的货币分析理论；20 世纪 50 年代以来的内外部综合平衡理论。

一、物价现金流动机制理论

物价现金流动机制理论是关于国际收支自动平衡的一种理论。提出者是 18 世纪英国的哲学家和经济学家大卫 · 休谟。在休谟生活的时代，流通领域中使用的货币是金属铸币，最典型的金属铸币就是金币。所以，这个理论是金本位制下国际收支的自动调节理论。

（一）主要观点

休谟认为，当一国出现国际收支逆差时，由于黄金是最后的支付手段，因此必然造成该国黄金的外流，黄金的外流意味着该国货币供给量的减少，货币供给量的减少导致物价下跌，物价的下跌将使该国的出口产品价格下跌从而在国际市场上更具竞争力；与此同时，进口产品的相对价格提高，从而导致进口减少。这样，国际收支恢复平衡。反之，如果该国国际收支出现顺差，则引起黄金的流入，导致该国物价上涨，物价的上涨将引起该国出口的减少和进口的增加，从而国际收支恢复平衡（见图 1－10）。

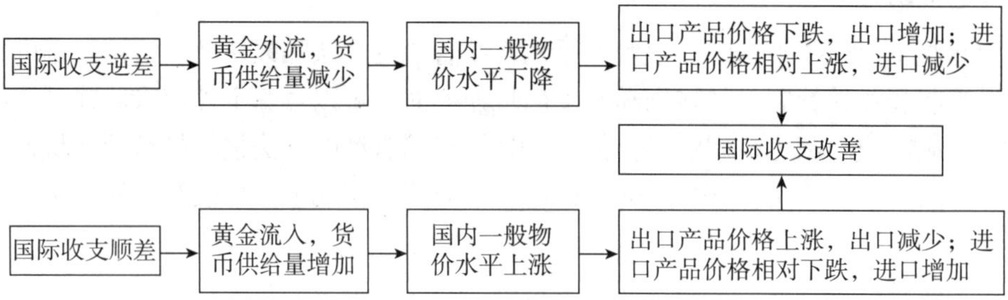

图 1－10　物价现金流动机制自动调节国际收支

（二）简要评价

从上面的分析中我们可以看出：物价现金流动机制把国际收支等同于贸易收支，这在休谟所生活的时代基本如此。但是今天，国际收支所包括的内容远不止贸易收支。同时，流通领域中使用的货币也已经不再是金属货币而是纸币。因此，这个理论并不适用于当代各国的国际收支调节。但在某些特定的情况下，该理论仍然具有一定的意义。如我国的香港地区由于实行货币局制度，港币的发行数量在一定程度上受制于美元多寡及汇率的高低。当国际收支出现逆差时，美元数量减少，美元汇率上涨，港币的发行数量随之减少；当国际收支出现顺差时，美元数量增加，美元汇率下跌，港币的发行量随之增加，从而在一定程度上具有自动平衡的作用。

二、弹性分析理论

弹性分析理论是由英国的经济学家马歇尔提出，后经英国经济学家琼·罗宾逊和美国经济学家勒纳等发展而形成的。弹性分析理论主要研究货币贬值能否带来贸易收支的改善。

（一）弹性的概念

弹性是一种比例关系，描述的是价格变动对需求和供给数量的影响。如果某种商品的价格变化很小，但是其需求量和供给量变化很大，那么这种商品的需求弹性和供给弹性就大；反之就小。在超市里，我们经常看见一些小零食降价促销，但是如食盐等生活必需品则很少采用降价的办法来促销，其理论依据就是小零食的弹性大，而食盐这样的生活必需品的弹性小。

弹性分析理论中所涉及的弹性有以下四个：

（1）进口商品的需求弹性 E_M：$E_M=\frac{进口商品需求量的变动率}{进口商品价格的变动率}$

（2）出口商品的需求弹性 E_X：$E_X=\frac{出口商品需求量的变动率}{出口商品价格的变动率}$

（3）进口商品的供给弹性 S_M：$S_M=\frac{进口商品供给量的变动率}{进口商品价格的变动率}$

（4）出口商品的供给弹性 S_X：$S_X=\frac{出口商品供给量的变动率}{出口商品价格的变动率}$

（二）马歇尔－勒纳条件

马歇尔－勒纳条件研究的是货币贬值改善贸易收支的必要条件。货币贬值会引起进出口商品价格变动，进而引起进出口商品的数量发生变动，最终引起贸易收支的变动。但贸易收支变动状况取决于两个因素：一个是由货币贬值引起的进出口商品的单位价格的变化；另一个是由进出口商品单价的变化引起的进出口商品数量的变化，而这又取决于进出口商品的需求弹性。

从理论上来说，一国货币贬值以后，以本国货币表示的外国商品变得昂贵，于是进口减少；同时，以外国货币表示的本国商品变得便宜，于是出口增加。但是，进口量的减少并不等于进口总价值的减少，出口量的增加也不等于出口总价值的增加。只有进出口商品数量的变动率大于价格变动率，贬值才会使贸易收支得到改善。

马歇尔－勒纳条件指的是货币贬值只有在出口商品的需求弹性和进口商品的需求弹性之和大于 1 的情况下，才能使贸易收支得到改善，即贬值取得成功的必要但不充分条件是：$E_X+E_M>1$。

为了说明这个问题，请看下面的例子：假定初始的人民币汇率是 1 美元＝5 元人民币，贬值后人民币汇率是 1 美元＝8 元人民币，在不同的弹性条件下，会有不同的结果（见表 1－7、表 1－8 和表 1－9）。

表 1－7　人民币贬值对出口的影响

情形	汇率	国内成本	国际市场价格	出口毛利	出口价格变化率	销售数量	销售量变化率	需求弹性	出口额
（1）	5	4	\$1	¥1	—	100	—	—	\$100
（2）	8	4	\$0.75	¥2	25%	110	10%	0.4	\$82.5
（3）	8	4	\$0.75	¥2	25%	120	20%	0.8	\$90

表 1-8　人民币贬值对进口的影响

情形	汇率	国际市场价格	进口毛利	国内价格	国内价格变化率	销售数量	销售量变化率	需求弹性	进口额
（1）	5	\$1	¥1	¥6	—	100	—	—	\$100
（2）	8	\$1	¥1	¥9	50%	90	10%	0.2	\$90
（3）	8	\$1	¥1	¥9	50%	80	20%	0.4	\$80

表 1-9　人民币贬值对贸易收支的影响

情形	出口额	进口额	进出口需求弹性之和	贸易差额
（1）	100	100	—	0
（2）	82.5	90	0.6	\$−7.5
（3）	90	80	1.2	\$+10

马歇尔–勒纳条件从理论上说明了并不是所有的货币贬值都能达到改善贸易收支的目的。西方有些学者从实证的角度，对发展中国家的 78 次本国货币贬值的效用进行了调查研究，结果表明汇率下调对贸易平衡方面的正效用并不十分明显。其中，正效用 38 次，负效用 39 次，零效用 1 次。由此可见，本币贬值的作用有一定的局限性，它不是改善一国贸易收支的万能药方。

（三）J 曲线效应

即使马歇尔–勒纳条件能够满足，货币贬值对贸易收支的影响也不能立竿见影。这是因为本币贬值以后，虽然以外币表示的出口商品的市场价格可以降低，但是这种价格的降低并不能马上带来出口的增长，因为出口商按照新的价格到国际市场上去寻找新的买主并获得订单需要一段时间。而进口商品由于贸易合同已经签订，进口数量的减少需要一段时间，同时进口替代品的寻找与供应也需要时间。因此，本币贬值所带来的贸易收支改善需要一定的时间，在这段时间里，贸易收支有可能进一步恶化，从而形成一条类似于英文字母“J”的曲线，故又称为 J 曲线效应，如图 1-11 所示。

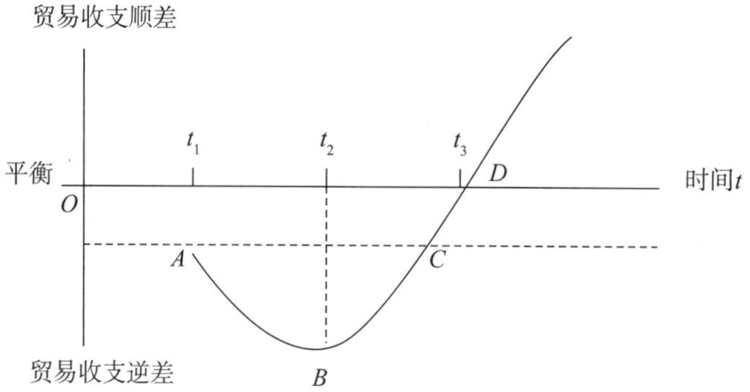

图 1-11　货币贬值的 J 曲线效应

在图 1－11 中，假定在 t_1 时刻某国出现了贸易收支逆差，并立即采取本币贬值的措施，从 t_1 到 t_2 时期，贸易收支进一步恶化，从 t_2 到 t_3 时期贸易收支由最恶化的 B 点逐渐回复到初始状态 C 点，自 t_3 以后贸易收支逆差逐渐减少直至恢复平衡。

专栏 J 曲线效应的时间长短

J 曲线效应说明的是货币贬值对贸易收支影响的时滞过程，这一过程无论是在发达国家还是在发展中国家都明显存在。美国著名经济学家保罗·克鲁格曼根据美国 6 个独立的经济模型得出的结论是：从汇率变动到贸易量最初做出反应的时滞，进口约为 7 个月，出口约为 10 个月，而贸易收支得到改善则需要更长的时间。一般而言，发达国家货币对外贬值并稳定下来 1～2 年后，贸易收支才会得到明显改善。典型的例证是：1967 年英镑贬值后的最初两年，英国出口量虽有所增加，出口净收入却未增长，两年后贸易收支则得到了明显改善；1985 年美元贬值达 20% 以上，但 1986 年和 1987 年美国贸易逆差进一步扩大，1987 年后的几年内贸易逆差连续大幅缩减；1995 年日元虽然大幅升值，但当年日本仍然出现了 1 865 亿美元的巨额贸易顺差，1996 年贸易顺差开始下降，这从反面对 J 曲线效应作了验证。与发达国家相比，发展中国家贸易收支对货币贬值的反应更为灵敏，时滞也较短，一般货币贬值半年至 1 年后便有明显效果。

我国在 1984 年出现贸易赤字，1985 年宣布人民币贬值，当年贸易赤字进一步扩大，1986 年略有好转，1987 年之后改善，J 曲线效应的时滞较长，主要原因在于当时出口商品供给弹性较低，进口替代能力低下。1994 年人民币汇率并轨，名义汇率从 5.8 下降到 8.7，贸易顺差从 1994 年的 54 亿美元上升到 1995 年的 167 亿美元，1996 年回落至 123 亿美元，1997 年上升到 400 亿美元。也有学者研究证实，人民币汇率变动对贸易收支的影响存在了 3 个季度的时滞效应。

资料来源：钟伟．人民币 J 曲线效应的经验与分析．世界经济，2001（1）．

（四）对弹性分析理论的评价

弹性分析理论的贡献在于它纠正了货币贬值一定能改善贸易收支的片面看法，给出了货币贬值有助于改善贸易收支的条件。但是这个理论也存在一定的局限性，主要表现在以下几个方面：

（1）弹性分析理论只探讨了货币贬值对贸易收支的影响，事实上是把国际收支局限于贸易收支，这在国际资本流动日益频繁的今天，显然是不够的。

（2）弹性分析理论有一个假定，那就是出口商品的供给有完全的弹性，即本币贬值、以外币表示的出口商品市场价格降低以后，本国的出口商能够完全满足国际市场上对本国产品的需求。如果出口商品的供给弹性很小，尽管降低价格有助于出口，但出口商没有足够的生产能力满足市场的需求，出口额的增长就会遇到困难。

（3）弹性分析理论讨论了货币贬值初始阶段的价格变化，却没有讨论货币贬值以后国内价格水平的变化，即继发性通货膨胀问题。如果本币贬值以后国内物价上涨，出现了通货膨胀，那么贬值的效应就要大打折扣。以表 1–5 中的例子来看，假定人民币贬值以后，国内出现通货膨胀，出口商品的国内成本由 4 元提高到 6 元，那么出口商就必须以 0.75 美元以上的价格在国际市场上出售，否则就无利可图了。如果国内通货膨胀继续加剧，则出口商降低价格进行销售的空间就会进一步缩小，本币贬值所带来的好处就会逐步被抵消。

三、吸收分析理论

吸收分析理论探讨的是国际收支与国内经济的关系。这个理论形成的历史背景是第二次世界大战后初期，西欧国家正在恢复经济，国际收支危机严重，同时凯恩斯理论已经成为西方经济学的主流学派。吸收分析理论实际上是凯恩斯理论在国际收支上的具体运用。其倡导者是国际货币基金组织的工作人员西德尼·亚历山大和波拉克，背景是 1948 年墨西哥出现了国际收支逆差。

（一）主要观点

吸收分析理论以凯恩斯的国民收入方程式展开分析。按照凯恩斯的理论，国民收入与国民支出的关系可以表述如下：

国民收入（Y）＝国民支出（E）

（1）在封闭经济的条件下：

国民支出（E）＝消费（C）＋投资（I）＝国民收入（Y）

（2）在开放经济的条件下，把对外贸易也考虑进去，则：

$$Y=C+I+(X-M)$$

式中：X 是出口；M 是进口；$X-M$ 就是贸易收支差额，以此代表国际收支差额。把这个等式移项稍做变化，得到：

$$X-M=Y-(C+I)$$

式中：$C+I$ 是国内的总支出，即国民收入中被国内吸收的部分，吸收分析理论由此得名。从上式可以看出，贸易收支差额实际上就是国民收入与国内吸收之间的差额。假定 $B=X-M$，$A=C+I$，则有：

$$B=Y-A$$

当 $Y>A$，即国民收入大于总吸收时，国际收支顺差；当 $Y<A$，即国民收入小于总吸收时，国际收支逆差。当 $Y=A$，即国民收入等于总吸收时，国际收支平衡。

举一个通俗的例子来说明这个问题，假定张三月收入只有 2 000 元，却消费和投资了 2 200 元，那么他肯定只能是负债 200 元，即出现了逆差。假定他只消费和投资了 1 800 元，则会出现 200 元的盈余，即顺差。就张三这个例子而言，在出现逆差的情况下，有两个解决对策：一个是努力提高月收入；另一个是减少消费和投资，即通常老百姓所说的“开源”

和“节流”。

从上面的简单类比出发，吸收分析理论的政策建议是通过改变总收入和总支出来解决国际收支的不平衡问题。当国际收支出现逆差时，表明国内的总需求过大，必须采取紧缩性的货币和财政政策，以减少国内总支出，特别是减少对贸易品的过度需求，以纠正国际收支的逆差。当然，紧缩性的财政政策和货币政策在减少进口的同时，也会减少对非贸易品的需求、降低总收入，因此还必须同时运用其他政策来消除紧缩性政策带来的不利影响。

（二）简要评价

吸收分析理论把国际收支同国内经济联系在一起，为实施通过国内经济的调整来调节国际收支的政策措施奠定了理论基础，所以具有重要的实践意义。其缺点是只考察了贸易收支，并把贸易收支等同于国际收支，这在国际资本流动日益频繁的今天，显然是不够的。

四、货币分析理论

国际收支的货币分析理论强调国际收支是一种货币现象，国际收支的失衡是由货币需求与货币供给的不平衡造成的。货币分析理论的代表人物是美国经济学家蒙代尔和哈里·约翰逊及其学生雅各布·弗兰科。其理论基础是现代货币主义学说。

（一）主要观点

货币分析理论可以用下面的公式加以描述：

$$MS=MD$$

式中：MS 为名义货币供应量；MD 为名义货币需求量。从长期来看，可以假定货币供应等于货币需求。而货币需求又是本国国民收入和利率的函数，公式为：

$$MD=pf(y, i)$$

式中：p 为本国的价格水平；f 为函数关系；y 为国民收入；i 为利率；$pf(y, i)$ 为对名义货币的需求；$f(y, i)$ 为对实际货币存量的需求。

货币主义学派认为，在充分就业的均衡状态下，一国的货币需求 MD 是收入、利率、价格等变量的稳定函数。也就是说，从长期来看，货币需求是稳定的。

$$MS=m(D+R)$$

式中：D 是指中央银行通过国内信贷或国内资产提供的基础货币供应；R 是指央行通过持有外汇储备而提供的基础货币供应，在我国央行的资产负债表上体现为“外汇占款”。m 为货币乘数，是指银行体系通过辗转存贷创造货币，使货币供应数倍于基础货币的系数。在一定的社会经济条件下，m 是一个大于零的常数。这样，可得到下面的等式：

$$MS=mD+mR$$

$$MD=mD+mR$$

$$mR=MD-mD$$

这是货币分析理论的最基本方程式，它表明国际收支是一种货币现象。

如果国际收支出现逆差，即 $mR<0$，则 $MD<mD$，这实际上就是一国国内的名义货币供应量超过了名义货币需求量，多余的货币供应就要寻找出路，从宏观上来看，实际货币余额的调整表现为货币外流，即国际收支逆差。

如果国际收支出现顺差，即 $mR>0$，则 $MD>mD$，这实际上就是一国国内的名义货币供应量小于名义货币需求量，货币供应的缺口就要从国外来寻找。

既然国际收支是一种货币现象，那么国际收支失衡就可以通过货币政策加以解决。由于货币主义学派认为货币需求是收入、利率的稳定函数，而货币供应则在很大程度上可由货币当局操纵，因此，在国际收支出现逆差时，就要紧缩国内信贷即实行紧缩性的货币政策；当国际收支出现顺差时，就应该扩大国内信贷，实行扩张性的货币政策。

（二）简要评价

货币分析理论的主要贡献在于它唤醒了人们在国际收支分析中对货币因素的重新重视，货币分析理论考察了日益频繁的资本流动对国际收支的影响，这是它较弹性分析理论和吸收分析理论进步之处。

它的主要缺陷体现在以下几个方面：第一，它假定货币需求函数是相当稳定的函数，但实际上，短期内的货币需求往往是很不稳定的，也很难不受货币供给变动的影响。因而，它所分析的实际上是长期的国际收支调节问题，忽视了短期的国际收支不平衡所带来的影响。第二，从它的政策建议来看，货币分析理论认为国际收支逆差的基本对策就是实行紧缩性的货币政策，这个政策主张的必然后果就是以牺牲国内的消费、投资、收入和经济增长为代价来纠正国际收支逆差。这一点曾受到许多国家尤其是发展中国家经济学家的批评。

当前，弹性分析理论、吸收分析理论和货币分析理论不仅为许多国家所重视，而且成为国际货币基金组织制定调节国际收支方案的理论依据。比如，当某个会员国国际收支出现严重逆差，并要求基金组织提供信用贷款时，基金组织往往要求该会员国采取大规模削减财政赤字、严格控制信贷规模和进行货币贬值等措施，以改善国际收支。基金组织的这些要求就是以货币分析理论为基础，认为货币供求是决定国际收支的首要因素，因而强调实行以控制国内信贷为主的政策，同时这些要求反映了吸收分析理论的以控制国内需求为主，以及弹性分析理论的以货币贬值促进出口的论点。

五、内外部综合平衡理论

（一）内部平衡与外部平衡

由于国际收支反映的是一个国家对外往来的总体状况，因此国际收支不平衡代表的是一个国家对外经济活动的不平衡，称为“对外不平衡”或者“外部不平衡”。前面我们在探讨国际收支的改善政策时，都是把国际收支的改善作为政策实施时的最高目标。但在实践当中，一个国家政府的政策目标可能有很多个，既有外部平衡的目标即国际收支的平衡，也有内部平衡的目标即经济增长、物价稳定、充分就业等。因此，第二次世界大战后，很多经济学家都曾致力于内部平衡与外部平衡的研究，并认为这两种平衡是有机联系的，在研究外部平衡的同时必须研究内部平衡。

（二）主要观点

如前所述，纠正外部失衡的对策归纳起来主要有三个方面：（1）开支变更政策或开支调整政策，即政府运用财政政策与货币政策调节总需求，如紧缩性的财政政策和货币政策，以求得国际收支的平衡。（2）开支转换政策，即政府采用汇率变动措施，如本币贬值，使国内相对价格和国外相对价格发生变化，进而引起人们在本国商品与外国商品之间进行需求转换的一种政策。（3）直接管制，即政府对某一或某些经济部门予以限制或优待。直接管制可分为三种：第一种是财政性管制（如关税、津贴或补贴、出口信贷等）；第二种是货币性管制（如外汇管制、进口预交保证金等）；第三种是商业性管制（如进口许可证、限额与配额等）。直接管制一般会招致贸易伙伴的报复，同时造成效率低下和生产要素分配的扭曲，因此应该尽量避免。

关于这三类政策同政府调节经济目标之间的联系，经济学家丁伯根认为，为了实现一个经济目标，政府至少要运用一种有效的政策；为实现几个经济目标，政府至少要运用几种独立有效的政策。这就是所谓的“丁伯根原则”，通俗地说，就是一把钥匙开一把锁。

如果政府只运用开支变更政策而不同时运用开支转换政策和直接管制，不仅不能实现内部平衡与外部平衡，而且会导致这两种平衡之间发生冲突，这种冲突称为“米德冲突”。比如，当一国出现通货膨胀和国际收支顺差并存的情况时，如果只采用扩张性的开支变更政策，虽可能有助于解决国际收支顺差的问题，但会加重通货膨胀；如果只采用紧缩性的开支变更政策，虽有助于解决通货膨胀的问题，但又可能加大国际收支顺差。当一国失业严重并伴有国际收支逆差时，如果只采用扩张性开支变更政策，虽有助于解决失业问题，但会加大国际收支逆差；如果只采用紧缩性开支变更政策，虽有助于解决国际收支的问题，但可能加重失业问题。由于存在着米德冲突，要想获得理想的内部平衡和外部平衡的目标，就必须配合使用经济政策。

1962 年，美国经济学家蒙代尔在向国际货币基金组织提交的题为《恰当运用财政货币政策以实现内外稳定》的报告中正式提出：分配给财政政策以稳定国内经济的任务，而分配给货币政策以稳定国际收支的任务。这就是“蒙代尔分配法则”。蒙代尔认为，财政政策通常对国内经济的作用大于对国际收支的作用，而货币政策对国际收支的作用较大，它倾向于扩大本国与外国之间的利差，促使大量资本在国际上移动，进而影响国际收支。按照蒙代尔分配法则，我们可以得到在不同经济情况下的政策组合（见表 1－10）。

表 1－10 蒙代尔分配法则

国内经济	国际收支顺差	国际收支逆差
通货膨胀	扩张性的货币政策 紧缩性的财政政策	紧缩性的货币政策 紧缩性的财政政策
经济衰退（失业增加）	扩张性的货币政策 扩张性的财政政策	紧缩性的货币政策 扩张性的财政政策

（三）简要评价

现实的经济生活要比理论上的论述复杂得多，在决定政策取向时，不仅要考虑本国的经济需要，还要顾及外国可能做出的反应。在理论假设中，经济衰退与通货膨胀是两种独立的情况，但实际上，它们有可能同时并存，即“滞胀”，这时的政策搭配就要复杂得多，政策工具的数目也可能超过两个。比如，货币贬值措施虽然易于实施，但是在全球性经济衰退时期，由于各国在制定经济政策时都希望将经济问题转嫁给他国，因此，一国货币的贬值可能引起其他国家的报复，形成竞争性贬值，从而对国际贸易的发展造成极大破坏。因此，理论上应采用贬值与实际上能否采用贬值，有时并不一致，这也给国际收支的政策调节带来了复杂性。

本章附录

国际收支平衡表的登录实例

下面以甲国为例，列举 8 笔经济交易，来说明国际收支平衡表的登录方法。

【例 1–1】 甲国企业动用其在国外银行的存款进口设备 100 万美元，记为：

借：进口　　100 万美元

　　贷：对外国私人银行的短期债权　　100 万美元

分析：商品进口应记入借方项目，动用在国外银行的存款意味着在外资产的减少，应该记入贷方项目，该项目属于金融项目下的其他投资。

【例 1–2】 外国人在甲国旅游花费 30 万美元，甲国旅游企业将所得 30 万美元存入银行，记为：

借：对外国私人银行的短期债权　　30 万美元

　　贷：旅游收入　　30 万美元

分析：30 万美元最后要变成甲国在外国私人银行的短期债权，故应记入借方。旅游收入属经常项目下的无形贸易，应该记入贷方。

【例 1–3】 外国将价值 1 000 万美元的设备投入甲国，兴办合资企业，记为：

借：进口　　1 000 万美元

　　贷：外国对甲国的直接投资　　1 000 万美元

分析：将投资入股的设备看作进口物资，故应记入借方。外国对甲国的直接投资应记入贷方。

【例 1–4】 甲国政府动用外汇库存 40 万美元向某国提供无偿援助，另提供相当于 60 万美元的粮食、药品援助，记为：

借：二次收入（官方无偿援助）　　100 万美元

　　贷：官方储备　　40 万美元

　　　　出口　　60 万美元

分析：官方无偿援助属于二次收入账户，甲国援助他国的应该记入借方。官方储备属于平衡账户，贷方记 40 万美元表示储备减少 40 万美元；援助他国的粮食、药品相当于出口，记入贷方。

【例 1–5】 甲国某企业在海外投资所得利润 150 万美元，其中 75 万美元用于在当地的再投资，50 万美元用于购买当地商品后运往国内，25 万美元调回国内，结售给政府以换取本国货币，记为：

借：进口　　50 万美元
　　官方储备　　25 万美元
　　对外直接投资　　75 万美元
　贷：海外投资利润收入　　150 万美元

分析： 海外投资的利润收入属于经常项目，应记入贷方 150 万美元。75 万美元用于再投资，应记入对外直接投资项目的借方。购买商品运回甲国，相当于进口，故记入借方 50 万美元。25 万美元调回甲国，增加了甲国的外汇储备，故应记入官方储备项目的借方。

【例 1–6】 驻甲国的世界银行总部决定向印度提供价值 720 万美元的贷款，用于支持印度的基础设施项目的建设。

分析： 国际金融组织不属于任何国家的居民，故其收支不应该记录在甲国的国际收支平衡表上。

【例 1–7】 甲国石油进口商租用希腊公司经营的油轮，支付劳务费用 40 万美元，用支票支取在瑞士银行的存款给付，记为：

借：服务输入——运输　　40 万美元
　贷：金融项目——对外国私人银行的短期债权　　40 万美元

分析： 租用希腊公司的油轮意味着从希腊获得了服务，服务输入应记入借方。用国外银行存款支付，意味着在国外的资产减少，记入贷方。

【例 1–8】 甲国居民动用其在海外银行存款 80 万美元，购买外国某公司的股票，记为：

借：证券投资　　80 万美元
　贷：对外国私人银行的短期债权　　80 万美元

现将上述 8 笔交易的有关数据编成一张国际收支平衡表（见表 1–11）。

表 1–11　甲国的国际收支平衡表　　单位：万美元

项目	借方（－）	贷方（＋）	差额
贸易收支			
出口		60（4）	
进口	100（1） 1 000（3） 50（5）		－1 090
服务收支			
收入	40（7）	30（2）	－10
支出			
初次收入		150（5）	＋150

续表

项目	借方（－）	贷方（＋）	差额
二次收入	100（4）		－100
经常项目合计			－1 050
资本项目	—	—	—
金融项目合计			
直接投资	75（5）	1 000（3）	＋925
证券投资	80（8）	—	－80
其他投资	30（2）	100（1） 40（7） 80（8）	＋190
资本和金融项目合计			＋1 035
净误差与遗漏	—	—	—
官方储备	25（5）	40（4）	＋15
总计	1 500	1 500	0

本章小结

1. 狭义的国际收支是指一个国家在一定时期（1 年、1 个季度或 1 个月）内，由于各种对外交往而发生的、必须立即结清的、来自其他国家的外汇收入与付给其他国家的外汇支出总额的对比。狭义的国际收支概念是建立在会计处理的现金收付基础之上的。

2. 广义的国际收支是指一个国家或地区在一定时期（1 年、1 个季度或 1 个月）内，各种对外往来所产生的全部国际经济交易的统计。其会计处理基础是权责发生制。广义的国际收支是一个流量的、事后的概念，反映的是发生在居民与非居民之间的各种经济交易。

3. 国际收支平衡表是一个国家在一定时期内（1 年、1 个季度或 1 个月）全部国际经济交易的统计表。国际收支平衡表采用会计上的复式记账原理，任何一笔国际经济交易都分别在借贷双方同时登记，入账日期以商品、劳务和金融资产所有权变更的日期为准。

4. 国际收支平衡表的主要内容包括三个部分：经常项目、资本和金融项目、平衡项目。经常项目包括货物、服务、初次收入（收益）、二次收入（经常转移）

四个子项目；资本和金融项目包括资本项目和金融项目，金融项目又包括直接投资、证券投资、金融衍生工具和雇员认股权以及其他投资四个子项目；平衡项目包括净误差与遗漏以及储备资产的变动。

5. 国际收支平衡与否从理论上来说，可以自主性交易的平衡与否来判断。从实务上来说，可以根据实际需要分别考察各种口径的国际收支差额，如贸易差额、经常项目差额、金融项目差额、线上项目总差额等。

6. 国际收支不平衡的主要原因有周期性因素、收入性因素、结构性因素、货币性因素以及偶发性因素。

7. 国际收支不论是顺差还是逆差，如果规模过大，持续时间较长，都会对该国的内外经济运行产生不良影响。国际收支调节的主要工具包括财政政策、货币政策和直接管制等。

8. 在西方各种国际收支理论中，最具有代表性的是弹性分析理论、吸收分析理论、货币分析理论、内外综合平衡理论。各种理论都是不同历史时期的产物，都有其理论贡献，同时存在着一定的缺陷。

关键概念

国际收支	国际收支平衡表	经常项目	资本项目
金融项目	自主性交易	补偿性交易	线上项目
弹性	马歇尔－勒纳条件	J曲线效应	米德冲突
丁伯根原则	蒙代尔分配法则		

复习思考题

1. 表 1－12 是 2016 年的中国国际收支简表，根据该表回答问题。

表 1－12　2016 年中国国际收支简表　　单位：亿美元

项目	金额
货物	4 889
服务	−2 331
一次收入	−549
二次收入	−95

续表

项目	金额
资本项目	−3
直接投资	−417
证券投资	−523
金融衍生工具	−54
其他投资	−3 167
净误差与遗漏	−2 186
储备资产	4 437

（1）经常项目差额、资本和金融项目差额以及总差额各是多少？

（2）2016 年中国的国际收支是顺差还是逆差？顺差或逆差的主要原因是什么？

（3）这种国际收支状况对人民币汇率有什么影响？

2. 国际收支平衡表的主要内容有哪些？

3. 主要的国际收支差额有哪些？如何运用它们进行经济分析？

4. 试述国际收支不平衡的主要原因及调节的政策措施。

5. 主要的国际收支调节理论有哪些？

6. 分析我国近年来国际收支状况及未来走势。

第二章
国际储备

专业学习目标

掌握国际储备的概念、构成（形式）及作用；

了解影响国际储备规模管理和结构管理的主要因素及基本原则；

了解我国近年来国际储备资产变化的主要特点，理解储备资产增减变化对我国货币供应以及宏观资金运行的影响；

了解我国外汇储备资产管理的现状及其改进的方式。

素养目标

正确认识外储规模变动对央行货币政策操作和金融市场的影响，了解我国外汇储备资产管理的现状及其改进方向。

知识结构导图

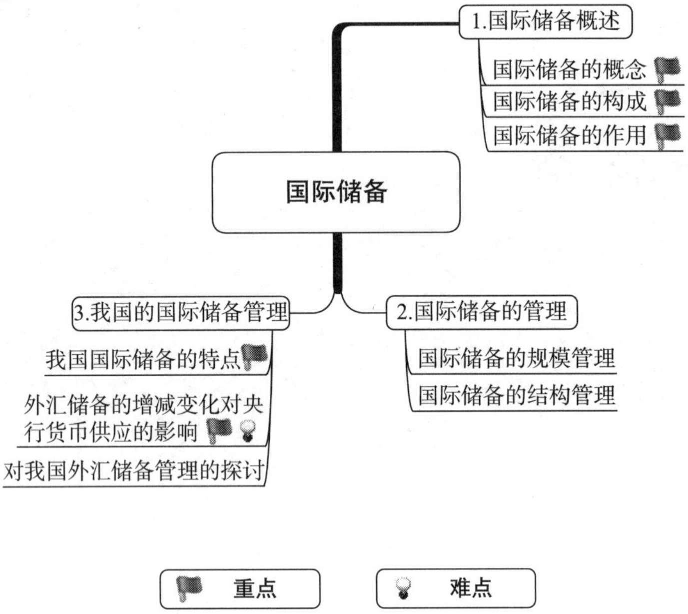

通过第一章的学习我们知道，国际收支平衡表反映的是一个国家对外往来的总体状况，其结果会通过各种渠道影响到该国的宏观经济运行。国际收支的最终表现结果是该国储备资产的变动。那么，一国储备资产为多少适宜？外汇储备的增减与我国的货币供应之间有什么联系？对央行的货币政策操作有什么影响？如何对储备资产实行有效的管理并获得令人满意的收益？截至 2022 年 2 月底，我国拥有 32 138 亿美元的外汇储备，位居全球第一。近年来，伴随着我国外汇储备规模的不断扩大，有关这些问题的讨论也在不断升温。本章将对这些问题展开分析。

第一节 国际储备概述

一、国际储备的概念

国际储备（International Reserves）是一国货币当局为弥补国际收支逆差，维持本国汇率的稳定和作为对外信用保证的各种形式资产的总称。它是一国经济实力强弱的重要标志之一。

二、国际储备的构成

国际储备的构成即国际储备的形式，是指用于充当国际储备的资产种类。在不同的历史阶段，国际储备的形式有所不同。

在第二次世界大战之前，国际储备的形式分为黄金和可兑换成黄金的外汇两种。战后，国际储备的形式有四种：黄金储备、外汇储备、在 IMF 的储备头寸和特别提款权。

（一）黄金储备

黄金储备（Gold Reserves）是指一国货币当局持有的货币性黄金（Monetary Gold）。

由于黄金价值稳定，并且不受国家行政力量的左右，因此一直是国际储备的主要来源之一，并作为国际支付和清算的最后手段。在金本位制度下，黄金是最重要的国际储备形式。在布雷顿森林体系下，黄金仍是很重要的国际储备形式。20 世纪 70 年代中期，IMF 开始推行黄金非货币化政策，使得黄金储备在各国国际储备中的地位有所下降。目前，世界黄金储备的实物量大约有 10 亿盎司（Ounce，1 金衡盎司 =31.103 5 克），黄金储备至今仍是各国国际储备的一个重要组成部分。

需要说明的是，现阶段作为国际储备资产的黄金，实际上极少直接充当国际清算手段，即使要用黄金弥补国际收支逆差或清偿国际债务，通常是先将黄金作为商品在市场上出售，换成外汇后再支付。

专栏　黄金价格的历史走势及黄金在储备资产中的地位

黄金作为一种特殊的商品，其价值虽然相对稳定，价格却常发生波动甚至是剧烈的波动。如果以美国 1834 年颁布《铸币法案》并实行事实上的金本位制为界，每盎司黄金的年平均价格在 1833—1918 年基本稳定。此后，黄金市场价格缓慢小幅升至 1971 年的年平均价格，即每盎司 40.62 美元。1973 年是 20 世纪以来黄金市场价格演进的一个分水岭，布雷顿森林体系崩溃后，美元不再与黄金挂钩，黄金价格一路飙升至 1980 年的最高点 850 美元，之后开始回落。黄金价格从 2001 年开始重拾升势，到 2007 年，呈持续上升状态。2008 年下半年，受全球金融危机的影响，黄金价格深度盘整，随后为缓解危机，各国出台了量化宽松的货币政策，黄金价格再次上扬，并在 2011 年 9 月攀上了 1 895 美元的高峰，随后黄金价格掉头向下。2020 年受疫情发生后美国等国实施宽松货币政策影响，黄金价格曾攀至 2 000 美元以上。（见图 2–1）。

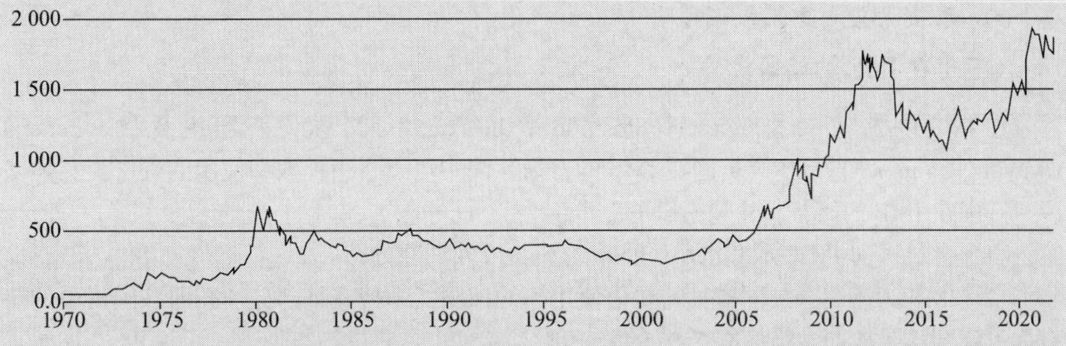

图 2–1　黄金价格走势（1970 年 1 月—2021 年 12 月，美元 / 盎司）

资料来源：世界黄金协会（World Gold Council）.

黄金与其他商品或金融资产一样，其价格由市场供需调节，而市场供需取决于多种因素，包括黄金的生产与消费、各国央行对待官方储备的政策、投资者在黄金市场上的投资策略、时间因素与心理因素等，都可能影响到黄金市场价格的波动。黄金的价格在很大程度上由黄金市场参与者的价值观来决定，而了解市场上所有消费者和供应商的价值观从而精确地预测出价格是不可能的。事实上，人们的价值观在不断地变化，正如供给、需求和成本这些因素也在不断变动一样。即使暂不考虑黄金所具有的储备货币功能，黄金在经济中扮演着多重角色，其价格的波动也与这些角色相关。

1973 年布雷顿森林体系消亡以来，尽管 IMF 推行黄金非货币化，但是黄金始终没有脱离过货币体系，是各国储备资产的重要组成部分。2008 年全球金融危机以来，美元作为主要储备货币面临多重挑战。然而，要让黄金取代美元成为主要储备资产，不仅受制于黄金实物产量、黄金市场流动性等因素的制约，而且黄金价格的大幅波动也使得国际储备资产过于集中的风险日益突出。这就迫使许多国家不得不改变各自的国际储备构成，从而形成了一种不可逆转的国际储备多元化的发展趋势。

（二）外汇储备

外汇储备（Foreign Exchange Reserves）是一国货币当局持有的对外流动性资产，其形式主要表现为国外银行存款和外国国库券。因此，人们可以这样认为：外汇储备由各种能够充当储备货币的资产组成。

外汇储备是当今国际储备中的主体，这是因为：第一，从数量上来看，它超过了所有其他类型的储备。2021 年年底，IMF 所有会员国持有的黄金储备数量约为 3.1 万吨，按当时市价折算成美元约为 1.7 万亿美元，而同期仅中国一个国家的外汇储备就高达 3.2 万亿美元。第二，外汇储备在实际中使用的频率最高，规模最大，黄金储备几乎很少使用。在 IMF 的储备头寸以及特别提款权因其性质和规模，作用也很小。正是基于以上原因，人们有时会用外汇储备来代替国际储备。

一般来说，充当国际储备的货币必须具备下列特征：

（1）必须是可自由兑换货币；

（2）必须为各国普遍接受，能自由兑换成其他国家的货币；

（3）购买力必须具有稳定性。

（三）在 IMF 的储备头寸

在 IMF 的储备头寸（Reserve Position in the Fund），又称为普通提款权（General Drawing Rights），它是指会员国在 IMF 的普通账户中可以自由提取和使用的资产。具体来说，一国在 IMF 的储备头寸包括以下三个部分：

（1）会员国向 IMF 所缴份额中 25% 的黄金或外汇部分；

（2）IMF 为满足会员国借款需要而使用掉的该国货币持有量部分，亦即该国货币的持有量下降到不足该国本币份额 75% 的差额部分；

（3）IMF 向该会员国借款的净额。

普通提款权在 IMF 会员国国际储备资产总额中所占比重较小。

（四）特别提款权

1. 特别提款权的含义

特别提款权（Special Drawing Right，SDR）是国际货币基金组织于1969年创设的一种新的国际储备资产和记账单位，其目的是补充国际储备资产的不足。

1970年，国际货币基金组织开始分配特别提款权，分配的依据是会员所缴纳的基金份额，基金组织总共分配了2 041亿特别提款权。在基金组织190个会员中，有1/5以上的会员由于是在1981年以后加入基金组织的，因此一直未分配到特别提款权，直到2008年全球金融危机之后的一次分配中才改变这种状况。

2. 特别提款权的作用

国际货币基金组织的会员可用分配到的特别提款权归还基金组织的贷款，或用于会员政府之间的支付。所以，对于基金组织的会员来说，已分到而尚未使用的特别提款权就构成该会员国际储备资产的一部分。但是，特别提款权不能用于兑换黄金，也不能直接用于国际上贸易和非贸易的支付，它只是会员在国际货币基金组织的一种账面资产。

专栏　特别提款权

1. 概述

特别提款权是国际货币基金组织于1969年根据《国际货币基金协议》第一次修订所创立的国际储备资产，主要由会员所持有。特别提款权主要用于会员政府之间和会员同国际货币基金组织之间的支付，因此是国际储备的一种形式。国际货币基金组织指定的15个官方机构也可以持有特别提款权，包括非洲开发银行、非洲发展基金、阿拉伯货币基金、亚洲开发银行、国际清算银行等。这些机构不能参与特别提款权的分配，但是可以用特别提款权同会员进行交易。由此可见，特别提款权与其他储备资产不同：它是集中创造的，只能由中央银行持有，而储备货币的地位是根据传统取得的；它和国际货币基金组织普通提款权也不相同，参加国无条件享有其分配额，无须偿还，但用途严格限于国际支付目的。

2. 分配

特别提款权自1969年首次发行以来，分配过三期，共2 041亿特别提款权单位，其分配情况见表2－1。我国SDR累计分配额为69.897亿SDR。

表2－1　特别提款权的分配情况　　单位：亿SDR

第一期（1970—1972年）	93
第二期（1979—1981年）	121
第三期（2009年）	1 826
合计	2 041*

注：标注“*”的受尾数四舍五入影响。

3. 定值

特别提款权的价值以“一篮子货币”为基础于每日确定，由于“篮子”中任何一种货币汇率的变化都会部分或者全部被其他货币汇率的变化所抵消，因此它比“篮子”中任何一种货币的价值都稳定。特别提款权的定值分为以下几个阶段：

第一阶段：特别提款权刚创立时，以黄金代表其价值量，1 个特别提款权的含金量为 0.888 671 克，与当时的美元等值，即 1 个特别提款权等于 1 美元。

第二阶段：从 1974 年 7 月 1 日起，国际货币基金组织决定特别提款权定值与黄金脱钩，改用“一篮子”16 种货币作为定值标准。

第三阶段：从 1980 年 9 月 18 日起，改以美元、德国马克、日元、法国法郎和英镑来定值。1999 年欧元推出之后，德国马克和法国法郎由欧元取代。IMF 每 5 年调整一次“货币篮子”的构成及权重，调整的依据是这些货币在世界贸易和金融体系中的相对重要性。欧元流通后，2001 年、2006 年以及 2011 年的三次调整仅涉及“货币篮子”的权重。

1980 年后 SDR“篮子货币”权重变化见表 2–2。

表 2–2　1980 年后 SDR“篮子货币”权重变化　　单位：%

币种	1981—1985 年	1986—1990 年	1991—1995 年	1996—2000 年	2001—2005 年	2006—2010 年	2011—2015 年	2016—2020 年
美元	42	42	40	39	45	44	42	41.73
欧元	—	—	—	—	29	34	37	30.93
英镑	13	12	11	11	11	11	11	8.33
日元	13	15	17	18	15	11	10	8.09
马克	19	19	21	21	—	—	—	—
法郎	13	12	11	11	—	—	—	—
人民币	—	—	—	—	—	—	—	10.92

第四阶段：2015 年 11 月 30 日，IMF 对构成 SDR 的货币及其权重进行了例行评估和调整，将人民币纳入了 SDR 的“货币篮子”，这一调整自 2016 年 10 月 1 日起生效。

2022 年 1 月 14 日特别提款权的定值见表 2–3。

表 2–3　2022 年 1 月 14 日特别提款权的定值

货币种类		货币数量	汇率	等值美元	货币实际权重（%）
	货币权重（%）				
人民币	10.92	1.017 4	6.35 72	0.160 039	11.36
欧元	30.93	0.386 71	1.145 35	0.442 918	31.46
日元	8.09	11.900	108.895	0.104 482	7.42
英镑	8.33	0.085 946	1.372 3	0.117 944	8.38
美元	41.73	0.58 252	1.000 00	0.582 520	41.38
1.407 900					
SDR1 = USD1.407 900					
USD1 = SDR 0.712 76					

资料来源：国际货币基金组织 .

说明：（1）货币数量是由 IMF 根据每种货币的权重、权重调整时的 SDR/USD 定值以及美元兑该种货币的汇率计算出来的，确定之后五年内不再变动。①

（2）等值美元是用货币数量乘以汇率，人民币和日元汇率需要转换 JPY/USD、CNY/USD 的报价。

（3）SDR 的定值就是五种货币的等值美元相加。

（4）由于市场汇率的变动，导致五种定值货币的实际权重每天都略有变化，与五年确定的初始权重有出入。

数据来源：国际货币基金组织网站 .

资料来源：① International Monetary Fund. Review of the Method of Valuation of the SDR. ② 中国人民银行 . 人民银行欢迎国际货币基金组织执董会关于将人民币纳入特别提款权货币篮子的决定 .（2015-12-01）[2017-12-22]. http://www.gov.cn/xinwen/2015-12/01/content_5018568.htm.

专栏　纳入 SDR：人民币国际化进程中的重要一步

IMF 执行董事会每 5 年进行一次 SDR 定值检查，并据此对 SDR“货币篮子”的构成及权重加以调整。在 2010 年 SDR 定值检查前，已经有关于人民币进入 SDR“货币篮子”的提议，然而执董会讨论后还是做出了否定结论。理由是人民币不符合“可自由使用货币”标准。

根据 IMF 的现行规定，加入 SDR“货币篮子”有两个标准：一是该货币发行国在过去 5 年内货物和服务出口额位居世界前列；二是该货币为可自由使用货币。《国际货币基金协定》第 30 条第 f 款将“可自由使用”界定为“事实上在国际交易支付中被广泛使用”以及“在主要外汇市场被广泛交易”。

中国经过连续多年的经济增长，已成为世界第二大经济体，全球进出口贸易第一大国，是全球经济发展的重要引擎，国际市场对中国经济的依赖、对人民币的需求不断扩大。显然，人民币已满足第一个标准。

对于第二个标准“可自由使用货币”，由于评价依据主观性较强，各会员国甚至 IMF 内部对该标准的理解也不统一，在实践中更多地偏向于货币在金融交易中的使用及在资本项目下的可兑换，讨论结果也更多依赖于执行董事们的个人判断。

自 2009 年开始，中国在跨境贸易结算中开始使用人民币，拉开了人民币国际化的序幕，到 2013 年底，全球贸易中人民币结算份额达到 2.50%，全球资本和金融交易中人民币份额达到 2.08%，不少货币当局增加了人民币储备头寸。人民币可以与美元、欧元、英镑、日元、澳元等多种外币直接交易，外汇交易产品不断丰富。除中国香港地区、新加坡、首尔等亚洲市场外，人民币离岸市场已经向伦敦、法兰克福、卢森堡等欧洲国际金融中心扩展，非洲和美洲的部分国家也积极争抢离岸人民币业务。越来越多的企业和金融机构在贸易结算、

① 有关货币数量的确定，有兴趣的读者可以参阅：王立荣 . 特别提款权定值方法演变及需澄清的几个问题 . 金融教学与研究，2013,149（3）：24-26.

资产管理中使用人民币。目前，人民币是全球外汇交易第七大货币，已超越欧元成为贸易融资第二大结算货币。综合考虑了国际贸易结算、金融交易、官方储备功能的人民币国际化指数（RII），从2009年底的0.02%上升至2014年6月底的1.96%，年均增幅超过60%。

伴随着经济和金融实力的增长，中国自全球金融危机以来开始主动承担大国责任，积极参与全球治理。例如，利用外汇储备优势支持IMF和欧盟对债务危机国家进行救助，推动G20落实宏观审慎管理的基础性框架，参与组建了金砖国家应急储备基金，筹建亚洲基础设施投资银行等。

2008年爆发的全球金融危机充分表明，当前的国际货币体系过度依赖美元，加剧了国际金融体系的脆弱性。G20会议强烈呼吁IMF在治理结构改革中应提高发展中国家的话语权，包括在SDR“货币篮子”中增加发展中国家货币，使其更具代表性和合理性。

2015年11月30日，IMF宣布将人民币纳入SDR的“货币篮子”，权重为10.92%，超过日元和英镑，成为“货币篮子”中的第三大货币。纳入SDR既是人民币国际化进程中的重要一步，也是我国融入全球金融体系的重要里程碑。

然而，人民币要成为真正的国际货币目前还面临一些需要解决的问题。首先，现有的以美国和美元为主导的国际金融治理体系一直把中国和人民币的崛起视为威胁。其次，人民币国际使用的基础设施有待进一步完善。例如抓紧建设和完善人民币跨境支付系统（CIPS），提高人民币国际使用的便捷性；进一步提升人民币离岸市场规模，优化市场布局；进一步完善人民币金融产品链，提升金融机构的服务能力，满足非居民获得人民币流动性以及进行资产管理和风险管理的需要；等等。

三、国际储备的作用

国际储备是衡量一个国家经济实力强弱的重要指标之一。它的基本作用体现在以下三个方面。

（一）弥补国际收支逆差，维持对外支付能力

当一国发生短期的临时性国际收支逆差时，政府需要采取措施加以纠正，就可运用国际储备来平衡，使其国内经济免受政策调整产生的不利影响，有利于国内经济的稳定发展。如果国际收支困难是长期的、巨额的，则国际储备只能起到一定的缓冲作用，但是可以为政府采取其他措施调节国际收支赢得时间。

（二）充当干预资产，调节本国货币汇率

当本国货币汇率在外汇市场上发生波动时，尤其是因投机性因素导致这种波动时，政府可以动用外汇储备来缓和这种波动，甚至改变波动的方向，从而达到稳定汇率的目的。通过在外汇市场上抛售外汇储备，可以增加外汇市场上的外汇供给，抑制外汇的上涨以及本币的下跌。通过在外汇市场上购进外汇，可以增加外汇市场上的外汇需求，刺激外汇汇率的上涨以及本币的下跌。

（三）信用保证

信用保证的作用包含两层意思：一是指国际储备是一国向外借款和偿还本息的重要保证，是衡量一国对外资信的一项重要指标；二是指国际储备可以用来增强金融市场对本国货币汇率的信心，抵抗金融风险。

第二节 国际储备的管理

国际储备的管理包括国际储备规模的管理和国际储备结构的管理。前者指的是一个国家应该持有多少储备才算规模合理；后者指的是一个国家的储备应该保持怎样的结构，特别是币种结构。

一、国际储备规模的管理

国际储备规模管理的核心是确定一个适度规模的国际储备额度。

（一）比例分析法

比例分析是指将一国的国际储备额同一些经济指标进行对比，如国际储备额同国民生产总值之比、国际储备额相当于几个月的进口额等。

使用比例分析法的代表人物是美国耶鲁大学教授罗伯特·特里芬（Robert Triffin），他在1960年出版的《黄金和美元危机》一书中总结了第一次世界大战和第二次世界大战之间以及第二次世界大战后初期（1950—1957年）世界上三四十个国家的储备状况，并考察了其外汇管制情况，得出结论：一国国际储备的合理数量，约为该国年进口额的20%～50%。实施外汇管制的国家，因政府能有效地控制进口，故国际储备可少一点，但底线是20%；不实施外汇管制的国家，国际储备应该多一点，但一般不超过50%。对大多数国家来说，保持国际储备额占进口额的30%～40%是比较合理的。

特里芬的这项研究开创了系统研究国际储备的先例，并被后来的学者所广泛引用。通常认为，一个国家的国际储备应该满足该国3个月的进口用汇需要，即年进口额的25%。

（二）适度的国际储备规模应考虑的主要因素

使用比例分析法衡量国际储备的适度性虽然简单易行，但由于考虑的变量过少，因此还不能全面反映影响国际储备的综合因素。例如，尽管按照比例分析法测算的包括泰国在内的东亚国家持有的外汇储备是充足的，但仍然无法抵御金融风暴的袭击。危机过后，东亚国家普遍走上了积累更多外汇储备的道路。一国在测算国际储备的适度水平时，必须同时考虑以下一些因素。

1. 持有国际储备的成本

国际储备代表着对国外实际资源的购买力，一国政府若动用这项资产，就可以增加国内投资和促进经济的发展。因此，持有国际储备是要付出代价的，这个代价就是损失了使用国外实际资源所带来的投资收益率。另外，国际储备中生息的储备资产会给持有国带来利息收益。一国持有国际储备的成本就等于投资收益与利息收益之间的差额。这个差额越大，表明持有国际储备的成本越高，对国际储备的需要量越少；反之，则表明持有国际储备的成本越低，对国际储备的需要量越多。

2. 对外贸易状况

若一国的对外贸易在其国民经济中占有重要地位，则其外汇收支较多，对储备资产的要求也较大。若一国的对外贸易条件良好，其出口产品在国际市场上竞争力较强，则对储备资产的需求较少。

3. 借用国外资金的能力

一国在弥补国际收支逆差时，可以动用国际储备，也可以借用国外资金，如向国际金融市场和国际金融机构筹借资金。从原则上讲，若一国的国际资信较高，国际融资能力较强，能迅速、方便地获得国际金融机构或外国政府的贷款，则无须持有过多的国际储备；反之相反。但是，一国的国际储备水平过低，其国家信誉就会下降，国际融资能力也会减弱。再者，借用国外资金会增加未来偿债的压力。

4. 应付各种因素对国际收支冲击的需要

一国的国际收支状况常常会受到各种外界因素的冲击，从而导致失衡，所以各国在确定其国际储备持有量时，应对这些冲击的类型和程度做出正确的预测。

冲击类型有短期性冲击和长期性冲击两种，它直接影响到一国政府平衡国际收支时所采取的政策。如国际收支受到短期性冲击，发生暂时性逆差，可运用外汇储备资产来弥补，因而对储备资产的需求量较大；如国际收支受到长期性冲击，发生长期性逆差，就只能通过国内经济政策的调整来平衡国际收支。

冲击的程度是指各种因素对国际收支冲击的概率和程度，它影响到该国国际收支的稳定情况，从而决定该国对国际储备的需要量。各种因素对国际收支冲击的概率和程度越大，国际收支稳定性就越差，就应持有较多的国际储备量。

5. 经济调整的强度和速度

经济调整的强度和速度与国际储备量之间存在一定的替代关系：经济调整的强度越低、速度越慢，所需的国际储备量就越少。这是因为一国在进行经济调整时会破坏国内经济稳定的局面，并且经济调整的强度和速度越高，国内经济就越不稳定。但是，一国在经济调整时动用国际储备作为辅助手段，可降低经济调整的强度和速度，以保证国内经济的稳定发展。

6. 对外贸和外汇的管制程度

如果一国实行严格的外贸和外汇管制，则能有效地控制进口和外汇资金的流动，对国际储备的需求相对较低。但是，一国若实行严格的外贸和外汇管制，则反映出该国国际储备不足。

7. 汇率制度与外汇政策

在当今世界主要货币实行浮动汇率制的条件下，一国的汇率制度和外汇政策会在一定程度上影响该国对国际储备的需求量。在实行固定汇率制度和稳定汇率的外汇政策条件下，就需要持有较多的国际储备，以便随时对外汇市场进行干预，保持汇率的稳定；反之，在实行弹性汇率制度和允许汇率经常或大幅度波动的外汇政策条件下，对国际储备需要量较小。

8. 货币的国际地位

如果一国货币是国际储备货币，则该国可以用本国货币进行国际支付，不需要持有过多的国际储备。例如，美国就不需要持有外汇储备，而德国也是储备小国。

（三）国际储备的供给

适度的国际储备水平不仅要从需求的角度来考虑，而且要从供给的数量方面来考虑。

在黄金、外汇、在IMF的储备头寸和特别提款权这四种储备资产中，由于在IMF的储备头寸和特别提款权同一国所缴纳的基金份额有着密切的关系，而且增减变动规模不大。因此，一个国家国际储备的供应主要取决于黄金储备和外汇储备。

1. 黄金储备

一国黄金储备的增加，是通过黄金的国内外交易实现的。储备货币发行国若用本国货币在国际市场上购买黄金，则该国的国际储备随之扩大；非储备货币发行国只能用外汇储备在国际市场上购买黄金，其结果只能改变该国的储备构成，而不能增加其国际储备的数量。但是，如果是在本国市场上用本国货币收购黄金，则无论是储备货币国家还是非储备货币国家，都可增加储备数量。

2. 外汇储备

外汇储备的供给途径主要有以下三条：

第一，一国增加外汇储备最稳定、最可靠的途径就是国际收支顺差。因此，经常账户顺差是一个国家外汇储备的最主要来源。当然，资本和金融账户顺差也可增加一个国家的外汇储备，但是资本和金融账户顺差并不是一国外汇储备最稳定、最可靠的来源，因为资本和金融账户顺差对国际储备存量的影响具有较强的不确定性。短期资本的流量与流向极不稳定，随时都会发生变动。长期资本净流入的增加必然导致今后利润、利息和股息支出的增加，另外，长期资本流入的主动权不在于该国而在于外国投资者的意向。

第二，中央银行针对本国货币升值所进行的市场干预活动也将增加本国外汇储备。在这样的干预活动中，中央银行一方面抛售本国货币，另一方面买进外汇，因此外汇储备增加。

第三，一国政府或中央银行向国外借款。当然，这是就短期而言的，从长期来看，借款迟早要归还，归还的时候，又会减少外汇储备。

二、国际储备结构的管理

国际储备结构的管理是指一国通过对其国际储备资产结构的确定和调整，使各种储备资产的分布格局处于最佳水平。国际储备结构的管理包括四种储备资产形式的结构管理和各种储备货币的结构管理两部分内容。由于国际储备的主体是外汇储备，因此，国际储备结构管理的主要内容就是对外汇储备中的各个币种以及不同形式的资产进行分配和组合。

（一）储备货币的多元化

造成当今世界储备货币多元化的主要原因是，世界各国特别是美国与其他主要西方国家之间经济发展不平衡，相对经济实力发生了变化。

在第一次世界大战前，英国作为殖民统治大国和经济大国，其经济实力最强，英镑自然成为最主要的储备货币。

20 世纪 30 年代后，由于美国经济的崛起，英镑和美元共享主要储备货币的地位。第二次世界大战后，英国的经济实力大大削弱，美国的经济实力空前膨胀，使得美元取代英镑成为最重要的国际储备货币。

20 世纪 50 年代以来，美国经济实力相对下降，国际收支持续出现逆差。美元从 60 年代起频频发生危机，给许多国家外汇储备的购买力造成重大损失。70 年代布雷顿森林体系崩溃后，美元在世界外汇储备总额中所占比重下降，德国马克和日元的比重稳步上升，美元作为国际储备货币的地位逐步下降，外汇储备随之走向多元化。

目前，充当外汇储备的主要货币有美元、欧元、英镑、日元、瑞士法郎等。欧元的诞生对美元的主导地位提出了挑战。截至 2021 年底，欧元区的国家已经达到 19 个。

储备货币的多元化以及国际金融市场上各储备货币之间的汇率起伏不定，使得国际储备的结构管理显得尤为重要，同时增加了管理的难度。

（二）国际储备结构管理的基本原则

1.“三性”原则

国际储备的结构管理要遵循“三性”原则，即流动性、安全性和收益性，最佳的储备结构就是在一定的条件下，使这三者呈现出最佳的组合。

流动性（又称变现性）是指作为国际储备的资产必须能够随时兑现并用于支付，以满足弥补国际收支逆差和干预外汇市场的需要。流动性是国际储备的第一特性。安全性是指国际储备资产必须有效可靠、价值稳定。收益性是指国际储备资产必须具备增值创利的能力。

国际储备结构管理的目标就是使黄金储备、外汇储备、在 IMF 的储备头寸和特别提款权这四种储备形式保持适当的比例，以确保储备资产流动性和收益性的适当结合。但是，由于国际储备的主要作用是弥补国际收支逆差，因而在管理实践中，各国货币当局更注重保持储备资产的流动性，这样必然要牺牲一部分收益。例如，存放在发达国家银行的活期外汇存款，可以随时办理转账支付，但利息收入很低，甚至没有利息收入。这表明，在现实中储备资产的流动性和收益性是一对矛盾。

2. 储备货币的结构管理

各国货币当局进行储备货币结构管理的目标是使外汇储备中的各种储备货币之间保持适当的比例关系，并根据储备货币汇率和利率的变动情况，随时调整外汇储备的结构安排和储备资产的投资决策，实现结构上的最优化，使其发挥最大的效能。

影响储备货币外汇资产收益率高低的因素有两个：汇率和利率。在浮动汇率制度下，当某种储备货币汇率急剧下跌时，会使以该种储备货币表示的外汇储备资产的实际价值减少；反之，当某种储备货币汇率迅速上升时，则会增加储备资产的实际价值。此外，外汇储备属于金融资产，可以通过利息收入得到增值。外汇资产收益率与汇率和利率之间的关系可用下列公式表示：

$$\text{一种储备货币外汇资产的收益率} = \text{汇率变化率} + \text{名义利率}$$

按此公式计算出的收益率，就成为各国货币当局调整其储备货币结构的依据。

在现行的浮动汇率制下，外汇资产收益率具有较强的不确定性。这是因为在影响收益率高低的两个因素之中，汇率常常会发生剧烈的波动，令人难以做出准确的判断，这也使各国货币当局在储备货币结构管理的实践中面临一个难点，即如何避免因储备资产汇率下跌而造成的外汇储备资产实际价值减少的风险损失。

一般来讲，解决上述难点的常用办法有两个：第一，使各种储备货币的结构同贸易赤字的货币结构、清偿外债本息的货币结构和干预外汇市场所需用的货币结构一致；第二，实行多元化的储备货币币种安排，用一部分储备货币升值所带来的收益抵补另一部分储备货币贬值所造成的损失。

第三节 我国的国际储备管理

改革开放以前，我国储备资产规模有限，而且外汇资金实行统收统支，因此，储备资产问题一直未引起人们的重视。随着对外开放的深入，1994 年尤其是 2001 年以来，我国的外汇储备增长迅速，由此引发的对宏观金融资金运行的影响以及储备资产的管理等问题日益受到重视，并引发了社会公众的广泛关注。

一、我国国际储备的特点

自从 1980 年恢复在 IMF 的合法席位以来，我国的国际储备资产是由黄金、外汇储备、在基金组织的储备头寸和特别提款权四个部分组成。总体而言，我国国际储备具有以下特点。

（一）外汇储备规模巨大，居全球第一

1. 外汇储备统计口径与国际惯例接轨

在 1992 年以前，我国的外汇储备由国家外汇库存和中国银行外汇结存两部分构成，这虽与国际惯例不符，却是当时我国特殊历史条件下的产物，这一制度安排也得到了 IMF 的认可①。国际上通行的做法是：一国的外汇储备仅指国家外汇库存部分，不包括国家指定的商业银行的外汇结存。因为从理论上说，国家外汇库存是指国家通过指定的商业银行兑进和卖出外汇相抵之后的余额，是货币当局持有的对外债权。而商业银行的外汇结存是该行自有外汇资金，加上其在国内外市场吸收的外币存款，减去其在国内外的外汇贷款和投资，实际上是商业银行在经营外汇业务时的本金和所形成的对外负债。一国货币当局对这部分外汇资金无权无条件使用，所以它不应属于国家外汇储备的范围。从 1992 年起，为同国际惯例接轨，我国的外汇储备统计口径改为仅指国家外汇库存。根据这一标准，1992 年我国的外汇储备为 194.43 亿美元，比 1991 年减少 22.67 亿美元。

① 吴念鲁. 外汇储备管理沿革记忆. 中国金融，2014（19）.

2. 外汇储备自 1994 年至 2014 年 6 月增长迅猛

自改革开放以来，我国外汇储备数量的增长既迅猛又曲折。1979 年，国家外汇库存只有 8.4 亿美元，1991 年为 217.12 亿美元，2014 年末外汇储备达 38 430 亿美元，位居全球第一。外汇储备规模的增长呈现出明显的阶段性特征。

（1）1981—1993 年，外汇储备在波动中略有增长。改革开放初期，采取了一系列的政策，限制进口，促进出口，外汇储备稳步增长至 1983 年的 89 亿美元。1985 年的大量进口，导致外汇储备下降，到 1986 年仅为 20 亿美元。1987 年采取措施控制进口，外汇储备回升。1990 年鉴于国内经济过热，加强了宏观经济调控，紧缩货币政策，奖出限入，外汇储备出现跳跃式增加，由 1989 年 55.5 亿美元增加到 1991 年的 217.12 亿美元。

（2）1994—2000 年，外汇储备稳步增长。1994 年我国实施了外汇体制改革，实现了人民币汇率并轨，外汇储备出现跳跃式增长，由 1993 年的 212 亿美元增长到 1994 年的 516 亿美元，此后连续三年外汇储备每年增长 200 亿～300 亿美元，到 1997 年底我国外汇储备达到 1 389.9 亿美元。受亚洲金融危机和人民币贬值预期的影响，1998—2000 年外汇储备增长明显放缓。

（3）2001—2014 年 6 月，外汇储备迅速增长。2001 年 12 月 11 日我国加入 WTO，对外开放进一步深入，外贸进出口总额和利用外资额均出现较大幅度的增长，国际收支顺差规模较大，外汇储备连续多年快速增长。截至 2014 年 6 月，我国外汇储备达到高峰值即 39 932 亿美元。

3. 2014 年 6 月之后，外汇储备出现下降趋势，近两年稳定在 3.2 万亿美元左右

从 2014 年 7 月到 2015 年 9 月的 15 个月中，我国外汇储备有 13 个月都在下降。2015 年 8 月，我国外汇储备减少达 939.29 亿美元，创出月度减少的最高值。在经历了两年半的快速下降之后，外汇储备规模逐渐稳定，近两年都保持在 3.2 万亿美元左右，占全球外汇储备总量的 1/3 左右，比全球第二大外汇储备国日本高出 2 万多亿美元。我国 1950—2021 年的外汇储备见图 2-2。

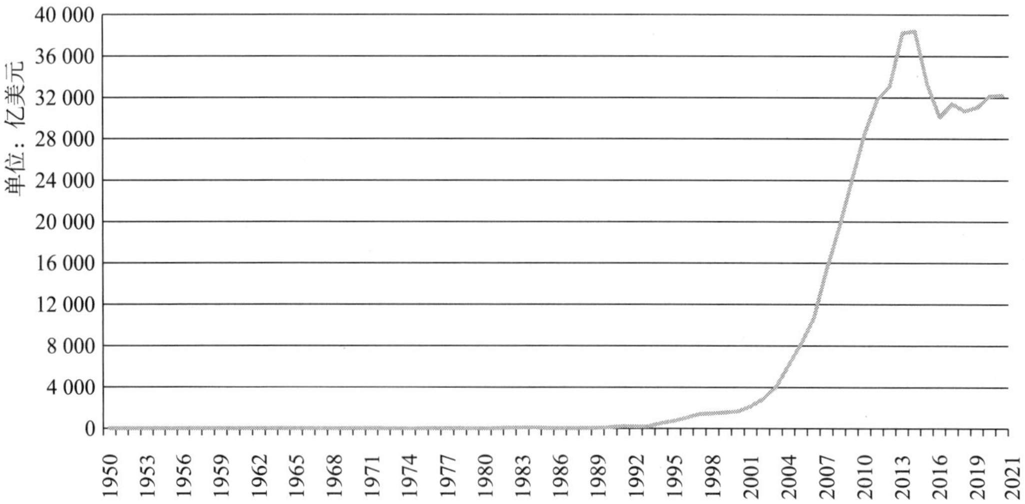

图 2-2　我国历年外汇储备（1950—2021 年）

说明：1992 年以前的外汇储备包括中国银行的外汇结存。

数据来源：国家外汇管理局 .

（二）黄金储备量近年有所增加，但占比仍然很低

我国一直实行稳定的黄金储备政策，黄金储备基本呈稳定增长态势。20 世纪 50—60 年代，我国黄金储备量基本保持在 500 万盎司的水平，1975 年增加到 1 280 万盎司，这一水平保持了 6 年；1981 年到 2001 年黄金储备维持在 1 267 万盎司的水平；2001 年 12 月黄金储备增加到 1 608 万盎司；2002 年 12 月黄金储备进一步增加为 1 929 万盎司；2009 年 4 月增加到 3 389 万盎司；2015 年 10 月增加到 5 493 万盎司。2021 年底，我国黄金储备增至 6 264 万盎司，约合 1 130 亿美元，占储备资产 3.3%（参见表 2–4）。

（三）在国际货币基金组织中的储备头寸和特别提款权占比低

由于我国在国际货币基金组织中所占份额较低，在国际货币基金组织中的储备头寸和特别提款权的数额十分有限，再加上近年来外汇储备迅速增长，因此这二者仅占我国国际储备总额的极小部分，目前两者所占比重不到 1%（见表 2–4）。

表 2–4　我国储备资产规模及其结构　　单位：亿美元

年份	储备资产总额	外汇储备		黄金		特别提款权	在 IMF 的储备头寸
		总额	占比（%）	总额	占比（%）		
2004	6 186	6 099	98.59	41	0.66	12	33
2005	8 257	8 189	99.17	42	0.51	12	14
2006	10 808	10 663	98.66	123	1.14	11	11
2007	15 473	15 282	98.77	170	1.1	12	8
2008	19 662	19 460	98.97	169	0.86	12	20
2009	24 532	23 992	97.8	371	1.51	125	44
2010	29 142	28 473	97.7	481	1.65	123	64
2011	32 558	31 811	97.71	530	1.63	119	98
2012	33 879	33 116	97.75	567	1.67	114	82
2013	38 804	38 213	98.48	408	1.05	112	71
2014	38 993	38 430	98.56	401	1.03	105	57
2015	34 061	33 304	97.78	602	1.77	103	45
2016	30 978	30 105	97.18	679	2.19	97	96
2017	32 359	31 399	97.03	765	2.36	110	79
2018	31 680	30 727	96.99	763	2.41	107	85
2019	32 229	31 079	96.43	954	2.96	111	84
2020	33 565	32 165	95.83	1 182	3.52	115	108
2021	34 269	32 502	94.84	1 131	3.30	531	107

说明：本表数据采用四舍五入原则。

数据来源：国家外汇管理局.

专栏　3万多亿美元的外汇储备能否分一部分给老百姓？

中国外汇储备的快速增长和巨大规模引发了社会对储备资产管理和使用的关注。早就2009年2月经济学家张维迎就建议，可以考虑将当时2万亿美元的外汇储备拿出一半平均分给老百姓①，让老百姓持有和管理美国国债（中国外汇储备资产中有很大一部分是美国国债）应该比政府持有更加高效且公平。

外汇储备究竟能否分给老百姓？如果将外汇储备简单地视为一种对外资产和国民财富，那么巨额外汇储备分一部分给老百姓从道理上来说无可厚非，要讨论的仅仅是为什么要分以及怎么分的问题。但是如果从我国外汇储备的来源和形成过程来分析，那么得出的结论就是外汇储备根本就不能分给老百姓。

首先，分析外汇储备的来源。

将我们在第一章中学习过的国际收支平衡表做一个简化，如表2–5所示。

表2–5　简化的国际收支平衡表

账户	余额
经常账户	A
金融账户	B
线上项目的总差额（国际收支差额）	A+B
外汇储备	－（A+B）

自1994年到2014年，我国的经常账户一直是顺差，金融账户只有少数年份（1998年、2012年）是赤字，其余年份都是顺差，即双顺差，即A＞0，B＞0。双顺差的必然结果就是外汇储备的增加（线下项目的负号代表增加）。

在A＞0的情况下，私人部门由于商品出口、劳务输出等原因获得的外汇资产，如果自己持有（2008年之前是强制结售汇，必须将外汇卖给银行；2008年之后实现了意愿结售汇，可以自己持有），则表现居民的海外资产增加，会记录在金融账户下的借方（赤字）。也就是说，从形式上表现为金融项目下外汇的流出，并不会增加外汇储备。如果自己不持有外汇资产而选择结汇，最终表现为央行外汇储备的增加。

在B＞0的情况下，私人部门由于吸引对外直接投资、接受贸易信贷和商业贷款等原因获得了外汇资产，但同时这些外汇资产也对应着一笔外汇债务，在未来，这些债务必须以分红、股息和利息等形式用外汇加以偿还。如果私人部门直接在海外使用这些外汇资产，则会在金融项目的借方反映，不会增加金融项目的顺差；如果私人部门不使用外汇资产，而通过结汇的方式持有人民币资产，则最终表现为央行外汇储备的增加。

从上面的分析可知，来自经常账户下的外汇储备，可以视为一种对外资产和国民财富。而来自金融项目下的外汇储备，虽然表现为一笔外汇资产，但对应着一笔外汇债务，未来是需要以外汇资金偿还的。持有这笔资产的人可以暂时使用和管理，但是要保证未来的偿

① 张维迎．一半外汇储备应分给百姓．北京青年报，2009–02–10.

还。这就好比借钱买房，资产是增加了，但是债务也增加了。家里几个儿子可以使用这个房子，但是不能把这个房子分了；如果实在要分，就要连债务一起分。具体到每一笔外汇储备，我们无法区分它是来自经常项目还是来自金融项目，但是在总体上还是可以估计出一个大致的比例，见表 2–6。

表 2–6　2001—2014 年我国国际收支顺差结构　　单位：亿美元

年份	国际收支差额	经常账户		资本和金融账户	
		差额	占比（%）	差额	占比（%）
2001	522	174	33	348	67
2002	677	354	52	323	48
2003	986	459	47	527	53
2004	1 794	687	38	1 107	62
2005	2 238	1 608	72	630	28
2006	2 599	2 532	97	67	3
2007	4 474	3 532	79	942	21
2008	4 607	4 206	91	401	9
2009	4 417	2 433	55	1 985	45
2010	5 247	2 378	45	2 869	55
2011	4 016	1 361	34	2 655	66
2012	1 836	2 154	117	—318	—17
2013	5 090	1 828	36	3 262	64
2014	2 579	2 197	85	382	15
合计	41 082	25 903	63	15 180	37

说明：由于存在误差与遗漏，同一个时期的国际收支总差额与外汇储备的变动数额有些出入。2000 年到 2014 年末我国外汇储备从 1 656 亿美元增加至 38 430 亿美元，增加了 36 774 亿美元，而同期国际收支顺差合计为 41 082 亿美元，两者相差 —4 308 亿美元。

资料来源：国家外汇管理局网站 .

其次，分析外汇储备的形成过程。

无论是经常账户下还是金融账户下的结汇，央行都是在获得外汇资产的同时按照结汇时的汇率付出等值的人民币。也就是说，外汇储备增长的过程就是一个央行基础货币投放增加的过程。外汇储备积累虽然表现为一种对外债权，但这一债权首先对应的是对内负债，这些外汇储备从本质上来讲是国内已发行人民币的担保。①

国际收支顺差导致外汇储备不断增长，对应的是央行资产负债表的变化。为了便于理解，以 2001 年、2014 年央行的资产负债表（见表 2–7）变化为例加以说明。

① 吴念鲁，任康钰 . 对外汇储备本质的探讨——对外债权与国民财富的辨析 . 国际金融研究，2013（5）.

表 2-7　央行资产负债简表（2001—2014 年）　单位：亿元

资产			负债		
	2001 年	2014 年		2001 年	2014 年
国外资产	19 860	278 623	储备货币	39 852	294 093
其中：外汇	18 850	270 681	其中：货币发行（现金）	16 869	67 151
对政府债权	2 821	15 313	其他存款性公司存款	17 089	226 942
对其他存款性公司债权	11 312	24 985	其他负债	2 689	43 936
其他资产	8 547	19 328	自有资金	355	220
总资产	42 541	338 249	总负债	42 541	338 249

在资产一方，外汇储备增长表现在国外资产中的外汇一项，可以看出从 2001 年的 1.88 万亿元增长到 2014 年的 27 万亿元，增加了约 25 万亿元。我们可以大致推算一下：从 2001 年的 2 122 亿美元，到 2014 年 38 430 亿美元，外汇储备增加了约 3.6 万亿美元，假定期间兑换的平均汇率为 7（从 2001 年的 8.2 到 2014 年 6.1），央行通过持有新增外汇储备共计投放基础货币约 25 万元人民币。

在负债一方，外汇储备的增长表现为储备货币（即基础货币投放）的增长，其中既有可能表现为商业银行在央行的准备金增长（其他存款性公司存款），也有可能表现为商业银行向央行提现（货币发行）。2001 年基础货币大约是 4 万亿元，加上外汇储备投放增加的 25 万亿元，基本等于 2014 年的 29 万亿元。

这说明什么？说明这个期间我国基础货币的投放已经完全依赖于外汇储备的增长，央行持有的外汇储备是国内人民币发行的担保。与此同时，也可以看到外汇资产占央行总资产的比重已经由 2001 年的 44.3% 上升到 2014 年的 80%，外汇占款占基础货币的比重由 2001 年的 47.3% 上升到 2014 年的 92%。

由此可见，外汇在私人部门手里是一般意义上的对外债权、国民财富；一旦卖给央行，发生了与本币的置换之后形成外汇储备，就变成了特殊性质的对外债权和具有限定性的国民财富。[①]

外汇储备的“特殊性”和“限定性”体现在以下两个层面：一是尽管央行拥有这笔对外债权，但是同时承担着一种兑换责任，即私人部门在外汇管理制度允许的框架内将本币兑换成外汇的义务。因此，央行对这笔债权就不能任意使用和处置。当然，由于外汇储备的来源不一样，经常账户盈余形成的债权相对更稳定。二是央行在增持外汇储备资产的同时投放了基础货币，外汇储备资产参与了央行的货币供给过程，因此作为本币发行担保的外汇储备资产和通常意义上的国民财富是有区别的。就私人部门而言，其外汇形式的财富经过与央行的货币置换已经变成了本币财富；就央行而言，虽然持有外汇形式的财富，但对应着一笔本币的债务。当然，随着经济的增长，新增的货币投放未必都需要有足额的外汇担保。因此，从这两个层面而言，我国巨额的外汇储备需要创新管理机制，在保证流动

① 吴念鲁，任康钰．对外汇储备本质的探讨——对外债权与国民财富的辨析．国际金融研究，2013（5）．

性、确保汇率稳定以及金融资金平稳运行的基础上，获取更高的短期收益和战略利益。

让公众感到疑惑的是，日本是世界上第二大外汇储备国，其财务省为什么能够随意使用外汇储备，而我国不能呢？原因在于财务省手上的外汇储备来源和我国不一样。

日本是用外汇平准基金购买外汇，而外汇平准基金是由财政出资、公众购买债券形成的基金。用这样的基金购买外汇形成的外汇储备，相当于财政用以前的税收积累（自有资金部分）和未来的税收收入（公众购买的债券）购买外汇。税收是财政可以自由支配的，外汇储备也就具有同样的性质了。外汇平准基金及其购买的外汇储备与日本银行的货币发行过程没有必然的联系，因此日本的外汇储备理所当然地由政府自由使用和支配。

总之，在国家财政还没有用税收将人民银行的外汇买下来之前，我们不能说外汇就是国家的。尽管央行和国家可以使用这个外汇，就像人们尚未还清房贷之前，也可以使用房子一样。但是，我们只是拥有房子的使用权和经营权，而不是所有权。央行持有外汇储备的性质在某种程度上也与之相似①。

在搞清楚了我国外汇储备的来源和形成过程之后，你认为我们还能平分3万多亿美元的外汇储备吗？

二、外汇储备的增减变化对央行货币供应的影响

（一）外储的迅猛增长导致外汇占款成为基础货币投放的主渠道，央行货币政策的自主性受到挑战

从上述专栏内容可知，我国外汇储备的增长是与人民银行的基础货币投放增加相伴随的。随着外汇储备的不断增加，央行资产中外汇占款所占的比重也在不断提升，外汇占款几乎成为基础货币投放的唯一渠道（见表2-8）。外汇储备的迅猛增长以及由此带来的基础货币投放快速上升，给央行的货币供应调控与货币政策操作带来了极大的挑战。

表2-8　2001—2014年6月的外汇储备增长及货币供应

年份	国际收支差额（亿美元）	外汇储备（亿美元）	外汇占款（亿元）	基础货币（亿元）	外汇占款/基础货币	外汇占款/央行资产	货币供应量M2（亿元）	M2增速（%）
2001	522	2 122	18 850	39 852	0.47	0.44	152 889	—
2002	677	2 864	22 107	45 138	0.49	0.43	183 247	19.86
2003	986	4 033	29 842	52 841	0.56	0.48	219 227	19.63
2004	1 794	6 099	45 940	58 856	0.78	0.58	250 803	14.40
2005	2 351	8 189	62 140	64 343	0.97	0.59	298 755	19.12
2006	2 854	10 663	84 361	77 758	1.08	0.65	345 578	15.67

① 胡海鸥．中国外汇储备应谨慎使用．上海金融，2015（2）．

续表

年份	国际收支差额（亿美元）	外汇储备（亿美元）	外汇占款（亿元）	基础货币（亿元）	外汇占款/基础货币	外汇占款/央行资产	货币供应量M2（亿元）	M2增速（%）
2007	4 474	15 283	115 169	101 545	1.13	0.68	403 401	16.73
2008	4 607	19 460	149 624	129 222	1.16	0.72	475 167	17.79
2009	4 417	23 992	175 155	143 985	1.22	0.76	610 225	28.42
2010	5 247	28 473	206 767	185 311	1.12	0.79	725 852	18.95
2011	4 016	31 811	226 387	224 642	1.01	0.81	851 591	17.32
2012	1 836	33 116	236 670	252 345	0.94	0.8	974 149	14.39
2013	5 090	38 213	264 270	271 023	0.98	0.83	1 106 525	13.59
2014	1 479	39 932	272 131	279 899	0.97	0.825	1 209 587	—

注：我国外储于2014年6月达到峰值后开始减少，因此本表的数据截至2014年6月。

资料来源：中国人民银行网站．

这一传导的链条可以概括如下：国际收支顺差→外汇储备增长→外汇占款增加→基础货币增加→货币供给量倍数增加→货币政策发生变动。

人民银行基础货币的投放渠道可以归结为国内信贷和外汇占款两部分。1994年前，我国主要是通过国内信贷的方式投放基础货币，其投放量在基础货币投放总量中占到80%以上。1994年以后，随着外汇储备持续快速增长，我国基础货币的投放逐渐向外汇占款倾斜直至发生了根本性的变化。从表2－8中可以看出自2001年以来，外汇占款在基础货币投放中所占的比重由47%上升到2014年6月的97%，甚至在2006—2011年超过了100%。

外汇储备持续快速增长引起外汇占款渠道投放的基础货币迅速增加后，通过乘数效应，导致我国货币供给量不断扩张。由表2－8可以看出，我国的M2从2001年的152 889亿元猛增到2014年1 209 587亿元，其间的增速远远超过同期GDP的增速。

由于我国的外汇占款来自国际收支双顺差，其变动又主要取决于进出口、资本流动等因素，这些因素不是中央银行货币政策所能控制的，央行无法对外汇占款进行事先规划和调控，只能被动地适应外汇占款的变动。由于基础货币的投放几乎都是通过外汇占款的方式投放出去的，这就削弱了中央银行货币政策的调控能力。换句话说，在这种情况下，央行货币政策的自主性已经丧失。

为了对冲外汇占款，避免流动性过剩，央行采取了多种措施。首先是收缩再贷款和再贴现规模（1994—1998年）；其次是发行央行票据（2003年之后）；最后是通过不断提高存款准备金比率等方式（2006年之后）来收回本币，对冲流动性。但是这些措施均有一定的局限性，同时造成了宏观资金供应上的苦乐不均。

在连续多年压缩再贷款和再贴现规模后，为了缓解外汇储备增加对货币供应的不利影响，央行从2002年就开始了大规模的公开市场操作。起初，公开市场操作集中于以国债为主的债券卖断操作。然而，由于央行的债券存量相当有限，在经历了一段不长时期的单向操作之后，央行陷入了无券可卖的尴尬境地。正是在这种情况下，作为一种替代手段，央行于 2002 年 9 月 24 日将公开市场操作中未到期的正回购转换为央行票据，然后再用于回购操作。央行票据从此正式进入中国的债券市场。2003 年，央行决定将央行票据作为今后公开市场操作的主要工具。于是，从 2003 年 4 月 22 日开始，央行票据开始大规模发行，在从那以后的短短 5 年多时间里，央行票据的发行规模迅速增长，品种不断增多。据统计，2008 年央行发行的用于回购到期资金的票据就高达 3.5 万亿元。

大规模的央行票据发行带来了一系列的问题。首先，在发行央行票据收缩流动性的同时，央行成为货币市场上最大的做市商。央行票据替代国债和金融债，成为银行间债券市场最为活跃的交易品种，挤占了其他券种的市场份额，增加了其他券种的发行成本，不利于我国短期国债市场的发展。作为做市商与调控当局这两种矛盾身份的一体化，无疑增加了央行宏观调控的复杂性，并增加了其货币政策操作的两个主要对象——货币供应量和利率之间进行协调的难度。事实上，央行票据发行曾出现过若干次流标情况，这正反映了市场对央行这种双重身份存在的质疑。

其次，单一运用发行央行票据这种手段来同时应付对内均衡和对外均衡两个经常不一致的目标，不免有顾此失彼之虞。举例说，为对冲外汇储备增加而发行央行票据，固然达到了收紧银根的效果，满足了对内均衡的要求，但银根的收紧将导致人民币利率水平上升，而利率水平的上升会进一步刺激投机性外汇的流入。

最后，在大量发行央行票据的同时，央行的调控成本上升，负面效应逐渐显现。巨额的央行票据存量，加大了央行的利息支出；大量的滚动发行和采用长期票据进行冲销导致票据集中到期的还本付息，而这些本息支出的货币创造乘数效应将增加货币供应量，反过来增加了货币调控的难度。

正是在这样的背景下，自 2006 年开始，央行频繁对法定存款准备金率进行调整以收缩流动性。在 2006 年 7 月至 2011 年 6 月期间，央行先后 34 次调整法定存款准备金率，仅 2007 年就上调了 10 次，2008 年调整了 9 次（其中四次下调，其余为上调），2011 年上半年之后，基本上每月上调 1 次，我国法定存款准备金率从 2006 年 7 月的 7.5% 调到了 2011 年 6 月的 21.5%，累计调高幅度达 14%，调整次数如此频繁、紧缩力度如此强烈实属罕见，目的就是对冲外汇占款引起的过多货币供给量。

（二）2014 年 6 月之后的外储呈现下降趋势，央行不断创新货币政策工具

我国的外汇储备在 2014 年 6 月增至 39 932 亿美元的峰值后开始步入下降通道，多年来通过外汇占款提供基础货币的格局发生了变化。2014 年，中央银行的货币政策工具（包括公开市场操作、再贷款、再贴现和其他流动性支持工具）取代外汇占款成为基础货币供给的主渠道。全年央行其他货币政策工具供给基础货币约 2 万亿元，同比多增 2.1 万亿元；外汇占款供给基础货币约 6 400 亿元，同比少增 2.1 万亿元。[①] 此外，财政存款同比少增超过 5 000 亿元，也相应同比少减了基础货币。2014 年全年基础货币共计增加 23 070 亿元。

这一趋势在 2015 年进一步加剧。2015 年央行 5 次下调法定存款准备金率提供了大量流动性，下调法定存款准备金率直接提高了货币乘数。

① 中国人民银行. 2014 年第四季度货币政策执行报告，1.

多年来丧失货币政策自主权的央行终于能够对货币供应施加更多的主动影响。以下调存款准备金率为例，除了普降之外，自 2014 年以来，央行还多次实施了定向降准，调整优化了定向降准标准，意在引导金融机构加大对“三农”和小微企业的支持力度，促进更多资金投向实体经济薄弱环节。可以预计的是，央行未来还会进一步强化正向激励，继续加大对国民经济重点领域和薄弱环节的支持力度。

此外，自 2013 年以来，在外汇占款压力趋缓的情况下，央行开始逐步引入新的货币政策工具，为未来外汇占款下降所导致的流动性收缩预备更多的对冲工具，见表 2－9。

表 2－9　人民银行货币政策工具箱一览表

传统政策工具	新型政策工具
再贷款	短期流动性调节工具（SLO，7 天以内，2013 年）
再贴现	常备借贷便利（SLF，1－3 个月，2013 年）
公开市场操作	抵押补充贷款（PSL，长期资金融通，2014 年）
存款准备金比率	中期借贷便利（MLF，中期资金融通，2014 年）
存贷款利率调控	信贷资产质押再贷款（非标资产抵押再贷款，2015 年）
	定向中期借贷便利（TMLF，2019 年）

说明：1. 我国再贴现的规模非常小。2. 作为传统政策工具的再贷款为信用贷款，即没有抵押物和质押物。新型的货币政策工具常备借贷便利、抵押补充贷款、中期借贷便利都是以国债、金融债券和高等级企业债券等标准资产为抵押和质押；信贷资产质押再贷款则是用合格的、非标信贷资产做质押从央行融资。从本质上来说，这四个新型政策工具其实都是再贷款，只不过需要提供抵押品；这四个工具本身的区别在于抵押物的是非标资产还是标准资产（在银行间市场和交易所挂牌的债券）。3. TMLF 的操作对象是符合条件并提出申请的银行，目的是增加小微企业和民营企业的贷款，利率较 MFL 优惠。

1994 年以来的外汇储备扩张，反映的是在国际分工不断深化、全球化进程不断提升的进程中，我国外向型经济迅速发展、国民财富迅速增长的客观现实，是根植于特定的人民币汇率制度与国际货币体系之中的。人民币的非国际化与边缘化、不断扩大的对外经贸往来增加了对储备的需求，持续的巨额贸易顺差和资本流入，又为储备的积累提供了条件。因此，此前 20 年的外汇储备增长有其逻辑上的合理性。巨额的外汇储备对于提高我国的国际地位，维护人民币汇率和金融市场的稳定，提升我国在国际货币金融事务中的话语权发挥了巨大作用，功不可没。

随着中国经济全球化的加深、人民币国际化战略的实施和推进，中国对他国储备货币的需求将大幅下降；在新的国际产业转移背景下，中国持续巨额贸易顺差的基础正在被削弱；中国的对外直接投资和外国对华直接投资已大体相当。未来随着“一带一路”倡议的推进实施，对外直接投资的规模会不断增长；金融账户中的其他项目具有高度不稳定性，从目前来看，随着美国经济复苏进入加息通道，游资热钱也将呈现净流出。这些因素表明：中国外汇储备高速增长的时代已经结束。

外汇占款导致基础货币和流动性扩张，增加了央行冲销外汇占款的压力。这是 1994

年尤其是 2007 年以来中国货币政策操作的逻辑起点。2014 年下半年以来外汇储备短期下降后趋于稳定为货币政策调整创造了空间，不仅增强了货币政策的自主性和灵活性，也为央行创新货币政策工具、对货币供给和宏观金融资金运行实施更主动的调控创造了条件。

三、对我国外汇储备管理的探讨

对外汇储备这个问题，我们不能仅仅从当前经济资源的角度去看待，更要看到，我国在世界格局中所处的地位、在目前的发展环节以及未来的变革中所面临的挑战。规模巨大的外汇储备给相关管理部门提出了一系列新的课题，但似乎这是一个“痛并快乐着”的过程。

（一）适当增加黄金储备的数量

在巨额外汇储备的背景下，适当提高黄金储备的比例是顺理成章的。纵观世界各国，发达国家的黄金储备比例都比较高，美国是 66%，德国是 65%，意大利是 62%，法国是 57%,而中国黄金储备占比仅为 3.3% 左右。持有黄金储备最多的十个国家如表 2－10 所示。

表 2－10 持有黄金储备最多的十个国家

排序	国家	黄金储备（吨）	外汇储备（百万美元）	总储备资产（百万美元）	黄金储备折合美元（百万美元）	黄金储备占比（%）
1	美国	8 133.47	239 483.92	695 224.95	455 741.03	65.55
2	德国	3 359.09	99 513.45	287 732.37	188 218.91	65.41
3	意大利	2 451.84	83 582.87	220 966.05	137 383.18	62.17
4	法国	2 436.35	102 438.79	238 954.06	136 515.27	57.13
5	俄罗斯	2 298.53	485 461.70	614 254.62	128 792.92	20.97
6	中国	1 948.31	3 264 064.26	3 373 233.25	109 168.99	3.24
7	瑞士	1 040.00	1 019 165.36	1 077 439.37	58 274.00	5.41
8	日本	845.97	1 358 141.21	1 405 543.42	47 402.21	3.37
9	印度	743.83	598 057.12	639 736.11	41 678.99	6.52
10	荷兰	612.45	28 229.42	62 546.90	34 317.47	54.87

说明：数据截止时间：2021 年第三季度。

资料来源：世界黄金协会 .

一个国家的黄金储备在官方储备资产中的占比多少为宜，这在理论和实践上都还充满争论。比如，欧洲联盟规定其成员国黄金储备应占总储备的 15%。英国华威大学教授 Gordon Gemmill 于 2005 年用 30 年黄金储备的历史数据做了定量分析，认为一般国家最合适的黄金储备持有量在该国国际储备中的占比约为10%。[①]我国也有学者对我国的黄金持有规模做了研究，最佳的持有规模从2%～23%不等。[②]

适当增持黄金有利于推动人民币的国际化进程。纵观主要储备货币的国际化进程，较多的黄金储备是一个重要的物质保障。第二次世界大战结束时美国持有的黄金储备占世界官方黄金储备的三分之二，巨额的黄金储备是美元走向世界的重要砝码。近年来，欧洲央行也逐步减少了外汇储备，增持黄金储备。日元的国际化进程自20世纪90年代以来的受挫，一方面是受制于其经济增长乏力，另一方面与其持有的黄金储备较少有较大关系。资料显示，英镑和美元取得国际货币地位时，黄金储备与货币流通量之比都超过了100%。[③]截止到2021年底，我国的黄金储备占流通中货币的比重仅为8.24%。[④]

然而，黄金实物市场是一个规模很小的市场，全世界每年的黄金产量不过是3 000多吨，如何在适当的时机以适当的价格增持是一个充满挑战的问题。

（二）构建符合我国实际的外汇储备分档管理、多元投资模式

巨额的外汇储备为我国外汇储备实施分档管理、多元化投资提供了很大的想象空间和更多的灵活度。

1. 常规储备资产和超额储备资产

在凯恩斯的货币需求理论中，把货币需求的动机划分为三类，即交易性动机、预防性动机和盈利性动机。据此，我们也可以将一个国家的外汇储备划分为不同的层次以适应不同的需求并进行分档管理，以求取得更好的效益。

我们可以把应对交易性需求和预防性需求的储备资产称为常规储备资产，超过这个规模称为超额储备资产。具体而言，常规储备资产是为了应对进口付汇需求、外商直接投资利润汇出、外债还本付息等用汇需求，以及稳定本国货币汇率、维护外汇市场稳定而持有的储备。

常规储备资产注重流动性和安全性，资产配置以稳健型的金融资产为主，应由中国人民银行负责管理，央行再授权国家外汇管理局储备管理司实施具体操作。有学者研究测算，目前我国常规储备资产的规模大致在1.5万亿～1.8万亿美元。[⑤]

超额储备资产不仅要满足盈利性和收益性的需求，而且要服务于我国经济发展的长期战略。这部分储备资产应实行积极的投资管理策略，投资于长期性、战略性、高回报的金融资产和其他资产。这部分资产建议由财政部进行管理，财政部再通过委托代理方式交给专业的公司负责具体的投资事务。

2. 储备资产分档管理模式

从国际范围来看，储备规模较大的国家都倾向于对外汇储备进行分档管理（见表2-11）。比如，从1997年开始，韩国货币当局便将储备资产分为流动部分、投资部分和

---

① Gordon Gemmill. Gold in Central Bank Reserves. World Gold Council Research Paper，2005.

② 张蕊，凌盼盼．我国黄金储备适度规模的实证研究．西南金融，2014（3）.

③ 夏斌，陈道富．中国金融战略．北京：人民出版社．转引自中国工商银行外汇储备管理改革课题组．中国外汇储备管理问题与改革建议．金融论坛，2012（7）.

④ 2021年11月，我国黄金储备为1 130亿美元，汇率为6.379 4，流通中的通货为87 433亿元。以上数据来自中国人民银行网站。

⑤ 孔立平．中国外汇储备资产多层次管理模式构建研究．经济与管理，2015（1）.

信托部分来管理，并对不同的部分设定不同的投资基准。流动部分由美元存款和短期美国国库券等组成，每季度根据储备现金流来决定其合适的规模，追求高度流动性的目标。投资部分投资于中长期、固定收入的资产，追求收益性目标。以上两个部分的外汇储备均由韩国银行的内设机构进行管理。信托部分同样追求收益性目标，不同的是，这部分外汇资产是委托给国际知名的资产管理公司进行管理的。自 2003 年开始，韩国进一步成立了由政府全额出资的韩国投资公司（KIC）。从功能设置来看，该公司作为一个资产管理公司，逐步接受韩国银行和财政部的委托，管理一部分外汇储备资产。

新加坡政府亦然。与韩国不同的是，它不仅将国家外汇储备分出两档，而且两档的储备分别交由金融管理局和政府投资公司（GIC）来持有并管理，从而实现了机构分离。在这种安排下，新加坡金融管理局持有的外汇储备主要用于干预外汇市场及作为基础货币发行的保证，目的是维持新元汇率的稳定。而新加坡政府投资公司作为一家由政府全额出资的资产管理公司，接受政府管理外汇储备的委托，通过其 6 个海外机构，在全球主要资本市场上对股票、公司债券、货币市场证券甚至金融衍生产品进行投资，从而实现外汇储备收益的长期增长。

中国香港特区也将外汇基金分为支持组合和投资组合两档来实现分档管理。支持组合为货币提供支持，进行外汇市场干预，以此确保港元汇率的稳定。投资组合则保障资产的价值及长期购买力，追求较为长期的投资收益。投资基准由外汇基金咨询委员会制定，其主要内容包括外汇基金对各国及各环节资产类别的投资比重及整体货币配置。管理当局在全球范围内雇用外聘基金经理负责管理外汇基金约 1/3 的总资产及所有股票组合。

表 2-11　外汇储备分档管理模式比较

国家	决策部门	操作部门	目标
美国	财政部	美国联邦储备委员会、纽约联邦储备银行	安全性和流动性
日本	财务省	日本银行	安全性和中度流动性
挪威	挪威银行和财政部	挪威银行货币政策委员会市场操作部、挪威银行投资管理公司	货币政策委员会市场操作部追求流动性；投资管理公司追求收益性
新加坡	财政部	新加坡金融管理局、新加坡政府投资公司和淡马锡控股公司	金融管理局着眼于外汇市场和汇率稳定，追求流动性；政府投资公司专注海外投资，追求长期收益；淡马锡控股公司是介入外储管理的国有企业，专注金融和高科技企业投资
韩国	财政部和韩国银行	韩国银行、韩国投资公司、外聘资产管理公司	韩国银行追求流动性；外聘资产管理公司追求收益性；投资公司追求长期收益

续表

国家	决策部门	操作部门	目　标
中国	中国人民银行和财政部	外汇管理局（华安）；中国投资公司（汇金：对国有重点金融机构进行股权投资和股权管理；中投国际：下设中投香港和中投多伦多办事处，在境外开展公开市场投资与长期资产投资相结合的多元投资）	外汇管理局注重流动性，同时涵盖长期投资；汇金专注国有重点金融企业的股权投资；中投国际倾向于中长期投资，追求收益性

3. 我国储备资产分档管理的实践探索

近年来，为适应不断增长的外汇储备对于新管理模式的需求，我国外汇储备管理正在向积极管理模式转型。从管理的主体机构来看，随着中国华安投资有限公司（1997 年，国家外汇管理局的外汇投资主体）、中央汇金投资有限责任公司（2003 年）、中国投资有限责任公司（2007 年）、中投国际（2011 年，中投的全资子公司）以及国家外汇管理局外汇储备委托贷款办公室（2011 年）等机构的相继成立，标志着我国外汇储备资产分档管理和持有主体多元化进程已经展开，我国正在积极探索和拓展国家外汇资产投资的渠道和方式。但是，由于这些机构的法律地位、职能权限，以及与中国人民银行、财政部等部门的关系尚未理顺，管理构架和投资方向尚待进一步明确。因此，一方面，应尽快明确它们的法律地位及功能；另一方面，根据国家对外开放的需要，还可考虑再设立若干专业化投资型机构。当然，也可以考虑把部分外汇储备交由国际上知名的投资基金代管。在分工明确的情况下由数个团队来分散管理外汇储备更有利于适度竞争，同时可以改善外储投资海外资产的政治敏感度，提高投资效益。

总之，要以分档、规范和专业化为目标，完善外汇储备经营管理的框架和制度，建立以投资基准为核心的管理模式，逐渐从侧重短期流动性管理转向长期多元化投资管理，建立较成熟的策略研究、投资决策和交易执行体系，形成较完善的业绩评价、风险管理和内部控制架构。通过积极专业的投资、有效控制风险，实现国家外汇储备资产的保值增值。

本章小结

1. 国际储备是一国货币当局为弥补国际收支逆差、维持本国货币汇率的稳定和作为对外信用保证的各种形式资产的总称。国际储备的形式包括黄金储备、外汇储备、在 IMF 的储备头寸和特别提款权四种。其中，外汇储备是当今国际储备的主体。

2. 国际储备的作用主要体现在三个方面：弥补国际收支逆差、维持对外支付能力；充当干预资产，调节本国货币汇率；信用保证。

3. 国际储备的管理包括规模管理和结构管理两个方面。规模管理的核心是确定一个适度规模的国际储备额度。结构管理是指对国际储备资产结构的确定和调整，使各种储备资产的分布格局处于最佳水平。

4. 自1980年恢复在IMF的合法席位以来，我国的国际储备资产是由黄金、外汇、在IMF的储备头寸和特别提款权四个部分组成的，其中绝大部分是外汇储备。

5. 我国外汇储备的统计口径在1992年以后不再包括中国银行的外汇结存，自1994年以来我国的外汇储备增长迅速，截止到2021年12月为32 502亿美元，位居世界第一。

6. 我国国际储备适度规模的确定要考虑到我国对外贸易结构的变化、外债状况与对外融资能力、人民币汇率制度安排、金融市场稳定以及人民币国际化进程等因素。目前的储备规模从经济角度来讲已经过剩，并带来了一系列问题。

关键概念

国际储备　黄金储备　外汇储备　普通提款权　特别提款权

复习思考题

1. 简述国际储备的概念与形式。
2. 简述国际储备的作用。
3. 国际储备结构管理应遵循的基本原则有哪些？
4. 如何确定适度规模的国际储备？
5. 如何看待21世纪以来我国外汇储备的快速增长？其快速增长对我国宏观金融资金运行产生了什么样的影响？如何对外汇储备资产进行有效管理？请发表自己的看法。

第三章
外汇与汇率

专业学习目标

掌握外汇的概念及其特点，汇率的标价方法；
了解汇率的不同种类及其运用场景；
理解金本位制度下的汇率决定；
掌握纸币制度下影响汇率的主要因素；
理解并掌握汇率变动的经济影响；
掌握购买力平价理论和利率平价理论并能够运用于实际。

素养目标

培养金融历史观和国际大视野，能够对世界银行 PPP 项目进行批判性运用。

知识结构导图

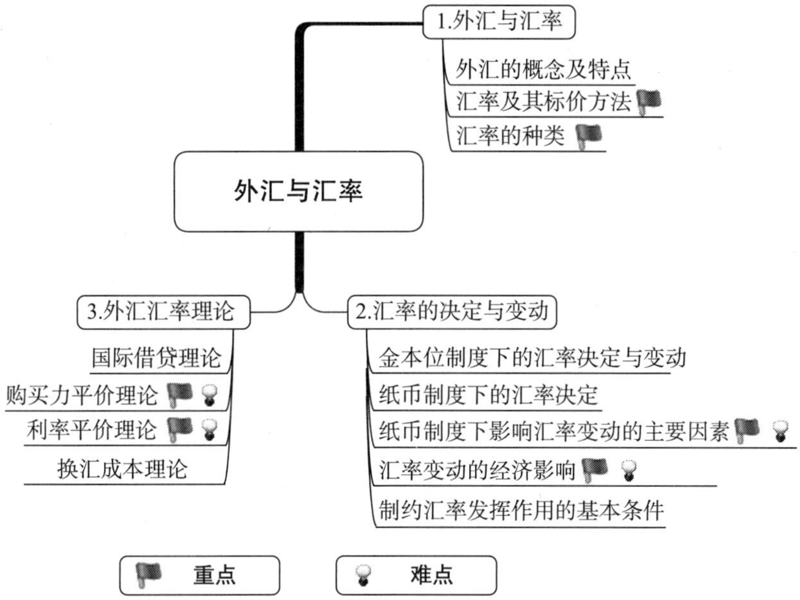

大多数国家的国际贸易及其他国际经济往来是以外汇进行结算的，一国的国际收支实际上反映的是该国在一定时期内外汇的持有及变动状况。在国际收支平衡表中，经常项目的逆差需要资本项目的顺差来弥补；反之，经常项目的顺差需要资本项目的逆差来平衡。当经常项目的逆差不能由资本项目完全弥补时，就形成了外汇短缺，引起外汇汇率上涨；同理，当经常项目的顺差不能由资本项目平衡或二者都有大量顺差时，就会形成外汇剩余，引起外汇汇率下跌，这就形成了汇率的波动。在国际金融市场上，汇率的自然波动有时会会被对汇价的套利投机行为所加剧，造成了一国外汇市场的动荡。汇率的变动有时会表现为脱离实体经济的独立运动，由此产生了一系列对汇价决定和汇率变动进行研究和总结的理论。

第一节 外汇与汇率概述

一、外汇的概念及特点

（一）外汇的概念

通常，一般人在被问到“什么是外汇”这样的问题时，首先的反应就是“外国的货币”或是“外国的钱”，这个回答能够在一定程度上解释什么是外汇，但还不够准确和全面。

1. 狭义的外汇

众所周知，随着国际信用制度的发展，大量的国际支付是通过银行运用各种金融工具进行的。因为通过运送现金来完成结算，不但要付出较高的运费和经历一段运送时间，还可能遭受种种风险损失，其中包括利息损失。所以在大多数情况下，人们通过银行来完成货币结算和支付，其过程如图 3－1 所示。

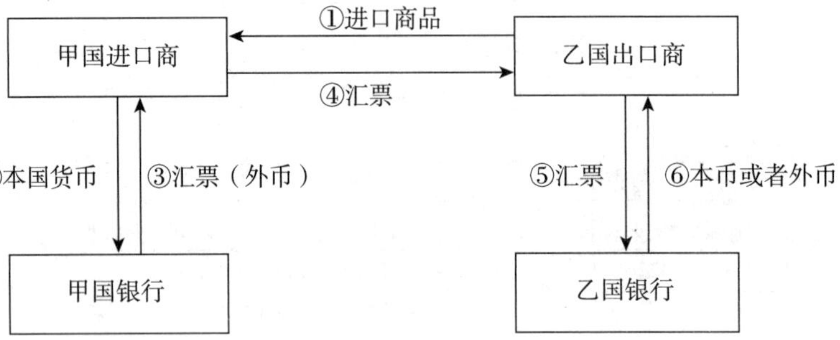

图 3－1　国际结算的基本过程

从这个过程中我们可以看出，凡是能够在国际结算中被普遍接受的各种金融工具都可视为外汇资产，如银行存款凭证、支票和汇票等。

我们通常所说的外汇是指以外币表示的用于国际结算的支付手段，这是狭义的外汇概念，它强调的是在国际结算体系中能够被普遍接受。

2. 广义的外汇

各国外汇管理法令中所称的外汇一般是广义的外汇。例如，按照《中华人民共和国外汇管理条例》的规定，外汇由以下几类构成：

（1）外币现钞，包括纸币、铸币；

（2）外币支付凭证或者支付工具，包括票据、银行存款凭证、银行卡等；

（3）外币有价证券，包括债券、股票等；

（4）特别提款权；

（5）其他外汇资产。

从这个广义的外汇构成中，我们可以发现，第（1）项中的外币现钞严格来说不能算作外汇，因为外币在其发行国虽然是法定货币，但是一旦流入他国，便立即失去法定货币的身份和地位，外币的持有者需将这些外币向本国银行兑换成本国货币才能使用。即使是银行，也需将这些外币向其发行国或境外的外币市场出售，变为在国外银行的存款，才能用于国际结算。第（3）项中的外币有价证券也不能直接用于结算。第（4）项中的特别提款权只能用于官方结算，不能用于民间贸易。因此，广义的外汇包括狭义外汇以及不能用于国际结算的其他外汇资产。

各国外汇管理法令中的外汇之所以范围较为广泛，是出于监管的需要。

（二）外汇的特点

一般来说，外汇主要有以下三个特点：

（1）必须是以外国货币表示的资产，即强调一个“外”字。比如，在中国以人民币表示的资产就不能称为外汇。

（2）必须是在国外能够得到补偿的债权。比如你手中的美元汇票如果是假造的话，当然不可能得到补偿，也就不能视为外汇资产。

（3）必须是以可兑换货币表示的支付手段。世界各国都有自己的货币，但不是所有国家和地区的货币都可以自由兑换和流通。

目前，在国际上普遍流通和接受的货币主要有美元、欧元、英镑、日元、瑞士法郎等。自 2009 年推行人民币跨境贸易结算以来，人民币在漫长的国际化征程中迈出了坚实的第一步。目前尽管所占份额较少，但在结算货币排名中已位列美元、欧元之后，排名第三。

二、汇率及其标价方法

（一）汇率的概念

汇率是一个国家的货币折算成另一个国家的货币的比率、比价或价格，也可以说是以本国货币表示的外国货币的“价格”。外汇是可以在国际上自由兑换、自由买卖的资产，也是一种特殊的商品，汇率就是这种特殊商品的“特殊价格”。在国际汇兑中，不同的货币之间可以相互表示对方的价格。因此，外汇汇率具有双向表示的特点，既可以用本币表示外币的价格，也可以用外币表示本币的价格。至于是用本币表示外币，还是用外币表示本币，取决于一国所采用的汇率标价方法。

（二）汇率的标价方法

1. 直接标价法

直接标价法是以一定单位的外国货币为基准，用折算成若干本国货币来表示汇率的标价方法。即以外币为基准，用本币数量的增减来表示外币价格的升降。在直接标价法下，单位外币所能换取的本国货币数量越多，说明外币币值越高，本币币值越低。

除英国、美国和欧元区以外，世界上大多数国家都采用直接标价法来公布汇率。我国人民币也采用直接标价法，如中国工商银行某日的外汇牌价显示人民币兑部分外币的汇率为：

HKD 100＝CNY 79.96

USD 100＝CNY 619.94

JPY 100＝CNY 5.171 2

EUR 100＝CNY 657.86

2. 间接标价法

间接标价法是以一定单位的本国货币为基准，用折合多少外国货币来表示汇率的标价方法。即以本币为基准，用外币数量的增减来表示本币价格的升降。在间接标价法下，单位本币所能换取的外国货币数量越多，说明本币币值越高，外币币值越低。

目前，世界上采用间接标价法的主要是英镑、美元以及欧元等。英国是资本主义发展最早的国家，英镑曾经充当世界货币，因此长期以来伦敦外汇市场上英镑就采用间接标价法。第二次世界大战后，美国经济实力迅速扩张，美元逐渐成为国际结算、国际储备的主要货币，为了便于计价结算，从 1978 年 9 月 1 日开始，纽约外汇市场也改用间接标价法，以美元为基准公布美元与其他货币之间的汇率，但对英镑以及英联邦国家货币的汇率仍然沿用直接标价法，对欧元也采用直接标价法。

某日纽约外汇市场美元兑部分外币的汇率为：

USD 1=JPY 116.73

USD 1=HKD 7.793 7

USD 1=CHF 1.283 9

GBP 1=USD 1.840 7

EUR 1=USD 1.042 0

（三）美元标价法

非本币之间的汇价往往以一种国际上的主要货币或关键货币为基准。第二次世界大战以后，由于美元是世界货币体系的中心货币，各国外汇市场上公布的外汇牌价均以美元为基准，这就是美元标价法。

银行汇价挂牌时，标出美元与其他各种货币之间的比价，如果需要计算美元以外的两种货币之间的比价，就必须通过美元进行套算，因此产生了套算汇率，又称交叉汇率（Cross Rate）。

例如，假定 1 美元 =0.989 4 瑞士法郎，1 美元 =8.288 6 瑞典克朗，则 1 瑞士法郎 = 8.288 6×1/0.989 4=8.377 4 瑞典克朗。由于美元是国际外汇市场上最主要的货币，美元标价法有利于比较不同外汇市场的汇率行情，便于交易的进行。

表 3－1 为中国工商银行 2022 年某日的人民币即期外汇牌价。

表 3－1　2022 年某日中国工商银行外汇牌价　　100 外币 = 人民币元

币种	现汇买入价	现钞买入价	卖出价
英镑（GBP）	865.95	841.18	871.77
港币（HKD）	81.44	80.78	81.74
美元（USD）	634.01	628.93	636.42
瑞士法郎（CHF）	692.85	673.03	697.5
新加坡元（SGD）	469.34	455.92	472.5
巴基斯坦卢比（PKR）	3.593 8	3.481 3	3.617 9
瑞典克朗（SEK）	70.11	68.11	70.59
丹麦克朗（DKK）	97.11	94.33	97.76
挪威克朗（NOK）	72.16	70.09	72.64
日元（JPY）	5.546	5.387 4	5.583 3
加拿大元（CAD）	504	489.59	507.39

续表

币种	现汇买入价	现钞买入价	卖出价
澳大利亚元（AUD）	456.53	443.47	459.6
林吉特（MYR）	151.5	146.75	152.52
欧元（EUR）	722.66	701.99	727.52
卢布（RUB）	8.3	8.04	8.36
澳门元（MOP）	79.06	78.43	79.36
泰国铢（THB）	19.07	18.48	19.2
新西兰元（NZD）	431.11	418.78	434
南非兰特（ZAR）	41.1	39.1	41.37
哈萨克斯坦坚戈（KZT）	1.454	1.408 5	1.463 8
韩元（KRW）	0.531 7	0.516 5	0.535 3

（四）买入汇率、卖出汇率与中间汇率

商业银行等金融机构买进外币时所依据的汇率就是买入汇率（Buying Rate），也称买价；卖出外币时所依据的汇率就是卖出汇率（Selling Rate），也称卖价。买入汇率与卖出汇率相差的幅度一般在1‰～5‰，各国不尽相同，两者之间的差额即商业银行买卖外汇的利润。买卖差价的大小反映了银行业务竞争的激烈程度，有时也表示银行对某种货币的买卖意图。

买入汇率与卖出汇率相加除以2，则为中间汇率（Middle Rate）。中间汇率适用于银行同业之间买卖外汇，对一般顾客不适用。通常，在汇率分析中常用中间汇率，报刊刊登的汇率也大多是中间汇率，银行以及涉外企业年终决算、制作报表时也使用中间汇率。

从表3－1中我们可以看到，银行在买进外汇时有两个价格：一个是现钞买入价；一个是现汇买入价。例如，100美元的现汇买入价是634.01元人民币，现钞买入价是628.93元人民币，中间相差5.08元。这是因为商业银行等金融机构在收进外币现钞以后，由于外币现钞不能在本国境内流通和使用，必须运送到国外变成国外银行的存款后才能用于支付，这其中将有一定的利息损失以及运输、保管等费用。因此，外币现钞的价格就比现汇的价格低。但是，卖出外币现钞的价格并不会因此降低，这就是我们从这张表中看到卖出价只有一栏的原因。

按照惯例，各国外汇银行公布的外汇牌价分为买入汇率和卖出汇率，并且前面的数字小，后面的数字大。买入、卖出汇率的判断依据是报价银行贱买贵卖，买入外汇的价格要低于卖出外汇的价格。需要指出的是，在直接标价法下，前者是买入汇率，后者是卖出汇率；在间接标价法下，前者是卖出汇率，后者是买入汇率。例如，某日纽约某银行挂出的英镑和加拿大元的汇价如下：

GBP1＝USD1.628 3/1.630 7

USD1＝CAD1.354 7/1.357 1

在上面的报价中，英镑兑美元的汇率采用的直接标价法，前面较小的数字1.628 3是

买入价，表示银行买入 1 英镑要付出 1.628 3 美元，后面较大的数字 1.630 7 是卖出价，表示银行卖出 1 英镑要收入 1.630 7 美元。而美元兑加拿大元的汇率采用的是间接标价法，前面较小的数字 1.354 7 是卖出价，表示银行卖出 1 加拿大元要收入 1/1.354 7 美元，后面较大的数字是买入价，表示银行买入 1 加拿大元要支付 1/1.357 1 美元。

三、汇率的种类

我们可以从不同的分析角度对汇率进行分类和划分。

（1）按外汇管制的宽严程度不同，划分为官方汇率和市场汇率。

官方汇率（Official Rate）又称官定汇率或法定汇率，是指由一国货币当局确定并公布的汇率。市场汇率（Market Rate）是指由外汇市场供求状况自由决定的汇率。

（2）按外汇买卖交割的期限不同，划分为即期汇率和远期汇率。

外汇交割（Delivery）是指外汇买卖双方履行交易契约，进行钱汇两清的行为。

即期汇率（Spot Rate）又称现汇汇率，是买卖双方成交后，在两个营业日内办理外汇交割时所使用的汇率。它反映现时外汇汇率的水平。

远期汇率（Forward Rate）又称期汇汇率，是买卖双方事先约定的，据以在未来一定日期进行交割的汇率。它是在现行汇率基础上的约定，往往与现行汇率不一致。

（3）按外汇交易的支付工具不同，划分为电汇汇率、信汇汇率和票汇汇率。

电汇汇率（Telegraphic Transfer Rate，T/T Rate）也称电汇价，是指银行以电讯方式买卖外汇时所使用的汇率。所谓电汇，是银行在买卖外汇时，用电讯方式通知国外分支机构或代理行付款。

信汇汇率（Mail Transfer Rate，M/T Rate）也称信汇价，是指银行以信函方式买卖外汇时所使用的汇率。所谓信汇，是银行买卖外汇时，用信函方式通知国外分支机构或代理行付款。

票汇汇率（Demand Draft Rate，D/D Rate）也称票汇价，是银行买卖外汇汇票、支票和其他票据时所使用的汇率。所谓票汇，是银行在买卖外汇时，开立一张由其国外分支机构或代理行付款的票据交给汇款人，由汇款人自带或寄往国外取款。

（4）按汇率制度不同，划分为固定汇率和浮动汇率。

固定汇率（Fixed Rate）是指政府用行政或法律手段选择一个基本参照物，并确定、公布和维持本国货币与该参照物的固定比价。

浮动汇率（Floating Rate）是指政府不确定本国货币与某一参照物的固定比价，也不规定汇率上下波动的界限，汇率水平完全由外汇市场上的供求状况决定。

（5）按汇率是否统一，划分为单一汇率和复汇率。

单一汇率（Single Rate）是指一国货币对某一外币只有一种汇率，该国不同性质与用途的外汇收付均按此汇率计算。

复汇率（Multiple Rate）也称多种汇率，是指一国货币对某一外币因性质与用途不同而规定两种或两种以上的汇率。双重汇率是复汇率的一种形式，如用于进出口贸易及其从属费用收付结算的贸易汇率（Commercial Rate）和用于资金转移、旅游等非贸易收付结算的金融汇率（Financial Rate）。

复汇率是外汇管制的产物，官方制定两种或两种以上的汇率主要是为了促进出口，限制进口，改善本国的贸易状况，或是为了增加非贸易外汇收入以及限制资本出入，达到政府在特定时期的经济政策目标。由于复汇率是一种歧视性汇率，因此国际货币基金组织要求其会员国采用单一汇率，实行复汇率的会员国应在一定时期内过渡为单一汇率。

（6）从国际金融研究和决策的角度，可以划分为名义汇率、实际汇率和有效汇率。

名义汇率（Nominal Exchange Rate）是指一国对外公布的、未经调整的汇率。实际汇率和有效汇率是相对于名义汇率而言的。

各国政府为了达到增加出口和限制进口的目的，经常对各类出口商品进行财政补贴或减免税收，对进口商品征收各种类型的附加税。从名义汇率中剔除这些因素，才能真实地反映影响一国进出口的汇率水平。实际汇率（Real Exchange Rate）就是指名义汇率与政府财政补贴和税收减免之和或之差，用公式表示为：

$$\text{实际汇率} = \text{名义汇率} \pm \text{财政补贴和税收减免}$$

这一概念的实际汇率主要用于研究汇率调整、倾销调查与制定反倾销措施、考察货币实际购买力。

实际汇率的另外一个含义是名义汇率减去通货膨胀率，这一概念的实际汇率旨在剔除通货膨胀对名义汇率的影响，在货币实际购买力的研究中经常被用到。用公式表示为：

$$\text{实际汇率} = \text{名义汇率} - \text{通货膨胀率}$$

有效汇率（Effective Exchange Rate）是指某种加权平均汇率，又分为名义有效汇率和实际有效汇率。

名义有效汇率是各种双边汇率的加权平均，所以又称为名义有效汇率指数。从 20 世纪 70 年代末起，人们开始使用名义有效汇率来观察某种货币的总体波动幅度及在国际经贸和金融领域中的总体地位。以贸易比重为权数的有效汇率的公式如下：

$$\text{A 币的有效汇率} = \sum \text{A 货币对 i 国货币的汇率} \times \frac{\text{A 国与 i 国的贸易值}}{\text{A 国的全部对外贸易值}}$$

实际有效汇率是剔除通货膨胀对各国货币购买力的影响，一国货币与主要贸易伙伴国货币双边名义汇率的加权平均数。

国际清算银行网站上定期公布主要国家的有效汇率，图 3－2 是根据国际清算银行公布的数据绘制的人民币名义有效汇率和实际有效汇率走势。

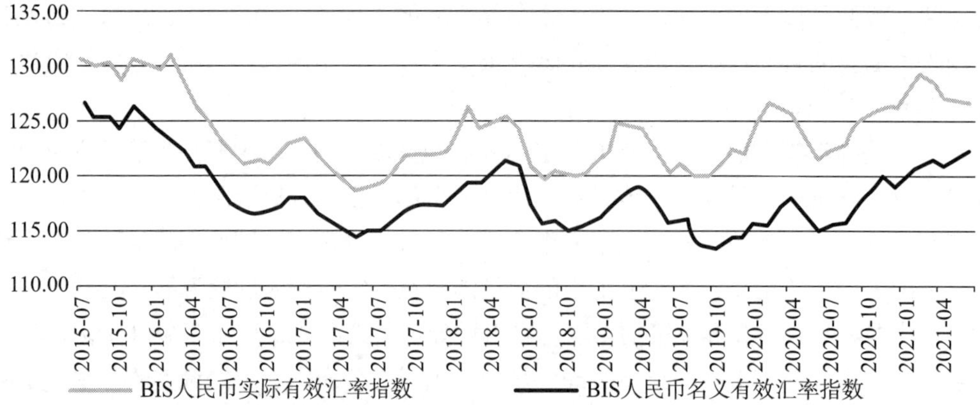

图 3-2　人民币有效汇率（2015—2021 年）

第二节 汇率的决定与变动

各国货币之间的汇率，从本质上来说体现着各种货币之间的相对价值。因此，货币具有的或者代表的价值量是决定汇率的基础，汇率在此基础上受到其他各种因素的影响。现实的汇率水平是各方面因素的综合反映。不同货币制度下决定汇率的基础和影响汇率变动的主要因素也不尽相同。

一、金本位制度下的汇率决定与变动

（一）金本位制度及其特点

金本位制度（Gold Standard System）是从 19 世纪初到 20 世纪初资本主义国家实行的货币制度。1816 年，英国《金本位法》的颁布标志着金本位制度在英国的诞生。此后，德国及其他欧洲国家和美国也陆续实行金本位制度。在西方国家普遍实行金本位制度的情况下，一般认为 1880 年是国际金本位体系的起始年。金本位制度包括金币本位制、金块本位制和金汇兑本位制三种形式，其中金币本位制是典型的金本位制度，后两种则是削弱了的、变形的金本位制度。

典型的金本位制度其特点是：各国货币均以黄金铸成，金铸币有一定的重量和成色，有法定的含金量（Gold Content）；金币可以自由流通，自由铸造、熔化，自由买卖，自由输出输入，具有无限法偿能力；辅币和银行券可以按其票面价值自由兑换为金币；货币发行量受各国黄金准备数量的限制，由中央银行控制。这些特点使得实行金本位制度的国家的货币汇率呈现出价值稳定、变化幅度很小的特点。

（二）金币本位制度下汇率的决定与变动

在金本位制度下，各国流通领域中使用的是具有一定成色和重量的金币，尽管各国货币的名称不一、重量成色不等，但它们都有一定的黄金含量，两国间的货币汇率取决于两国货币的含金量之比。两个实行金本位制度国家单位货币的含金量之比称作铸币平价（Mint Parity），两国货币汇率的决定基础就是铸币平价。

以英国和美国为例，在1929年经济危机之前，英国规定1英镑的含金量是113.001 6格令，美国规定1美元的含金量是23.22格令，由此英镑与美元的铸币平价为：113.001 6/23.22=4.866 5，这就是在当时的条件下英镑与美元之间的汇率的决定基础。

铸币平价是汇率决定的基础，但外汇市场上的汇率水平还受到外汇供求关系等因素的影响，并不一定等于铸币平价。但在金本位制度下，由供求关系变化所造成的外汇市场汇率的变化并不是无限制地上涨或者下跌，而是被限定在铸币平价上下一定的界限之内，这个界限就是黄金输送点。

在金本位制度下，各国之间办理国际结算可以采用两种方式：一是汇票支付即非现金结算；二是直接运送黄金。具体来说，当外汇市场上外汇汇率上涨达到或者超过某一界限时，本国债务人用本币购买外汇的成本就会超过向国外输送黄金的成本，债务人就会选择输出黄金结算债务，而不会到外汇市场购买外汇，外汇市场上外汇的价格就会随之降到某一界限之内，这个界限就是黄金输出点。同样，当外汇市场上外汇汇率下跌，达到或者低于某一界限时，本国外汇债权人用外汇兑换本币所得就会少于用外汇在国外购买黄金再输送回国的所得，从而引起黄金的输入。外汇市场上外汇的价格随之上升到某一界限之内，这个界限就是黄金输入点。黄金输出、输入点的高低取决于在这两个国家之间输出、输入黄金的运输费、保险费、包装费、改铸费等费用。

以当时的英国和美国为例，两国之间输送黄金的费用为黄金价值的5‰～7‰，如按6‰计算，那么英镑兑美元的汇率就不会超过4.866 5×（1＋6‰）＝4.895 7（美元）的上限，也不会跌破4.866 5×（1－6‰）＝4.837 3（美元）的下限（见图3－3）。

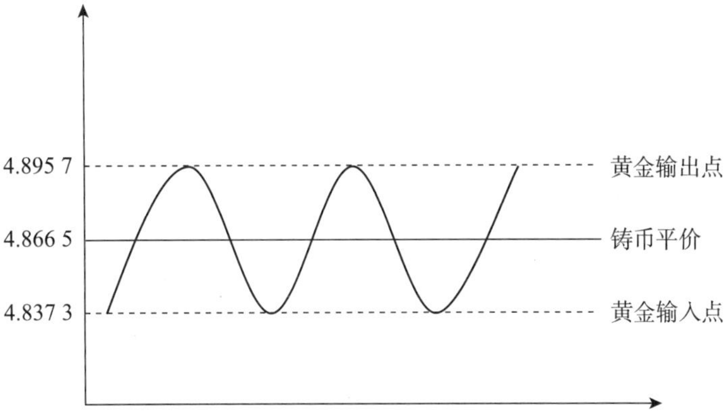

图3－3　金币本位制度下的汇率决定与波动（英镑/美元）

由此可见，在金币本位制度下，受黄金输送点的制约，外汇市场上的汇率波动总是限制在一定的范围之内，最高不超过黄金输出点，最低不低于黄金输入点。因此，由供求关系导致的外汇市场上汇率的波动是有限度的，汇率制度也相对稳定，金本位制度也因此被认为是固定汇率制度。

（三）金块本位和金汇兑本位制度下的汇率决定与波动

金本位制度发展到后来，由于黄金产量跟不上经济发展对货币日益增长的需求，黄金参与流通、支付的程度下降，其作用逐渐被以其为基础的纸币所取代。只有出现大规模支付需要时，黄金才发生作用，以金块的形式参与流通和支付。这种形式的货币制度又称为金块本位制。金块本位制从本质上来说仍然是一种金本位制，因为在这种制度下，纸币的价值是以黄金作为基础、代表黄金流通并与黄金保持固定的比价。黄金仍在一定程度上参与清算和支付。

随着经济的发展，黄金的流通和支付手段职能逐渐被纸币所取代，货币制度演变为金汇兑本位制度。金汇兑本位制度在本质上也是一种金本位制，但属于比较广义的范畴。在金汇兑本位制度下，纸币成了法定的偿付货币，简称法币（Legal Tender）；政府宣布单位纸币所代表的含金量并维护纸币与黄金的比价；纸币充当价值尺度、流通手段和支付手段，并能同黄金按政府宣布的比价自由兑换。黄金只发挥储藏手段和稳定纸币价值的作用。

在金块本位制度下，黄金已经很少直接充当流通手段和支付手段，金块的绝大部分为政府所掌握，其自由输出、输入受到了影响。同样，在金汇兑本位制度下，黄金储备集中在政府手中，在日常生活中，黄金不再具有流通手段的职能，输出、输入受到了极大限制。在上述两种货币制度下，货币汇率由纸币所代表的含金量之比（又称为法定平价）决定。实际汇率因供求关系而围绕法定平价上下波动，但其波动的幅度已不再受制于黄金输送点，因为黄金输送点存在的必要条件是黄金的自由输出、输入。在金块本位和金汇兑本位制度下，虽说决定汇率的基础是纸币所代表的含金量即法定平价，但波动的幅度则由政府来规定和维护。政府通过设立外汇平准基金来维护汇率的稳定。当外汇汇率上升时，便出售外汇；当外汇汇率下降时，便买进外汇，使汇率的波动局限在允许的幅度内。显然，与金币本位制度时的情况相比，金块本位和金汇兑本位制度下汇率的稳定程度已经降低了。

二、纸币本位制度下的汇率决定

第一次世界大战期间以及 1929—1933 年资本主义经济大危机期间，各主要资本主义国家为了筹集资金以应付战争和刺激经济，大量发行纸币，导致纸币和黄金之间的固定比价无法维持，金汇兑本位制度在几经反复后终于瓦解，各国普遍实行了纸币本位制度。

纸币是价值的符号，在金本位制度下，它因黄金不足而代表或代替金币流通。在与黄金脱钩了的纸币本位制度下，纸币不再是代表或代替黄金流通，它已经获得了所有的货币职能，本身就能够作为货币流通。虽然很多国家政府都参照过去金属货币流通时的做法，用法令规定了纸币所代表的含金量，但是在纸币流通的背景下，这种人为的规定并不能代表纸币本身真正的价值。因为实行纸币流通的国家普遍存在纸币贬值的现象，纸币的法定平价与其实际所代表的含金量严重脱节。在这种情形下，法定平价就不能再成为决定汇率的基础。

一国通货膨胀程度越高，其货币的实际价值越低；一国通货膨胀程度越低，其货币的实际价值就越高。用通货膨胀程度所衡量的货币实际价值是货币的对内价值，对内价值是决定对外价值（即汇率）的基础。对内价值具体体现在货币在国内的购买力高低，而货币购买力可以用表明膨胀程度的物价指数来计算。一国物价指数上涨，通货膨胀水平就提高，该国的货币购买力就相应下降，它在国际市场的汇率也会相应下跌；反之，一国物价指数上涨程度较其他国家缓慢，通货膨胀水平较低，则意味着该国货币购买力提高，它在国际市场的汇率相应也会上升。

进一步说，货币的对内价值即购买力的变化取决于流通中的货币量。如果流通中的货币量与货币的实际需要量相一致，则本国物价和货币购买力稳定，货币对内不发生贬值；如果流通中的货币量超过货币需要量，则会发生通货膨胀，货币购买力下降，本币对内贬值（见图 3－4）。

图 3－4　纸币本位制度下的汇率决定

在纸币本位制度下，两国货币之间的汇率取决于它们各自在国内所代表的实际价值，也就是说，货币的对内价值决定其对外价值，而对内价值又是用其购买力来衡量的。因此，货币购买力的对比就成了纸币本位制度下汇率决定的基础。这个论点在第二次世界大战后被广泛接受和运用，是西方汇率理论中的一个重要流派。

当然，有关通货在纸币流通的情况下汇率决定基础的讨论不仅仅限于上述思想，我们将在第三节外汇汇率理论中加以介绍。

专栏　　**货币的四种价格**

货币有四种价格：第一种价格是票面单位，即货币单位的法定价格——1 个新塞地，1 个泰铢，1 个里亚尔，1 个比索等；第二种价格是 $1/P$，它是货币对某些商品和劳务的购买力指数，按照票面单位或者账面价格计算的货币存量是名义存量，而按照商品和劳务相对价值计算的货币存量是实际存量；第三种价格是存款的实际利率 d，即货币余额的名义利率 $\bar{d}$ 与货币的第二种价格的变化率 P 的代数和；货币的第四种价格是汇率，即货币对另一种货币的交换比率。

资料来源：爱德华·肖．经济发展中的金融深化．上海：上海三联书店出版，1988.

三、纸币本位制度下影响汇率变动的主要因素

纸币本位制度下，影响汇率变动的主要因素有以下几个。

（一）从长期来看，一国的财政经济状况是影响该国货币对外比价的基本因素

如果一个国家处于经济上升时期或繁荣时期，其货币汇率往往比较坚挺。如果一个国家处于经济衰退时期，其货币汇率往往比较疲软。比如，在20世纪80年代，日本经济繁荣，而美国经济不太景气，日元升值的幅度就比较大。而1998年东南亚金融危机时期，日本经济长期低迷，日元就比较疲软。财政状况往往也是影响一个国家货币的重要因素。当财政赤字增加时，本国货币的汇率一般会下降。而当财政收支状况改善时，本国货币的汇率一般就会上升。

财政经济状况是一个很笼统的概念，换一个说法，从长期来看也可以认为是一国的经济实力。而经济实力的强弱是通过许多方面、许多指标表现出来的。稳定的经济增长、低通货膨胀、平衡的国际收支、合理的经济结构等都是一国经济实力的标志。这不仅是本币保持稳定和坚挺的物质基础，而且会增强人们对该货币的信心。反之，经济增长缓慢甚至衰退、通货膨胀居高不下、国际收支逆差、经济结构和贸易结构失调等，都标志着一国经济实力弱，从而使货币失去稳定的物质基础，导致人们对其信心下降，对外不断贬值。

专栏　　巴拉萨－萨缪尔森假说

经济增长对于长期汇率水平的决定有着重要影响。经济的持续高速增长，将导致一个经济体内部发生深刻的结构性变化，在这一过程中，一国的劳动生产率、产业结构、就业、国民收入、金融深化程度、经济开放度等变量都发生着深刻的变化。实体经济的这些变化一般都会引起实际汇率的调整。在对经济高速增长时期实际汇率变动趋势的研究中，巴拉萨－萨缪尔森假说是最具影响力的理论。该假说认为，当一国处于经济高速增长阶段时，相对于世界平均水平，国内贸易部门劳动生产率增长快于非贸易部门劳动生产率增长，在通货膨胀相对稳定的情况下，贸易品价格优势导致的经常项目顺差将造成汇率升值压力。

巴拉萨（Balassa）于1964年发表了《购买力平价教条：再考察》，用22个国家在1960年的横截面数据检验，发现那些较富裕的国家确实经历了实际汇率升值。Hsieh（1982）通过分析1954—1976年日本、德国和美国的数据，发现劳动生产率因素对日元和马克实际汇率变动趋势具有重要影响。另一个强有力的证据来自马斯顿（Marston）1987年对1973—1983年日本与美国之间实际汇率的研究。他计算了贸易部门与非贸易部门之间的劳动生产率差，发现这些变量是对日元与美元长期升值趋势的强有力的解释。总体上，巴拉萨－萨缪尔森假说被大部分的实证研究所证实。

资料来源：盛松成，等．经济增长过程中的汇率升值问题．上海金融，2006（5）．

（二）国际收支状况

如果一国国际收支出现顺差，则意味着该国外汇市场上外汇供给增加，需求减少，因而该国货币汇率上升，外国货币汇率下降。反之，当一国的国际收支出现逆差时，外汇市场上外汇的需求增加，外汇的供给减少，从而使本币的汇率下降，外币的汇率上升（见图3－5）。

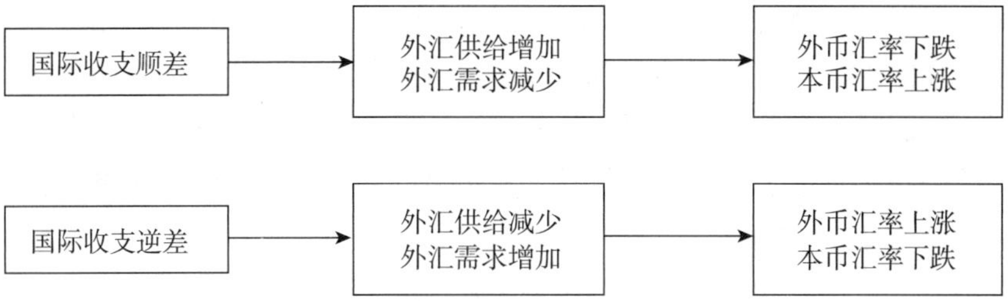

图 3-5　国际收支对货币汇率的影响

需要指出的是，国际收支状况并非一定会影响到汇率，这主要看国际收支顺差或逆差的性质。短期的、临时性的、小规模的国际收支差额，可以轻易地被国际资金的流动、相对利率和通货膨胀率、政府在外汇市场上的干预等因素所抵消。不过，长期的巨额国际收支逆差，一般必定会导致本国货币汇率的下降。特别是对新兴市场国家而言，国际收支状况特别是经常项目的差额常常是判断该国货币汇率走向的重要指标。例如，当泰国在 1996 年出现较大的经常项目逆差时，就有经济学家敏锐地指出泰铢应该贬值。但由于当时泰国的利率水平较高，大量游资流向泰国，泰铢在市场上还有升值的压力，有人据此就认为泰铢贬值是杞人忧天。但是，进入 1997 年 3 月以后，泰铢贬值的压力日渐增加。尽管泰国政府积极干预，1997 年 7 月 2 日泰铢还是被迫大幅度贬值。

（三）利率水平

利率是货币资本的一种“特殊价格”。在开放经济的条件下，利率变化与汇率变化息息相关。主要表现为当一国提高利率水平或本国利率高于外国利率时，使用本国货币的资金成本上升，在外汇市场上表现为本国货币供应的相对减少；与此同时，当利率较高时，放弃使用资金的收益上升，吸引外资流入，使外汇市场上外国货币的供应相对增加。这样，利率上升会从两个方面推动本国货币汇率上升（见图 3-6）。

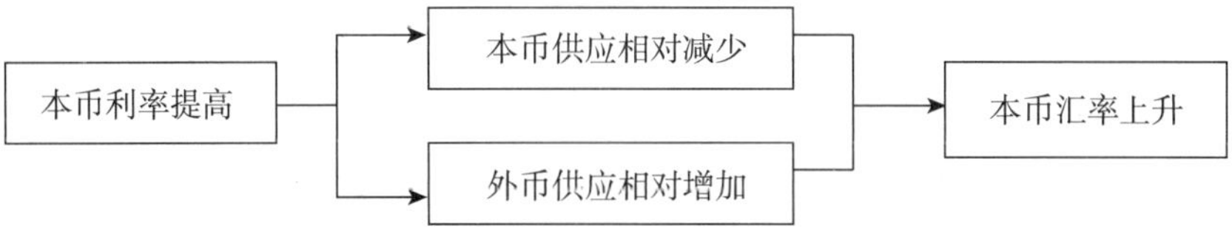

图 3-6　利率对短期汇率的影响

一国提高利率在大多数的情况下是为了紧缩国内银根，控制投资规模和经济过热，它对外汇市场的作用就是使本币在短期内升值；而一国降低利率则主要是为了放松银根，刺激投资增加和经济增长，它对外汇市场的作用就是使本币在短期内贬值。

比如，当美联储宣布加息时，往往使得美元在外汇市场上表现坚挺。当然，现实生活是复杂的，有时候美联储宣布加息的消息公布以后，美元在市场上表现反而疲软。这主要是因为市场在加息以前就已经对这个消息提前进行了消化，或者市场预测加息的幅度较大而实际加息幅度较小，导致汇率出现暂时下跌。

在考察利率变动对汇率的影响时，不仅要比较国内利率水平与国外利率水平的差异，还要比较国内外的通货膨胀率。如果本国利率上升，但其幅度不如外国利率上升的幅度，或者其幅度不如国内通货膨胀率的上升幅度，则不能导致本国货币汇率的上升。

利率对汇率影响的另外一个重要方面就是导致远期汇率的变化，外汇市场远期汇率升、贴水的主要原因在于货币之间的利率差异。利率与远期汇率之间的关系将在后面阐述。

（四）财政与货币政策

一国的财政与货币政策也是影响市场汇率的重要因素。一般来说，扩张性的财政和货币政策如果造成巨额的财政赤字和通货膨胀，就会使本国货币对外贬值；紧缩性的财政和货币政策如果减少财政支出，稳定通货，则会使本国货币对外升值。不过，这种影响是相对短期的，财政和货币政策对汇率的长期影响要视这些政策对经济实力和长期国际收支状况的影响如何。如果扩张性政策能最终增强本国经济实力，促使国际收支顺差，则本币对外价值的长期走势必然会提高；如果紧缩性政策导致本国经济停滞不前，国际收支逆差扩大，那么本币对外价值必然会削弱。

作为一国政策取向代言人的某些政府官员的言论因而也就备受市场的瞩目。例如，如果市场从历任美联储主席格林斯潘、伯南克、耶伦的讲话中嗅出美联储将要加息或降息的味道，那么市场上美元汇率就会很快做出反应。

（五）重大的国际政治因素

在现代外汇市场上，汇率常常是十分敏感的，一些非经济、非市场因素的变化往往也会波及外汇市场。一国政局不稳定、有关国家领导人的更替、战争的爆发等都会导致汇率暂时性或长期地变动。其原因在于，这些因素一旦发生变化，都会不同程度地影响到有关国家的经济政策、经济秩序和经济前景，从而造成外汇市场心理预期的改变，人们或者寻求资金安全或者乘机进行投机，都会迅速进行买卖交易，引起市场行情的变化。“9 · 11”事件发生之后，美元走软就是一个很好的例子。

另外，诸如黄金市场、股票市场、石油市场等其他投资品市场价格发生变化也会导致外汇市场汇率的波动，因为国际金融市场的一体化，资金在国际上的自由流动，使得各个市场间的联系十分密切，价格的相互传递成为可能和必然。

以上这些因素对汇率的影响是十分复杂的，它们往往交织在一起，有时候是这些因素在起主要作用，有些时候又是另外一些因素在起主要作用。此外，在现代投机资本规模日趋扩大的今天，投机资本完全可以凭借自身的实力暂时创造出与经济基本面相反的市场行情。在东南亚金融危机中，像新加坡、中国香港这样经济基本面没有问题的国家和地区，在投机资本强大的卖盘压力下，货币汇率也受到了很大的贬值压力。因此，在分析市场汇率走向的时候，一定要用全面的眼光来分析，根据当时的具体情况，找到影响汇率变化的主要因素，从而判明市场汇率的走向。

四、汇率变动的经济影响

汇率这种特殊价格是一个重要的宏观变量，它与多种经济因素有着密切的关系。这种关系不仅表现在这些经济因素的变化都将导致汇率水平的变动，而且表现在汇率的变化对这些经济因素具有不同程度、不同形式的影响，使其发生相应的变化。尤其是在浮动汇率制度下，汇率变化频繁，对各国经济产生的冲击日益深刻。因此，汇率政策及汇率调整已成为各国经济政策的重要组成部分。

（一）汇率的升值与贬值

汇率作为两种货币之间的比价就像是跷跷板，一种货币的升值必然会有另一种货币贬值，但二者升值、贬值的幅度未必一样，某种货币贬值幅度最多只能是100%，而货币的升值幅度是无限的。货币的升值、贬值幅度可根据升值、贬值前后的汇率来计算，具体方法如下。

1. 在直接标价法下

本币汇率的变化（%）=（旧汇率 / 新汇率 −1）×100%

外汇汇率的变化（%）=（新汇率 / 旧汇率 −1）×100%

2. 在间接标价法下

本币汇率的变化（%）=（新汇率 / 旧汇率 −1）×100%

外汇汇率的变化（%）=（旧汇率 / 新汇率 −1）×100%

上述公式计算出来的结果如果是正数，则表示本币或外汇升值；如果是负数，则表示本币或外汇贬值。

例如，1990 年 11 月人民币汇率从 USD100=CNY472.21 调整到 USD100=CNY522.21，根据这一调整，人民币兑美元汇率的变化幅度是：

（472.21/522.21−1）×100%=−9.57%

而美元兑人民币汇率的变化幅度是：

（522.21/472.21−1）×100%=10.59%

也就是人民币对美元贬值 9.57%，而美元对人民币升值 10.59%。

（二）汇率变动对进出口贸易的影响

1. 一国货币对外贬值通常有利于扩大出口、抑制进口

一国货币汇率变动，会使该国进出口商品的价格相应涨落，抑制或刺激国内外居民对进出口商品的需求，从而影响进出口规模和贸易收支。一般来说，一国货币对外贬值，有利于扩大出口、抑制进口，改善该国贸易收支状况；一国货币对外升值，则刺激进口、抑制出口，使该国贸易收支状况恶化。

从表 1–5 中可以看到，在人民币兑美元的汇率为 5，出口产品国内成本为 4 元，国际市场价格为 1 美元的情况下，出口商的出口毛利是 1 元。现假定人民币贬值了，汇率由 5 变为 8，则出口商的毛利就由 1 元变为 4 元。在毛利增加的情况下，出口商的出口积极性必然增加，同时出口商还可以降价促销。由此可见，从总体上来看，本币贬值是有利于出口商的。

从表 1－6 中可以看到，人民币贬值会使进口商品的国内价格上涨。贬值之前，某进口商品的国际市场价格为 1 美元，国内价格是 6 元人民币，进口商的毛利是 1 人民币。贬值之后，假定进口商的毛利仍为 1 元人民币，该商品的国内价格将变为 9 元人民币，价格的提高将促使人们减少对进口产品的消费。由此可见，从总体上来看，本币贬值对进口商是不利的。

本币贬值后，进出口商品的相对价格将发生变化，进而影响到进出口商品的数量和贸易收支。如第一章所述，在满足马歇尔－勒纳条件的情况下，本币贬值有助于贸易收支的改善。

2. 外汇倾销

有时，一国有意利用本币汇率下降来达到外汇倾销的目的。所谓外汇倾销（Foreign Exchange Dumping），是指一国有意加大本币汇率下降的幅度，使其高于本国物价上涨的幅度，以便以低于世界市场的价格输出商品，打败竞争对手，夺取销售市场。

在这里，外汇倾销的手段就是本币对外贬值，但需要具备的条件是本币对外贬值程度大于对内贬值程度。也就是说，因国内通货膨胀引起货币购买力下降的程度不能超过汇率下降的幅度，这样才能达到实际的贬值，否则倾销无效。

本币的对内贬值程度可以用一定时期内的物价指数来计算，物价指数越高，意味着货币购买力越弱，货币对内贬值程度越大，计算公式如下：

$$纸币对内贬值程度=1-货币购买力=1-100/物价指数$$

其中，物价指数以 100 为基数。

表 3－2 列出了在人民币对美元的汇率由 4 调整到 6，对外贬值幅度为 33% 的情况下，国内物价指数分别为 133% 和 200%，即对内贬值幅度分别为 25% 和 50% 时，出口商所获毛利的情况。从表中可以看到，当货币的对内贬值幅度大于对外贬值幅度时，外汇倾销就无法实现。

表 3－2　外汇倾销的条件

汇率	对外贬值幅度	国内成本（元）	对内贬值幅度	国际市场价格（美元）	出口毛利（元）
$R=4$	—	3	—	1	1
$R=6$	33%	4	25%	1	2
$R=6$	33%	6	50%	1	0

此外，外汇倾销会使本国产品冲击对方国家市场，并抢占其他国家在该国的市场，因此容易遭到贸易对手的反对。如果这些国家采取一些反倾销措施，也会使外汇倾销失败。

专栏　　汇率安排的关键是什么?

不同的汇率安排对不同部门有着不同的影响。通常，我们将国民经济划分为外向部门（以出口为主）和内向部门（以满足内需为主）两个部门，一般而言，外向部门由于时刻要面对汇率风险，因此强烈希望保持汇率稳定，钉住汇率制度无疑是它们的“最爱”。

1998年以来，事实上的单一钉住美元制度使得中国外向部门在资金供给方面赢得了相对于内向部门的优势：为了在资本项目、经常项目双顺差的格局下避免人民币汇率升值，人民银行必须无条件地全盘接受企业卖出的外汇，从而投放货币，这些外汇的原始持有者——外向部门的资金状况便相对充裕。内向部门不仅无从沾光，反而因为人民银行用压缩商业银行再贷款方式进行冲销操作而独自承受了信贷紧缩的压力。

换而言之，在当前单一钉住美元的制度下，内向部门承担了更多的冲销政策成本，外向部门则相对受惠。近些年，我国外经贸企业、外向型经济发达地区经济表现相对优于内向型企业和地区，与单一钉住美元制度的这种“分配效应”未尝没有关系。

利益相关者试图影响汇率安排，使其朝着自己希望的方向演变，本不足为奇；问题是，最终汇率安排往往更多地取决于利益集团的集体行动能力，而不是经济合理性，最终汇率安排往往并非经济上的最优汇率安排。

从长远来看，现行的人民币钉住美元汇率安排必然改变，新的人民币汇率安排必然实施。毕竟，一个真正经济强国的货币钉住另外一种货币，这是不可思议的。与此同时，我国居民中外币资产持有者队伍正在迅速扩大。居民在境外的资产规模还难以准确估算，更不用说在全世界大国中独一无二的高外贸依存度了。这一切推动着与汇率安排利害攸关的利益集团越来越庞大，这就要求我们建立一个合理的汇率安排决策机制，使得决策的过程能够充分顾及不同社会阶层、不同区域、不同产业的需求，让不同阶层合理分担因此带来的调整负担，合理分享因此而获得的利益，而不过分偏向某一阶层、某一利益集团的意见，这才是汇率安排的关键。

资料来源：梅新育.汇率安排的关键是什么.21世纪经济报道，2003–11–20.

（三）汇率变动对资本流动的影响

就长期资本流动而言，本币贬值的影响不大，因为长期资本流动注重的是投资整体环境的好坏。但在其他条件不变的情况下，本币贬值后，1单位外币折合更多的本币，外币的购买力相对上升，会促使外国资本流入增加，有利于吸引外商到货币贬值国进行新的直接投资。相反，本币贬值后，需用更多的本币才能兑换1单位外币，本币购买力相对下降，会使本国资本流出减少。

汇率变动对短期资本的流出、流入影响较大，而且要从动态的角度来把握。本币对外价值将贬未贬时，也就是外汇汇价将升未升时，会引起本国资本外逃。但当本币贬值到位甚至超跌时，在一定程度上又会促使外资流入。反之，当本币对外价值将升未升时，也就是外汇汇价将跌未跌时，为获取本币升值的好处，资本流入会增加。但当本币超升时，为回避下调的风险，也可能引起资本的外逃。

汇率变化对于资本流动的影响方向和影响程度还要受其他因素如政府的管制、资本投资的安全性等方面的制约。

（四）汇率变动对官方储备的影响

汇率变动对官方储备的影响主要体现在以下两个方面：

第一，如前所述，汇率变动后，会对一国国际收支平衡表中的经常项目和资本项目产生影响，从而使该国的官方储备发生变动。如果汇率的变动有利于增加经常项目和资本项目的顺差，则汇率变动将使该国的外汇储备增加。如果汇率的变动不利于增加该国经常项目和资本项目的顺差或者使经常项目和资本项目的逆差扩大，则官方储备减少。

第二，储备货币汇率的变动，将使持有该储备货币的国家的储备资产的实际价值增加或减少。在布雷顿森林体系下，美元是各国外汇储备的主要币种。20 世纪 70 年代以后，外汇储备货币逐渐走向多元化。不论是以单一币种作为储备还是以多元币种作为储备，储备货币汇率变化都会直接影响一国外汇储备的价值。

（五）汇率变动对国内经济的影响

1. 汇率变动对国内物价水平的影响

汇率变动往往会对一个国家的国内物价水平产生影响。下面以本币汇率下浮为例来分析其对国内物价水平的影响。如果本币汇率上升，则可以做相反的分析。

在需求弹性较高的情况下，本币汇率下浮可以提高进口商品的国内价格，降低出口商品的国外价格，通过这种相对的价格变化，进口减少，从而使生产进口替代品的国内产业得以扩张；出口增加，从而使生产出口商品的产业得以扩张。从这两个方面，汇率下浮可以带动国内产量和就业的增长。但是，在实践中，本币汇率下浮并不一定能够达到上述良好的理想结果。本币贬值将有可能通过货币工资机制、生产成本机制、收入机制等方面导致国内工资和物价水平的循环上升。

（1）进口商品价格上涨对国内物价水平的影响。进口商品有两类：一类是生活消费品，其价格的上涨将直接推动国内整体物价水平的上涨；另一类是投入生产过程中的资本性货物、原材料等中间投入品，其价格的上涨将以成本推动的方式推动国内整体物价的上涨。

（2）本币汇率下浮之后，出口商可以获取更多的利润，出口积极性增加，为了多出口，出口商可以提高出口商品的国内采购价格。而获利空间的增加可以使出口商降低出口商品的国外销售价格，刺激出口量的增加。这就会形成一个需求拉上型的物价上涨。

（3）出口的增加促使出口商和出口部门扩大规模，增加生产，在这个过程中，有可能增加出口部门从业人员的工资收入水平，而出口部门从业人员工资收入水平的提高，在工资收入的示范效应和工资收入水平刚性机制的作用下，会推动全社会工资水平的上涨预期。

（4）如果本国进口商品和出口商品的需求弹性较小，汇率下浮之后，进口不能有效减少，出口不能扩张。在这种情况下，本国的外汇支出增加，外汇收入减少，这将导致本国贸易条件的恶化和物价的上涨。

总之，本国货币汇率下浮之后，可能通过各种机制对国内物价水平的上涨施加压力。例如，在东南亚金融危机中，有关国家的货币在对外贬值的同时对内大幅贬值。1998 年 1—6 月，泰国通货膨胀率为 20.7%，印度尼西亚则超过 40%。如前所述，在纸币本位制度下，用物价指数计算的货币购买力是决定汇率的基本因素，而汇率变化又反过来会对物价水平产生影响。在现实生活中，一国发生通货膨胀会导致本币对外贬值，本币贬值反过来又会对物价上涨形成压力。如果政府不能加以有效控制，则会陷入“贬值—通货膨胀—贬值”的恶性循环中。

2. 汇率变动对国民收入和就业的影响

一般而言，一国货币汇率下跌有利于出口而不利于进口，因此，汇率下跌后，将会促使资源向出口部门和进口替代部门转移，促使这些部门收入水平和就业水平的提高。如果此时国内有闲置资源，将会提高整体的国民收入和就业水平。相反，一国货币汇率上升，就会产生减少生产、国民收入和就业的影响。总之，本币贬值后，贸易收支的改善通过乘数效应会扩大总需求，带动投资、消费增加，使社会总产量成倍扩张，从而推动经济增长，扩大就业。

因此，世界各国都把汇率作为十分重要的经济杠杆，通过汇率的调整达到奖出限入、充分就业、经济增长的宏观经济目标。但其前提条件是国内尚未达到充分就业，还有闲置资源可供利用。否则，对经济增长作用不大，而且会造成通货膨胀的压力。

3. 汇率变动对国内资源配置的影响

本币贬值后，出口商品本币价格由于出口数量的扩大而上涨，进口商品本币价格上升带动进口替代品价格上涨，从而使整个贸易品部门的价格相对于非贸易品部门的价格上升，带动生产资源从非贸易品部门转移到贸易品部门。这样，一国的产业结构就导向贸易品部门，整个经济体系中贸易品部门所占的比重就会扩大，从而提高本国的对外开放程度。

在发展中国家，本币贬值往往有助于资源配置效率的提高：（1）本币贬值后，一国可以相应地取消原先因本币高估而设置的进口关税、配额等保护措施，有利于进口替代行业的生产效率提高；（2）本币贬值后，原来因本币高估而受到歧视性损害的农业部门（往往是发展中国家的出口部门）获得正常发展；（3）与国外竞争的贸易品部门扩大，往往有助于效率的提高，因为贸易品部门一般是发展中国家效率较高的部门。

（六）汇率变动对国际经济关系的影响

在浮动汇率制度下，各国货币汇率频繁的、不规则的波动，不仅给各国的国内经济造成深刻影响，而且影响各国之间的经济关系，乃至整个国际货币体系。

（1）汇率不稳会加剧有关国家争夺销售市场的斗争，影响国际贸易的正常发展。某些国家以促进出口、改善贸易逆差为主要目的货币贬值，必然引起其他国家货币的相对升值，给这些国家的出口形成压力，从而遭到这些国家的反对与报复。货币竞相贬值以促进各自的商品出口是国际上比较普遍的现象，由此造成的不同国家之间的分歧和矛盾层出不穷，加深了国际经济关系的复杂化。

（2）汇率不稳会影响某些储备货币的地位和作用，促进国际储备货币多元化的形成。历史上，英镑、美元的不断贬值致使其原有的国际储备货币地位被严重削弱，继而出现了日元、德国马克等货币与其共同充当国际货币的局面。1999 年 1 月 1 日启动的欧元又使得国际货币体系的发展向前迈进了一步。

（3）汇率不稳会加剧国际投机和金融市场的动荡，同时促进了国际金融业务的不断创新。

五、制约汇率发挥作用的基本条件

汇率变动对一国经济发展的影响程度和波及范围取决于以下几个条件：

（1）一国对外开放的程度。一国经济对外依赖程度较深，进出口贸易在国民生产总值中所占比重较大者，汇率变动对该国经济影响较大；反之，则较小。

（2）一国商品生产是否多样化。商品生产结构单一的国家供求弹性小，而商品生产结构多样化的国家供求弹性大。汇率变动对商品生产结构多样化的国家影响较小，而对商品生产结构单一的国家影响较大。这就是为什么发展中国家大多数采用钉住制等固定汇率制度安排的原因。

（3）与国际金融市场的联系程度。

（4）通货的兑换性。一国货币可完全自由兑换，在国际支付中使用较多者，其产生的影响较大；否则影响较小。

第三节 外汇汇率理论

汇率问题既是一个重要的实践问题，也是一个重大的理论问题。在汇率决定基础这个问题上，经济学家们由于所处的时代环境不同、信仰的理论不同、分析问题的角度不同、论证的方法不同，因而形成了各种各样的汇率理论。本节简要介绍几个有代表性的理论：国际借贷理论、购买力平价理论、利率平价理论和换汇成本理论。

一、国际借贷理论

（一）代表人物及其主要观点

国际借贷理论（Theory of International Indebtedness）又称外汇供求论，是由英国经济学家戈逊在 1861 年出版的《外汇理论》一书中提出来的。其主要观点是一国货币汇率取决于外汇的供给与需求，而外汇的供给与需求取决于国际借贷。国际借贷是指国际上各种经济往来所产生的债权债务关系。国际借贷分为固定借贷和流动借贷，前者是指借贷关系已经形成，但未进入实际收付阶段的借贷，后者是指已进入收付阶段的借贷。也就是说，一国的对外流动借贷是指该国在一定时期内处于实际收付阶段的对外债权与对外债务。一国国际收支平衡表中的经常项目和资本与金融项目的收支，构成该国的国际借贷。戈逊认为，只有流动借贷的改变才会对外汇供求产生影响。

流动借贷对外汇供求及汇率的影响表现为：

（1）当一国对外流动借贷出现顺差，即对外债权大于对外债务时，外汇供给大于需求，外汇汇率下降，本币汇价上升。

（2）当一国对外流动借贷出现逆差，即对外债务大于对外债权时，外汇需求大于供给，外汇汇率上升，本币汇价下降。

（3）当一国对外流动借贷相等，对外债权与对外债务相等时，外汇供求平衡，本币汇价不变。

（二）简要评价

1. 国际借贷理论对汇率理论的贡献

（1）将国际借贷划分为固定借贷与流动借贷，并指出只有立即清偿的各种到期的收付差额，才能引起汇率的变动，这是比较符合客观现实的。

（2）第一次世界大战前金本位制度盛行时期，各国货币之间都有铸币平价。汇率仅在黄金输送点的上下范围内进行波动，其波动的原因主要是受外汇供求关系的影响，这也符合当时的经济背景。

2. 国际借贷理论的不足

（1）该理论指出了在国际借贷差额不平衡时，汇率变动受一国对外债权和债务关系的影响，但未能说明在国际借贷总额平衡时汇率水平的决定因素。所以，该理论只阐述了影响汇率变动的因素，忽视了对汇率决定基础的论证。

（2）该理论仅解释了金本位制度下汇率变动的主要原因，而对影响汇率变动的其他重要因素没有做出充分说明，只能解释短期汇率的变动。

（3）国际借贷理论的适用条件比较严格。例如，外汇市场比较发达，供求信息表达比较充分；外汇市场的自由度较高，基本不受国家干预；进行货币对比的两个国家经济发展阶段比较相似；等等。这些条件在现实中很难达到，从而影响了该理论的适用性，这也是国际借贷理论运用不广泛的原因。

二、购买力平价理论

（一）代表人物及其基本观点

购买力平价理论（Theory of Purchasing Power Parity）早在16世纪已有萌芽，正式提出这一学说的是瑞典经济学家卡塞尔，他在1922年出版的《1919年以后的货币与外汇》一书中对这一理论做了系统的论述。其基本观点是：本国人需要外国货币，是因为用它可以在货币发行国购买商品或劳务；外国人需要本国货币，也是因为用它可以购买本国的商品或劳务。因此，本国货币与外国货币相兑换，就等于本国购买力与外国购买力的交换。所以，用本国货币表示的外国货币的价格即汇率取决于两国货币购买力的比率。由于一国货币购买力实际上是该国物价水平的倒数，因此，两国之间的货币汇率可由两国物价水平之比来表示。

购买力平价有两种形式：绝对购买力平价和相对购买力平价。绝对购买力平价是指在一定的时点上，两国货币汇率决定于两国货币的购买力之比。如果用一般物价指数的倒数来表示各自货币购买力，则两国货币汇率决定于两国的一般物价水平之比。用公式表示为：

$$E=P/P^{*} \tag{3-1}$$

式3-1表明，任何两国货币间的汇率，等于两国一般物价指数之比。式中：E 表示均衡汇率（直接标价法，即以本国货币表示的外国货币的价格）；P 表示国内一般物价指数；P^{*} 表示外国一般物价指数。

相对购买力平价可以说明在一段时期内汇率的变动，它考虑了通货膨胀因素，认为汇率应该反映两国物价水平的相对变化，因为通货膨胀会在不同程度上降低各国货币的购买力，因此，当两国都发生通货膨胀时，它们的名义汇率等于基期的均衡汇率乘以两国从基期到计算期的物价指数之商。用公式表示为：

$$E_1=E_0\times(P_1/P^*_1) \qquad (3-2)$$

式中：E_0 和 E_1 表示基期和计算期的汇率；P_1 表示从基期到计算期的本国一般物价指数；P^*_1 表示从基期到计算期的外国一般物价指数。

假设中国国内物价指数从基期到计算期由 100 上升到 150，同一时期美国国内物价指数由 100 上升到 125；假定基期的汇率为 USD1=CNY5，则可计算出：

$$E_1=5\times(150/125)=6$$

购买力平价理论认为，物价的变化源于货币量的变化，因而，购买力平价理论继承了货币数量论。

同绝对购买力平价相比，学术界对相对购买力平价更感兴趣，因为它从理论上避开了一价定律的严格假设，可以用来预测实际汇率。在预测期内，如果两国经济结构不变，两国货币间汇率的变化就反映了两国货币购买力的变化。

（二）实践运用

1. 巨无霸指数

从 1986 年开始，英国的《经济学家》杂志每年定期都要计算巨无霸指数（Big Mac Index）。根据该杂志的资料显示，目前在全球 118 个国家和地区的麦当劳门店均有销售巨无霸这个商品，而且使用的配料几乎完全一样。按照购买力平价理论，巨无霸在各国经过汇率换算以后的价格应该相等。但事实远非如此，巨无霸在不同国家和地区的销售价格按照市场汇率折合成美元的价格相差巨大。例如 2022 年 1 月，在纽约，其价格是 5.81 美元，在中国是 3.83 美元。

如何解释这一明显违背一价定律的现象呢？首先，巨无霸的价格不仅包括肉饼和面包的成本，还包括门店租金、员工工资、水电费等，这些都属于非贸易品，在不同的国家和地区其价格相差很大，越是不发达的国家和地区，其价格越低；其次，在有些国家和地区，同类可替代商品较少，导致麦当劳有能力根据当地市场定价。最后，消费者偏好、饮食习惯和文化传统、市场竞争等因素都会对巨无霸这个商品的定价产生影响。

《经济学家》杂志认为，可以通过巨无霸指数来对市场汇率是否合理做出判断。以当前汇率进行计算，如果一个国家的巨无霸价格低于 5.81 美元（美国售价），那么，该国货币的币值便是被低估的；反之，该国货币币值就是被高估的。2022 年 1 月，巨无霸在中国的售价为 24.4 元，巨无霸指数所体现的美元兑人民币汇率（PPP）应为 4.20（17.2/4.79），当天市场汇率则为 6.36，照此计算，人民币的价值被低估了 34%$\left(\frac{4.20-6.36}{6.36}\times100\%\right)$。

采用单一商品的购买力平价作为衡量市场汇率的基准显然有失偏颇。然而，由于《经济学家》杂志的广泛影响以及中国经济的崛起，近十几年来人民币的巨无霸指数成了一个流行词汇。无论在理论上如何评价这个指数，至少这个词可以让枯燥的汇率知识学习变得像吃汉堡一样可口了。

类似的指数还有星巴克指数、IPad 指数等。与巨无霸指数显示人民币被低估的结果相反，这两个指数显示人民币被高估。换而言之，在中国以麦当劳为代表的餐饮服务业的价格水平低于美国，而高端电子产品和以星巴克为代表的“文艺青年”消费价格水平高于美国。从中得出的结论是,单一商品或服务的 PPP 只能反映这种商品或服务的国际相对价格，这些指数相互矛盾的结果表明中美之间价格关系的复杂性，并非所有的产品或服务都是美国的贵。

2. 使用购买力平价进行国际排名和比较

进行国际比较时，如果涉及货币指标，必然要涉及汇率折算的问题。如果只使用市场汇率作为比较的折算因子，由于市场汇率受多种因素影响且经常处于波动之中，有时甚至会在短期内发生剧烈波动，从而导致采用市场汇率作为折算因子的国际比较失真。由于购买力平价相对稳定，因此，在进行国际比较时可以引入购买力平价作为折算因子。

3. 人民币的购买力平价与中国的国际排名

许多学者和机构都进行过人民币购买力平价的研究，研究结果也有很大的差异，但是总体来看，购买力平价显示的人民币币值都要高于市场汇率。因此，采用市场汇率作为折算因子和采用 PPP 作为折算因子会使中国的 GDP 国际排名有很大的不同，这也就导致了“中国威胁论”。

专栏　ICP 对世界各国 PPP 的测算

国际比较项目（International Comparison Program，ICP），其组织范围庞大、技术方法复杂、调查内容繁多。为减轻统计工作负担，每隔 5 年或 6 年进行一次全面调查，测算各参加国（地区）基准年份的购买力平价（Purchasing Power Parities，PPP），并以此作为货币转换系数，进行各国（地区）国内生产总值（GDP）及其支出构成的国际比较。ICP 调查始于 1970 年，之后于 1973 年、1975 年、1980 年、1985 年、1993 年、2005 年和 2011 年和 2017 年一共进行了九轮。在完成每一轮 ICP 调查之后，有关国际组织利用现有统计资料，应用各种方法，推算非基准年份（即中间年份）的 PPP 数据，保持数据在时间上的完整性和连续性，以满足经济研究和分析需要。自 ICP 调查开始以来，PPP 便成为国际经济比较的货币转换因子。

2017 年的第九轮 ICP 调查覆盖了全球 176 个经济体。2020 年 5 月 19 日，世界银行发布了《购买力平价与世界经济规模——2017 年国际比较项目（ICP）结果》报告。按购买力平价（PPP）法计算，2017 年 176 个经济体的 GDP 总规模为 119.5 万亿美元，其中我国 2017 年 GDP 为 19.6 万亿美元，占世界经济总量（176 个经济体）的 16.4%，相当于美国的 100.5%，居第 1 位。而如果按汇率法计算，我国 2017 年 GDP 为 12.1 万亿美元，占世界经济总量的 15.2%，相当于美国的 62.2%，居第 2 位。

按照该报告，2017 年人民币的购买力平价是 USD1=CNY4.184 元，而同期的市场平均汇率为 USD1=CNY6.759 元人民币，从中可以看出购买力平价和市场汇率之间的差异。

需要指出的是，购买力平价是各经济体之间综合价格比率，既涵盖了可贸易品又涵盖了非贸易品的价格，而汇率只涵盖了可贸易品的价格。另外，购买力平价是统计学上的估计，会受到抽样误差、测量误差和分级误差等的影响。因此，其结果注定是一个近似值。而且由于收集数据和计算过程的复杂性，我们甚至无法估计出其误差幅度。因此，购买力平价不应该被简单地作为判断货币汇率低估或者高估的指标。

（三）简要评价

购买力平价理论说明了汇率与通货膨胀率之间的内在关系，揭示了汇率变动的长期原因。在西方各国实行浮动汇率制度的今天，这一学说在一定程度上符合汇率波动的现实，因此具有很强的生命力。该理论被提出 80 多年以来，无论是在理论上还是在实践中都具有广泛的影响，并成为 20 世纪最重要的汇率理论之一。但是，该学说也存在一些缺陷：

（1）从理论上来说，它假定货币数量是影响货币购买力和物价水平的唯一因素，而事实上物价水平不仅受货币数量的影响，生产条件、投资、储蓄、资本流动等都会影响物价水平。此外，购买力平价理论假定存在一价定律，而这在理论上和实证中都存在很大的争论。

（2）该理论忽视了影响汇率短期发展变化的一些因素，如非贸易商品的存在、国际资本流动、贸易壁垒、利率变化等，因而对汇率短期变化趋势的说明难以令人满意。

（3）在实践应用中，该理论存在着技术上的困难，主要体现在基期的选择、同质商品和劳务的选择、物价指数的编制等方面。

三、利率平价理论

（一）代表人物及其主要观点

利率平价理论（Interest Parities Theory）是在国际资本流动日益频繁的形势下发展起来的、关于远期汇率的决定和变动的理论。20 世纪 20 年代之前，经济学界的各种汇率理论均是关于即期汇率的决定和变动的，直到 1923 年英国经济学家凯恩斯在其《货币改革论》一书中才较为系统地阐述了利率平价理论，后经英国的经济学家保罗·艾因齐格及其他经济学家的发展，逐步系统地揭示了利率与汇率之间相互作用的内在联系。

利率平价理论认为：高利率国家的货币远期汇率会下跌（或说远期汇价贴水），而低利率国家的货币远期汇率会上升（或说远期汇价升水），远期汇率与即期汇率的差价约等于两国的利率差。其原因在于，当本国利率低于 A 国时，投资者为追求较高收益，会将资金调至 A 国。但若汇率发生相反变动，投资者很可能会遭受损失，为避免这种情况发生，投资者会在远期外汇市场上同时卖出 A 国货币，买进本国货币。从而使得低利率国家货币远期汇率上升，高利率国家货币远期汇率下跌。这种情况会持续到两国收益相等时停止，此时远期差价正好等于两国利差。

假定中国的利率为 I_a，美国的利率为 I_b，S 为即期汇率，F 为远期汇率，汇率的标价方法是直接标价。同时，假定资金在中美两国之间能够自由流动。

1 元人民币的国内投资收益为 $1+I_a$；1 元人民币在美国投资须先兑换成美元，即 $1/S$，投资所得收益为 $1/S\times(1+I_b)$，再按远期汇率折合为人民币，得到 $1/S\times(1+I_b)\times F$。

如果中美两国投资收益不同，金融市场上便会出现套利活动，直至两国投资收益相等时这种套利活动才会终止。因此有：

$$1+I_a=1/S\times(1+I_b)\times F=F/S\times(1+I_b) \tag{3-3}$$

将 3－3 式整理得到：

$$\frac{F}{S}=\frac{1+I_a}{1+I_b} \tag{3-4}$$

将 3－4 式两边各减去 1，得到：

$$\frac{F-S}{S}=\frac{I_a-I_b}{1+I_b} \tag{3-5}$$

显然，在 3－5 式中，如果中国的利率水平高于美国的利率水平，即 $I_a>I_b$，则 $F>S$，即远期美元升水，$\frac{F-S}{S}$ 为升水率；如果中国的利率水平低于美国的利率水平，即 $I_a<I_b$，则 $F<S$，即远期美元贴水，$\frac{F-S}{S}$ 为贴水率。

令 $\frac{F-S}{S}$ 为 P，则 3－5 式变为：

$$P=\frac{I_a-I_b}{1+I_b} \tag{3-6}$$

将 3－6 式变形得到：

$$P+P\times I_b=I_a-I_b \tag{3-7}$$

在 3－7 式中，P 和 I_b 都是百分数，其乘积的数值很小，暂忽略不计，则 3－7 式变为：

$$P\approx I_a-I_b \tag{3-8}$$

3－8 式表明远期美元的升、贴水率大约等于中美两国之间的利率差。

3－5 式和 3－8 式称为利率平价，即“经抵补的利率平价”（Cover Interest Parity）。这表明：低利率国家的货币，其远期汇率必然升水；高利率国家的货币，其远期汇率必然贴水，远期汇率升、贴水率大约等于两种货币之间的利率差。

（二）实践运用

利率平价理论反映了利率与远期汇率之间的关系，在实践上具有重要的指导意义。例如，银行在挂牌货币的远期汇率时都要根据不同货币之间的利率差按照利率平价理论计算远期汇率的基准值，然后再根据自己的头寸状况及对外汇市场的判断，在此基准值的基础上进行一定的浮动。

【例 3－1】 假定某日美元兑人民币的即期汇率为 1USD=CNY6.621 5，人民币一个月 SHIBOR（上海银行间同业拆放利率）为 4.471 1%，美元一个月的 LIBOR（伦敦银行间同业拆借利率）为 0.260 63%。求 1 个月（这个月的实际天数为 31 天）远期美元兑人民币的汇率。

解：根据 3－4 式，因为 $\frac{F}{S}=\frac{1+I_a}{1+I_b}$，所以：

$$F=S\times\frac{F}{S}=\frac{1+I_a}{1+I_b}=6.621\,5\times\frac{1+4.471\,1\%\times\frac{31}{360}}{1+0.260\,63\%\times\frac{31}{360}}=6.645\,5$$

因此，美元兑人民币的 1 个月远期汇率为 6.645 5。

【例 3－2】 某日欧元兑美元的即期汇率为 EUR/USD=1.319 25，美元 12 个月的市场利率为 2%，欧元的 12 个月的市场利率为 4%，试计算欧元兑美元的 1 年期远期汇率。

解：根据两种货币的利差以及即期汇率，以及 3－4 式可以计算出 12 个月的欧元兑美元的远期汇率：

$$F=S\times\frac{1+I_a}{1+I_b}=1.319\,25\times\frac{1+2\%}{1+4\%}=1.293\,9$$

因此欧元兑美元的 1 年期远期汇率为 1.293 9。

（三）简要评价

利率平价理论比较准确地说明了远期汇率的决定及远期汇率与即期汇率之间的关系。但也存在一些缺陷，主要体现在：该理论假定交易成本为零，资本能在国际上自由流动，现实中这些假定都是不成立的。该理论还假定套利资金是无限的，投资者可不断进行套利，直至利率平价成立，事实上这一假定也是很难实现的。因而，根据利率平价理论所计算出的远期汇率往往与现实不符。特别是在货币危机的情况下，按该学说预测的远期汇率与实际相差甚远。

四、换汇成本理论

换汇成本理论是中国的学者结合购买力平价理论和中国国情于 20 世纪 70 年代末发展出来的一种汇率决定理论。它把购买力平价理论中的非贸易商品剔除，用国际贸易商品的价格对比来考察汇率的决定，这显然比购买力平价理论更切合中国当时的实际。

换汇成本可以用两种方式来表达：第一种是在国际市场上换得 1 美元所支出的人民币成本（加上适当的利润）；第二种是在国内市场出售 1 美元的进口物品所能获得的人民币收入（也包括适当的利润）。第一种换汇成本实际上是指出口换汇成本，第二种换汇成本实际上是指进口换汇成本。

出口换汇成本和进口换汇成本都是改进了的购买力平价。选择哪种换汇成本作为汇率决定的基础，取决于政府的政策取向和两种成本平价之间的相互关系。由于国内外价格体系的差异，出口换汇成本和进口换汇成本是两个不等的值，而鼓励出口又是当时我国汇率政策的主要目标，因此，在人民币汇率制度改革之前我国一直将出口换汇成本作为依据来指导人民币汇率的制定。

换汇成本理论与购买力平价理论两者的理论基础是基本一致的。只是换汇成本理论缩小了货币购买力的比较范围和一价定律的适用范围，它仅仅从国际贸易商品这一范围来进行货币购买力的对比，并承认一价定律的存在。

本章小结

1. 狭义的外汇是指以外币表示的用于国际结算的支付手段，各国外汇管理法令中所称的外汇一般是广义的外汇。

2. 外汇的特点主要有三个：必须是以外国货币表示的资产；必须是在国外能够得到补偿的债权；必须是以可兑换货币表示的支付手段。

3. 直接标价法是以一定单位的外国货币为基准，用折算成若干本国货币来表示汇率的标价方法。间接标价法是以一定单位的本国货币为基准，用折合多少外国货币来表示汇率的标价方法。非本币之间的汇价往往是以一种国际上的主要货币或关键货币为基准。第二次世界大战以后，各国外汇市场上公布的外汇牌价均以美元为基准，即美元标价法。

4. 商业银行等金融机构买进外币时所依据的汇率就是买入汇率，也称买价，买价有现钞买入价和现汇买入价两种。卖出外币时所依据的汇率就是卖出汇率，也称卖价。买入汇率与卖出汇率相加除以2，则为中间汇率或中间价。

5. 可以从不同的分析角度对汇率进行不同的分类和划分。如官方汇率和市场汇率；即期汇率和远期汇率；电汇汇率、信汇汇率和票汇汇率；固定汇率和浮动汇率；单一汇率和复汇率；名义汇率、实际汇率和有效汇率等。

6. 在金本位制度下，两国货币汇率的决定基础是铸币平价，市场汇率围绕着铸币平价波动，上不超过黄金输出点，下不跌破黄金输入点。汇率稳定被认为是固定汇率。

7. 在纸币制度下，两国货币之间的汇率取决于它们各自在国内所代表的实际价值。

8. 在纸币制度下，影响汇率变动的主要因素有：一国的财政经济状况；国际收支状况；利率水平；财政与货币政策；重大的国际政治因素等。

9. 汇率变动对经济的影响是广泛而深远的，其中包括对国际收支、物价水平、国民收入、国内资源配置以及国际经济关系等方面的影响等。

10. 汇率变动对一国经济发展的影响程度和波及范围，取决于以下几个条件：一国对外开放的程度；一国商品生产是否多样化；与国际金融市场的联系程度；通货的兑换性等。

11. 国际借贷理论又称外汇供求论，代表人物是英国经济学家戈逊，其主要观点是：一国货币汇率取决于外汇的供给与需求，而外汇的供给与需求取决于国际借贷，只有流动借贷的改变才会对外汇供求产生影响，进而影响货币汇率。

12. 购买力平价理论的代表人物是瑞典经济学家卡塞尔，其基本观点是：汇率决定于两国货币购买力的比率。购买力平价有两种形式：绝对购买力平价和相对购买力平价。

13. 利率平价理论的代表人物是英国经济学家凯恩斯和保罗·艾因齐格，其基本观点是：低利率国家的货币，其远期汇率必然升水；高利率国家的货币，其远期汇率必然贴水；远期汇率升、贴水率大约等于两种货币之间的利率差。

14. 换汇成本理论是中国的学者结合购买力平价理论和中国国情于 20 世纪 70 年代末发展出来的一种汇率决定理论。换汇成本有两种，即出口换汇成本和进口换汇成本。

关键概念

外汇	汇率	直接标价法	间接标价法
美元标价法	买价	卖价	中间价
即期汇率	远期汇率	固定汇率	浮动汇率
单一汇率	复汇率	名义汇率	实际汇率
有效汇率	铸币平价	外汇倾销	绝对购买力平价
相对购买力平价	出口换汇成本	进口换汇成本	

复习思考题

1. 简述外汇以及外汇的特点。
2. 汇率的标价方法有哪几种？汇率有哪些种类？
3. 到任何一个银行网点（或网上银行）抄下当天的外汇牌价，并就外汇牌价上所涉及的名词术语进行解释。

4. 在不同的标价方法下，外汇的买卖价如何确定？

5. 现钞买入价与现汇买入价有什么区别？

6. 为什么说金本位制度下的汇率是比较稳定的？

7. 在纸币流通的条件下，决定两国货币汇率的基础是什么？

8. 影响汇率变动的主要因素有哪些？

9. 1994 年 1 月 1 日，人民币汇率实现了并轨，并轨时的汇价为 USD 1=CNY 8.7。1994 年之后，人民币汇价逐步上浮，到 2000 年 2 月 14 日，汇价变为 USD 1=CNY 8.278 0，试分别计算人民币的升值幅度和美元的贬值幅度。

10. 试分析汇率变动的经济影响。

11. 试分析外汇倾销的条件。

12. 假设某一段时期内，人民币汇率由 USD 1=CNY 5.8 变为 USD 1=CNY 8.7，同一时期国内物价指数由 100% 变为 130%。试计算分析是否构成外汇倾销。

13. 根据购买力平价理论，通货膨胀会导致本国货币贬值。1994 年我国的通货膨胀较为严重，而同期人民币却没有贬值，试分析其原因。

14. 试用公式推导利率平价理论的结论。

第四章
汇率制度与外汇管制

专业学习目标

掌握汇率制度的概念、固定汇率制度和浮动汇率制度的优缺点；
了解当前世界各国的汇率制度安排，掌握影响汇率制度选择的主要因素；
了解外汇管制的构成要素及其主要措施；
了解我国外汇管理体制的演变过程尤其是近年来外汇管理政策的变化情况；
了解人民币汇率制度的历史变迁，理解其背后的逻辑线索；
掌握人民币汇率制度的现状、存在的问题以及未来的改革取向；
理解人民币国际化的历史进程。

素养目标

领会人民币汇率制度改革中的三项原则（自主、可控、渐进），进而理解中国渐进的改革实践，培养理性思维和发展眼观；理解人民币国际化进程中可能遇到的问题和困难，增强道路自信和文化自信，提升使命感和责任感。

知识结构导图

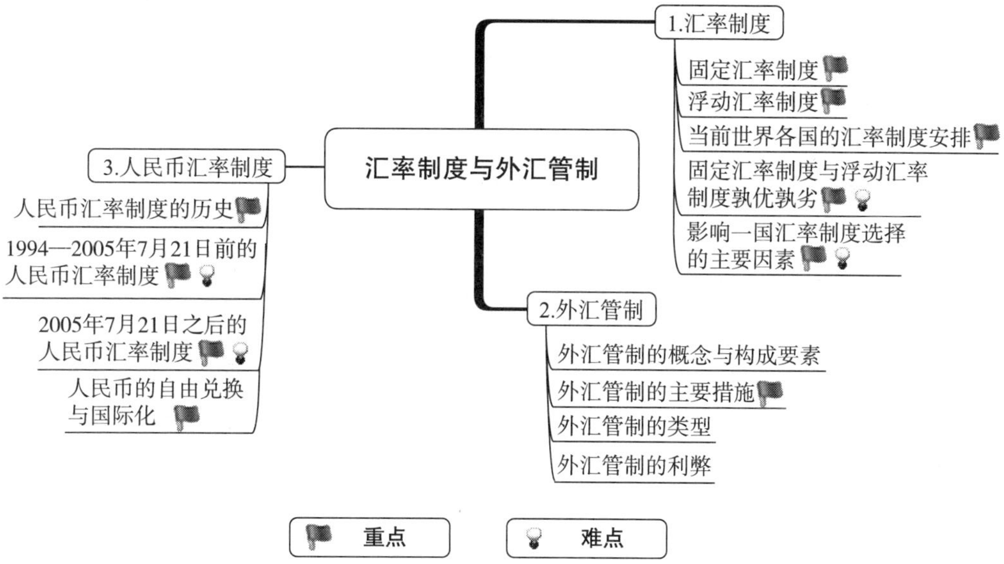

汇率作为一个重要的宏观经济变量，对一国的内外均衡起着举足轻重的作用。尤其在全球经济一体化的背景下，有关汇率制度的选择、汇率水平的维持及其相关政策取向，早已成为各国政府的一个重要议题。本章主要讲述汇率制度的类型及其选择、外汇管制以及人民币汇率制度。

第一节 汇率制度

汇率制度（Exchange Rate System or Exchange Rate Regime）是指一国货币当局对本国货币汇率变动的基本方式所做的一系列安排或规定。一种汇率制度应包含以下几个内容：第一，汇率确定的基础；第二，汇率波动的界限；第三，汇率应该如何调整；第四，维持汇率应采取的措施。

按照汇率变动的幅度，汇率制度可分为固定汇率制度（Fixed Exchange Rate System）和浮动汇率制度（Floating Exchange Rate System）。前者是指现实汇率受平价的制约，只能围绕平价在很小的范围内上下波动的汇率制度。后者则是指现实汇率不受平价的限制，随外汇市场供求状况变动而波动的汇率制度。

一、固定汇率制度

固定汇率制度包括金本位制度下的固定汇率制度和纸币流通条件下的固定汇率制度。两者既具有共同之处，也存在一些不同点。

（一）金本位制度下的固定汇率制度

金本位制度下的固定汇率制度是自发形成的；两国货币之间的中心汇率是按两国本位币含金量所决定的铸币平价自行确定的；金本位制度下的“三自原则”（自由兑换、自由熔毁铸造、自由输出输入）能自动保证汇率的波动不超过黄金输送点。因此，金本位制度下的汇率制度是比较稳定的固定汇率制度。

（二）布雷顿森林体系下的固定汇率制度

20 世纪 30 年代，典型的国际金本位制度彻底崩溃，以国际金本位制度为基础的固定汇率制度也不复存在。从第二次世界大战后至 1973 年，各国普遍实行的是布雷顿森林体系下的固定汇率制度。这一制度是根据 1944 年在布雷顿森林会议上签订的协议建立起来的，其核心内容是“双挂钩制”：美元与黄金挂钩，其他国家货币与美元挂钩。美元与黄金挂钩，即规定美元含金量为 1 美元 =0.888 671 克纯金，黄金官价为 1 盎司 35 美元，各国中央银行持有的美元可按官价向美国兑换黄金。其他国家货币与美元挂钩，即各国货币规定含金量，并按含金量的对比确定与美元的汇率。各国货币对美元的汇率只能在平价上下各 1% 的限度内波动，超过这个限度，各国中央银行有义务在外汇市场上进行干预以维持汇率的稳定。只有当一国国际收支发生根本性不平衡时，才允许货币进行法定升值或贬值。

这种固定汇率制度的特点是：（1）固定汇率制度是通过国际协议（布雷顿森林协议）人为建立起来的；（2）各国货币当局通过各自规定金平价制定中心汇率；（3）现实汇率则通过外汇干预、外汇管制或国内经济政策等措施被维持在人为规定的狭小区间内；（4）各国货币的金平价可以有条件地调整，只有当一国国际收支出现根本性不平衡时，金平价经 IMF 的核准才可予以变更。

（三）维持固定汇率制度的政策措施

在固定汇率制度下，各国央行维持汇率稳定的手段主要有以下几种。

1. 利率手段

当本国货币贬值有超过限度的趋势时，央行可提高利率，以吸引国外资金流入，增加外汇供给，抑制本币贬值趋势。当外国货币贬值幅度较大时，央行可降低利率，诱使资金外流，增加外汇需求，抑制外币贬值趋势，维持汇率的相对稳定。

2. 外汇储备支持

当货币汇率波动较大时，央行还可通过增减外汇储备的方式维持汇率波动界限。例如，当一国国际收支出现逆差，本币贬值压力较大时，央行可出售部分外汇储备，增加本币需求，抑制本币下滑态势。当一国国际收支顺差额较大时，本币有升值的趋势，则应在外汇市场上购进外汇，增加外汇储备，外汇需求的增多可相应抑制本币汇率的上升。

3. 外汇管制

现实生活中，利率的变动会极大地影响本国经济的发展，外汇储备的规模又是有限的，从而限制了前两种方法的使用。一国政府还可采取外汇管制的手段，限制外汇流入或流出，从而影响外汇供需，平抑汇率波动。

如果上述手段都不奏效，就只好实行货币法定贬值。

二、浮动汇率制度

在浮动汇率制度下，政府对汇率不加以固定，也不规定汇率波动的上下限，汇率根据外汇市场的供求状况自行波动。在浮动汇率制度下，汇率处在不断运动变化的过程中。浮动汇率制度早就存在，但直到 1973 年固定汇率制度彻底崩溃后，才在西方国家广泛实行。

（一）浮动汇率制度按照政府是否干预可分为自由浮动和管理浮动

自由浮动（Free Floating）又称“清洁浮动”（Clean Floating），是指货币当局对外汇市场不加任何干预，完全听任汇率随外汇市场供求状况的变动而自由涨落。

管理浮动（Managed Floating）又称“肮脏浮动”（Dirty Floating），是指货币当局对外汇市场进行干预，以使市场汇率朝有利于本国的方向浮动。目前，多数市场经济国家所实行的基本上是管理浮动，绝对的自由浮动纯粹只是理论上的假设而已。

（二）浮动汇率制度按照浮动的形式可以分为单独浮动和联合浮动

单独浮动（Independent Floating）又称独立浮动，是指本国货币不与外国任何货币发生固定联系，其汇率根据外汇市场的供求状况单独浮动。目前美元、澳大利亚元、日元、加拿大元和少数发展中国家的货币采取单独浮动。

联合浮动（Joint Floating）是指原欧洲货币体系各成员国货币之间保持固定汇率，而对非成员国货币则采取共同浮动的做法。欧元诞生后，目前实行这种联合浮动的是欧元与暂未加入欧元的原欧洲货币体系各成员国货币（如英镑）。

20 世纪国际汇率制度的演进如表 4－1 所示。

表 4－1　20 世纪国际汇率制度的演进

时期	时间	汇率制度
古典金本位时期	1914 年之前	固定汇率制度
两次世界大战之间的动荡时期	1919—1925 年	自由浮动汇率制度
	1926—1931 年	金汇兑本位制度
	1932—1939 年	管理浮动汇率制度
布雷顿森林体系时期	1944—1973 年	可调整的固定汇率制度
牙买加体系时期	1976 年之后	以浮动汇率制度为主的混合汇率制度

三、当前世界各国的汇率制度安排

目前，世界各国汇率制度呈现出多样化的局面。国际货币基金组织将当前各国的汇率制度分为以下几类：

（1）放弃独立法定货币（No Separate Legal Tender）：一国不发行自己的货币，而是使用他国货币作为本国唯一法定货币。采用这种制度安排意味着货币当局完全放弃了本国货币政策的主导权。比如，像厄瓜多尔等国的正式美元化。

（2）货币局制度（Currency Board）：货币当局做出明确的、法律上的承诺，以某一固定的汇率在本国（地区）货币与某一指定外币间进行兑换，并且对货币发行当局确保其法定义务的履行施加限制。实行货币局制度的国家（地区），其货币的发行以某种外币资产做足额担保，同时意味着中央银行传统功能如货币控制、最后贷款人等功能的全部或者大部分的丧失。

（3）通常的固定钉住（Conventional Peg）：一国将其货币以某一固定的汇率钉住某一外国货币或外国“货币篮子”，汇率在 ±1% 的狭窄区间内波动，至少在 6 个月内将汇率的最高值和最低值保持在 2% 以内。

（4）稳定化安排（Stabilized Arrangement）：在 6 个月或者更长时间内将汇率波动维持在 ±2% 以内。

（5）爬行钉住汇率制度（Crawling Peg）：一国货币当局以固定的、事先宣布的值，对汇率不时进行小幅调整，或根据多指标对汇率进行小幅调整。

（6）准爬行（Crawl–Like Arrangement）：在 6 个月或者更长时间内汇率围绕着一条统计确认的趋势线在 ±2% 之内波动。通常，准爬行的波动幅度要大于稳定化安排和爬行钉住汇率制度，其年化变动率至少在 ±1% 以上。

（7）水平区间钉住（Pegged Exchange Rates within Horizontal Bands）：汇率围绕某一个中心值波动，波动幅度超过 ±1%，或者最大值与最小值的波幅超过 2%。中心值和波动幅度公布于众或者报告给 IMF。

（8）浮动汇率制度（Floating Exchange）：汇率主要由市场决定，没有一条事先确认或者可以预测汇率的轨迹。政府可能对外汇市场进行直接或间接干预，但是干预的目的并不是维持某个特定的汇率水平，只是减缓汇率的过度波动。

（9）自由浮动（Free Floating）：汇率由市场决定。只有当市场出现动荡时政府才会干预，并且在 6 个月内最多干预 3 次，每次最多不超过 3 天。

（10）其他有管理的汇率制度（Other Managed Arrangement）：当一个汇率制度不能归入其他类别时就属于这一类，通常意味着汇率政策经常变化。

截至 2020 年 4 月，IMF189 个会员再加上 3 个特别地区（如中国香港）共 192 个经济体的汇率制度安排情况如表 4－2 所示。

表 4－2　IMF192 个经济体的汇率制度安排

<table>
<tr><th colspan="2">汇率制度</th><th>经济体个数</th><th>占比（%）</th><th>代表性的国家或地区</th></tr>
<tr><td rowspan="2">硬钉住（24，12.5%）</td><td>放弃独立法定货币</td><td>13</td><td>6.8</td><td>厄瓜多尔、巴拿马、萨尔瓦多、科索沃等</td></tr>
<tr><td>货币局制度</td><td>11</td><td>5.7</td><td>中国香港、多米尼加、吉布提、文莱、东加勒比货币联盟等</td></tr>
</table>

续表

汇率制度		经济体个数	占比（%）	代表性的国家或地区
软钉住（90，46.9%）	传统钉住	41	21.4	伊拉克、约旦、沙特阿拉伯、土库曼斯坦、沙特阿拉伯、阿联酋、丹麦、尼泊尔、纳米比亚等
	稳定化安排	23	12.0	伊朗、越南、苏丹、危地马拉、塔吉克斯坦、黎巴嫩、也门等
	爬行钉住	3	1.6	洪都拉斯、尼加拉瓜、博茨瓦纳
	准爬行	23	12.0	新加坡、利比亚、柬埔寨、孟加拉、罗马尼亚、蒙古、乌兹别克斯坦、埃塞俄比亚、刚果、多米尼加、埃及等
	水平区间钉住	0	0	
浮动（63，32.8）	浮动汇率	32	16.7	巴西、印度、印度尼西亚、泰国、菲律宾、土耳其、乌克兰、韩国、以色列、乌拉圭、匈牙利、冰岛、瑞士、南非、赞比亚等
	自由浮动	31	16.1	澳大利亚、日本、俄罗斯、美国、加拿大、墨西哥、挪威、波兰、瑞典、英国、欧元区18个国家（奥地利、比利时、塞浦路斯、爱沙尼亚、芬兰、法国、德国、希腊、爱尔兰、意大利、拉脱维亚、卢森堡、马耳他、荷兰、葡萄牙、斯洛伐克、斯洛文尼亚、西班牙）等
其他有管理的汇率制度（15，7.8）		15	7.8	中国、科威特、阿富汗、叙利亚、阿根廷、肯尼亚、巴基斯坦、津巴布韦、委内瑞拉、汤加等

说明：IMF根据自己的评估确认会员的汇率制度事实上属于哪一类，其评估结果可能与会员自己在法律上声称的汇率制度不一致。

资料来源：IMF, Annual Report on Exchange Arrangements and Exchange Restrictions 2020, 2021.

四、固定汇率制度和浮动汇率制度孰优孰劣

尽管IMF将世界上的汇率制度划分为八大类，但是从本质上来说，各地的汇率制度无非是在固定还是浮动之间进行选择，只不过固定的方式和浮动的幅度不同而已。固定汇率制度与浮动汇率制度各有千秋，适用于不同的经济环境。

（一）固定汇率制度的优缺点

在固定汇率制度下，汇率基本稳定，国际贸易、国际借贷与国际投资的经济主体易于

进行成本和利润核算，降低了对外经济交往中的汇率风险，推动了国际经济交易的顺利开展，促进了世界经济的发展。

固定汇率制度的缺点主要在于：

（1）汇率基本不能发挥调节国际收支的杠杆作用。

汇率变动可以影响国际收支，因而，汇率可用于调节国际收支。将汇率固定下来，自然不能发挥汇率政策调节国际收支的杠杆作用。

（2）固定汇率制度可能会影响一国国内经济的平衡。

由于汇率政策不能发挥作用，当一国国际收支失衡时，只能采取紧缩性或扩张性的财政和货币政策，从而影响国内经济的发展。例如，当一国国际收支出现严重逆差时，该国提高利率，即采取紧缩性的货币政策，就有可能导致经济停滞，失业上升；反之，扩张性的货币政策会引发通货膨胀。此外，货币当局为维持汇率稳定而采取的外汇市场干预措施也会影响本国经济的发展。例如，当本国货币有贬值的趋势时，央行在外汇市场上卖出外汇，一方面造成外汇储备的流失，另一方面会减少本国货币的供给，对经济产生紧缩效应；反之，则相反。

（3）固定汇率制度可能会引发货币投机。

固定汇率制度由于不能根据相关国家经济发展的不同状况及时对市场汇率进行调整，因此，有可能导致汇率的高估或者低估。在国际游资充斥和全球金融一体化的今天，这种高估或低估会引发大规模的货币投机，从而在一段时期内引发国际汇率制度的混乱。例如，1992 年的英镑危机和 1997 年的东南亚金融危机，都是因固定汇率制度下的货币高估而引发的大规模的货币投机。其结果不仅影响当事国，而且引发了地区性的金融危机。

（二）浮动汇率制度的优缺点

浮动汇率制度的优点主要在于：

（1）可以在一定程度上自动调节国际收支。

当一国国际收支出现逆差时，本国货币汇率相应下滑，从而刺激出口，抑制进口；当一国国际收支出现顺差时，本国货币汇率相应上浮，从而刺激进口，抑制出口。

（2）可以保持本国货币政策的独立性。

由于货币当局没有必要维持一个固定汇率，再加上浮动汇率制度具有一定程度上的国际收支自动调节机制，因此，央行就可以保持本国货币政策的相对独立性。例如，在一国经济萧条时，就没必要为了扭转国际收支逆差趋势而采取紧缩性的货币政策。

（3）减少了对外汇储备的需求。

从理论上来讲，浮动汇率制度下各国货币当局没有维持固定汇率的义务，因而可保持较低的外汇储备水平，节省的资金可用于经济发展。

浮动汇率制度的缺点主要在于：

（1）对贸易、投资、信贷等国际经济交易的顺利进行产生不良影响。

汇率的频繁波动使得国际经济交易难以核算成本和利润，增大了汇率风险。尽管金融创新层出不穷，不断推出了各种汇率风险管理手段和工具，但是这些工具不可能完全对汇率风险进行有效覆盖，况且这些工具的使用是需要成本的；同时，这些工具一旦使用不当，反而会引发更大的风险。

（2）助长了国际金融市场上的投机活动，加剧了国际金融市场的动荡。

汇率经常性大幅度的波动为那些希望通过预测市场行情而获取暴利的投机者提供了可乘之机，投机活动反过来又加剧了汇率的波动与国际金融市场的动荡。

五、影响一国汇率制度选择的主要因素

随着经济、金融全球化的深入，特别是20世纪90代以来金融危机的频频出现，汇率的稳定性已经成为判断一国宏观经济政策有效性的一个重要指标。因此，直接关系到汇率水平维持与变动的汇率制度选择问题就成为各国政府制定宏观经济政策的一个重要议题。有关汇率制度选择的争论是没有一致意见的，对不同汇率制度与经济绩效关系的实证研究也表明没有一种汇率制度能在各方面都优于其他制度的。没有一种汇率制度可以在所有的时候适用于所有的国家（地区），每一个国家（地区）都应该根据自己的实际情况和所处的国际环境，选择适合自己的汇率制度。通常，影响一国汇率制度选择的主要因素包括下述四个方面。

（一）经济规模和经济结构

通常，一国的经济规模越大，越倾向于采用浮动汇率制度；反之，则越倾向于采用固定汇率制度。这是因为，大国经济较为独立，根据著名的“三元悖论”，货币政策独立、资本自由流动和固定汇率三个目标不可能同时实现，大国多为发达国家，资本管制较少。如果实行固定汇率制度，就必须放弃货币政策独立，而大国一般不愿意为了维持与外国货币的固定汇率而使国内政策受到约束。经济规模较小的国家情况则不同：一方面，小国的经济结构往往较为单一，无论是消费品还是投资品都需要靠进口，因此进口需求的价格弹性较小；同样，出口方面，小国多为初级产品出口国，出口供给的弹性也较小，尽管外国对该国的出口需求的价格弹性可能较大，但总的来说上述因素会大大削弱浮动汇率的有效性。相反，经济门类较为齐全的经济多样化国家实行浮动汇率的有效性会高得多。另一方面，由于经济规模小的国家保护其内外部经济平衡能力较弱，为了防止汇率变动给经济带来的冲击，简单且有效的办法就是采用固定汇率制度。

专栏　　三元悖论

20世纪60年代以来，随着通信技术的发展和世界范围内资本管制的放松，国际上的资本流动日益频繁，各国的金融和资本市场的联系日益紧密。在这一背景下，罗伯特·蒙代尔（Robert Mundell）和J. 马库斯·弗莱明（J. Marcus Fleming）分别分析了固定汇率制度下和浮动汇率制度下的货币政策和财政政策对调节一国经济的作用，得出的结论是：在资本自由流动和浮动汇率制度下，货币政策对收入和内部均衡的效果更强，而财政政策没有效果；在固定汇率制度下，情况则相反。这就是著名的Mundell–Fleming模型。在Mundell–Fleming模型的基础上，克鲁格曼（Krugman）进一步提出了著名的“三元悖论”

(Trilemma)，即固定汇率、资本自由流动、货币政策独立是三个不可兼得的目标，各国充其量只能实现这三个目标中的两个。假定图 4–1 中的三个点是一国政府希望达到的三个目标，则可用该图将三元悖论分解为三个推论：

(1) 如果一国实行严格的资本管制（或者说是资本项目没有开放），则国内资产和国外资产不可替代，那么该国既能保持货币政策的独立，也可以维持汇率的稳定。

(2) 如果一国已经放松了资本管制，或者说是开放了资本账户，那么要想保持货币政策独立，就必须使汇率浮动，若想维持汇率的稳定，就必须放弃货币政策的独立。

(3) 如果一国认为保持自主的货币政策十分必要，那么随着金融一体化、资本账户自由化进程的加速，会采取更加灵活的汇率制度安排，放弃对汇率稳定的追求。

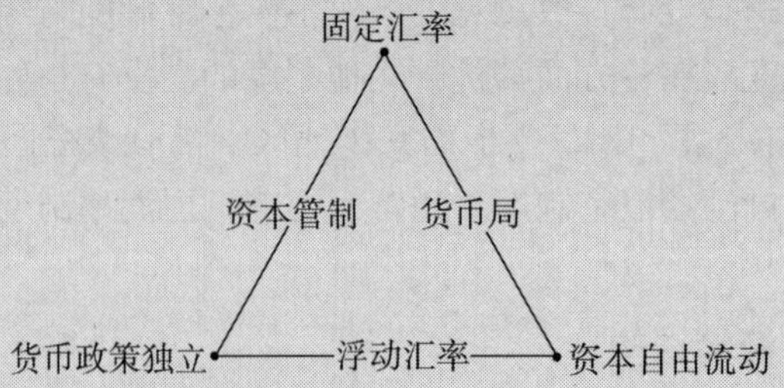

图 4–1 开放经济的“三元悖论”

“三元悖论”反映了开放条件下经济体系内部蕴含的矛盾，表明宏观调控当局面临多重相互交织、相互矛盾的目标时必须有所取舍，而这一取舍必须针对各国当时的实际经济运行状况。实践证明：任何一种汇率制度都不是完美的，只有根据本国和世界经济发展的整体情况来选择适合于本国的汇率制度安排才是最适宜的。因此，“三元悖论”为一国进行汇率制度的选择提供了合理的判断标准，至今仍是很多国家和政府制定汇率政策的基础。

（二）对外开放程度

一国经济开放度越高，汇率变化对国内经济的影响也就越大。如果一个国家的经济开放度较高且经济规模较小，抵御冲击的能力较弱，为了防止汇率变动对经济带来的冲击，简单而有效的办法就是采用固定汇率制度。但这又可能产生另外的问题，即一国经济开放度越高，其国内金融市场与国际金融市场一体化的程度也就越深，国际资本流动就越频繁，政府对资本流动的管制就越少，为了保证本国货币政策的独立性，采用浮动汇率制度可能更加适合，尤其是在经济规模较大的国家中更为显著。而对经济规模较小的国家如新加坡，则采取中间路线，实行介于固定汇率制度和独立浮动汇率制度二者之间的管理浮动汇率制度，“既不自由浮动，也不长期固定”是新加坡汇率制度的特点。

（三）金融市场的发展程度

金融市场发展程度高，金融机构和金融制度较为完善的国家（地区），较少实行资本管制，因此会倾向于选择浮动汇率制度，以保持国内货币政策的独立性。

（四）区域经济合作情况

一国与其他国家的经济合作情况也对汇率制度的选择有着重要的影响。例如，当两国存在非常密切的贸易往来时，特别是当一国对另一国在经济、政治乃至军事方面有很强的依赖性时，两国货币间保持固定汇率有利于两国关系的发展。尤其是区域内的各个国家，其经济往来的特点往往对它们的汇率制度选择有着非常重要的影响。例如，欧洲各国之间的经济合作，使得欧洲货币体系和统一的欧元的建立成为必然的选择。同样，拉美各国对美国市场的依赖使得这些国家都实行了某种与美元挂钩的固定汇率制度。而与法国有着传统殖民联系的非洲国家，如贝宁、喀麦隆、加蓬等国则实行钉住法国法郎（欧元）的汇率制度。

专栏　　广场协议

从1980年起，美国国内经济出现两种变化：首先是对外贸易赤字逐年扩大，到1984年高达1 600亿美元，占当年GNP的3.6%；其次是政府预算赤字的出现。在双赤字的阴影下，美国政府便以提高国内利率引进国际资本来发展经济，外来资本的大量流入使得美元不断升值，美国出口竞争力下降，引发了外贸赤字的危机。在此压力下，美国寄希望于通过美元贬值来加强美国产品的对外竞争力，以降低贸易赤字。

1985年9月，在美国的策划下，美国、日本、联邦德国、法国、英国五个发达工业国家财政部长及五国中央银行行长在纽约广场饭店（Plaza Hotel）举行会议，达成五国政府联合干预外汇市场，使美元对主要货币有秩序地下调，以解决美国巨额的贸易赤字的协议。这就是有名的《广场协议》（Plaza Accord）。

《广场协议》签订后，五国联合干预外汇市场，各国对美元的抛售引发了市场投资者的抛售狂潮，导致美元持续大幅度贬值，日元持续升值。1985年9月前，美元兑日元在1美元兑250日元上下波动，协议签订后不到3个月的时间里，便快速下跌到200日元附近，跌幅为20%。1987年最低达到1美元兑120日元。此后，日元升值趋势大体持续了10年之久。

《广场协议》开创了国际金融史上数个国家联合干预外汇市场的先河，使汇率政策协调成为国际经济关系的一个重要内容，在此协议推动下的日元升值，对日本以出口为主导的产业产生了深远影响，催生了日本经济泡沫，成为导致日本20世纪90年代经济萎靡不振的一个重要原因。

第二节 外汇管制

外汇管制（Foreign Exchange Control）是一个与汇率制度密切相关的概念，是汇率制度得以实施的重要手段。在不同的汇率制度下，外汇管制的方式和内容有着不同的特点。

不同的国家，外汇管制的情况差别很大。有些国家对外汇汇率的确定、外汇买卖等不加任何管制，多数国家则采取严格程度不同的管制，从而使国际商品与资本的自由流动受到一定的影响。在我国，外汇管制又称为外汇管理。

一、外汇管制的概念

一个国家或地区为了平衡国际收支，维持货币汇率，对外汇买卖、外汇资金流动及外汇进出国境加以限制，为控制外汇的供求而采取的一系列政策措施，就是外汇管制（Exchange Control or Exchange Restriction）。

一般来说，不同国家的外汇管制的侧重点有所不同。经济实力较强的国家，外汇管制的重点是防止资本过剩，维持经济主权，控制通货膨胀；经济实力较弱的国家则主要是为了防止资本外逃，维持汇率稳定与国际收支平衡。

二、外汇管制的构成要素

外汇管制的要素包括以下几个方面。

（一）机构

机构，即外汇管制的主体。实行外汇管制的国家，一般都设有外汇管理机构。外汇管理机构的设立有三种类型：一是成立专门的管理机构，如意大利、法国、中国等设立专门的外汇管理局，中国的外汇管理局隶属于中央银行，中央银行副行长兼任外汇管理局局长；二是由政府授权给中央银行，让其直接负责外汇管制工作，如英国的英格兰银行；三是由国家行政管理部门直接负责外汇管制工作，如美国由财政部负责，日本由财务省、通产省负责。外汇管理机构的主要职责是制定和监督执行外汇管制的政策、法令和规章制度，并根据外汇供求状况及经济发展需要，采取多种措施调节全部或部分外汇收支活动。

（二）管制对象

管制对象，即外汇管制的客体。外汇管制的对象分为对人和对物两个方面。

对人包括对法人与自然人。根据法人与自然人居住与营业的地区不同，又可分为居民与非居民。前者是指在该国境内居住与营业的本国与外国的法人与自然人；后者是指在该国境外居住与营业的本国与外国的法人与自然人。外汇管制对于居民和非居民的待遇是不同的，通常对居民要严格一些。

对物主要包括外币现钞和铸币、外币有价证券（如政府债券、公司债券、股票、银行存单等）、外币支付凭证（如汇票、本票、支票、旅行信用证等）以及贵重金属（如黄金、白银等）。另外，本币现钞的携出和携入国境，也属于外汇管制的范围。

（三）管制目标

管制目标包括对贸易收支、非贸易收支、资本收支、银行账户存款、汇率、黄金和现钞等进行管制，不准自由汇出和携带出入境。对于各种项目的管制程度可以有所不同，构成了各种各样的外汇管制。

（四）管制范围

就外汇管制的地域范围而言，一般国家以本国作为外汇管制的地区。也有一些国家与其过去的殖民地、附属国组成货币区，如英镑区、法郎区等，这些货币区作为一个外汇管制地区。还有其他一些因政治经济关系而形成的国家集团，如欧洲联盟，以美国为中心的北美自由贸易区等，在这些国家集团之间办理国际结算与资本流动基本上是自由的，但对集团之外的结算和收付则有不同程度的管制。

在设立特区的国家中，某些外汇管制法规可能不适用于特区；一个国家对不同国家货币的外汇管制宽严程度也可能有所不同。

三、外汇管制的主要措施

外汇管制的手段是多种多样的，大体上主要是从数量管制和价格管制两方面入手。数量管制就是对外汇交易的数量进行限制，包括对贸易外汇收支、非贸易外汇收支、资本输出输入、黄金和现钞输出输入的管制。价格管制主要是针对汇率的管制。

（一）对贸易外汇收支的管制

1. 对出口收汇的管制

一般实行出口结汇制度，即要求出口商将其出口所获外汇收入按照官方汇率在一定时间内结售给外汇指定银行，以保证外汇由国家集中掌握。出口商在申请出口许可证时，要填明出口商品的价格、数量、结算货币、支付方式和支付期限，并交验信用证。为了鼓励出口，很多国家都设有专门的进出口银行或者其他机构提供出口信贷支持，财政也给予出口补贴、出口退税等。

2. 对进口付汇的管制

（1）进口许可制度。规定进口必须先要向有关当局申请核发进口许可证，只有取得了进口许可证，才能向外汇银行购买外汇。

（2）进口限额制。外汇管理机构按计划给进口商分配进口额度，进口商在规定的有效期内，进口额不得超过分配的限额，银行也只能在限额内供汇。

除对进口用汇进行核批手续外，有些国家还采取一些其他措施，如进口预交存款制（Advance Import Deposit）；要求进口商获得外国提供的一定数额的出口信贷；对进口所需外汇征收一定的外汇税；提高或降低开出信用证的佣金额以控制进口等。

（二）对非贸易外汇收支的管制

非贸易外汇收支的范围较广，主要包括：与贸易有关的运输费、保险费、佣金；与资本输出输入有关的股息、利息、专利费、许可证费、特许权使用费、技术劳务费等；与文化交流有关的版权费、稿费、奖学金、留学生费用等；与外交有关的驻外机构经费；旅游费和赡家汇款等。对非贸易外汇收支的管制，一般发达国家较松，发展中国家较严；对非居民管制较松，对居民管制较严。

对非贸易外汇收入的管制类似于对出口外汇收入的管制，即规定有关单位或个人必须把全部或部分外汇收支按官方汇率结售给指定银行。为了鼓励人们获取非贸易外汇收入，各国政府可能实行一些其他措施，如实行外汇留成制度，允许居民将个人劳务收入和携入款项在外汇指定银行开设外汇账户，并免征利息所得税。

（三）对资本输出输入的管制

各国具体情况不同，对资本输出输入管制的目的不同，因而采取的措施也不相同。

1. 对资本输入的外汇管制

发达国家采取限制资本输入的措施通常是为了稳定金融市场和汇率，避免资本流入影响金融市场的稳定，造成国际储备过多和通货膨胀。它们所采取的措施包括：对银行吸收非居民存款规定较高的存款准备金；对非居民存款不付利息或倒收利息；限制非居民购买本国有价证券等。通常，发展中国家往往对资本输入采取鼓励政策，但近年来，发展中国家也认识到必须对短期资本流入实施有效的监控和必要的管制，以维护本国金融市场的稳定。

2. 对资本输出的外汇管制

发达国家一般采取鼓励资本输出的政策，但是在特定时期，如面临国际收支严重逆差之时，也采取一些限制资本输出的政策，其中主要措施包括：规定银行对外贷款的最高额度；限制企业对外投资的国别和部门；对居民境外投资征收利息平衡税等。发展中国家对资本输出的管制较为严格。

（四）对黄金和现钞输出输入的管制

实行外汇管制的国家一般禁止个人和企业携带、托带或邮寄黄金、白金或白银出境，或限制其出境的数量。

对于本国现钞的输入，实行外汇管制的国家往往实行登记制度，规定输入的限额并要求用于指定用途。对于本国现钞的输出则由外汇管制机构进行审批，规定相应的限额。不允许货币自由兑换的国家禁止本国现钞输出。

（五）对汇率的管制

对汇率的管制，包括间接管制和直接管制。

1. 间接管制

实际上就是一国对外汇市场进行干预，即中央银行在外汇市场上买进或抛出外汇，影响市场的供求状况，从而使汇率稳定在一定水平上或避免汇率过度的波动。

2. 直接管制

直接管制是国家直接规定各项外汇收支结算时的汇率，即采取多种汇率制或称复汇率制（Multiple Rate System）。复汇率制是指当局对外汇汇率规定两个或两个以上的汇率，不同的汇率适用于不同类别的交易项目的汇率制度。复汇率制根据需要对不同的交易实行歧视性待遇，原则是对需要鼓励的交易规定优惠的汇率（如对出口适用较高的外汇价格，对先进技术设备的进口适用较低的外汇价格），对需要限制的交易则规定不利的汇率（如对奢侈品进口和资本输出用汇规定适用较高的价格）。有些国家只存在两种或三种的歧视性汇率；有些国家甚至有几十种歧视性汇率。

直接管制的具体形式主要有以下三种：

（1）法定的差别汇率。一国根据不同的需要规定两种或两种以上不同的汇率，如对进出口贸易结算规定一个汇率（即贸易汇率），对非贸易和资本流动规定一个汇率（即金融汇率）。

（2）外汇转移证制度。这是复汇率制的一种特殊形式，是指出口商在向指定银行结汇时，除了按汇率获得本币之外，银行还另发一张外汇转移证，这种外汇转移证可以在市场出售，所得本币作为对出口商的一种补贴，这实际上是一种变相的出口优惠汇率。反之，进口商在进口商品时，除了按汇率向银行购买外汇外，还需要在市场上购买外汇转移证，这就增加了进口商的进口成本，实际上是对进口商实行了一种较为苛刻的汇率。

（3）官方汇率与市场汇率相结合。有些国家既有官方汇率又有市场汇率，而官方汇率往往高估本币价值，所以在官方汇率下，以本币表示的外币价格低于市场价格。此时，国家规定有些业务必须用官方汇率结算，有些业务必须用市场汇率结算，这实际上也是一种较隐蔽的复汇率。

四、外汇管制的类型

根据管制的内容与程度的不同，外汇管制可以分为以下三类。

（一）实行严格的外汇管制

这种类型的国家和地区对国际收支的所有项目，包括贸易收支、非贸易收支与资本项目都进行严格的管制。这类国家和地区往往经济不发达、外汇资金短缺，需要集中有限的外汇资源并进行统一分配。大部分发展中国家和地区的外汇管制属于这种类型。

（二）实行部分的外汇管制

这种类型的国家和地区原则上对经常项目不加管制，但对资本项目的收付仍施以不同程度的管制。一些工业发达国家及部分经济金融状况好、黄金外汇储备较为充裕的发展中国家属于这种类型。我国目前的外汇管制就属于这种类型。

（三）名义上取消了外汇管制

原则上，对经常项目与资本项目的收支基本上不加以管制。这类国家一般是工业发达国家或贸易顺差的石油生产国，但实际上仍然会实施一些暂时性或针对性较强的管制措施。

五、外汇管制的利弊

（一）外汇管制的好处

1. 奖出限入，改善国际收支

实施外汇管制的国家和地区可以较为有效地促进出口，限制进口，改善国际收支，增加外汇储备。很多发展中国家国际收支失衡的主要原因是经济结构不能适应国际市场的发展变化，如果采用财政、货币政策来调节，不仅见效慢，而且可能使国内经济发展停滞甚至动荡。在这种情况下，外汇管制就成为这些国家解决国际收支问题的首选。

2. 保护民族工业

发展中国家由于历史的原因，在国际分工中暂时处于落后的地位，如果完全放开管制，其落后的民族工业就难以抵挡发达国家的竞争。一定时间内的管制不仅有助于民族工业利用这段时间加紧发展，而且可以集中有限的外汇资源，根据政策需要加以运用，促进某些产业的超常规发展。但是，管制和保护的时间并非越长越好。

3. 保持货币汇率稳定，维护金融市场稳定

外汇管制控制了外汇的供求，有助于维护本国货币汇率的稳定；外汇管制限制了资本的流出流入，使得大规模的短期资金无法在该国金融市场进行投机，从而可以维护金融市场的稳定。例如，1997—1998 年东南亚金融危机期间，人民币之所以能够一枝独秀，除了宏观经济的稳定之外，资本管制功不可没。2015—2016 年期间我国也曾加强外汇管制以应对人民币贬值预期。

4. 保持财政和货币政策的独立性

由于存在外汇管制，相当于在本国和外国之间竖立了一道“防火墙”，使得本国的财政货币政策得以保持独立性。

（二）外汇管制的弊端

1. 妨碍国际经济交易的正常进行

外汇管制人为地为国际上的经济交往制造了障碍，国际贸易、国际资本流动都受到影响，而且容易导致国家之间的贸易战与货币战，影响了国际经济交往。

2. 增加交易成本

首先，外汇管制本身是需要成本的，管制越严格，管制成本越高；其次，由于管制的存在，导致经济交易的成本上升。例如，进口商需要经过若干道审批手续后，才能得到进口许可证。又如，需要用汇的企业或者个人需要采取各种手段获取外汇，包括用较高的成本从黑市购买。

3. 外汇黑市猖獗

有外汇管制的地方就会有外汇黑市，一国的外汇管制越严格，外汇黑市就越猖獗。外汇黑市的存在，扰乱了正常的市场秩序，使外汇市场陷入混乱。此外，黑市的存在往往和官僚腐败等问题相伴存在，不仅造成经济损失，而且会败坏社会风气。

第三节 人民币汇率制度

人民币汇率是人民币同外币的比价，是其对外价值的体现。在过去很长一段历史时期内，我国基本上都是根据人民币价值的具体表现即对进出口商品的购买力平价（出口换汇成本和进口换汇成本）来确定其对外汇率。1994 年、2005 年和 2015 年，我国对人民币汇率的形成机制进行了重大改革。目前的人民币汇率制度是以市场供求为基础、参考“一篮子货币”进行调节、有管理的浮动汇率制度。人民币汇率制度仍然处在改革与完善的进程

中，有关这个问题的一举一动都受到国内外的广泛关注。

一、人民币汇率制度的历史（1950—1993 年）

从历史上来看，人民币汇率应该包含两个部分：一是人民币对西方货币的汇价；二是人民币对苏联、东欧国家货币之间的汇价。

1949 年 12 月，我国与苏联确定了人民币与卢布之间的法定汇价，之后又确定了非贸易汇价。1970 年，由于中苏之间用瑞士法郎计价结算，中苏之间法定汇价不再存在。1979 年，我国退出《布拉格协定》(《非贸易汇价协定》)，中苏之间的非贸易汇价也不复存在。

（一）人民币汇率演变的几个阶段

最初的人民币对西方国家货币的汇率于 1949 年 1 月 18 日产生于天津。自此，人民币汇率制度的演变经历了如下几个阶段。

1. 从天津解放到全国实行财经统一以前（1949 年 1 月—1950 年 3 月）

这一阶段的人民币汇率特点是：汇价不断上升，人民币对外不断贬值。

1949 年 1 月 16 日天津解放，1 月 18 日人民币对西方货币汇价最先在天津公布，即 \$1=¥80（旧币）。随后，上海、厦门、广州相继解放，由于各地物价不一致，上述四个地方采取分别挂牌，牌价也不一致，到 1950 年 7 月 8 日全国汇价才统一，由人民银行总行对外公布。

2. 从全国实行财经统一到国民经济恢复时期结束（1950 年 3 月—1952 年 12 月）

这一阶段的人民币汇率特点是：汇价不断下跌，人民币对外不断升值。

从新中国成立到 1952 年，我国处于经济恢复时期，当时我国外汇短缺，侨汇是主要的外汇来源。根据当时的实际情况，我国在“进出口兼顾、照顾侨汇”的方针指引下，依据人民币对内、对外购买力的变化制定汇价，实际上是遵循了购买力平价理论。

3. 从开始社会主义建设时期到布雷顿森林体系崩溃（1953 年 1 月—1973 年 3 月）

这一阶段，人民币汇率基本保持稳定。

从 1953 年起，我国进入全面社会主义建设时期，物价已基本稳定，国际上以美元为中心的布雷顿森林体系起主导作用，西方国家普遍实行固定汇率制度。这一时期，人民币汇率制度坚持稳定的方针，只有当西方国家货币发生法定升贬值时，才做相应调整。1955 年 3 月，新币代替旧币，直到 1971 年 11 月，人民币对美元的汇率在 16 年的时间里基本保持在 2.46 的水平上。

4. 从布雷顿森林体系崩溃到我国制定贸易内部结算价之前（1973 年 3 月—1980 年 12 月 31 日）

这一阶段，人民币汇率不断上调，定值偏高。

1973 年，布雷顿森林体系彻底崩溃，西方国家普遍采取浮动汇率制度，人民币须根据国际市场上汇价的变动经常调整。具体而言，即钉住“一篮子货币”，也就是选择我国对外贸易往来中经常使用的若干种外币，按其重要程度及政策需要确定各种货币的权重，根据这些货币在国际金融市场上的变动情况，加权计算出人民币汇率。出于保值的目的，这一时期人民币定值偏高。

计划经济时期的人民币汇率变动见图 4－2。

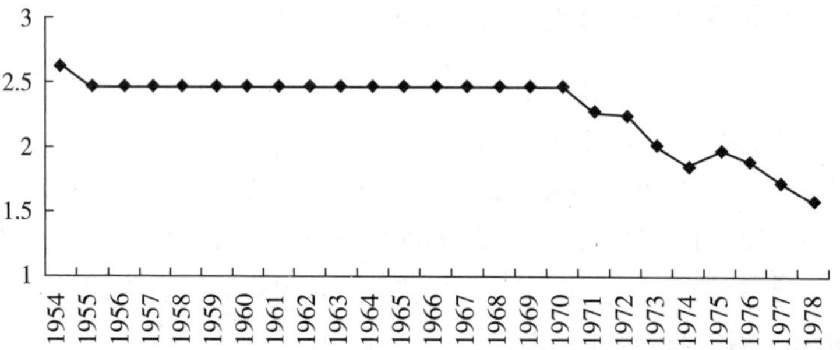

图 4－2　计划经济时期的人民币汇率变动（1954—1978 年，美元 / 人民币）

资料来源：吴念鲁等．人民币汇率研究．北京：中国金融出版社，2002. 转引自杨帆．人民币汇率制度历史回顾．中国经济史研究，2005（4）.

5. 官方牌价与贸易内部结算价并存时期（1981 年 1 月 1 日—1984 年 12 月 31 日）

汇率被高估不利于对外贸易的发展，因此，1981 年我国制定了一个贸易外汇内部结算价，按当时全国出口商品平均换汇成本加 10% 利润计算，定为 1 美元合 2.8 元人民币，适用于进出口贸易的结算。同时继续公布官方汇率，1 美元合 1.5 元人民币，沿用原来的“一篮子货币”计算和调整，用于非贸易外汇的结算。

两个汇率对鼓励出口和照顾非贸易利益起到了一定作用，但在使用范围上出现了混乱，给外汇核算和外汇管理带来不少复杂的问题。随着国际市场美元汇率的上升，我国逐步下调官方汇率，到 1984 年底，官方汇率已接近贸易外汇内部结算价。1985 年 1 月 1 日取消贸易内部结算价，汇率为 1 美元合 2.8 元人民币。

6. 从取消贸易内部结算价到 1994 年外汇体制改革前（1985 年 1 月 1 日—1993 年 12 月 31 日）

随着经济体制改革的逐步深入，市场机制所起的作用越来越大。总体而言，当时实行的是国家外汇牌价与外汇调剂价并存的汇率双轨制，实质为官方汇率与市场汇率并存的复汇率。

在汇价的确定方面，贸易外汇均统一在贸易汇价上，由国家挂牌公布，国家外汇牌价由国家根据经济情况不断调整，由最初的 1 美元兑 2.8 元人民币逐步调到 1 美元兑 3.2 元、3.7 元、4.72 元、5.22 元、5.80 元人民币，逐步向人民币的实际价值靠近。此外，为调动出口创汇单位的积极性，实行外汇留成制，对有收汇的部门、地方、企业在将外汇出售给银行后，按规定留成比例分配相应的外汇额度，外汇留成比例可在外汇调剂市场上调剂余缺，外汇调剂市场上的汇率由市场供求决定，汇率波动较大。在国家加强宏观调控和中国人民银行入市干预下，1993 年底回升到 1 美元合 8.72 元人民币。

经济转型时期的人民币汇率变动如图 4－3 所示。

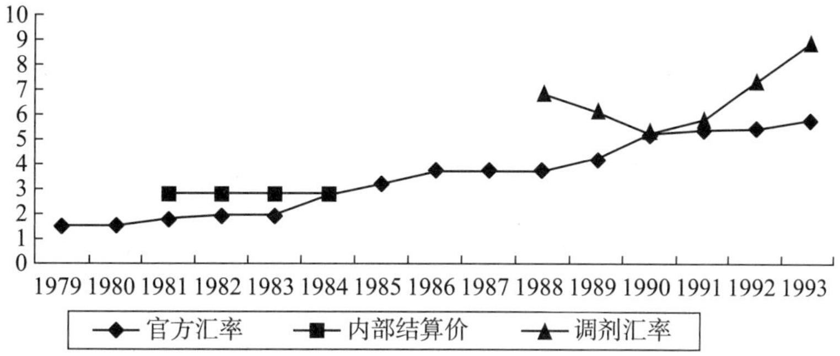

图 4-3 经济转型时期的人民币汇率变动（1979—1993 年，美元 / 人民币）

资料来源：同图 4-2。

（二）复汇率制及其弊端

改革开放之初，我国一度存在着非贸易外汇牌价（官方牌价）、贸易外汇牌价（内部结算价）和调剂外汇价三种汇价并存的局面，1985 年内部结算价与官方牌价并轨后，一直到 1993 年底仍然存在着官方牌价与调剂外汇价并存的局面，这实际上就是复汇率制。

随着改革开放的进一步深入，复汇率制的副作用越来越明显，主要体现在：

（1）人民币币值被高估助长了外汇的过度需求，官方牌价与调剂外汇价的差距助长了外汇黑市活动的猖獗。

（2）复汇率制下，企业用汇成本不等，一方面一些企业盲目引进，浪费外汇；另一方面也造成了企业的不平等竞争。

（3）复汇率制在国际上被视为贸易倾销，容易引起贸易纠纷。

复汇率制是我国在经济体制改革过程中的过渡性措施。随着经济体制改革的深入，复汇率制依存的历史环境已不复存在，其弊端也不断暴露，汇率制度的改革是历史发展的必然。

表 4-3 为 1994 年以前人民币汇率制度回顾。

表 4-3 1994 年以前人民币汇率制度回顾

时期	特点	汇率制度
1949 年 1 月—1950 年 3 月	汇价不断上升，人民币对外不断贬值	浮动汇率制度
1950 年 3 月—1952 年 12 月	汇价不断下跌，人民币对外不断升值	
1953 年 1 月—1973 年 3 月	布雷顿森林体系起主导作用，汇率稳定	固定汇率制度
1973 年 3 月—1980 年 12 月 31 日	钉住“一篮子货币”，货币定值偏高	浮动汇率制度
1981 年 1 月 1 日—1984 年 12 月 31 日	非贸易外汇实行公布牌价，仍沿用“一篮子货币”加权平均；贸易外汇实行贸易内部结算价	复汇率制
1985 年 1 月 1 日—1993 年 12 月 31 日	实行国家外汇牌价与外汇调剂价并存的复汇率制，人民币对外不断贬值	

二、1994—2005 年 7 月 21 日前的人民币汇率制度

（一）汇率制度的基本框架

1994 年 1 月 1 日，我国进行了新一轮外汇体制改革，有关人民币汇率制度的内容大致如下。

1. 从 1994 年 1 月 1 日起，人民币汇率进行并轨，实行以市场供求为基础的、单一的、有管理的浮动汇率制度

从 1994 年 1 月 1 日起，人民币汇率下调为 USD1=CNY8.7，与 1993 年 12 月 31 日的市场调剂价相同。由于并轨前外汇调剂价的使用范围已达 60%～80%，故汇率并轨实际上是向调剂价看齐，一步到位。

2. 实行结售汇制

取消外汇留成和上缴，企业将外汇收入按当日汇价卖给银行，银行收取外汇兑给人民币（结汇）；当企业需要外汇时，只要持有效凭证到银行用人民币兑换，银行就售给企业外汇（售汇）。当时实行的是强制结售汇。

3. 建立银行间外汇交易市场，改进汇率形成机制

1994 年 4 月，全国统一的外汇市场——中国外汇交易中心于上海正式运营。该市场由人民银行通过国家外汇管理局监督管理。中央银行对各外汇指定银行的结售汇周转头寸余额实行比例幅度管理，即当银行持有的结售汇周转头寸超过其界限时，该行必须通过外汇市场将超额的外汇周转头寸售与其他外汇银行或者中央银行。这就形成了外汇市场的供求。中央银行可以在外汇市场上吞吐外汇，调节外汇供求，以稳定汇率。

至此，我国形成了零售与批发两个层次的外汇市场。外汇零售市场是指银行与企业、个人等客户之间进行柜台式外汇买卖所形成的市场，银行在与客户之间进行外汇买卖时会产生买卖差额，形成外汇头寸的盈缺。为规避外汇风险，银行要对多余头寸进行抛出，对短缺头寸进行补进，于是形成了银行间外汇市场。在外汇零售市场，银行经营此类业务须事先经外汇管理部门批准，取得结售汇业务市场准入资格；须遵照结售汇综合头寸限额管理规定，将超限额的结售汇头寸及时通过银行间外汇市场进行平盘；须按照汇价管理有关规定制定并公布挂牌汇价，为客户办理结售汇业务等。在外汇批发市场，按照我国《外汇管理条例》的规定，该市场交易的币种、形式等由外汇管理部门规定。

4. 人民币汇价主要根据外汇供求关系决定

中国人民银行按照前一营业日银行间外汇市场形成的加权平均汇率，每日公布人民币对美元市场交易中间价（基准价）。银行间外汇市场人民币兑美元汇率可以在中国人民银行公布的中间价（基准价）±0.3% 的幅度内浮动。外汇指定银行在 ±0.25% 的浮动范围内确定挂牌汇率，与客户买卖外汇。中国人民银行对人民币汇率进行宏观调控和必要的市场干预，以保持汇率的合理和稳定。

1994 年之后直至 2005 年，人民币汇率的形成机制处在不断完善的过程中。主要表现在适时取消汇兑限制，逐步释放真实的外汇供求信息，增加交易币种，延长了银行间外汇交易市场的交易时间，健全了银行间市场的运行机制，增加了报价和成交的机会，活跃了外汇交易，进一步推动了人民币汇率形成的市场化进程。

（二）存在的主要问题

1. 汇率管理稳定有余、浮动不足

自 1994 年汇率并轨之后，人民币兑美元汇率逐步升至 8.3 左右。1997 年之后，受东南亚金融危机的影响，人民币兑美元汇率保持在 8.28 左右，事实上成为钉住美元的固定汇率制度。从 1998 年到 2005 年，内外部经济环境均有了较大的变化，而人民币汇率始终保持在一个较窄的范围内浮动，并没有随宏观基本面的变动而波动（见图 4-4）。

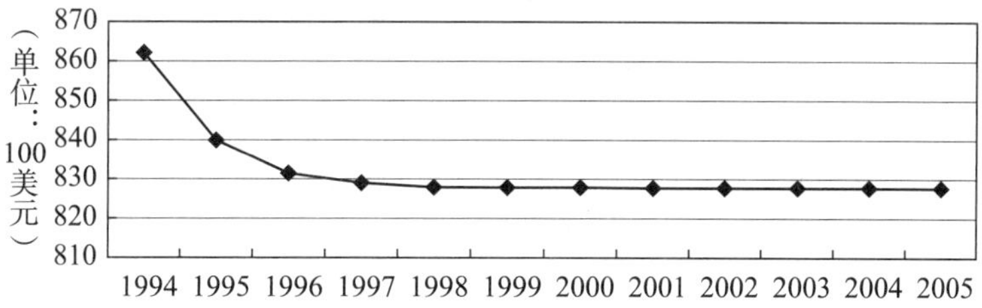

图 4-4 1994—2005 年 7 月 20 日人民币汇率走势

注：图中 1994—2004 年是年平均价，2005 年是“汇改”前 7 月 20 日的中间价。

资料来源：中国外汇管理局网站 .

2. 中央银行成为市场出清的被动承担者，是人民币汇率风险的最终承担者

人民币汇率的生成模式是建立在中央银行对各外汇指定银行的结售汇周转外汇余额实行比例管理的基础上的。各银行持有的结算周转外汇余额超过其上限比例部分，必须在银行间外汇市场上卖出；当银行持有的结算周转外汇降低到其下限比例以下时，则应及时从银行间外汇市场购入补足。当我国出现持续的大幅度国际收支顺差时，由于银行结汇持续大于售汇，各外汇指定银行的结售汇周转外汇余额势必超过其上限比例，外汇指定银行不得不在外汇市场上大量抛售外汇，其结果只能有两种，要么任由本币大幅度升值，要么中央银行介入外汇市场进行干预，购进外汇，平抑汇价，否则市场就不能出清；反之，则相反。由于外汇市场上只有中央银行是唯一不受约束的，因此外汇市场只能由中央银行来承担市场出清的任务。中央银行成为汇率风险的最终承担者。

3. 名义汇率的决定、调整及稳定机制尚待完善

从名义汇率的决定来看，鉴于人民银行公开市场操作的频度和力度，人民币汇率在相当程度上代表着中央银行对目标汇率的看法。从汇率调整方向来看，人民银行难以通过观察远期汇率来决定汇率调整方向，而只能主要依赖自身的判断。从汇率稳定机制来看，银行、企业和个人的外汇“蓄水池”作用较为弱化，而对国家外汇储备的依赖性较强。

三、2005 年 7 月 21 日之后的人民币汇率制度

2005 年 7 月 21 日，中国人民银行就完善人民币汇率形成机制改革有关事宜发布公告，标志着人民币汇率制度改革进入新一轮的提速阶段，其主要内容是进一步明确了人民币汇率制度改革的方向，即实行以市场供求为基础、参考“一篮子货币”进行调节、有管理的浮动汇率制度。人民币汇率不再钉住单一美元，形成了更富弹性的人民币汇率机制。2010

年 6 月 19 日和 2015 年 8 月 11 日，人民银行又适时推动了两次“汇改”，仍然是沿着这个方向和框架进行的，目的是让有管理的浮动汇率制度更加名副其实。

（一）2005 年 7 月 21 日之后人民币汇率制度改革的主要内容

1. 由钉住美元转向参考“一篮子货币”

自 2005 年 7 月 21 日起，人民币不再钉住单一美元，而是按照我国对外经济发展的实际情况，选择若干种主要货币，赋予其相应的权重，组成一个“货币篮子”。“篮子货币”的确定以对外贸易权重为主，兼顾外债、直接投资等因素，主要包括美元、欧元、日元、韩元、新加坡元、英镑等货币。

中国人民银行根据国内外经济金融形势，以市场供求为基础，参考“一篮子货币”计算人民币多边汇率指数的变化，对人民币汇率进行管理和调节，维护人民币汇率在合理均衡水平上的基本稳定。参考“一篮子货币”表明外币之间的汇率变化会影响人民币汇率，但参考“一篮子货币”不等于钉住“一篮子货币”，它还需要将市场供求关系作为另一重要依据，据此形成有管理的浮动汇率。

2005 年“汇改”之后，人民币兑美元的汇率呈现单边升值走势，由 8.2 升至 6.8 左右（见图 4－5）。2008 年之后受全球金融危机的影响，变成了事实上钉住美元的汇率制度，在 6.8 左右徘徊了两年之久。2010 年 6 月 19 日的“汇改”从本质上来说就是重回 2008 年之前有管理的浮动汇率制度。

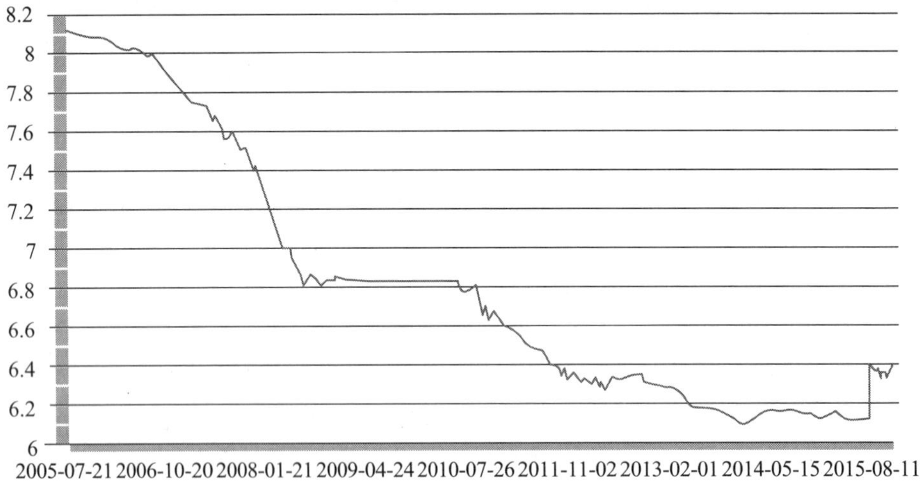

图 4－5　人民币汇率走势（2005 年 7 月 21 日—2015 年 8 月 11 日）

资料来源：中国人民银行网站 .

2. 逐步完善人民币名义汇率的决定机制，适时扩大汇率浮动幅度

有管理的浮动汇率制度主要体现在三个方面：对人民币汇率中间价（又称基准汇率）的制度安排、银行间市场汇率浮动的区间进行管理（批发市场浮动区间管理）以及对银行为客户办理本外币结售汇业务的挂牌汇率浮动区间进行管理（零售市场浮动区间管理）。从总体上来看，近二十年来的改革举措和未来改革趋势就是要不断增强中间价的市场属性，

尽可能反映市场供求信息，直至由市场供求状况来决定中间价；不断扩大银行间市场和零售挂牌市场汇率的浮动区间，直至取消浮动区间管理。

人民币汇率中间价的确定方式几经变化。在2005年7月21日之前，由中国人民银行公布人民币汇率的基准价（前一天银行间外汇交易市场的加权平均价）。7月21日后，中国人民银行于每个工作日闭市后公布当日银行间外汇市场美元等交易货币兑人民币汇率的收盘价，作为下一个工作日该货币兑人民币交易的中间价。自2006年1月4日起，中国人民银行授权中国外汇交易中心于每个工作日计算和发布人民币兑美元等货币汇率的中间价。

人民币兑美元汇率中间价的形成方式为：交易中心于每日银行间外汇市场开盘前向外汇市场做市商询价，并将全部做市商报价作为人民币兑美元汇率中间价的计算样本，去掉最高和最低报价后，将剩余做市商报价加权平均，得到当日人民币兑美元汇率中间价，权重由交易中心根据报价方在银行间外汇市场的交易量及报价情况等指标综合确定。

人民币兑港元和加拿大元汇率中间价由交易中心分别根据当日人民币兑美元汇率中间价与上午9时国际外汇市场港元和加拿大元兑美元汇率套算确定。

人民币兑欧元、日元、英镑、澳大利亚元、新西兰元、新加坡元、瑞士法郎、马来西亚林吉特、俄罗斯卢布等货币的汇率中间价形成方式为：交易中心于每日银行间外汇市场开盘前向银行间外汇市场相应币种的做市商询价，将做市商报价平均，得到当日人民币兑这些货币汇率中间价。

2015年8月11日，为增强人民币兑美元汇率中间价的市场化程度和基准性，中国人民银行决定进一步完善人民币兑美元汇率中间价报价。自2015年8月11日起，做市商在每日银行间外汇市场开盘前，参考上日银行间外汇市场收盘汇率，综合考虑外汇供求情况以及国际主要货币汇率变化向中国外汇交易中心提供中间价报价。[①] 2017年5月，为了对冲市场情绪的顺周期波动，人民币中间价报价模型中引入逆周期因子，以稳定市场预期。以后，会根据市场情况引入或淡出逆周期因子。

自2005年“汇改”以来，人民银行多次调整汇率的浮动幅度，给予了金融机构更大的定价自主权（见表4–4）。

表4–4　银行间市场和挂牌零售市场人民币汇率波动幅度的变化

时间	银行间市场波动幅度		挂牌零售市场波动幅度	
	美元/人民币	非美元/人民币	美元/人民币	非美元/人民币
2005年7月21日	±0.3%	±1.5%	现汇 ±0.2%；现钞 ±1%	现汇 ±0.8%；现钞 ±4%
2005年9月23日	—	±3%	现汇 ±1%；现钞 ±4%	取消幅度限制，自主挂牌

① 就人民币中间价确定的制度本身而言，“811汇改”并没有实质性变化，仍然是由做市商报价后加权平均而得。但是在“811汇改”之前一段时间，银行间市场开盘的中间价经常会与前一天收盘价出现很大的背离，甚至前一天收盘价跌停，第二天开盘的时候仍然会被一股神秘力量拉回去，实质上就是央行加大了对外汇市场的干预和对人民币汇率的管理。“811汇改”的本质就是中间价的确定要更多地考虑到市场的因素和力量。由于之前一段时间美元走强，而人民币基本与美元保持稳定，因此“811汇改”之后三天，人民币汇率贬值4%。

续表

时间	银行间市场波动幅度		挂牌零售市场波动幅度	
	美元 / 人民币	非美元 / 人民币	美元 / 人民币	非美元 / 人民币
2007 年 5 月 21 日	±0.5%	—	—	—
2010 年 11 月 19 日	—	欧元、日元、港币和英镑 ±3%；马来西亚林吉特 ±5%	—	—
2012 年 4 月 16 日	1%	—	现汇 ±2% —	—
2014 年 3 月 17 日	2%	—	现汇 ±3% —	—
2014 年 7 月 1 日	—	欧元、日元、港币、英镑、澳大利亚元、新西兰元、新加坡元、加拿大元 ±3%；马来西亚林吉特、卢布 ±5%；泰铢、哈萨克斯坦坚戈 ±10%	无限制，自主挂牌	—

注：“—”表示没有变化。目前，银行间外汇市场仅人民币外汇即期交易设置汇率波动幅度，人民币外汇远期、掉期、货币掉期、期权和外币对交易无汇率波动幅度限制。

2014 年 7 月，我国取消了银行柜台对客户办理结售汇业务的人民币兑美元挂牌汇率的日波幅限制，至此，挂牌汇率的浮动区间限制全部取消，银行柜台市场率先实现了人民币汇率的随行就市、自由浮动。银行可基于市场需求和定价能力对客户自主挂牌人民币兑各货币的汇价。

3. 不断发展和完善外汇市场，改进人民币汇率形成机制

2005 年 7 月新一轮人民币汇率制度改革推进以来，银行间外汇市场也迎来了高速发展期，相继引入新的交易方式、交易产品、交易主体和交易系统，人民币汇率生成的市场机制日益完善。

从结售汇头寸管理看，实行银行结售汇综合头寸管理，大幅增加银行体系的总限额，统一中外资银行管理政策和限额核定标准，为外汇银行提供了更大的经营自主权。同时，自 2005 年以来逐步放松对结售汇的限制，从强制结售汇过渡到部分意愿结售汇，再到实现意愿结售汇，市场参与主体可以自主决定是否保留现汇，释放了更多的真实外汇需求。

在交易方式上，银行间外汇市场在 2006 年引入了做市商制度和询价交易方式，外汇交易既可以通过指令驱动（集中竞价）方式达成，也可通过报价驱动（双边询价、匿名询价）方式达成，两种交易模式都可以支持即期、远期、掉期等多种外汇产品以及多种交易方式，增加了交易灵活性和效率，降低了交易成本。

在交易产品上，随着“汇改”后人民币汇率浮动幅度的增大，为满足企业和金融机构

对冲汇率风险的要求，银行间外汇市场在2005年8月推出人民币外汇远期交易，随后相继推出人民币外汇掉期、货币掉期等衍生产品，并根据市场需求推出了外币对交易服务。2011年，推出人民币外汇期权产品，标志着我国银行间市场基础类汇率衍生产品体系初步形成。

在交易主体上，在外汇指定银行的基础上，符合一定条件的非银行金融机构和非金融企业也被允许进入银行间外汇市场参与交易，同时增加了境外市场会员，市场参与者逐步多元化，市场开放度不断提高。

自1994年我国成立统一的银行间外汇市场以来，银行始终在发挥主体作用，占据该市场上九成以上的市场份额。早期的市场参与者主要是中资银行，后外资银行逐步加入。2005年8月10日，人民银行发布了《关于加快发展外汇市场有关问题的通知》，明确提出扩大银行间即期外汇市场交易主体范围，允许符合条件的非银行金融机构和非金融企业（即“两非机构”）按实需原则进入银行间人民币外汇市场进行交易。

尽管市场参与主体日益多元化，但是从总体上来看，结构仍然相对单一，银行仍是市场主体。目前，我国外汇市场交易是以实需原则为基础的。银行间人民币外汇市场上尽管有财务公司和企业存在，但无论是从交易规模还是从流动性提供来说，市场主体仍是银行，造成交易需求同质、方向单一，市场交易动力主要源于实际贸易需求，市场参与者定价和风险管理能力有待进一步提高等问题。

在交易规模上，增长迅速，2005—2009年的交易规模复合增长率接近80%，2009—2013年复合增速达19%。2009—2013年，银行间外汇市场上人民币兑非美元货币交易量的市场占比已从不足0.5%上升至4%左右[①]。2021年银行向外汇市场交易金额为2 021 776.9亿元，同比增长15.7%。市场的广度、深度和流动性方面质的提升带来了市场功能和结构的显著变化。

在市场功能上，银行间外汇市场由原来的结售汇头寸平补市场转变为真正的人民币外汇交易市场，价格发现功能进一步增强，市场供求逐步成为决定人民币汇率的基础性力量。

在市场结构上，市场分层初步形成，做市商在交易中发挥关键性作用。由于做市商承担着连接交易、维持市场流动性的义务，做市商的交易量远远超出其自身结售汇头寸平盘的需要，在银行间人民币外汇市场中发挥着重要作用。无论是即期还是远期做市商，其交易量在对应市场上的占比都超过八成。

此外，从交易时间和交易成本来看，不断延长交易时间，增强了交易的便利性。多次降低询价交易和竞价交易的交易费用，收费结构更为合理。

这些改革措施以及未来的改革趋势都是沿着逐步释放市场真实的外汇供求信息，逐步减少人民银行市场出清的责任，丰富外汇交易的品种和形式，提高金融机构自主定价能力，形成更富弹性的人民币汇率制度这一条思路展开的。

综上所述，从市场汇率的运行情况来看，1994年到1998年，人民币汇率制度是以市场供求为基础的、参考美元进行调节的有管理的浮动汇率制度；1998年到2005年变成了钉住美元的汇率制度；2005年到2008年是以市场供求为基础的、参考“一篮子货币”进行调节、有管理的浮动汇率制度；2008年7月，受全球金融危机的影响，重新回到钉住美元的汇率

① 张杰. 银行间外汇市场的创新. 中国金融，2014（7）.

制度；2010 年 6 月 19 日，重启人民币汇率制度改革，继续回到参考“一篮子货币”调节的汇率制度上来；2015 年 8 月 11 日“汇改”针对的则是中间价，让市场力量对中间价的形成发挥更大的作用。

（二）未来人民币汇率制度的改革方向

汇率制度变革牵涉宏观经济运行的方方面面，需要考虑宏观经济的平稳运行和风险的逐步释放。我国的经济体制改革走的是一条具有中国特色的渐进主义的改革路径，这一路径经实践检验是成功的。未来的人民币汇率制度改革仍然会按照这一路径适时推进，坚持主动、渐进和可控三项原则，稳步推进人民币汇率制度改革，最终的目标是实现自由浮动（清洁浮动）汇率制度，让市场供求关系成为人民币汇率的决定性力量，保持人民币汇率在均衡基础上的长期稳定。

未来的人民币汇率机制改革包括以下几个要点。

1. 逐步放松直至最终取消对中间价和波动幅度的管理

逐步加大市场因素对人民币中间价定价的影响，直至条件成熟时取消中间价管理。不断扩大人民币汇率的波动幅度，并适时从限定每日波幅管理逐步过渡到年度波幅管理。

2. 逐步扩大人民币汇率指数的影响，使之成为市场观察和宏观调控的目标

受制于当今的国际货币体系、我国对外经济的总体格局以及金融市场的发育状况，长期以来，市场观察人民币汇率的视角主要是人民币兑美元的双边汇率，甚至以此汇率来代替人民币汇率。同样，政府调控汇率的对象也主要基于人民币兑美元的双边汇率。但是，当人民币兑美元升（贬）值时，人民币兑其他货币的汇率走势可能与此不同，甚至完全相反。汇率浮动旨在调节多个经济伙伴的贸易和投资，因此仅观察人民币兑美元的双边汇率并不能全面反映我国对外开放不断深入的实际情况。

2015 年 12 月 11 日，中国外汇交易中心正式发布 CFETS 人民币汇率指数，这对推动社会观察人民币汇率视角的转变具有重要意义，同时标志着我国在参考“一篮子货币”调整人民币汇率的改革进程中又迈出了实质性的一步。

汇率指数作为一种加权平均汇率，主要用来综合计算一国货币对“一篮子外国货币”加权平均汇率的变动，能够更加全面地反映一国货币的价值变化。参考“一篮子货币”与参考单一货币相比，更能反映一国商品和服务的综合竞争力，也更能发挥汇率调节进出口、投资及国际收支的作用。

目前，CFETS 货币篮子涵盖中国外汇交易中心（CFETS）挂牌的人民币对外汇交易币种共计 24 种，样本货币权重采用考虑转口贸易因素的贸易权重法计算而得。其中，美元 USD（0.198 8）、欧元 EUR（0.184 5）、日元（0.107 6）、韩元（0.096 7）、澳大利亚元（0.057 1）、港币（0.034 6）、英镑（0.031 3）。[①] 篮子货币取价是当日人民币外汇汇率中间价。指数基期是 2014 年 12 月 31 日，基期指数是 100 点，指数计算方法是几何平均法。

自 2015 年 CFETS 指数公布以来，人民币汇率走势总体相对平稳，成为社会各界观察人民币汇率走势的一个重要窗口。

3. 不断加强外汇市场的基础设施建设

① 中国外汇交易中心（www.chinamoney.com.cn），《人民币汇率指数算法说明》，2021 年 12 月 31 日。

适时扩大交易主体，支持更多非银行金融机构和非金融机构的有序加入，尤其是在政策允许的前提下，鼓励更多企业进入市场直接交易，促进多元化市场结构的形成，进一步丰富外汇市场的主体。推动外汇市场对外开放，适时引入一定数量的合格境外主体；不断完善交易产品，延长交易时间，促进形成境内外一致的人民币汇率①；鼓励个人和企业通过外汇市场管理外汇风险，培育成熟的市场参与主体；适应人民币国际化进程，提升银行间外汇市场全球运营的能力，对目前主要针对境内市场参与者的基础设施和市场制度等进行调整升级，不断提高我国外汇市场在国际金融市场中的影响力和地位。

4. 央行逐步减少对外汇市场的日常干预

央行逐步减少对外汇市场的日常干预，直至过渡到只有在人民币兑“一篮子货币”的加权汇率突破年度波幅的时候，央行才通过量价配合的方式干预外汇市场。除此以外，人民币汇率完全由市场供求自发决定。

四、人民币的自由兑换与国际化

随着我国经济发展以及条件的逐步成熟，人民币将从以市场供求为基础的、参考“一篮子货币”调节、有管理的浮动汇率制度起步，最终实现自由浮动和自由兑换，并不断推进人民币的国际化进程，使之成为有影响力的国际货币。

（一）货币自由兑换的概念与类型

1. 按照货币可兑换的程度，货币可分为完全可兑换和部分可兑换

货币完全可兑换是指一个国家或某一货币区的居民可以在经常项目和资本与金融项目下，即在国际收支的所有项目下自由地将本国货币兑换成其他货币。

货币部分可兑换是指一个国家或某一货币区的居民可以在部分项目下，如经常项目下，为支付国际商品、劳务交易的目的，自由地将本国货币兑换成其他货币，此时并不必对其他项目实行货币可兑换。常见的部分可兑换有经常项目可兑换和资本项目可兑换，通常是指经常项目可兑换。这两者结合起来即构成货币完全可兑换。

《国际货币基金组织协定》第八条第 2、3、4 款分别规定如下：一是要避免限制经常性支付；二是要避免实行歧视性货币措施（如多重汇率安排）；三是要兑付外国在经常性国际交易中所得或所需支付的本国货币。

我国在 20 世纪 80 年代初恢复在国际货币基金组织的合法席位时，是以第十四条款国的身份加入的，即继续保持对经常性支付和资金转移实行汇兑限制。当时，我国政府承诺将积极创造条件，在 20 世纪末取消经常项目下的汇兑限制，实现经常项目可兑换。我国自 1996 年 12 月 1 日起，接受《国际货币基金组织协定》第八条第 2、3、4 款的义务，实现了经常项目可兑换。

2. 按照货币可兑换的范围，货币可兑换分为对内可兑换和对外可兑换

对内可兑换是指居民可以在国内自由持有一些外币资产（如银行存款），并自由地在国内把本国货币兑换成外币资产。这种对内可兑换不等于允许对国外支付或把持有的外币

① 由于我国资本项目尚未完全可兑换，境内银行间外汇市场与离岸人民币外汇市场仍存在一定的分割，境内外价差依然存在，因此，目前在岸价格（CNY）和离岸价格（CNH）经常会有 100～200BP 的差价。

资产放在国外，也不意味着允许居民可以持有除外汇以外任何非居民债权的金融资产。同时，有些对内可兑换对不同种类居民（如政府部门、家庭、企业等）区别对待。对内可兑换有利于杜绝外汇黑市和帮助外汇资源流入银行系统。

货币的对外可兑换是指居民可以在境外自由持有外汇资产和自由对外支付，但并不一定意味着居民可以在境内自由持有外汇资产和兑换外汇。对外可兑换的目的和实质是消除外汇管制。

（二）人民币资本项目可兑换

我国外汇管理体制改革的长远目标是实现人民币完全可兑换。从国际经验来看，实现资本项目完全可兑换需要具备一定前提条件，实现资本项目可兑换是一个系统工程，涉及各种金融活动领域和大量的非金融机构，需要各部门共同参与，各项改革配套到位，逐步从有严格限制的可兑换过渡到较宽松限制的可兑换，再到基本取消限制的可兑换。

目前，我国离完全放开资本项目管制还有一定的距离。从国际上货币可兑换的进程来看，在经常项目实现可兑换之后，逐步推进资本项目可兑换大体需要 10～15 年的时间。1997 年的亚洲金融危机和 2008 年的全球金融危机对人民币汇率制度改革和自由兑换进程造成了一定的阻碍，同时给我国和国际社会提供了一个难得的反思机会。资本项目可兑换的进程应该根据各国的实际情况，在条件逐步成熟时有序推进，不应该设置一个统一的时间表。

（三）人民币国际化

人民币的国际化进程从 2009 年试点跨境贸易人民币结算业务开始，在不长的时间内取得了显著的成效。2009 年人民币国际化指数（RII）仅为 0.02%，2020 年人民币国际化指数为 5.02[①]。2015 年 11 月 30 日，人民币被纳入 SDR 货币篮子，标志着人民币在国际化进程中迈出了具有里程碑意义的一步。2015 年之后人民币国际化稳步推进,在曲折中前进。SWIFT 发布的数据显示，2021 年 6 月，在主要国际支付货币中人民币排在第五位，支付金额占比 2.5%，较 2020 年同期上升 0.7 个百分点；在外汇即期交易使用排名中，人民币排在第 5 位，居美元、欧元、英镑、日元之后。2021 年一季度，在国际货币基金组织官方外汇储备货币构成中人民币占比为 2.5%，排在第五位，较 2016 年人民币刚加入特别提款权篮子时上升 1.4 个百分点[②]，是国际货币基金组织 自 2016 年开始公布人民币储备资产以来的最高水平。

一个新兴国家的货币要成长为一个主要的国际货币，这必定是一段漫长的过程。人民币的国际化将和中华民族伟大复兴的历史进程紧密联系在一起，需要几代人的努力。如果人民币成为有影响力的国际货币，它将成为重要的贸易结算和国际支付手段，成为国际金融市场的主要交易货币，减少对美元等国际储备货币的依赖，大幅提高我国金融机构在国际市场上的竞争能力，全面提升我国在世界金融版图上的地位。

① 中国人民大学国际货币研究所,《2021 人民币国际化报告》。

② 中国人民银行,《2021 年人民币国际化报告》，第 4 页。

本章小结

1. 汇率制度是指一国货币当局对本国货币汇率变动的基本方式所做的一系列安排或规定。按照汇率变动的幅度,汇率制度可分为固定汇率制度和浮动汇率制度。

2. 目前，世界各国汇率制度呈现多样化的局面。国际货币基金组织将当前各国的汇率制度分为四大类。

3. 没有一种汇率制度可以在所有的时候适用于所有的国家。每一个国家(地区)都应该根据自己的实际情况选择适合自己的汇率制度。影响一国汇率制度选择的主要因素有：经济规模和经济结构、对外开放程度、金融市场的发展程度、区域经济合作情况等。

4. 一个国家或地区为了平衡国际收支，维持货币汇率，对外汇买卖、外汇资金流动及外汇进出国境加以限制，为控制外汇的供求而采取的一系列政策措施，就是外汇管制。

5. 外汇管制的手段是多种多样的，主要是从数量管制和价格管制两方面入手。数量管制就是对外汇交易的数量进行限制，包括对贸易外汇收支、非贸易外汇收支、资本输出输入、黄金和现钞输出输入的管制。价格管制主要是针对汇率的管制。

6. 从 1994 年 1 月 1 日起，人民币汇率进行并轨，实行以市场供求为基础的、单一的、有管理的浮动汇率制度。

7. 自 2005 年 7 月 21 日起,我国开始实行以市场供求为基础、参考“一篮子货币”进行调节、有管理的浮动汇率制度。人民币汇率不再钉住单一美元，形成更富弹性的人民币汇率机制。

8. 随着我国经济的发展以及与世界经济依存度的不断提高，今后的人民币汇率制度将从以市场供求为基础的、参考“一篮子货币”管理浮动起步，最终实现人民币的自由兑换，并不断推进人民币的国际化进程。

关键概念

汇率制度	固定汇率制度	浮动汇率制度	清洁浮动
肮脏浮动	联合浮动	货币局制度	管理浮动汇率制度
外汇管制	外汇留成制	结售汇制	

复习思考题

1. 影响一国汇率制度选择的主要因素有哪些？
2. 什么是货币自由兑换？它有哪些不同含义？
3. 简述复汇率的概念及表现形式。
4. 维持固定汇率制度的手段有哪些？
5. 对汇率进行管制有哪些方法？
6. 试分析比较固定汇率制度与浮动汇率制度的优缺点。
7. 试分析外汇管制的利与弊。
8. 简述目前我国的人民币汇率制度并分析其未来走向。

第五章 外汇交易

专业学习目标

掌握外汇市场概念、类型及结构，了解外汇市场的主要参与者及功能；

理解并掌握即期、远期、掉期、套汇、套利等外汇交易的基本原理及运用场景；

能够灵活运用于实际生活，理解期货、期权、互换等外汇交易的基本原理及运用场景；

掌握外汇风险的概念与类型，理解外汇风险管理的主要方法。

素养目标

掌握各种外汇交易工具，全面提升履职能力；遵守交易制度的规则意识；深入认识外汇投机交易中的人性弱点，避免盲目崇拜交易“神童”。

知识结构导图

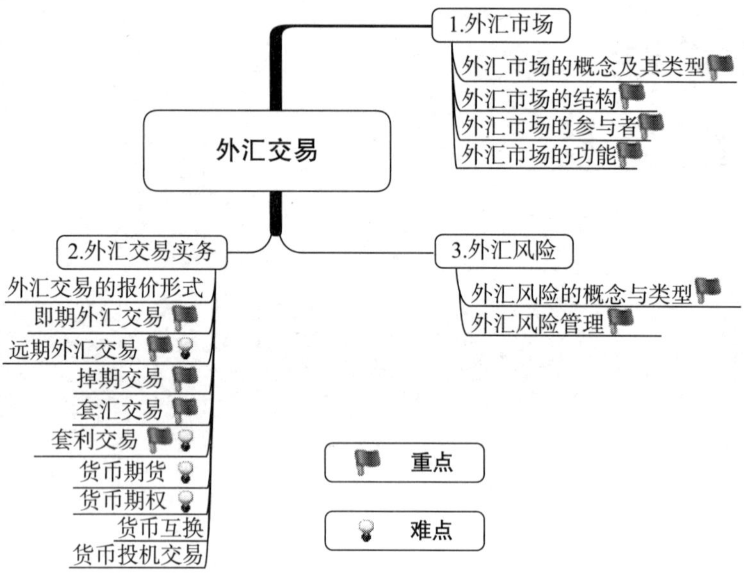

外汇交易实质上就是货币兑换行为，而汇率则是外汇交易的价格。在浮动汇率的条件下，汇率的频繁波动对相关经济主体的宏观经济发展产生了极大的影响。在国际经贸往来的推动下，外汇交易发展迅速，创新活跃，目前已经出现了很多方式，交易量也非常巨大，本章讲述外汇市场上的主要交易形式。

第一节 外汇市场

一、外汇市场的概念及类型

外汇市场（Foreign Exchange Market）是经营外汇买卖，调剂外汇供求的交易场所。外汇市场是由外汇需求者、供应者和中介机构组成的买卖外汇的交易场所或网络，是国际金融市场的重要组成部分。在主要国际金融中心，都有外汇市场的存在。

发达国家的外汇市场，由于各自长期的传统习惯，形成两种交易方式：第一种是指定具体交易场所、规定营业时间的有形市场，也称为大陆式市场，其交易项目仅限于对客户的交易或调整各自即期外汇交易的头寸，实际上银行间的交易大部分还是在有形市场之外进行的。第二种是无具体交易场所，直接通过连接银行与外汇经纪人、银行与银行的电话、电传以及其他通信工具组成的网络进行交易的无形市场，通常称为英美式外汇市场。现在世界上绝大多数的外汇交易是通过这种无形市场进行的。

国际外汇市场从地理上可分为远东及中东、西欧和北美三大金融中心区域，全球各地区外汇市场随地球自转，能够按照世界时区的差异相互衔接，从星期一到星期五，出现全球性的 24 小时不间断的连续市场。从格林尼治国际标准时间（GMT）22：00（北京时间凌晨 6 时）开始，新西兰的惠灵顿、澳大利亚的悉尼相继开市；随后东京开市；中国香港地区、新加坡开市；GMT 6：00 中东地区的巴林开市；GMT 10：00 巴黎、法兰克福、苏黎世、伦敦相继开市；GMT 13：30（北京时间晚 9：30）纽约开市；随后芝加哥、旧金山开市；GMT 22：00 美国收市而惠灵顿、悉尼相继开市。

北京时间 20：30—24：00 是伦敦市场和美国市场的重叠交易时间段，是外汇交易的密集区，也是大宗交易最多的时段，此时市场波动较大，是外汇市场交易的黄金时间段。另外，本地货币在本地市场的交易时间段内比较活跃，比如亚洲市场开放时的澳元、日元比较活跃，欧洲市场开放时的欧元、英镑、瑞士法郎比较活跃；美洲市场开市时的美元、加元比较活跃。

尽管外汇市场在节假日照常交易，但交易量小，流动性不足，投资者在此时交易可能会产生较大的滑点和冲击成本，应尽量避免。滑点是指交易者下单的价格和最后成交的价格有差距。

二、全球外汇市场的交易概况

随着全球金融一体化的不断深化，跨国资本流动的不断加速，再辅以信息技术的迅猛发展，将亚、欧、美等市场连成一体，全球外汇市场的日均交易量从 20 世纪 80 年代中期的 700 亿美元、90 年代中期的 2 万亿美元猛升至 2013 年的 6 万多亿美元，至 2019 年达 8 万多亿美元（见表 5-1）。其中，伦敦外汇市场是全球最大的外汇市场，交易占比为 43.08%，第二大市场在纽约。这两大市场的占比在 60% 左右。中国外汇市场近年来发展迅猛，但在全球交易量中占比不到 2%。

表 5-1　主要外汇市场的日均成交量及其占比　　单位：10 亿美元，%

市场	2004 年		2007 年		2010 年		2013 年		2016 年		2019 年	
	金额	占比	金额	占比	金额	占比	金额	占比	金额	占比	金额	占比
英国	835	32	1 483	34.6	1 854	36.7	2 726	40.8	2 406	36.9	3 576	43.08
美国	499	19.1	745	17.4	904	17.9	1 263	18.9	1 272	19.5	1 370	16.50
新加坡	134	5.1	242	5.6	266	5.3	383	5.7	517	7.9	640	7.71
中国香港	106	4.1	181	4.2	238	4.7	275	4.1	437	6.7	632	7.61
日本	207	8	250	5.8	312	6.2	374	5.6	399	6.1	376	4.53
瑞士	85	3.3	254	5.9	249	4.9	216	3.2	156	2.4	276	3.32
法国	67	2.6	127	3	152	3	190	2.8	181	2.8	167	2.01
中国	1	0	9	0.2	20	0.4	44	0.7	73	1.1	136	1.64

续表

市场	2004 年		2007 年		2010 年		2013 年		2016 年		2019 年	
	金额	占比	金额	占比	金额	占比	金额	占比	金额	占比	金额	占比
德国	120	4.6	101	2.4	109	2.2	111	1.7	116	1.8	124	1.49
澳大利亚	107	4.1	176	4.1	192	3.8	182	2.7	121	1.9	119	1.43
全世界总计	2608	100	4281	100	5045	100	6686	100	6514	100	8301	100

注：表中数据每年四月份的日平均数。按照 2019 年的交易占比排序。

数据来源：BIS, Triennial Central Bank Survey Foreign exchange turnover in April 2019.

从交易币种来看（见表 5–2），美元占 44%，其次是欧元、日元和英镑，这四大货币的交易量加在一起占比超过 75%。人民币仅占 2%。 这表明从交易货币的角度来看，人民币国际化的进程才刚刚起步。

表 5–2 全球外汇交易的币种分布

币种	2004 年		2007 年		2010 年		2013 年		2016 年		2019 年	
	占比	排名	占比	排名	占比	排名	占比	排名	占比	排名	占比	排名
USD	44	1	42.8	1	42.5	1	43.5	1	43.8	1	44	1
EUR	18.7	2	18.5	2	19.5	2	16.7	2	15.7	2	16	2
JPY	10.4	3	8.6	3	9.5	3	11.5	3	10.8	3	8.5	3
GBP	8.25	4	7.45	4	6.45	4	5.9	4	6.9	4	6.5	4
AUD	3	6	3.3	6	3.8	5	4.3	5	3.45	5	3.5	5
CAD	2.1	7	2.15	7	2.65	7	2.3	7	2.55	6	2.5	6
CHF	3	5	3.4	5	3.15	6	2.6	6	2.4	7	2.5	6
CNY	0.05	29	0.25	20	0.45	17	1.1	9	2	8	2	8
SEK	1.1	8	1.35	9	1.1	9	0.9	11	1.1	9	2	8
NZD	0.55	13	0.95	11	0.8	10	1	10	1.05	10	2	8

注：根据四月份的日均交易量计算。CNY，NZD 两种货币 2013 年以前的数据可能低估，因为之前的离岸交易统计不全，2016 年统计方法改变之后，数据更全面些。

数据来源：BIS, Triennial Central Bank Survey Foreign exchange turnover in April 2019.

三、外汇市场的结构

在外汇市场上，按参与者的不同，存在着两种类型、两个层次的市场：

第一，区域性的银行与客户间外汇市场（Customer Market），也称“外汇零售市场”，是外汇市场存在的基础。交易客户主要是企事业单位、进出口商、个人等，出于贸易、投资、个人收付以及投机的需要，同外汇银行进行外汇买卖。该市场的基本特点是：没有最小交易金额限制，每笔交易较为零散；银行所报买卖差价较大。

第二，全球性的银行同业外汇市场（Interbank Market），也称“外汇批发市场”。现代外汇市场实际上是由连接世界各地商业银行的外汇交易计算机网络所构成的，该市场的基本特点是：有最小交易金额的限制（如欧洲美元买卖最低交易量是 100 万美元）；银行所报买卖差价较小；有时交易是在银行与银行之间一对一直接进行，有时是通过经纪人进行。

四、外汇市场的参与者

外汇市场参与者主要有外汇银行、外汇经纪人、中央银行和一般客户（工商企业、投机商等）。

（一）外汇银行

外汇银行是由各国中央银行指定或授权经营外汇业务的银行，是外汇市场的主体。外汇银行在外汇零售市场为客户提供服务，进行外汇买卖，以赚取买卖汇率的价差为主，原则上不承担汇率风险。外汇银行在外汇批发市场上进行两方面的活动：一是代其大客户在市场上进行买卖，主要目的在于从中获得适当的手续费；二是以自己的账户直接进行自营买卖，即为达到自身盈利或避免风险的目的，进入外汇市场参与交易。

（二）外汇经纪人

外汇经纪人（Foreign Exchange Broker）是外汇市场上专门为交易双方介绍外汇买卖的中间人，一般都以收取佣金为目的。外汇经纪人须经所在国家或地区有关金融当局批准才能取得经营业务的资格，同外汇银行有密切联系，熟悉外汇行市和外汇供求情况，了解各方面的信用情况。外汇经纪人从各个银行取得外汇买卖报价，然后从中将某一货币的最佳市场价格以及可能的交易额传递至其他有意的银行。外汇经纪人代客买卖完全是代理性质，按照惯例，外汇经纪人不得同私人进行交易，不得以自己名义买卖外汇，不得从中图谋价差。成交后，外汇经纪人用书面通知买卖银行，买卖双方这时才知道与自己交易的对方是谁，由买入行向卖出行发出成交书，然后据此结算。

现在，银行与银行之间的直接报价交易已经很方便，为什么交易员还要支付一定的佣金通过外汇经纪人交易呢？至少有两个好处：第一，交易员可了解最佳市场行情，获得外汇经纪人提供的服务；第二，可以隐瞒自己买卖的企图。

（三）中央银行

一些国家的中央银行为防止国际短期资金冲击外汇市场，稳定本币汇率，管理与控制本国货币供应量及其他政策目标，往往在必要时通过外汇银行进行大额外汇买卖，干预外汇市场。当市场上外汇供大于求时，中央银行利用专门基金来收购外汇；相反，当市场上外汇求大于供时，中央银行抛售外汇，以促使汇率稳定。因此，中央银行实际是外汇市场上举足轻重的参加者。

（四）一般客户

一般客户包括进出口商及其他外汇供求者，他们是外汇交易中最初的供应者和最终的需求者。此外，还包括外汇市场的投机者。

五、外汇市场的功能

在外汇市场上，参加者之间进行着各种类型的外汇交易。通过这些活动，外汇市场在便利国际债权和债务清算、提供信贷、消除汇率风险等方面起到重要作用。具体而言，包括如下几个方面。

（一）为国际经济贸易往来提供货币兑换和结算的便利

通过外汇市场兑换和汇付，国际债权和债务关系得以结清，实现了不同国家间购买力的转移，这是外汇市场存在的最基本理由。

（二）生成外汇价格（汇率）

银行接受顾客买卖外汇后，需在银行间市场进行调节，因而自然产生外汇的供需。加上银行本身自发性的供需，在市场上通过竞价过程，便会产生汇率。银行对顾客交易的汇率再以银行间的成交汇率为基准按照一定的方式加以确定。

（三）提供国际贸易信用

在国际贸易中，许多交易由于各种原因无法或无须立即结清，所以外汇市场也可提供各种形式的信贷和资金的融通。

（四）为投机活动或套期保值提供便利

一方面，由于各种货币汇率频繁波动，进出口商或外汇银行可运用外汇市场的各种交易工具，转移或避免汇率变动风险，使外汇风险最小化，以保证国际贸易和国际投资的顺利进行；另一方面，外汇投机者可以利用各种交易工具在外汇市场上进行投机活动，或牟取巨额利润，或遭受严重损失。

（五）外汇市场是国际金融活动的枢纽，推动了经济金融全球化

欧洲货币市场的蓬勃发展大大地扩展了国际外汇市场的活动范围，一个国家国际收支所有项目的外汇收支活动，都是直接或间接地通过国际外汇市场来进行的；国际外汇市场的交易活动和汇率的变化，直接反映了货币资本在国际范围内的运动，同时综合反映了一国在一定时期的国际收支盈亏、政治经济变化和经济实力消长的基本情况。

外汇市场的发展在全球一体化的过程中起着十分重要的作用。随着科学技术的进步，外汇市场的交易速度大大提高，各市场之间的汇率差距能迅速得到调整，价格趋于一致。

此外，外汇市场向全球性发展，各地的营业时间互相衔接，一天 24 小时内可以不间断地在世界各个外汇市场进行交易，促进了全球范围内的货币支付和资本转移。

第二节 外汇交易实务

外汇交易的类型有很多种，其中，即期外汇交易、远期外汇交易和掉期交易是外汇市场上的基本交易形式，被称为传统外汇交易形式。随着国际金融创新的发展，20 世纪 70 年代以后出现了许多交易形式，如外汇期货、外汇期权、货币互换与利率互换、远期利率协议等。然而，传统的外汇交易形式无论是在交易总量上还是在每笔交易的平均额上，都远远超过外汇交易创新形式（见图 5－1）。本节将介绍一些主要外汇交易形式。

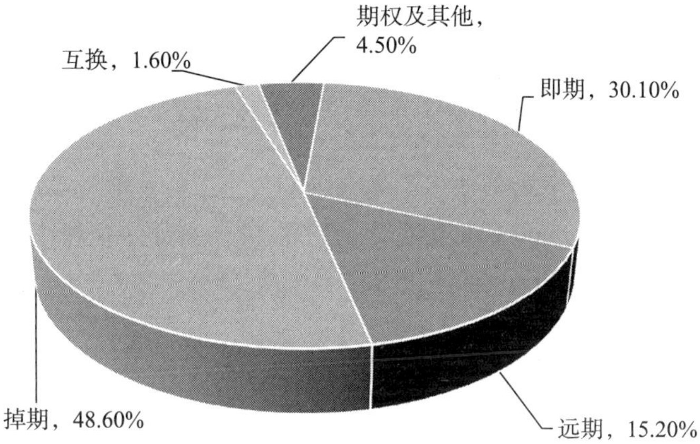

图 5－1 全球外汇市场不同交易类型占比

数据来源：BIS, Triennial Central Bank Survey Foreign exchange turnover in April 2019.

一、外汇交易的报价形式

外汇市场的交易模式包括竞价交易和询价交易两种。

竞价交易（Anonymous）也称匿名交易，是指交易双方通过外汇交易系统匿名报价，系统按照“价格优先、时间优先”的原则进行匹配，达成交易，交易达成后双方通过集中净额清算模式进行清算的交易模式。

询价交易（Bilateral）是指有双边授信关系的交易双方，通过外汇交易系统双边直接协商交易要素以达成交易，交易达成后，通过双边清算模式或净额清算等其他清算模式进行清算的交易模式。

下面以询价交易为例，说明外汇交易的报价形式。

一笔完整的外汇交易往往包括四个步骤：询价（Asking）、报价（Quotation）、成交（Done）以及确认（Confirmation），其中报价是关键。外汇交易员在报价时需要根据市场条件和自身情况，在盈利机会和竞争力之间取得平衡；既要提供富有竞争力的报价来吸引交易，又要通过报价来保护自己，在承担风险的同时获取相应的利润。

国际上的外汇交易已经形成了一个全球 24 小时连续进行的网络，在这一无形的市场中，其参与者大都是通过路透社交易机及信息终端机、电话、电传等现代化通信工具进行交易。路透社外汇信息服务及交易系统是当今世界上应用最为广泛的外汇交易系统，因此，路透社外汇信息服务及交易系统的报价方式也就是当今国际银行间外汇买卖所惯用的报价方法。

路透社信息终端上的外汇汇率采用单位美元标价法，即 1 美元等于若干其他货币。英镑、爱尔兰镑、澳大利亚元、新西兰元、欧元则采用单位镑法，即 1 英镑、1 爱尔兰镑、1 澳大利亚元、1 新西兰元、1 欧元兑多少美元。下面是常见的一些报价形式：

USD/JPY（1 美元兑日元）	126.10/20
USD/CHF（1 美元兑瑞士法郎）	1.504 0/50
GBP/USD（1 英镑兑美元）	1.760 0/10
AUD/USD（1 澳大利亚元兑美元）	0.820 0/10

汇率的标价通常为 5 位有效数字，汇率变动的最小单位被称为基点（Basic Point）。对于大多数货币，1 点通常是 0.000 1，即万分之一货币单位；对于币值较小的计价货币如日元，1 点就是 0.01 货币单位。例如，美元兑瑞士法郎的汇率从 1.504 5 上升到 1.506 5，就可以说美元兑瑞士法郎的汇率上升了 20 点。

外汇汇率报价通常采用双向报价制，即同时报出买入汇率和卖出汇率，小的汇价数在前面，大的汇价数在后。例如，纽约某银行挂出的英镑和加元的牌价如下：

USD 1=CAD 1.583 2/1.584 0

GBP 1=USD 1.451 8/1.452 4

习惯上，上面的牌价可以简写成：

USD 1=CAD 1.583 2/40

GBP 1=USD 1.451 8/24

在外汇交易的实际操作中，交易员之间通过电话、电传和路透社交易机询价，一方报价之后，另一方要立即做出回答。由于市场行情瞬息万变，一个报价出来之后，几秒钟之后就可能会发生变化。因此，如果询价方回答缓慢，报价方就有可能会说“价变了”，报价就又得重来。在对方报价后，如果询价方对所报价格不满意，可以说“暂时没事”，报价便对双方无效。但询价方决不能耽误时间，不置可否。当然，报价方一旦报出价格，便有义务按此价格买入或卖出。下面是一段典型的交易对话：

A：Spot USD JPY pls.（请问即期美元兑日元的报价）

B：118.55/60.（也可写作 55/60）

A：Buy USD 1.（买进 100 万美元，这里的 1 代表 100 万）

B：OK，done. I sell USD 1 Mine JPY at 118.60 Value 28/5/20××. JPY pls to ×× BK Tokyo. A/C No.12345.（好，成交。我卖给你 100 万美元，汇率是 118.60，起息日 20×× 年 5 月 28 日。我们的日元请付至东京 ×× 银行，账号是 12345）

A：USD to YY BK New York. A/C No.56789，Tks for the deal. BIBI.（我们的美元请付至纽约的 YY 银行，账号是 56789，多谢惠顾，再见）

从以上询价、报价的交易过程可以看到，实际交易中为节约时间将许多单词、数字进行简化，同时有许多特殊的"行话"，以下做几点简要说明：（1）询价方先要挑选某一家报价银行，在交易机屏幕上选择之后要立即自报家门，让对方了解；（2）询价内容简明完整，包括币别、类型（即期、远期等）、金额；（3）报价方的报价需依据其他银行行情、自己货币头寸状况、对汇率变化预期等，思考片刻便立即报出买卖双价，报价时可省略汇价前的大数；（4）询价方依据对方所报价格，表示买进的币别、金额，基本金额等值 100 万美元以上，低于 100 万美元须事先说明；（5）报价方承诺成交，此时双方共同遵守"一言为定"的原则和"我的话就是合同"的惯例；（6）报价方须向询价方证实或确认即期或远期交易行为、金额、汇率、起息日，同时报价方将买入货币的资金账户告诉询价方；（7）询价方将所买入货币入账的资金账户告诉报价方，为结算做准备。

上面是即期外汇交易的报价方式，如果是做远期或者期权等交易，在询价时要予以说明，其他方面与即期交易的报价方式大同小异。

二、即期外汇交易

（一）即期外汇交易的概念

即期外汇交易（Spot Exchange Transaction）是指外汇交易成交后在两个营业日内办理交割的外汇业务。即期外汇交易是外汇市场上最常见、最普通的交易形式，其最基本的作用是：满足临时性的付款需要，实现货币购买力的转移；调整各种货币头寸；进行外汇投机等。

双方达成外汇交易协议的这一天称为成交日（Trade Date）。达成交易后双方履行资金划拨、实际收付义务的行为称为交割，这一天称为交割日（Delivery Date），也称起息日（Value Date）。一般来说，外汇买卖"零售"业务大都在当日成交和收付，而银行同业间外汇"批发"即期交易的交割日包括以下三种类型：

（1）标准交割（T+2），是指在交易成交后第二个营业日交割，如果遇上非营业日，则向后推迟到下一个营业日。例如，在香港外汇市场上港元兑大多数货币的即期交易就属于标准交割。

（2）当日交割（T+0），又称现金交割，是指成交与交割同日进行。例如，在香港外汇市场上，港元与美元的即期交易就属于当日交割。

（3）次日交割（T+1），是指在成交后第一个营业日交割，一般是在成交日的次日。例如，在香港外汇市场上，港元兑日元、新加坡元、马来西亚林吉特、澳大利亚元的即期交易就属于次日交割。

根据国际金融市场惯例，有效起息日必须是交易有关货币的国家的营业日，在外汇交易中，当然是两种货币的发行国家或地区的各自营业日。在国际市场上，交割盛行的是“价值抵偿原则”，即一项外汇交易合同的双方，都必须在同一时间进行交割，以免任何一方因交割不同时而蒙受损失。交易双方的结算日应为同一工作日（并非毫无时差）。

（二）即期外汇交易下各种汇率的套算

在即期交易中经常遇到各种货币之间汇率的套算，下面介绍套算方法。

1. 倒数汇率（Reciprocal Rate）

倒数汇率是指已知 A 币兑 B 币汇率，求 B 币兑 A 币的汇率。

【例 5-1】 已知报价方报出 USD/CNY 即期汇率是 6.168 5/95。报价方应如何报出 CNY/USD 的即期汇率？

解：按报价惯例可知，USD/CNY 报价的实际含义是：报价方买入 1 美元时付出 6.168 5 元人民币（买入价），卖出 1 美元时收入 6.169 5 元人民币（卖出价），中间有 10 点的买卖利润。由此可知：报价方 CNY/USD 即期汇率买价为 1/6.169 5=0.162 09；卖价为 1/6.168 5=0.162 11。按惯例写出报价即 0.162 09/0.162 11。

2. 交叉汇率（Cross Rate）

交叉汇率是指通过第三种中介货币推算出两种货币的汇率。即已知 A 币与 C 币之间的汇率，C 币与 B 币之间的汇率，求 A 币兑 B 币汇率。

（1）当银行报出两个汇率，若中介货币在一个汇率中是基准货币，在另一个汇率中是报价货币[①]，则交叉汇率的双向报价按“同边相乘”原则计算。

【例 5-2】 已知银行即期汇率报价 GBP/USD=1.609 6/05，USD/CNY=6.148 5/93，求该银行 GBP/CNY 的即期汇率。

解：USD 在 GBP/USD 中是报价货币，在 USD/CNY 中是基准货币，因此，交叉汇率 GBP/CNY 采用“同边相乘”原则计算得出：

$$\frac{GBP}{USD}=1.609\ 6\sim 1.610\ 5 \qquad ①$$

$$\downarrow \qquad \downarrow$$

$$\frac{USD}{CNY}=6.148\ 5\sim 6.149\ 3 \qquad ②$$

GBP/CNY 即期汇率买价为 1.609 6×6.148 5，卖价为 1.610 5×6.149 3，按惯例写出报价即 9.896 6/903 4。

可以按如下思路来理解以上的计算：

银行报 GBP/CNY 买价，此时该行的客户是卖出 1 英镑，买入若干人民币，客户必须先向银行卖出 1 英镑，获得 1.609 6 美元，然后客户将得到的 1.609 6 美元再卖出，最终，客户卖出 1 英镑可得到 1.609 6×6.148 5 元人民币。显然，交叉汇率的计算考虑了两次交易费用，因而买卖价差较大。银行报 GBP/CNY 卖价，也可按类似思路来考虑。

（2）当银行报出两个汇率时，若中介货币在两个汇率中都是基准货币或都是报价货币，

① 基准货币（Base Currency）是指一组货币对中作为被计价的货币。计价货币是指一组货币对中用于计量 1 单位基准货币价格的货币。通常，基准货币在前，非基准货币在后，中间以“/”分隔。例如 USD/CNY=6.157 6，式中 USD 就是基准货币，CNY 是报价货币，表示的是 1 美元等于 6.157 6 元人民币。

则交叉汇率按“交叉相除”原则计算。

【例 5-3】 已知银行即期汇率报价为 USD/JPY=97.60/70，USD/CNY=6.148 5/93，求该银行 CNY/JPY 的即期汇率。

解：由于在银行的两个汇率报价中 USD 都是基准货币，而交叉汇率的基准货币为 CNY，因此，用“交叉相除”的方法得出 CNY/JPY 的双向报价[①]：

$$\frac{USD}{JPY}=97\ 60\sim97.70 \qquad ①$$

$$\frac{USD}{CNY}=6.148\ 5\sim6.149\ 3 \qquad ②$$

CNY/JPY 即期汇率买价为 97.60÷6.149 3=15.872，卖价为 97.70÷6.148 5=15.890，按惯例写出报价为 15.872/890。

【例 5-4】 已知银行即期汇率报价为 AUD/USD=0.624 0/60，EUR/USD=1.102 0/40，求该银行 EUR/AUD 的即期汇率。

解：由于在银行的两个汇率报价中 USD 都是报价货币，用“交叉相除”方法可得出 EUR/AUD 的双向报价：

$$\frac{AUD}{USD}=0.624\ 0\sim0.626\ 0 \qquad ①$$

$$\frac{EUR}{USD}=1.102\ 0\sim1.104\ 0 \qquad ②$$

EUR/AUD 即期汇率买价为 1.102 0÷0.626 0=1.760 4，卖价为 1.104 0÷0.624 0=1.769 2，按惯例写出报价即 1.760 4/92。

所谓双向报价（同时报出买价和卖价），就是考虑了交易费用的报价。因此，无论是用乘法还是用除法，每一次将中介货币抵消时，交易费用就增加一次。这个原则可以用来验算计算结果。

三、远期外汇交易

（一）远期外汇交易的概念及特点

远期外汇交易（Forward Exchange Transaction）是由外汇买卖双方签订合同，交易双方无须立即收付对应货币，而是约定在将来一定时期内，按照预先约定的汇率、币种、金额、日期、地点进行交割的外汇业务活动。

远期外汇交易有如下特点：（1）双方签订远期合同时，须详细载明买卖者姓名、商号以及约定的汇率、币种、金额、交割日等；（2）合同一经签订，双方必须按合同有关条款履行，不能违约；（3）银行与普通私人或信誉不熟悉的企业等客户进行远期外汇交易时，

① 这里要计算的是 CNY/JPY，因此用①式除以②式，约去 USD，CNY 处于分子的位置。如果要计算 JPY/CNY，则用②式除以①式，约去 USD，JPY 处于分子的位置。无论是①式除以②式还是②式除以①式，都是小的数除以大的数，大的数除以小的数，因此称为“交叉相除”。

一般还要求这些客户提供一定的保证物或保证金（通常为交易额的1/10），以防汇价出现异常的不利变动时，客户不履行契约使银行遭受损失。若一旦汇价变动对客户造成的损失超过了保证物或押金的价值，银行还将通知客户增加保证物或保证金，对于客户所交押金，银行通常支付存款利息。

（二）远期外汇交易的种类

远期外汇交易的期限一般有30天、60天、90天、180天和1年。其中，最常见的是90天。也有的远期合同期限超过1年的，但实务中比较少见。当然，除了整月期限的远期外汇交易外，银行还可应客户要求做一些特殊期限的远期交易，如零头天数交易、择期交易等，不过这种特殊期限的远期价格通常对客户不太有利。

择期远期外汇交易（Optional Forward）是指买卖双方在成交时只是事先确定交易数量和汇率，对交割日期不规定具体的时间，而是规定一个时间段（通常是一个半月内），客户可以要求银行在此时间段内任何一天进行交割。选择交割日的方法有两种：第一，事先把交割期限固定在两个具体日期之间；第二，事先把交割期限固定在不同月份之间。

择期远期外汇交易主要是为企业提供买卖外汇的灵活性，从而避免远期外汇买卖交割日期确定不变的缺点。例如，某进出口商在签订贸易合同后，一时还不能确定将来收付款的确切日期，大致定为某年3月份左右。为了稳定进口成本，进口商可以同银行做一笔择期远期外汇交易，把交割日期定在3月1日—31日。择期买卖合约签订后，进口商就可以按照约定的汇率在3月1日—31日的任何一天，根据付款的要求，随时要求银行交割。由于主动权在客户，银行处于被动地位，承担的汇率风险较大，所以银行一般选择从择期开始到结束这段时间里最不利于客户的汇率作为择期交易的汇率。

（三）远期汇率的升贴水

买卖远期外汇的汇率称为远期汇率，为了反映外汇市场远期与即期价格之间的关系，引入远期升贴水概念。远期汇率和即期汇率的差价称为远期汇水，如果一种货币远期汇率低于即期汇率，其差价称为远期贴水（Forward Discount）；如果一种货币远期汇率高于即期汇率，其差价称为远期升水（Forward Premium）；如果两者相等，则称为远期平价（Forward Par）。根据定义：

$$\text{A币兑B币}\ n\ \text{个月远期升贴水} \equiv F_n(\text{A/B}) - S(\text{A/B})$$

式中：F_n（A/B）表示A币兑B币n个月期的远期汇率。

一般来说，当我们求A币兑B币的远期升贴水时，实际上是将以A币作基准货币的远期汇价和即期汇价代入上式而求得。

为了更清晰地反映每种货币升水或贴水的程度并便于比较，通常用年率百分比的形式表示升贴水幅度。A币兑B币n个月远期升贴水幅度的一般定义式为：

$$\text{A币兑B币升贴水率} = \frac{F_n(\text{A/B}) - S(\text{A/B})}{S(\text{A/B}) \times n/12} \times 100\%$$

【例 5-5】 外汇市场行情：

GBP/USD 即期汇率 £1=$1.610 0

90 天远期汇率 £1=$1.608 4

要求：(1) 根据定义计算外汇市场 GBP/USD 的升贴水。

(2) 根据定义分别计算外汇市场 GBP/USD 升贴水率和 USD/GBP 升贴水率。

解：(1) 从外汇市场行情可知，3 个月到期时，1 英镑所能换到的美元数额要比现在少，因此，90 天远期英镑兑美元贴水，每 1 英镑的贴水额 =0.001 6 美元，即 16 个基本点。

(2) $\text{GBP/USD 升贴水率} = \dfrac{1.608\,4-1.610\,0}{1.610\,0\times 3/12}\times 100\% = -0.397\,5\%$。计算结果为负值，表示 GBP/USD 90 天远期是贴水，贴水年率为 0.397 5%。

在同样数据的情况下，USD/GBP 是升水还是贴水？升贴水率为多少呢？

90 天美元的升水额 =1/1.608 4−1/1.610 0=0.621 7−0.621 1=0.000 6

$$\text{USD/GBP 升贴水率} = \frac{1/1.608\,4-1/1.610\,0}{(1/1.610\,0)\times 3/12}\times 100\% = 0.397\,9\%$$

计算结果是正号，说明 USD/GBP 3 个月远期是升水，升水幅度为年率 0.397 9%。从这里可看到，美元升水幅度比英镑贴水幅度大一点。

由此可知：在讲升贴水时，一定要指明是哪种货币的升贴水。就两种货币而言，A 币兑 B 币为远期升水，则 B 币兑 A 币必然是远期贴水，但升、贴水率略有不同。

（四）远期汇率的报价方式

在实际外汇交易中，根据国际惯例有以下两种远期汇率报价方式。

1. 直接报出（Outright）方式

该报价方式是直接报出不同期限的远期外汇买卖实际成交的买入汇率和卖出汇率，一目了然，一看就懂，通常应用于银行对顾客的零售交易。日本和瑞士银行同业间外汇市场也采取这种报价方式。如表 5-3、表 5-4 所示。

表 5-3 中国银行远期外汇牌价 （美元和欧元，2022 年 1 月 17 日）

货币名称	交易期限	买入价	卖出价	中间价
美元	一周	633.667 5	636.787 5	635.227 5
美元	一个月	634.731	638.021	636.376
美元	二个月	635.68	638.97	637.325
美元	三个月	636.725	640.065	638.395
美元	四个月	637.980 3	641.320 3	639.650 3
美元	五个月	638.990 15	642.330 15	640.660 15
美元	六个月	639.85 25	643.192 5	641.522 5
美元	七个月	640.720 15	644.260 15	642.490 15

续表

货币名称	交易期限	买入价	卖出价	中间价
美元	八个月	641.688	645.228	643.458
美元	九个月	642.624 5	646.164 5	644.394 5
美元	十个月	643.599 3	647.239 3	645.419 3
美元	十一个月	644.468 1	648.108 1	646.288 1
美元	一年	645.43	649.07	647.25
欧元	一周	720.539 25	728.988 65	724.763 95
欧元	一个月	722.112 1	730.858	726.485 05
欧元	二个月	723.600 75	732.328 75	727.964 75
欧元	三个月	725.383 15	734.229 05	729.806 1
欧元	四个月	727.369 3	736.188 2	731.778 75
欧元	五个月	729.386 6	738.211 1	733.798 85
欧元	六个月	731.101 55	740.044 45	735.573
欧元	七个月	732.920 3	742.065 1	737.492 7
欧元	八个月	734.818 35	743.964 55	739.391 45
欧元	九个月	737.040 45	746.270 75	741.655 6
欧元	十个月	739.130 95	748.473 15	743.802 05
欧元	十一个月	740.960 8	750.341 8	745.65
欧元	一年	743.033 5	752.430 2	747.73

注:（1）每100外币兑换人民币。（2）以上人民币牌价系当日市场开盘价，仅作参考。我行交易报价随市场波动而变化，如需交易，价格以我行当时报价为准。

资料来源：中国银行网站 .

表5－4　直接报价方式

某日	USD/JPY	USD/CHF
即期汇率	97.60/97.70	1.246 5/1.247 3
30天远期	97.37/97.49	1.245 1/1.246 2
90天远期	96.82/96.96	1.241 8/1.243 2
180天远期	96.01/96.18	1.236 6/1.238 9

2. 点数（Point）报价方式

该报价方式是专业外汇交易员报远期汇率的方式，只报出“点数”来表示远期与即期之间的差额，如表5－5所示。

表 5-5 点数报价方式

某日	USD/CAD	GBP/USD
即期汇率	1.298 5/93	1.609 6/05
30 天远期	1/0.5	9/8
90 天远期	13/12	19/13
180 天远期	43/33	53/38

用点数报价的主要好处是简明扼要。虽然即期汇率变动的同时，远期汇率也做相应变动，但通常远期汇水比较稳定，因此，用远期汇水来报价比直接报价方式要省事，从而形成了用汇水点数给出远期汇率报价的惯例。

当银行仅报出远期汇水点数时，怎么判断相关货币的远期是升水还是贴水呢？我们可以根据这样一个简单规则来判断：明确即期汇率报价中的基准货币，远期汇水点数前大后小，基准货币远期为贴水；前小后大，基准货币远期为升水。

如何利用汇水点数计算出远期汇率的买卖价呢？其基本模式为：无论采用什么标价方法，无论货币是升水还是贴水，根据报价银行报出的汇水点数，在即期汇率基础上，汇水点数前大后小相减，前小后大相加。

即期汇率、远期汇水（点数）与远期汇率的关系可以用表 5-6 总结如下。

表 5-6 即期汇率、远期汇水（点数）与远期汇率的关系

汇水（点数）的形式	计算方法	基准货币	报价（标价）货币
小 / 大（20/30）	加	升水	贴水
大 / 小（30/20）	减	贴水	升水

【例 5-6】 根据表 5-5 中 GBP/USD 即期汇率与汇水数字的报价，求 GBP/USD 90 天的远期汇率。

解：此时英镑作为基准货币，是贴水，由于汇水点数是前大后小，因此相减。

	1.609 6	1.610 5
—	0.001 9	0.001 3
	1.607 7	1.609 2

用点数计算出来的远期汇率是否正确，有一个简单判断方法：若计算得出的远期汇率买卖价差比即期汇率买卖价差大，则计算结果通常正确；若得到的远期汇率买卖价差比即期汇率买卖价差小，则计算结果很可能错误。这是因为远期交易包含时间因素，承担的交易风险较大，银行报出远期汇率的买卖价差也会相应扩大。

3. 远期点数的计算

由第三章介绍的利率平价理论可知，远期汇率、即期汇率与利率之间存在内在联系。低利率国家的货币，其远期汇率升水；高利率国家的货币，其远期汇率贴水。远期汇率升、贴水率大约等于两种货币之间的利率差，用公式表示如下：

$$\frac{F-S}{S} \approx I_a - I_b$$

$F-S$ 即升贴水的点数，将上式变形得到：

$$F-S \approx S \times (I_a - I_b)$$

上式计算出来的点数是 1 年期的远期点数，如果要计算不同月数的远期点数，就要对上式进行时间调整。用文字可以表示为：

升（贴）水点数≈即期汇率×两地利率差×月数/12

【例 5-7】 欧元兑美元的即期汇率为 EUR1=USD 0.900 0，欧元和美元的 3 个月利率分别为 6% 和 4%，计算欧元 3 个月远期汇率。

解：0.900 0×（4%—6%）×3/12=—0.004 5①

即欧元贴水 45 点，则欧元 3 个月远期汇率为：

EUR1=USD0.895 5

（五）远期外汇交易举例

【例 5-8】 201× 年 4 月末，外汇市场行情为：USD/CNY 即期汇率为 6.156 5/78，3 个月远期点数为 45.01/50.33bp。中国一进口商从美国进口价值为 1 000 万美元的机器设备，3 个月后付款。若该进口商预测 3 个月后 USD/CNY 将升值到 6.171 0/20。问：（1）若该进口商不采取任何措施，3 个月后支付美元将比现在支付美元的成本高多少？（2）该进口商应该如何利用远期外汇业务进行保值？

解：首先计算远期汇率：

SR:	6.156 5	6.157 8
＋	0.004 501	0.005 033
FR:	6.161 001	6.162 833

（1）该进口商若不采取保值措施，现在支付 1 000 万美元需要：1 000 万美元 ×6.157 8=61 578 000（元人民币）；3 个月后支付预计需要 1 000 万美元 ×6.172 0=61 720 000（元人民币）。也即多支付 61 720 000—61 578 000=142 000（元人民币）。

（2）利用远期外汇市场规避风险的具体操作如下：4 月末该进口商在与美国供应商签订货物购买合同的同时，与银行签订远期外汇交易合同，按照 3 个月的远期汇率买入 3 个月远期美元。这个合同将保证进口商在 3 个月后支付 1 000 万美元 ×6.162 833=61 628 330 元人民币即可买入 1 000 万美元，这实际上是锁定了该进口商以人民币表示的进口成本。

四、掉期交易

掉期交易（Swap Transaction）是指在买进或卖出即期外汇的同时，卖出或买进远期外汇交易。掉期交易实际上是由两笔交易组成：一笔是即期交易；另一笔是远期交易。掉期交易不会改变交易者的外汇持有额，但是，所买进的和所卖出的货币，在期限上有所不同，这也正是"掉期"的含义所在。

掉期交易最常见的是即期对远期，也有远期对远期（Forward Against Forward）的掉期，即同时买进并卖出两笔金额相同但交割日不同的远期外汇：可先买期限短的（如 90 天），同时卖出期限长的（如 180 天）；也可先卖期限短的，后买期限长的。

① 这里是近似计算，如果精确计算，应为 0.900 0×（4%—6%）/（1+6%）×3/12=—0.004 2。

掉期交易可以用来保值避险。在短期资本投资和资金调拨活动中，如果将一种货币调换成另一种货币，为避免外汇汇率波动的风险，就可以采用掉期业务。

例如：瑞士某公司因经营业务需要，以瑞士法郎购买 100 万美元存放于纽约某银行 3 个月。为防止 3 个月美元汇率下跌，存放于纽约银行的美元不能换回原来数额的瑞士法郎，此时，瑞士公司就可做一个掉期：卖出即期瑞士法郎，买进即期美元；买回远期瑞士法郎，卖出远期美元。到远期交割时，瑞士法郎金额不变，防范了瑞士法郎兑换成美元后可能会发生的贬值（见表 5–7）。

表 5–7 掉期交易资金表

	即期交易	远期交易
汇率	USD/CHF=1.501 0/20	USD/CHF=1.467 6/86
瑞士法郎	−1 502 000	+1 502 000
美元	+1 000 000	−1 023 439.36

说明：表中的"+"和"−"分别代表买入和卖出。

从表 5–7 可以看出，瑞士法郎即期卖出同时远期买入，没有汇率风险。但即期买入 100 万美元，远期卖出时要多支付 23 439.36 美元。这个数目就是上述两种货币因半年期存款利率不同而产生的利差。

五、套汇交易

（一）套汇交易的概念及特点

套汇交易（Arbitrage Transaction）是指利用不同市场的汇率差异，在汇率低的市场大量买进，同时在汇率高的市场卖出，利用贱买贵卖套取投机利润。

套汇交易的特点表现在以下几个方面：

（1）套汇交易会使不同外汇市场的汇率很快接近平衡。这是因为该项业务具有很强的投机性，当市场上出现大量套汇活动后，会很快导致贱的货币上涨，贵的货币下跌。

（2）套汇交易的手段和工具十分先进、快捷。不同市场上汇率较大的差异是很短暂的，所以套汇业务必须在瞬间进行。通常，机构投资者会采用一些量化模型跟踪相关市场价格变化，一旦出现套汇的机会，则由计算机自动下单经由高速交易通道迅速成交。因此，个人投资者很难捕捉到这样的机会，即使捕捉到了，也会由于订单不能快速成交而错失机会。

（二）套汇交易的类型

1. 两角套汇

两角套汇（Two Point Arbitrage）或称两国或两地套汇，或称直接套汇（Direct Arbitrage）。

例如：同一时间内香港市场电汇汇率为 USD 100=HKD 778.07，纽约市场上电汇汇率为 USD 100=HKD 775.07，相差 3 港元。此时，香港某银行可在当地卖出电汇纽约的美元 100 万，指示纽约分行办理支付，同时在纽约市场卖出电汇香港的港元 775.07 万，收进美元 100 万，即刻便获利 3 万港元。

2. 三角套汇

三角套汇（Three Point Arbitrage）是指利用三国或三地汇率差异进行的套汇活动。

【例 5-9】 同一时间内有关汇率信息如下[①]，试分析投资者能否套汇以及如何套汇。

伦敦外汇市场：£1＝€1.476 3～1.477 5

法兰克福外汇市场：$1＝€0.802 4～0.804 0

纽约外汇市场：£1=$1.809 0～1.812 2

分析：判断三个市场之间是否存在套汇的空间，可以采用比较法。只要直接汇率不等于套算的间接汇率就可以套汇获利。在本例中，根据伦敦市场和法兰克福市场的汇率可套算出£/$=1.476 3/0.804 0～1.477 5/0.802 4=1.836 2～1.841 4。套算汇率中的英镑价格高于纽约外汇市场上的英镑报价，换而言之，纽约市场上的英镑便宜，因此在纽约市场上买进英镑。

解：套汇者可以做如下操作：在纽约市场上卖出 100 万美元买入英镑（100 万 /1.812 2），再在伦敦市场上将英镑卖出换成欧元（1.476 3×100 万 /1.812 2），同时在法兰克福市场卖出欧元得到美元 $\left(\dfrac{1.476\,3\times 100\text{万}}{1.812\,2\times 0.804\,0}=1\,013\,240\right)$，套汇者可获得利润 1 013 240－1 000 000=13 240 美元（未考虑交易费用）。

六、套利交易

套利（Interest Arbitrage Transaction）又称时间套汇或利息套汇，是指在两国或地区短期利率出现差异的情况下，将资金从低利率的国家或地区调到高利率的国家或地区，赚取利息差额的行为。而能否通过此种行为获利，取决于两地的利差以及两种货币汇率未来的走向。

【例 5-10】 伦敦市场 3 个月短期利率为 9.5%，同期纽约市场的利率为 7%，英镑兑美元的即期汇率为 GBP1=USD 1.960 0，3 个月远期点数为 0.01 美元。如果投资者手中有 100 万美元，应如何进行套利？

解：（1）英镑 3 个月远期贴水年率为：$\dfrac{0.01\times 12}{1.96\times 3}=\times 100\%=2\%$

由于英镑贴水率为 2%，小于英镑和美元利差 2.5%，美国的投资者可以在纽约市场上以美元购入英镑现汇，存入伦敦银行，获得较高的利息。

（2）100 万美元，期限 3 个月，利率 7%，到期的本息总额为：

$$100+100\times 7\%\times 3/12=101.75\text{（万美元）}$$

（3）用 100 万美元按即期汇率购入英镑存入伦敦银行 3 个月，到期本息收入为：

$$\frac{100}{1.96}\times\left(1+9.5\%\times\frac{3}{12}\right)=52.23\text{（万英镑）}$$

（4）在远期外汇市场用英镑存款的本息购入美元，与在美国存放 3 个月的本息收入相比，获利：

① 为了让读者熟悉常见货币的手写体，这里没有使用货币的三字符标准代码。£是英镑（GBP）、€是欧元（EUR）、$是美元（USD）。

$$52.23\times1.95-101.75=101.85-101.75=0.1\text{（万美元）}$$

此项套利活动，为投资者带来 0.1 万美元的收益。由于投资者要承受英镑汇率波动的风险，因此在美国购入英镑现汇时，应同时出售这笔英镑远期外汇（本金加上利息收入），这样就可以避免英镑汇率波动的风险，此种套利又称为抛补的套利。由这个例题我们可以看到，套利的前提条件是两地的利差大于货币的升贴水率。

七、货币期货

（一）货币期货的概念

货币期货（Currency Future）是指在有形的交易市场，通过结算所（Clearing House）的下属成员清算公司（Clearing Firm）或经纪人，根据成交单位、交割时间标准化的原则，按固定价格买进与卖出远期外汇的一种业务。

货币期货交易起源于 1972 年。在固定汇率制度崩溃以后，汇率波动剧烈，汇率风险和利率风险加剧，传统的规避和分散风险的方法是通过外汇市场的即期和远期交易进行外汇套期保值。1972 年，美国芝加哥建立起国际货币市场（International Money Market，IMM），专门经营货币期货，后来又陆续增加了其他金融期货。货币期货不仅被企业和金融机构用作进行外币套期保值的工具，同时很受投机者的青睐。现在比较活跃的货币期货合约是欧元、英镑、瑞士法郎、日元、澳元和加拿大元，美元以指数的形式交易。此外，中国、巴西、印度和俄罗斯货币的重要性也在提升。

表 5－8 为美国国际货币市场几种外币期货合约的概况。

表 5－8　美国国际货币市场几种外币期货合约的概况

币种	欧元	英镑	瑞士法郎	日元	加拿大元	澳元
交易单位	EUR125 000	GBP62 500	CHF125 000	JPY12 500 000	CAD100 000	AUD100 000
报价方法	欧元 / 美分	英镑 / 美分	瑞士法郎 / 美分	100 日元 / 美分	加元 / 美分	澳元 / 美分
最小变动单位（点数） 最小变动值（美元值）	1 点 0.000 1 $12.5	2 点 0.000 2 $12.5	1 点 0.000 1 $12.50	1 点 0.000 1 $12.50	1 点 0.000 1 $10	1 点 0.000 1 $12.50
持仓限额	10 000	10 000	10 000	10 000	6 000	6 000
交割时间	3、6、9、12 月份的第三个星期三。					
最后交易日	交割月份第三个星期三前的第二个交易日（通常是星期一）的上午 9：16。					
交易时间	场内公开叫价（PIT）：美国中部时间星期一至星期五上午 7：20 到下午 2：00； 全球电子交易系统（GLOBEX）：星期日下午 5：00 到次日下午 4：00，星期五收盘时间为下午 4：00，星期日开盘时间为下午 5：00。					

说明：每日涨跌幅限制是对每日价格波动幅度的限制，目的在于维持市场的稳定。自 1985 年 2 月起，IMM 取消了所有对外币期货价格波动的最高限制。

货币期货合同到期时，外汇的购买者（或出售者）可以根据合同要求进行交割，也可以购买一个与原合同方向相反的合同来冲销（Offset）原合同的权利与义务。签订货币期货合同，顾客要向清算公司或经纪人交付一定数量的保证金（通常为合约价值的 2%～5%）。在货币期货合同有效期内，随着买（卖）外币期货汇价的每天涨落，与原定汇价相比，顾客可能发生盈亏，如有盈余，顾客可以从清算公司提走，如有亏损，要弥补，但要保持保证金的约定金额。这就是期货交易的每日盯市制度，它对期货投资者提出了极高的流动性管理要求。

（二）货币期货与远期外汇交易的比较

货币期货与远期外汇交易既有相同点又有不同点。

1. 相同点

（1）都是通过合同形式，把买入或卖出外汇的汇率固定下来。

（2）都是一定时期以后交割，而不是即期交割。

（3）买入与卖出外汇所追求的目的相同，都是保值或投机。

2. 不同点

（1）合同责任关系不同。在货币期货业务中，买方或卖方各与期货市场的结算所签有合同，买方或卖方与结算所之间具有合同责任关系，但买卖双方并无直接合同责任关系。在远期外汇交易业务中，买卖双方（银行与客户）签有合同，它们之间存在合同责任关系。

（2）有无统一标准不同。在货币期货业务中，期货市场对买卖货币期货的成交单位、价格、交割期限、交割地点均有统一的、标准化的规定，有关各方必须按规定的原则进行交易活动。在远期外汇交易业务中，买卖远期外汇的成交单位、价格、交割期限、交割地点均无统一规定，双方可自由议定。

（3）是否缴纳保证金不同。货币期货业务需要按照规定缴纳一定比例的保证金，保证金账户随着购买的外币期货价格合约的涨落而增加或减少，一旦合约价格出现了不利变化，当保证金账户金额达不到规定的比例时，需要添加保证金。远期外汇交易通常不需要缴纳保证金。

（4）是否收取手续费不同。在货币期货业务中，结算所每签订一份标准合同，都要收取一定的手续费。在远期外汇交易业务中，银行通常不收手续费。

（5）实现交易的场所与方式不同。货币期货业务在具体市场中成交，实现交易的主要方式是在市场上公开喊价（Public Outcry）。进行远期外汇买卖交易没有具体市场，通过银行的柜台业务进行，实现交易的主要方式是使用电传、电话。

（6）报价内容不同。货币期货的买方或卖方只报出一种价格，买方只报出买价，卖方只报卖价。远期外汇交易业务的买方或卖方报出两种价格，既报出买价又报出卖价。

（7）是否直接成交与收取佣金不同。货币期货交易通过经纪人进行，因此，经纪人要收取佣金。远期外汇交易不通过经纪人进行，则不需要支付佣金，只有通过经纪人时才支付佣金。

（8）是否最后交割不同。货币期货交易到期后通常不进行交割。远期外汇交易到期后大多数要进行交割。

（三）货币期货的套期保值功能

【例 5-11】 中国某企业 3 个月后将收到一笔价值为 1 000 000 美元的出口货款，为了防止人民币兑美元升值，该企业决定利用期货对美元风险头寸进行套期保值。当日即期汇率为 USD/CNY=6.826 4，3 个月期货价格为 USD/CNY=6.826 7，该企业卖出 10 手 3 个月的美元兑人民币期货合约，合约面值为 1 000 000 美元。3 个月后人民币的即期汇率为 USD/CNY=6.623 9，该企业买入 10 手美元兑人民币期货合约平仓，成交价格为 USD/CNY=6.622 8。其交易过程如表 5-9 所示。

表 5-9　期货的套期保值

现货市场	期货市场
某月某日：现汇汇率 USD/CNY=6.826 4，USD1 000 000 折合 CNY6 826 400	某月某日：开仓卖出 10 份 3 月期美元兑人民币期货，合约价格为 USD/CNY=6.826 7，总价值 CNY6 826 700
3 个月后：现汇汇率 USD/CNY=6.623 9，USD1 000 000 折合 CNY6 623 900	3 个月后：平仓买入 10 份 3 月期美元兑人民币期货，合约价格为 USD/CNY=6.6 228，总价值 USD6 622 800
结果：损失 CNY202 500	结果：盈利 CNY203 900

在例 5-11 中，如果人民币汇率不是贬值而是升值了，则期货市场上的损失则要由现货市场上的盈利来弥补。

八、货币期权

（一）货币期权的概念与类型

货币期权（Currency Option）是指远期外汇的买方（或卖方）与对方签订购买（或出售）远期外汇的合约，并支付一定金额的费用后，在合约的有效期内，或在规定的合约到期日，有权按合约规定的协定汇价履行合约，行使自己购买（或出售）远期外汇的权利，并进行实际的货币交割；但是，远期外汇的买方（或卖方）在合约的有效期内，或在规定的合约到期日也可根据市场情况有权决定不再履行合约，放弃购买（或出售）远期外汇的权利。这种拥有履行或不履行购买（或出售）远期外汇合约选择权的外汇业务，即货币期权业务。在期权合约中，购买方在支付期权费之后拥有的是权利而不是责任，出售方在收取期权费之后拥有的是责任而不是权利。货币期权交易于 1978 年首先出现在荷兰的欧洲期权交易所，1982 年美国费城交易所开始承办货币期权交易。大致形式见图 5-2。

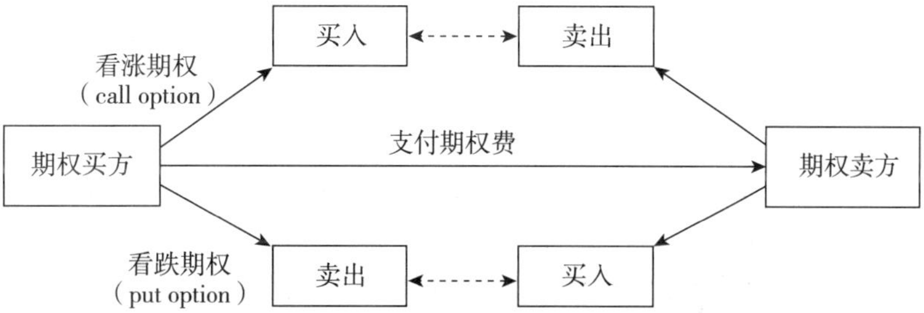

图 5-2　期权的基本形式

（二）货币期权的特点

货币期权的特点表现在以下几个方面：

（1）期权费不能收回。期权合约的购买方无论是履行合约还是放弃合约，他支付给合约出售者的期权费是不能收回的。

（2）期权费的费率不固定。期权业务项下的期权费反映了同期远期外汇升、贴水的水平，费率的高低要受六个因素的制约：第一，市场现行汇价水平。第二，期权的协定汇价。第三，有效期。期权合同的时间越长，期权费越高，反之则越低。第四，预期波幅。预期汇率波动幅度越大，期权费越高。因为外汇的价格越不稳定，投资者越可利用期权的操作达到避免风险的效果，甚至增加获利机会，因而必须支付更多的期权费。第五，利率波动。利率的波动以及两种货币之间的利差也是影响期权保险费用大小的因素。第六，对该期权的供给和需求。若某期权有较大范围的市场，期权买卖活跃，有较充分的竞争，期权买卖价差就会缩小。

（3）具有执行合约与不执行合约的选择权，灵活性强。期权合约的购买者可以在期权的到期日或到期日之前按合约规定的协定汇价买进或卖出约定数量的远期外汇，但也有不履行这个合约的权利。

（4）对期权的购买方而言，其最大的损失就是支付的期权费；而对期权的出售方而言，其最大的收益就是期权费（见图 5–3）。

（5）期权合约的期限较短，一般合约的有效期都在半年之内。

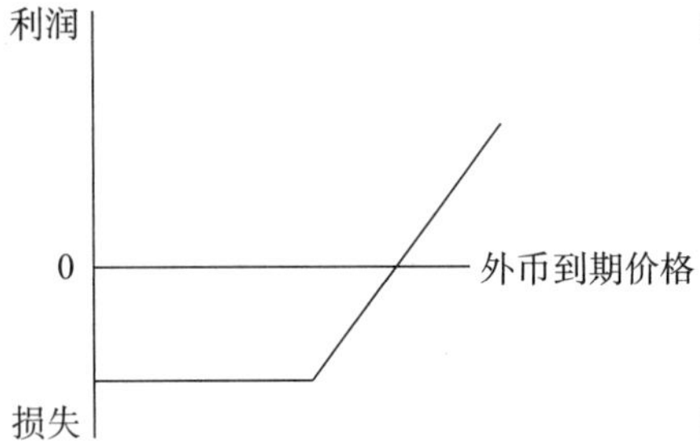

（a） 看涨期权购买方的收益 / 损失

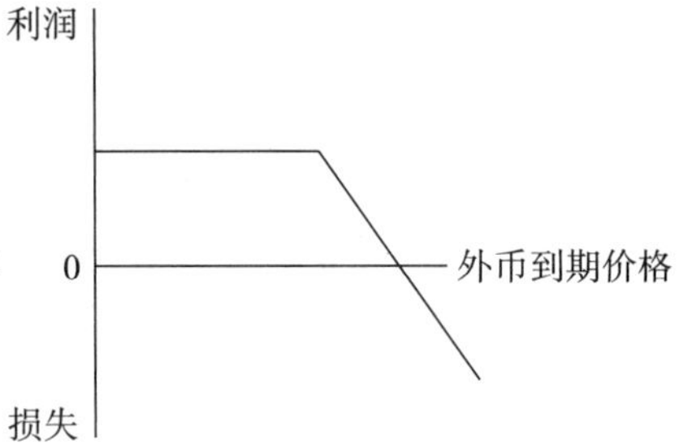

（b） 看涨期权出售方的收益 / 损失

图 5–3　看涨期权购买方 / 出售方的收益 / 损失

（三）货币期权业务的类型

货币期权业务的类型有以下两种。

1. 欧式期权

欧式期权（European Style）的买方也就是合约的购买者只能在期权到期日当天决定行权与否。

2. 美式期权

美式期权（American Style）的购买者可以在到期日当天，也可以在到期日之前行权。美式期权比欧式期权更灵活一些，因而期权费高。

交易所挂牌交易的期权绝大多数是美式期权，场外期权绝大多数是欧式期权。交易所交易的期权都是标准化的，交易所制定行权价格、规模、到期日和行权方式等交易细则。

最重要的是，交易所消除了对手风险，如果一家交易所会员破产，那么清算所会保证履约。而场外交易没有这个保证，即使没有遇上“流氓”交易对手，也可能会遇到像2008年雷曼兄弟那样的事情，当时雷曼兄弟出售的期权就未能履约。

表5-10为外汇远期、外汇期货和外汇期权的比较。

表5-10 外汇远期、外汇期货和外汇期权的比较

	外汇远期交易	外汇期货交易	外汇期权交易
合约是否标准化	非标准化合约	标准化合约	场内期权标准化合约，场外期权非标准化合约
价格形成方式	议价形成价格	竞价形成价格	场内期权竞价形成价格，场外期权议价形成价格
交易的地点	场外交易	场内交易	场内期权在交易所内交易，场外期权在交易所外交易
交易透明度	不透明	透明	场内期权透明，场外期权不透明
灵活性	很高的灵活性，可以就价格、数量和时间等进行协商	灵活性差	场内期权灵活性差，场外期权灵活性高
保证金	通常不需要	买卖双方均需要向经纪机构缴纳保证金，杠杆比率高	只需卖方向中介机构缴纳保证金，买方不需要
风险性质	交易对手的信用风险和市场汇率变动风险	市场汇率变动风险	场内期权承受市场汇率变动风险；场外期权承受交易对手的信用风险和市场汇率变动风险
是否交割	合约到期时，按照约定汇率交割或者支付差额	合约到期时，绝大多数合约平仓，只有极少量合约交割	期权合约到期时，买方根据市场汇率与协定汇率的差异确定是否履约
盈亏结算	合约签订后交割日前不能结算交易双方的盈亏	合约签订后每一日按照交易所当日结算价格为交易双方结算盈亏，实行每日无负债制度	场内期权实行每日无负债制度，场外期权只有等到交割日才能结算双方的盈亏

（四）货币期权业务举例

【例5-12】 美国某进口商需在6个月后支付一笔瑞士法郎10 000 000，但又怕瑞士法郎6个月后升值导致外汇风险。于是，该进口商以2.56%的期权价格支付了一笔期权费，购买了一份瑞士法郎欧式看涨期权，其合约情况如下：

买入瑞士法郎：欧式看涨期权

美元：欧式看跌期权

执行价格：USD 1=CHF 1.390 0

有效期：6个月

现货日：20××/3/23

到期日：20××/9/23

交割日：20××/9/25

期权价：2.56%

期权费：CHF 10 000 000×2.56%=CHF 256 000

当日瑞士法郎现汇汇率为：USD 1=CHF 1.410 0，故期权费用折合USD 181 560，假定6个月后出现了三种情况：（1）20××年9月23日，瑞士法郎汇价为USD 1=CHF 1.420 0；（2）20××年9月23日，瑞士法郎汇价为USD 1=CHF 1.370 0；（3）20××年9月23日，瑞士法郎汇价为USD 1=CHF 1.450 0。试分别分析该进口商的选择及损益情况。

解：第一种情况：20××年9月23日，瑞士法郎汇价为USD 1=CHF 1.420 0，进口商不行使期权。因为他在现货市场付出USD 1可以换回CHF 1.42，较行使期权多换回CHF 0.030 0。其在整个交易过程中的成本为：

（1）在现货市场上购买瑞士法郎的成本：10 000 000/1.420 0=USD 7 042 254。

（2）期权费支出：USD 181 560。

（3）总成本：7 042 254+181 560=USD 7 223 814。

第二种情况：20××年9月23日，瑞士法郎汇价为USD 1=CHF 1.370 0，进口商行使期权。因为行使期权USD 1可以换回CHF 1.39，较现汇市场多换回CHF 0.020 0。整个交易过程中的成本为：

（1）以期权协定价格购买瑞士法郎的成本：10 000 000/1.390 0=USD 7 194 245。

（2）期权费支出：USD 181 560。

（3）总成本：7 194 245+181 560=USD 7 375 805。

第三种情况：20××年9月23日，瑞士法郎汇价为USD 1=CHF 1.450 0，进口商无须行使期权。因为他在现货市场付出USD 1可以换回CHF 1.45，较行使期权多换回CHF 0.060 0。其在整个交易过程中的成本为：

（1）在现货市场上购买瑞士法郎的成本：10 000 000/1.450 0=USD 6 896 552。

（2）期权费支出：USD 181 560。

（3）总成本：6 896 552+181 560=USD 7 078 112。

由上述分析可知，用期权来回避汇率风险是比较好的。因为当美元汇率下跌到CHF 1.390 0以下时，其成本被锁定在USD 7 375 805。而当美元汇率上涨至CHF 1.390 0以上时，进口商的进口成本可以不断下降。

【例5-13】 20××年4月28日，机构A通过中国外汇交易中心交易系统向机构B买入一笔金额为USD 10 000 000，期限为1个月的美元对人民币看涨期权交易。双方约定期权费率为 2.00 个基点[①]，隐含波动率为 2.000 0%，行权价格为 6.115 0，约定差额交割。假定到 20××年 5 月 28 日，市场汇率中间价为 6.125 0，试分析机构 A 是否行权以及损益情况如何。

解：按照中国外汇交易中心的相关交易规则，20××年 4 月 30 日，机构 A 要向机构 B 支付期权费，即 10 000 000×0.000 2=2 000 元人民币。

20××年 5 月 28 日，由于市场汇率 6.125 0 比协定的期权价格 6.115 0 高出了 100 点，因此机构 A 在当日 15：00 前选择行权（欧式期权）。

采用差额交割方式，则机构 B 需要在 5 月 30 日向机构 A 交付 10 000 000×（6.125 0—6.115 0）=100 000 元人民币。

九、货币互换

货币互换是互换双方交换币种不同、计息方式相同或不同的一系列现金流的金融交易。货币互换包括期内的一系列利息交换和期末的本金交换，可以包括也可以不包括期初的本金交换。在大多数情况下，双方交换的不同币种的名义本金按即期汇率折算应当相等或者大体持平。

首次货币互换发生在 1981 年世界银行和国际商用机器公司（IBM）之间。当时，世界银行希望筹集固定利率的德国马克和瑞士法郎资金，由于世界银行每年都在这两个国家的市场上筹集资金，当地投资者对再次筹资有一种过剩感，因而利率成本上升。而世界银行有 AAA 级信誉，能够从市场上筹措到利率最优惠的美元借款。同时，IBM 需要筹集一笔美元资金，由于其数额巨大，集中在任何一个市场都不妥，于是采用多币种筹资方法，运用自身优势筹集到优惠的德国马克和瑞士法郎资金。在所罗门兄弟投资公司的安排下，世界银行与 IBM 达成了这笔 2.9 亿美元对德国马克和瑞士法郎的互换。

【例 5－14】 假设 A 和 B 两家公司分别面临表 5－11 中的美元、英镑借款利息。

表 5－11　A 公司和 B 公司美元和英镑借款利息

	美元	英镑
A 公司	6.00%	9.60%
B 公司	8.00%	10.00%

A 公司在两种货币市场上都有较低的利率水平，这表明它的信用要好于 B 公司。然而，这两家公司在不同币种上的利率差并不相同。B 公司在美元市场比 A 公司多付 2%，而在英镑市场上只多付 0.4%，也就是说，A 公司在美元市场、B 公司在英镑市场各自有比较优势，

① 根据中国外汇交易中心的规定，期权费率的报价方式有两种：非基准货币百分比（Term%）和基点（Pips）。若期权费率采用非基准货币百分比为报价方式，则期权费金额 = 非基准货币金额 × 期权费率。若期权费率采用基点为报价方式，则期权费金额 = 基准货币金额 × 期权费率。假定，成交一笔美元对人民币期权交易，基准货币金额为 USD1 000 000，执行价格为 5.900 0，则：若期权费类型为非基准货币百分比，期权费率为 2.000 0，期权费金额为：CNY 5 900 000×2%=CNY 118 000。若期权费类型为基点，期权费率为 2.00 个基点，期权费金额为：1 000 000×2 个基点（0.000 2）=CNY 200。

其互换的总收益为：$R=|\Delta 1-\Delta 2|=2\%-0.4\%=1.6\%$。图 5–4 提供了一种可能的互换安排，表 5–12 列示了参与各方的成本以及收益。

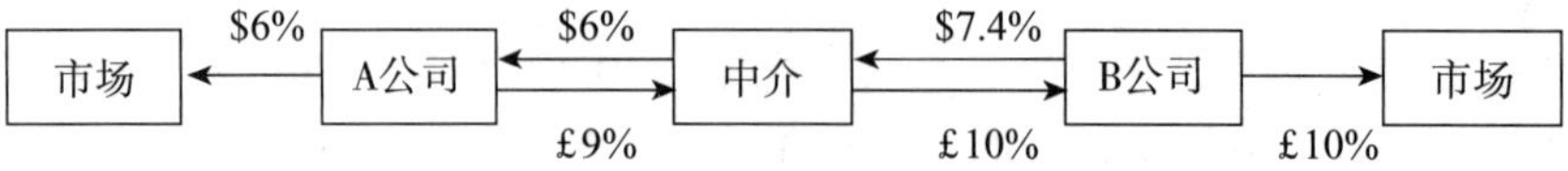

图 5–4　利息流动方向

表 5–12　实际借款成本

A 公司	中介	B 公司
－£9% ＋$6% －$6% ＝－£9%	＋$7.4% －$6% ＋£9% －£10% ＝$1.4%－£1%	－$7.4% ＋£10% －£10% ＝－$7.4%
直接借款成本 £9.6%		直接借款成本 $8%
节约成本 £0.6%	近似获利 0.4%	节约成本 $0.6%

说明：中介近似获利的计算方法是不科学的，因为不同币种在转换时存在着汇率风险。

十、货币投机交易

货币投机交易（Currency Speculative Transaction）是指没有贸易和资本流动作为基础，单纯希望从汇价变动中获取收益的交易行为。实际上，一个交易者从事的交易是否为投机交易，无法从表象上获知，只能依据其最终的交易目的来判断。目前，货币投机交易在外汇交易中所占的地位越来越重要，外汇市场交易量的 90% 以上都与实体经济无关。投机商们在外汇市场上频繁买进卖出，推波助澜，使得外汇市场的变化更加神秘莫测。

当投机者预测某种货币的汇率会下跌时，便会卖出该种货币的远期（或者期货、期权），如果届时汇率果然下跌，他就可以按跌落后的汇价买入现汇，以履行卖出远期外汇的义务，从而赚取先贵卖后贱买的差额投机利润，这种行为称作卖空。

当投机者预测某种货币的汇率会上涨时，便会买进该种货币的远期（或者期货、期权），合同到期时，若汇率果然上涨，他就可以将原来按低价买入的远期外汇按上涨后的汇价卖出，从中赚取先贱买后贵卖的差额利润，这种行为称作买空。

在实际外汇投机交易中，投机者只收付因汇率变动而发生的差额，并不实际进行期汇的交割。外汇市场的任何一个交易工具都可以用来进行投机交易，投机交易通常都伴随高倍杠杆。随着金融创新的不断深入，投机交易的工具也越来越丰富、越来越复杂。

本章小结

1. 外汇市场是经营外汇买卖，调剂外汇供求的交易场所。外汇市场存在着两种类型、两个层次的市场：一是外汇零售市场；二是外汇批发市场。外汇市场参与者主要有外汇银行、外汇经纪人、中央银行和一般客户（工商企业、投机商等）。

2. 即期外汇交易是指外汇交易成交后在两个营业日内办理交割的外汇业务。在即期外汇交易中经常遇到各种货币之间汇率的套算，主要有倒数汇率和交叉汇率。

3. 远期外汇交易是由外汇买卖双方签订合同，交易双方无须立即收付对应货币，而是约定在将来一定时期内，按照预先约定的汇率、币种、金额、日期、地点进行交割的外汇业务活动。

4. 远期汇率和即期汇率的差价称为远期汇水，如果一种货币远期汇率低于即期汇率，其差价称为远期贴水；如果一种货币远期汇率高于即期汇率，其差价称为远期升水；如果两者相等，则称为远期平价。远期汇率有两种报价方式：直接报出方式和点数报价方式。

5. 掉期交易是指在买进或卖出即期外汇的同时，卖出或买进远期外汇的交易。

6. 套汇交易是指利用不同市场的汇率差异，在汇率低的市场大量买进，同时在汇率高的市场卖出，利用贱买贵卖套取投机利润。

7. 套利又称时间套汇或利息套汇，是指在两国或地区短期利率出现差异的情况下，将资金从低利率的国家或地区调到高利率的国家或地区，赚取利息差额的行为。套利的前提条件是两地的利差要大于货币的升贴水率。

8. 货币期货是指在有形的交易市场，通过结算所的下属成员清算公司或经纪人，根据成交单位、交割时间标准化的原则，按固定价格买进与卖出远期外汇的一种业务。货币期货从本质上来说，是一种标准化的远期合约，但有自身的交易特点。货币期货可以用来套期保值。

9. 货币期权是指远期外汇的买方（或卖方）与对方签订购买（或出售）远期外汇的合约，并支付一定金额的费用后，在合约的有效期内，或在规定的合约到期日，有权按合约规定的协定汇价履行合约，行使自己购买（或出售）远期外汇的权利，并进行实际的货币交割；但是，远期外汇的买方（或卖方）在合约的有效期内，或在规定的合约到期日也可根据市场情况有权决定不再履行合约，放弃购买（或出售）远期外汇的权利。货币期权有欧式期权和美式期权两种。

10. 货币互换是互换双方交换币种不同、计息方式相同或不同的一系列现金流的金融交易。货币互换包括期内的一系列利息交换和期末的本金交换，可以包括也可以不包括期初的本金交换。

11. 货币投机交易是指没有贸易和资本流动作为基础，单纯希望从汇价变动中获取收益的交易行为。主要有两种方式，即买空和卖空。

关键概念

外汇市场	即期外汇交易	交叉汇率	远期外汇交易
升水	贴水	平价	掉期
套汇	套利	货币期货	货币期权
货币互换	买空	卖空	

复习思考题

1. 试述外汇市场的类型与构成。

2. 比较远期外汇交易和货币期货交易的异同点。

3. 货币期权有什么特点?

4. 假设英国某公司对美国出口一批商品，价款为235 600美元，3个月后收款。该英国公司运用远期外汇业务防止美元汇率下跌，即预约卖出美元以确保其英镑收入。如按英国银行的外汇牌价：

	即期汇率	3个月远期汇率
美国	1.304 8～1.307 4	贴水1.3～1.4美分

问：3个月后英国某公司可确保获得多少英镑?

5. 某年某月某日，日本市场上日元存款的年利率为12%，美国市场美元存款的年利率为16%，市场即期汇率USD1=JPY139.90～140.00，6个月的远期汇率贴水值为1.90～1.80，某客户持有1.4亿日元，问：该客户用1.4亿日元进行套利可获取多少收益?

6. 纽约外汇市场上，英镑兑美元的3个月远期汇率是GBP/USD=1.601 0/20，某商人预测英镑会进一步贬值，于是卖出3个月的远期英镑10万镑。如果3个月后市场的即期汇率为GBP/USD=1.498 0/00，问：该商人投机结果如何?

7. 某一时刻，纽约外汇市场USD1=EUR0.895 0～0.896 5，巴黎外汇市场USD1=EUR0.898 0～0.899 5，这时法国里昂财务公司从纽约外汇市场上购进US$100万，在巴黎外汇市场抛出，问该公司从中可套取多少利润?

8. 某年某月某日，伦敦市场和纽约市场上，英镑兑美元的即期汇率是￡1=US$1.905 0～1.906 0，3 个月英镑的远期汇率为 30～20。英国国民西敏寺银行预测英镑在 3 个月后会下跌，所以它在伦敦市场上卖出 10 万英镑的 3 个月远期，同时令其分行在纽约市场上卖出 5 万英镑的 3 个月远期，如果 3 个月后两个市场的即期汇率均为￡1=US$1.850 0～1.851 0，问：该银行投机结果如何？

9. 假设在某年 1 月 9 日，某进口公司预计 2 个月后将收到货款 CHF（瑞士法郎）1 000 000，须在外汇市场上卖出。为了防止 2 个月后 CHF 贬值的风险，该公司卖出 8 份（CHF 期货合约的交易单位是 CHF125 000）3 月期的 CHF 期货合约。假定 1 月 9 日现汇汇率是 USD/CHF=1.377 8/88，1 月 9 日 3 月期的期货汇率是 CHF/USD=0.726 0，3 月 9 日现汇汇率是 USD/CHF=1.385 0/60，3 月 9 日 3 月期的期货汇率是 CHF/USD=0.721 0。问：该公司规避风险的结果如何？

10. 某交易员认为近期美元兑日元的汇率有可能下跌，于是买入一份美元的看跌期权，金额为 1 000 万美元，执行价格为 110.00 美元，有效期为 1 个月，期权价格为 1.7%。假定 1 个月后市场汇率为：（1）USD 1=JPY 107；（2）USD 1=JPY 110；（3）USD 1=JPY 113。试分析该交易员的选择及其损益情况。

第六章 国际金融市场

专业学习目标

掌握国际金融市场的概念与类型，了解国际金融市场的形成条件及发展历程，理解并掌握国际金融市场发展的一些新趋势；

理解并掌握国际货币市场的构成及主要交易工具，理解并掌握国际资本市场的构成及主要交易工具；

掌握欧洲货币市场的概念与特点，理解欧洲货币市场形成和发展的主要原因；

了解欧洲货币市场的主要类型以及主要的离岸金融中心，理解欧洲货币市场的影响及监控。

素养目标

了解全球金融中心的变迁历史，体会其中蕴含的逻辑线索，培养金融历史观；了解我国金融市场的建设和开放情况。

知识结构导图

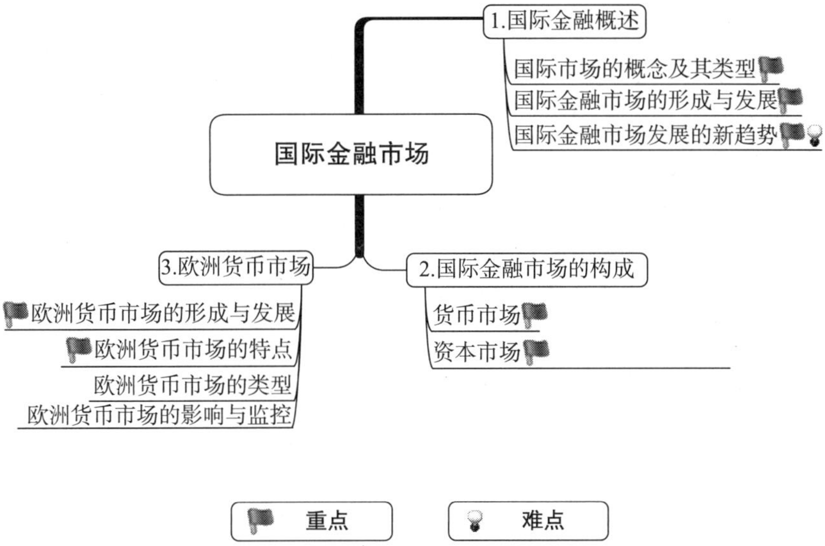

国际金融市场是开展国际金融业务的场所，随着国际分工、国际贸易和国际上其他经济交往的不断发展，国际金融市场的广度与深度也在不断延伸。本章主要介绍国际金融市场的概念、构成、作用和发展趋势，以及欧洲货币市场的相关知识。

第一节　国际金融市场概述

一、国际金融市场的概念

国际金融市场（International Financial Market）的概念有广义与狭义之分。广义的国际金融市场是指进行各种国际金融业务活动的场所，这些业务活动包括长短期资金借贷以及外汇与黄金的买卖。这些业务活动分别形成了货币市场（Money Market）、资本市场（Capital Market）、外汇市场（Foreign Exchange Market）和黄金市场（Gold Market）。狭义的国际金融市场是指在国际上经营借贷资本，即进行国际借贷活动的市场，又称国际资金市场（International Capital Market）。本章主要讲述狭义的国际金融市场。

二、国际金融市场的形成与发展

（一）国际金融市场形成与发展的三个阶段

国际金融市场是随着国际贸易的发展、世界市场的形成以及国际借贷关系的扩大而逐渐产生和发展的，它是国际商品经济高度发达的产物。国际金融市场从形成到发展，大致经历了三个阶段。

1. 伦敦国际金融市场的形成与衰落

第一次世界大战前，英国是世界上经济实力最为强大的资本主义工业国家，同世界各国有着广泛的贸易联系，是世界头号贸易大国，而且英国的银行制度非常发达、健全，以上这些因素再加上英镑的稳定是伦敦成为国际金融市场的重要原因。但是第一次世界大战后，英国在工业生产与国际贸易上的头号强国的地位被美国取代。英国经济实力的衰落及其在20世纪30年代经济大危机后被迫采取的一系列金融措施如外汇管制、成立英镑区等，使英镑作为国际结算、交易与储备货币的地位急剧跌落，削弱了伦敦作为国际金融中心地位的作用。第二次世界大战后，尽管由于历史传统与银行业务的联系，伦敦国际金融市场仍继续发挥着重要作用，但国际金融中心已从伦敦转移到纽约。

2. 纽约国际金融市场的兴起

第二次世界大战期间，美国的经济实力迅速膨胀。第二次世界大战后，美国以压倒优势的经济实力成为资本主义世界的霸主：工业生产总值占资本主义世界的1/2，出口贸易约占1/3，黄金储备约占2/3，资本输出总额约占1/3。布雷顿森林体系的建立，确立了美元作为世界货币的中心地位，美元成为最重要的国际结算、交易与储备货币。因此，大量的国际借贷与资本筹措都集中在纽约，使纽约成为世界最大的国际金融中心。

3. 欧洲货币市场的形成与发展

20世纪50年代，西方主要工业国家经济逐渐恢复，国际贸易扩大，跨国公司和跨国银行的建立，推动了国际金融市场的恢复和发展，生产的国际化和市场的国际化进一步推动了资本的国际化。20世纪60年代，“美元灾”导致美元信用动摇，美国出现持续的国际收支巨额逆差，黄金外流、资金外逃严重，美国被迫采取措施限制对外投资和在美国境内的国际借贷。另一些国家也出于种种原因限制资本的自由流动，致使其国内银行纷纷把资金转移到境外，逃避监管。在这种情况下，从事境外货币业务的欧洲货币市场得以迅速发展。欧洲货币市场的形成与发展标志着国际金融市场进入了一个崭新的历史发展阶段。

欧洲货币市场与传统的国际金融市场截然不同。传统的国际金融市场是从事市场所在国货币的国际借贷，并受市场所在国政府政策与法令的管辖。而欧洲货币市场，又称为新型的国际金融市场，其经营的对象是除市场所在国以外的任何主要国家的货币，借贷活动不受货币发行国政府政策与法令的管辖，市场所在国也几乎没有任何管制。欧洲货币市场已经成长为国际金融市场的核心。

在欧洲货币市场上交易的主体是非居民，包括外国公司、外国政府以及外国居民。其业务范围不断扩大，交易的货币主要为金融市场所在国以外的货币，分布地区也逐渐从欧洲扩大至亚洲、北美洲和拉丁美洲。

传统的国际金融市场与新型的欧洲货币市场的区别主要有以下几点。

（1）业务主体的差别。前者以居民与非居民之间的金融交易为业务主体，而且居民多为投资者，非居民多为筹资者；后者则以非居民之间的金融交易为业务主体，非居民的身份不受限制。

（2）交易货币的差别。前者以市场所在国货币为交易货币；后者则以多种可自由兑换货币为交易货币。

（3）资金来源的差别。前者的资金主要来源于市场所在国；后者的资金则来自世界各地。

（4）受管制程度的差别。前者的金融交易要受市场所在国的金融法规的管制；后者的金融交易几乎不受任何国家金融法规的管制。

（二）国际金融市场的形成条件

国内金融市场超越国界而形成国际金融市场，必须具备一些基本的条件，这些条件主要有以下几个方面：

（1）稳定的政局。这是最基本的条件，如果一个国家或者地区政局动荡，经常发生政变或大的变革，就无法保证国内经济和金融的稳定，更谈不上建立一个国际金融市场了。

（2）自由开放的经济体制。主要包括自由开放的经济政策与宽松的外汇管制。自由开放的经济政策，易于加强与世界各国的经济金融往来，并进行各种形式的经济、金融合作。而宽松的外汇管制保证了国际资本的自由输出输入，容易形成国际资本的集散地，进而形成国际金融市场。

（3）健全的金融制度和发达的金融机构。如果一个国家的金融制度和法规不健全，就无法保障金融活动的高效进行。没有发达的金融机构，就无力从事和开展国际金融业务。

（4）现代化的通信设施与交通方便的地理位置。只有具备完善的通信设施，并且具有不断吸收高科技的能力，才能迅速准确地保证国际信息的通畅。而良好的地理位置，容易吸引各种参与者，方便其交易，进而增加各种国际金融业务。加勒比海的开曼群岛等之所以能够成为新兴的国际金融中心，就与它的地理位置有关。

（5）训练有素的国际金融人才。

此外，在一个国际金融中心的形成过程中，政策的扶持与优惠也很关键。

三、国际金融市场的类型

国际金融市场可以按照不同的分类方法来进行划分。

（一）按照借贷货币划分

按照借贷货币的不同，国际金融市场可划分为传统的国际金融市场和新兴的离岸金融市场。

（1）传统的国际金融市场是第二次世界大战以前，主要资本主义国家借助其长期积累的巨额资金和源源不断的海外利润提供的资本，根据其经济、政治和对外经济扩张的政策目标需要而建立和发展起来的，其发展主要依靠市场所在国强大的实力，其目的主要是为市场所在国的政治与经济服务，提供的是市场所在国货币的资金融通。

（2）新兴的离岸金融市场即欧洲货币市场，是专门为非居民提供投融资便利的市场，其形成并不完全依赖于市场所在国的经济实力。

（二）按照功能划分

按照功能的不同，国际金融市场可划分为外汇市场、货币市场、资本市场和黄金市场。

（1）外汇市场由各类外汇供给者和需求者组成，是进行外汇买卖、外汇资金调拨以及外汇资金清算等活动的场所。

（2）货币市场是指资金借贷期限在 1 年以内（含 1 年）的交易市场，或称为短期资金市场。货币市场的参与者众多，商业银行是该市场的重要参加者，此外还有政府、证券交易商以及大的金融和非金融机构。

（3）资本市场是指资金借贷期限在 1 年以上的中长期信贷或证券发行的交易市场，称为长期资本市场。它是国际资本流动的重要途径，也是国际上融通长期资本的必要场所。

（4）黄金市场是指专门从事黄金买卖交易的市场。20 世纪初期，金本位制度在各国广泛流行，黄金市场逐步发展，并在金融领域中取得重要地位。两次世界大战期间，随着纸币作用的加强，黄金市场在金融市场中的地位有所削弱。布雷顿森林体系时期，黄金市场与金融市场的联系建立在黄金与美元挂钩的基础之上。20 世纪 70 年代中期黄金非货币化之后，黄金主要以商品形式出现，黄金市场的性质从以金融市场为主转变为以商品市场为主。黄金交易从现货交易转变为大力发展期货交易。

（三）按照交易工具划分

按照交易工具的不同，国际金融市场可划分为金融原生工具市场和金融衍生工具市场。

金融原生工具市场是以金融原生资产（Original Financial Assets，包括货币、外汇和有价证券）为交易对象的市场。而金融衍生工具（Financial Derivatives）市场则是以相对应的原生市场为基础、以各种合约为直接交易对象的市场。例如，股票价格指数的期货交易与期权交易就是以股票市场为基础，利率期货与利率期权则是以债券市场为基础。

按照交易类型的不同，金融衍生工具市场可分为金融期货市场（Financial Futures）、金融期权市场（Financial Options）和其他金融衍生工具市场。

（1）金融期货市场，包括外汇期货、利率期货以及股票价格指数期货等。

（2）金融期权市场，包括现货期权和期货期权。现货期权如外汇期权、利率期权、股票价格指数期权；期货期权如利率期货期权、外汇期货期权、股票价格指数期货期权等。

（3）其他金融衍生工具市场，包括远期利率协议和互换交易。

自 20 世纪 70 年代以来，金融衍生工具市场的发展非常迅猛，对金融体系的发展产生了深远影响。金融衍生工具最原始的目的是为原生金融工具的持有者提供一种有效的对冲风险的手段，从而避免由于原生工具价格的不利变动而带来的风险，这就是金融衍生工具的套期保值功能。

金融衍生工具市场的第二个功能就是价格发现，金融衍生工具市场集中了各方面的参与者，带来成千上万种关于衍生品基础资产的供求信息和市场预期，通过交易所类似拍卖方式的公开竞价，形成了市场均衡价格。金融衍生品的价格形成有利于提高信息的透明度，金融衍生品市场与基础市场的高度相关性，提高了整个市场的效率。

当然，金融衍生工具市场的发展也是一柄“双刃剑”：一方面，它作为管理基础资产市场风险的重要手段和工具，能够规避金融市场的风险；另一方面，由于自身独特的运作方式，使其有可能成为金融市场的投机工具，并成为金融市场巨大的风险来源。

四、国际金融市场的作用

国际金融市场对世界经济的发展，既有积极影响的一面，也有消极作用的一面。国际金融市场对世界经济发展的积极作用主要体现在以下几个方面。

（一）调节国际收支

国际收支顺差国可将其外汇资金投放于国际金融市场，而有国际收支逆差的国家则通过国际金融市场融通资金弥补逆差。比如，国际金融市场在沟通石油美元的再循环（Recycling of the Petro-Dollars），从而缓解各国国际收支的严重失衡上就起到了决定性的作用。所谓石油美元，就是石油输出国经常账户收支盈余资金。所谓再循环，就是指石油美元通过国际信贷返回石油输入国。

（二）促进了世界经济的发展

国际金融市场通过为对外贸易融通资金，从而促进了国际贸易的发展，而国际贸易的迅速增长在推动世界经济增长中起着重要的作用。国际金融市场还可为资本短缺国提供可用资本，促进这些国家投资和生产规模的扩大，推动其经济发展。

（三）促进了世界经济一体化的发展

国际金融市场的发展，为跨国公司的生产和经营创造了极为有利的条件，密切了各国之间的经济联系，有助于世界经济一体化。

与此同时，国际金融市场对世界经济的发展也有一定的负面效应：

（1）国际金融市场为投机活动创造了条件，为金融危机国际传递创造了便利，使得金融危机与金融风险防范成为各国经济工作的一个重要内容。

（2）国际金融市场的存在，影响了各国货币政策的效力，削弱了各国货币政策的独立性，从而使得开放条件下的经济政策和宏观调控变得更加复杂。

五、国际金融市场发展的新趋势

20 世纪 70 年代以来，信息技术的迅猛发展及其在金融领域中的广泛运用，再加上金融自由化浪潮所带来的金融管制的放松，使得国际金融市场呈现出一系列新的发展趋势，这些趋势对全球金融体系的发展产生了深远的影响。

（一）国际金融市场的一体化趋势

由于电子计算机以及卫星通信技术的广泛运用，分散在世界各地的金融市场已经紧密联系在一起，全球性的资金调拨和资金融通在几秒钟内就可完成。国际金融中心已经不限于少数几个发达国家金融市场，而是向世界各地扩展。这样，各国金融市场和金融机构便形成了一个全时区、全方位的一体化国际金融市场。国际金融市场一体化的另外一个表现就是金融资产交易的国际化。金融资产交易的国际化，是指交易者不受国籍限制，证券面值货币也不受任何限制。

国际金融市场的一体化趋势对世界经济的发展既有积极作用，又有消极影响。其积极作用主要体现在：（1）有利于资金在全世界范围内的流动，从而为世界各国的投资与经济发展提供了非常重要的资金来源；（2）为各国加速资金周转和调节国际储备创造了条件；（3）为经济实体和个人的资金保值与增值提供了便利条件。

国际金融市场一体化趋势的消极影响主要体现在：（1）助长了投机活动，影响了国际金融市场的稳定；（2）在国际金融市场一体化的背景下，某一个国家或地区的市场发生风波，其他市场必然产生连锁反应，从而加剧了危机在世界各国之间的传递。在东南亚金融危机中，经济基本面良好的新加坡和香港地区也受到冲击，就是最好的证明。而始于美国的次贷危机则引发了全球金融风暴，其影响到现在也尚未完全消除。

（二）国际金融市场的证券化趋势

从广义上来讲，证券化包括一级证券化和二级证券化。初始阶段的证券化主要是指在资本市场和货币市场通过发行证券来融通资金，即借款者通过资本市场和货币市场直接融资，其所使用的金融工具包括商业票据、企业债券和股票等，这些属于一级证券化。二级证券化是指将原本不流通的金融资产通过特定的程序，提高信用等级，将其打包切块，转换成为可以在金融市场上流通出售的证券的过程，即将已经存在的贷款和应收账款等转换为可流动的金融工具的过程。按照以上这个定义，国际金融市场发展的证券化趋势体现在：国际证券日益取代国际银行贷款融资主渠道的地位，过去不进行交易的资产成为可交易的资产（如应收账款）。

在第二次世界大战后，国际银行贷款一直是国际融资的主要渠道，并于 1980 年达到顶峰，占国际信贷总额的比重高达 85.1%。但从 1981 年开始，国际银行贷款的地位逐渐下降，到 20 世纪 80 年代中期，国际证券已经取代国际银行贷款的国际融资主渠道地位。1985 年，国际银行贷款占国际信贷总额的 41.1%，国际债券发行额则占 58.9%。1986 年，前者仅为 29.0%，后者高达 71.0%。进入 21 世纪以来，这种趋势也未发生逆转，而且在进一步增强。

金融市场的结构性变化，除了上述的银行贷款逐渐转向证券之外，还包括以前不能进行交易的资产也成了可以交易的资产，如住房抵押贷款证券化、信用卡贷款证券化等。目前，这种资产证券化已经遍及企业的应收账款、租金、版权专利费、信用卡贷款、汽车贷款、消费品分期付款等领域。在美国，资产证券化市场已经成为仅次于联邦政府债券的第二大市场，成为美国资本市场上最重要的融资工具之一。

出现证券化趋势的主要原因有：（1）20 世纪 80 年代初的债务危机使得国际银行贷款收缩，筹资者只好转向证券市场。（2）发达国家自 20 世纪 70 年代末以来实行金融自由化政策，证券市场的开放度较大。（3）电子计算机和信息技术的应用为证券市场的繁荣提供了技术基础。市场可以处理更大量的交易，更迅速地传送信息，对新情况迅速做出反应。新程序的采用便利了交易的进行，并把不同时区的市场连接起来。（4）一系列新型金融工具的出现，促进了证券市场的繁荣。

专栏　证券化与 2007 年的美国次贷危机

按照贷款人的信用等级，美国的住房抵押贷款市场可以大致划分为三个层次：优质贷款市场（Prime Market）、“ALT–A”贷款市场和次级贷款市场。次级贷款市场面向收入证明缺失、负债较重的人，贷款人可以在没有资金的情况下购房，不需要提供任何有关偿还能力的证明。

根据有关统计数据，美国的住房贷款总规模是10万亿美元，其中有8万亿美元属于优质贷款市场，7 000亿美元属于“ALT–A”贷款市场，剩余的1.3万亿美元属于次级贷款市场，对应的住房大约是600万套。

低收入家庭、贷款银行、投资银行、对冲基金以及保险公司等共同构成了次贷链条。首先，贷款银行的经纪人向低收入家庭推销次级贷款，他们设计出了很有诱惑力的条款，购房者可以享受很低的首付比例（比如5%），甚至是零首付，购房后初期（比如2～3年）的利率也设计得极低。这样即使购房者只有很低的收入，也可以很轻松地实现买房的梦想。2～3年之后，购房者承担的利率开始重新调整，大幅上涨至8%～20%的水平，其中的危险性显而易见。

对低收入家庭而言，显然无力承担如此之高的利率。问题的关键在于，无论是贷款银行还是购房者，都相信房价会持续上涨。如果房价能如愿上涨，购房者就可以有两个选择：将房屋出售获利，或者和银行重新安排按揭。比如原先一套价格为30万美元的房屋，购房者支付了1.5万美元的首付，按揭贷款28.5万美元。假定两年之后，房价上涨到50万美元，如将房屋转手，购房者将获得21.5万美元的毛收益（未考虑交易成本和贷款利息），考虑到购房者初始投入的1.5万美元首付，收益是惊人的。购房者也可以和贷款银行重新安排按揭，以应付提高的利息负担。假定购房者重新从贷款银行按揭到45万美元，银行支付给购房者16.5万美元，这样购房者就可以支付银行的高额利息。

贷款银行成功将资金贷给低收入家庭之后，一方面需要转移风险，另一方面也希望尽快回收资金，于是做了一个资产证券化的设计，以住房抵押贷款为基础，在金融市场出售次级债（MBS），次级债的主要购买者是华尔街的投资银行。这些收益高达百分之十几的次级债（前提是房价能够持续上涨）对投资银行具有很大的诱惑力。

而购买了MBS的投资银行显然更具金融创新意识，它们将次级债再一次证券化，设计出次级债抵押证券（CDO），依照风险程度不同分为三个等级，卖给了来自全球各地的保险公司、对冲基金、商业银行等金融机构。而这些金融机构又有可能将这些次级债抵押证券再次转卖。

如果房价可以持续上涨，那么不仅约600万户低收入的美国家庭实现了“居者有其屋”的梦想，而且参与上述链条中任何一环的资金均可获得高额的回报。遗憾的是，泡沫总是有破灭的时候，从2004年至2006年6月，美联储连续17次加息，联邦基金利率从40年来的最低点1%升至5.25%，美国房价也应声而落。对于买房的低收入家庭而言，这意味着双重打击：一是利率上升提高了还贷压力；二是房价下跌使得重新按揭不再可能，于是违约就变成了顺理成章，整个次贷的链条随之崩溃。首先是新世纪金融公司，这是美国第二大次级抵押贷款专业机构，它在2007年2月公布了次贷损失。2007年7月，贝尔斯登旗下两只对冲基金因杠杆投资次级债抵押证券净值清零。随后，摩根士丹利、美林、花旗、瑞银等国际大投行纷纷爆出巨亏，国际社会才意识到次贷危机的严重性。2008年9月，著名投行雷曼兄弟申请破产保护，3年半之后最终关门大吉。此次危机，让华尔街的“五朵金花”一夜之间褪色。贝尔斯登、雷曼兄弟、美林“香消玉殒”，剩下的摩根士丹利和高盛则转为银行持股公司。

（三）金融创新趋势

1. 金融创新的含义

金融创新有广义和狭义之分。狭义的金融创新是指金融机构在金融工具和金融业务方面的创新。广义的金融创新包括金融工具、金融业务、金融机构与金融市场的创新。

2. 金融创新的表现

（1）金融工具的创新。金融工具的创新又分为存款工具的创新和支付工具的创新。存款工具创新的总趋势是使存款工具兼具较高的收益性和良好的流动性。支付工具创新的总趋势是便利结算和提高支付效率。目前，我们习以为常的很多金融工具都是近二十年来金融创新的产物。

例如，美国的投资银行与证券公司创设的“货币市场互助基金”（Money Market Mutual Fund，MMMF），既没有利率上限的约束，又能享受开支票的便利，并且存款金额起点也较小；存款机构创设的“货币市场存款账户”（Money Market Deposit Account，MMDA），除了没有利率最高限制之外，存户每个月还可以进行6次自动或者电话转账；而“超级可转让支付命令账户”（Super Now A/C），不仅没有利率最高限制，而且存户使用此账户和转账也没有次数限制。

在存款工具创新的同时，金融业还对支付工具进行了创新，诸如信用卡、自动提款卡、多用途电子卡等新型的支付工具，既便利了结算，又提高了支付效率。

在我国，近十几年来金融工具的创新也是此起彼伏，各种各样金融卡的使用越来越多。例如，中信银行的理财宝账户，可以自动进行定期与活期的转账，既方便了支付，又可以享受到较高的利率水平。又如，基于支付宝账户而推出的余额宝，2013年6月一经推出就成为我国金融市场的搅局者，它在流动性和收益性方面提供的最大平衡给其他存放机构造成了巨大冲击。

（2）金融业务的创新。金融业务的创新包括两个方面：第一，间接金融业务的创新。如银行借贷同出口货物紧密联系的出口信贷融资方式；又如20世纪80年代出现的票据发行融资或票据发行便利。所谓票据发行融资，是指银行不直接向借贷人提供贷款，而是以承购或备用信贷的方式，来支持借款人连续发行3～6个月的短期商业票据，如果票据不能全部销售，则银行买进剩余票据或提供等额贷款，但银行为此每年要收取一定费用。第二，直接金融业务的创新。如证券到期日的创新、利率定价模式的创新（如顶盖式定息）、偿债选择权的创新（如可转债）。此外，互换交易也获得了极大的发展。所谓互换交易，是指两个债务人在约定时间内，通过一个中间机构交换付款义务的金融交易。互换交易有两种主要类型：货币互换和利率互换。互换业务在前面的章节中已经有所介绍，这里不再赘述。

（3）金融机构的创新。金融机构的创新主要体现在三个方面：第一，金融机构正在从传统的单一结构逐步向集团制方向发展。银行持股公司（Holding Company）是银行集团制的重要形式之一。所谓银行持股公司，是一家公司控制了一定比例的银行股票，能决定重要的人事、营业政策和往来关系，从而形成的集团性公司。目前，银行持股公司已经成为银行的主要组织形式。第二，金融联合体（Financial Conglomerate），即一种能向顾客提供几乎包括任何金融服务的“金融超级市场”（Financial Supermarket），已逐步遍及西方世界。第三，西方金融业正在从提供单一金融服务向提供综合性金融服务方向发展。例如，商业银行涉足信托、抵押、保险以及公司股票和债券的承销业务等。1999 年 11 月，美国通过的《金融服务现代化法案》标志着美国金融行业混业经营的合法化，并对其他国家的金融服务格局产生了深远影响。

（4）金融市场的创新。例如，20 世纪 50 年代出现的欧洲货币市场，七八十年代兴起的金融衍生工具市场。

3. 金融创新的原因

金融创新是多种因素作用的结果：第一，生产与资本国际化的发展向金融行业提出了新的需求，金融行业为了满足这些需求而不断创新。第二，金融行业为了突破严格的金融管制而不得不进行创新。例如，有的国家规定了存款的利率上限，在通货膨胀形势下，银行筹资困难，于是纷纷创设流动性较大且不受利率最高限约束的新账户，如货币市场互助基金。第三，电子计算机和现代通信技术的进步为金融创新提供了技术条件。其四，各国自 20 世纪 80 年代以来逐渐采取的经济和金融自由化政策，加速和推动了金融创新。

（四）金融机构表外业务日益增加的趋势

融资方式证券化和金融创新的浪潮，促成了金融机构表外业务（Off Balance Sheet Business）日益增加的趋势。所谓表外业务，是指不涉及金融机构资产负债表记录的业务。表外业务是金融机构早已经从事的业务活动，如银行承兑、担保、代理等。但是，在融资证券化趋势和金融创新的浪潮中，又有很多新的业务领域和交易方式（如票据发行便利、期权和互换等）几乎不涉及资产负债表的记录，从而使表外业务在银行业务中的地位日益重要，形成了银行业务“表外化”的趋势。

第二节　国际金融市场的构成

构成国际金融市场的四个子市场，包括外汇市场、货币市场、资本市场和黄金市场。由于外汇市场在前面的章节中已经介绍过了，因此本节主要讲述货币市场和资本市场。

一、货币市场

货币市场是指经营期限在 1 年以内的借贷资本的市场。根据借贷方式的不同，可将国际货币市场划分为银行短期信贷市场、短期票据市场和贴现市场。

（一）银行短期信贷市场

银行短期信贷市场包括银行对外国工商企业的短期贷款和国际银行同业拆放市场，后者的地位更为重要。银行对外国工商企业的短期贷款是为了解决企业流动资金的需要。国际银行同业拆放市场的产生是基于银行平衡资金头寸，调节资金余缺的需要。既可通过货币经纪人进行，又可在银行之间直接进行。

国际银行同业拆放市场具有以下几个特点：

（1）交易期限短。由于同业拆放主要用于银行的头寸调整，故期限都比较短，最短的是隔夜，多则 1 周或 3 个月，最长的不超过 1 年。

（2）交易金额大。由于同业拆放是在银行之间进行的，故每笔的交易金额都比较大。如伦敦同业拆放市场每笔交易以 25 万英镑为最低限额。

（3）交易手续简便。银行同业之间的拆放不需要签订协议，也无须提供担保品，有时仅以电话联系就可以完成资金的拆放。

（4）交易利率的非固定性和双向性。交易利率的非固定性是指银行同业拆放资金的利率随市场利率的变化而变化，不采用固定利率。交易利率的双向性是指同业拆放利率有拆出利率和拆进利率之分，拆出利率表示银行愿意拆出资金的利率；拆进利率表示银行愿意拆进资金的利率。拆进利率通常低于拆出利率。在美国、日本、德国、新加坡、中国香港地区等国家和地区的市场上，银行报出拆放利率时，拆进利率在前，拆出利率在后，如 7.75%～7.855%。而英国则相反，银行报出拆放利率时，前者为拆出利率，后者为拆进利率，如 8.5%～8.25%。

伦敦银行同业拆放市场是典型的同业拆放市场，最低金额为 25 万英镑，高者可达几百万英镑。伦敦银行同业拆放利率（London Inter Bank Offer Rate，LIBOR）长期以来是制定国际贷款利率的基准，一般是在伦敦银行同业拆放利率（LIBOR）的基础上再加上一定幅度的附加利率作为计算的基础，如 LIBOR＋50 点，即 LIBOR＋0.5%。在贷款协议中议定的 LIBOR 通常为指定的几家参考银行在规定时间（通常是伦敦时间上午 11：00）利率报价的算术平均数。

LIBOR 广泛应用于各种贷款、债券以及衍生品的定价，也反映了全球金融体系当下的稳定性。据美联储 2018 年 3 月发布的报告指出，大约有 200 万亿美元计价的衍生品和贷款基于 LIBOR 利率，而其中衍生品占据了 95%。这些活动的规模之大、范围之广，凸显推广 LIBOR 替代品的必要性。此外，2007 年金融危机期间，对 LIBOR 利率信誉的质疑就开始出现。2012 年以来，包括瑞银、德银、巴克莱等大型银行都因操纵 LIBOR 利率而受罚。在此背景下，有抵押隔夜融资利率（SOFR）被美联储用作首选替代参考利率，并于 2018 年 4 月起定时发布。美联储认为，相比于 LIBOR，SOFR 覆盖的交易规模更大，而且基于真实交易数据，更贴近市场利率，不易被操控。

（二）短期票据市场

短期票据市场是进行短期信用票据交易的市场。主要的短期信用票据有以下几种。

1. 国库券

国库券（Treasury Bills）是政府为满足季节性财政需要而发行的短期政府债券。信用级别高，流动性好。国库券是一种不标明利息的债券，采取以票面金额折价方式发行，折价多少取决于当时的市场利率。国库券的票面金额与购买时支付的价格之间的差额，就是国库券购买者所获得的收益。国库券的信用等级高于商业信用和银行信用，而且国库券期限短、风险低、流动性强，在市场上随时可以变现，因此是非常理想的短期投资工具。

2. 商业票据

商业票据（Commercial Bills）是一些大的工商企业和非银行金融机构为筹措短期资金，凭信用发行的、有固定到期日的短期借款票据。商业票据的期限一般在30天到1年不等，但是以30～60天居多。这种票据由发行人担保，可以转让，利率水平取决于市场资金供求状况、发行人的信用、银行利率水平、票据的面值和期限等。利率水平低于银行贷款的优惠利率，稍高于国库券。发行时需要通过中介机构。发行商业票据的企业都要有较好的商业信誉。例如，在英国，发行商业票据的公司的股票必须在伦敦股票交易所公开上市交易，其资产净额必须在5 000万英镑以上。在美国证券市场上，商业票据每天的交易量可达数十亿美元。

3. 银行承兑汇票

银行承兑汇票（Bank Acceptance Bills）主要是出口商签发的，经银行背书承兑保证到期付款的汇票。这种汇票的期限通常为30～180天，以90天为最多，面值没有限制。与商业票据不同，银行承兑汇票除了可以在承兑银行贴现之外，还可以在二级市场上买卖，买卖时按面值打一定的折扣，买价与面值之间的差价为持票人的利润。

4. 大额可转让定期存单

大额可转让定期存单（Certificate of Deposit，CD）是商业银行和金融公司因吸收大额定期存款而发给存款者的存款单。这种存款单不记名，可在市场上自由出售。投资者既可获取定期存款利息，又可随时转让获取现金，流动性好。大额可转让定期存单于1961年首先出现在纽约，是由美国花旗银行发行的，由于受到投资者的欢迎，目前这种定期存款单已经成为银行获取短期资金的稳定来源。最初为大面额，最少10万美元，多者可达到100万美元。目前在美国，大额可转让定期存单市场是仅次于国库券市场的第二大短期证券市场。

（三）贴现市场

贴现市场（Discount Market）是经营贴现业务的短期资金市场，即银行或其他金融机构购买未到期票据，并扣除自贴现日至到期日止的利息的市场。贴现市场由贴现行、商业票据行、商业银行和中央银行组成。贴现交易的对象有政府短期债券、商业承兑汇票、银行承兑汇票和其他商业票据。持票人向贴现行办理贴现后，贴现行还可持票据向中央银行进行再贴现。

目前世界上最大的贴现市场在英国。英国的贴现市场起源于19世纪初。直到20世纪50年代中叶，一直是伦敦唯一的货币市场。50年代中叶之后，英国的货币市场出现了一些新的交易工具，形成了与贴现市场平行发展的新兴市场，称为平行市场。贴现市场上主要经营商业承兑票据、银行承兑票据、国库券和其他短期债券的贴现，平行市场主要由银行同业拆放市场和存单市场构成。贴现市场在英国的货币市场中一直占据着极其重要的地位。

伦敦货币市场和纽约货币市场是交易量最大的短期资金市场，除当地的金融机构和工商企业在市场进行交易之外，巨额的短期资金从其他金融中心通过银行的存款关系流入这两个金融市场，再把巨额资金从这里贷向世界各地的其他金融中心。伦敦和纽约短期资金市场上的利率差异，引起资金在西欧大陆与美国之间的移动和调拨，从而导致了美元与英镑汇率的变化。

二、资本市场

资本市场是指经营期限在1年以上的借贷资本的市场。中期信贷一般为2～5年，长期信贷一般为5～10年，有的长达10年以上。根据借贷方式的不同，资本市场可分为银行中长期贷款市场和中长期证券市场。

（一）银行中长期贷款市场

银行中长期贷款主要用于满足企业固定资产投资的资金需要。

银行中长期贷款，一般期限为1～5年或5～10年，甚至更长。借款方大多是世界各国私营或国有企业、社会团体、政府机构或国际组织，贷款方主要是商业银行。通常采用浮动利率，即每3个月或半年，根据市场利率的变化进行一次调整。双方确定利率时，大多以伦敦市场银行间同业拆放利率为基础，再加上一定的加息率为计算标准。

贷款利率的确定有几种方法可供选择：（1）借贷双方以同业拆放利率为基础，讨价还价，自行确定；（2）以指定的两三家伦敦市场的主要银行的同业拆放利率的平均价来计算；（3）根据贷款银行与另一家主要银行的利率报价的平均价来计算；（4）由贷款银行或牵头银行确定。

除了支付利息之外，贷款还有一系列的费用。贷款费用通常包括承担费、管理费、代理费、杂费等。

银行中长期贷款的方式主要有以下两种：

（1）独家银行贷款。独家银行贷款又称双边中长期贷款，它是一国贷款银行对另一国的银行、政府机构或者公司企业提供的贷款。

（2）银团贷款。亦称集团贷款或辛迪加贷款，是指多家商业银行组成一个集团，由一家或几家银行牵头联合向借款人共同提供巨额资金的一种贷款方式。

银团贷款的主要特点是融资量大、风险小、专款专用，贷款对象大部分是各国政府机构或者跨国公司，贷款货币大部分使用的是欧洲货币。

（二）中长期证券市场

中长期证券市场是指各种中长期有价证券发行和买卖的场所。第二次世界大战之后，随着经济和金融全球化的推进，证券市场逐步走向国际化，形成了国际证券市场，并成为国际资本市场的重要组成部分。国际证券市场可分为国际债券市场和国际股票市场。

1. 国际债券市场

国际债券市场是专门从事国际债券发行和买卖交易的场所。债券的期限一般在1年以上，是中长期的融资工具。其中期限为1～5年的，属于中期债券，5年以上的，属于长期债券。

债券的发行人有国家政府、地方政府、银行和非银行金融机构以及企事业单位。债券的购买者主要是人寿保险公司、基金、信托公司、各种投资公司和其他机构。此外，政府机构和个人也可能选择债券进行长期投资。

债券的发行市场又称为一级市场，在大多数国家，债券的发行都没有固定的场所，而是通过证券投资机构、大型商业银行和信托公司等金融机构进行。这些机构承购新发行的债券，然后投向二级市场转售给一般投资者。承购和分销债券的业务也称为投资银行业务。债券的发行可以是公募（即公开发行），也可以是私募（即私下发行）。

债券交易的市场称为二级市场，即已发行的债券在不同投资者之间转手的市场。包括证券交易所市场和场外交易市场。

在国际债券市场上，有欧洲债券和外国债券之分。

欧洲债券是指以可自由兑换货币为面值，并在面值货币国家境外发行的债券。就其本质而言，就是境外货币债券，如在伦敦金融市场上发行的美元债券称为欧洲美元债券。

外国债券是指甲国的发行人通过乙国金融机构在乙国市场发行的、以乙国货币为面值的债券。例如，中国国际信托投资公司在日本发行的日元债券。外国债券的承购和销售一般由市场所在国的金融机构负责，筹措的资金可以自由运用。一般来说，外国债券在发行时既要受本国外汇管制的约束，又要得到市场所在国的批准，法律手续比较烦琐。目前，国际上比较大的外国债券市场主要有美国的扬基债券（Yankee Bond）市场、日本的武士债券（Samurai Bond）市场、英国的猛犬债券（Bulldog Bond）市场等。表 6－1 列举了常见的外国债券。

表 6－1　常见的外国债券

发行地	发行货币	名称
美国纽约	美元	扬基债券 Yankee Bond
英国伦敦	英镑	猛犬债券 Bulldog Bond
日本东京	日元	武士债券 Samurai Bond
瑞士苏黎世	瑞士法郎	阿尔卑斯债券 Alpine Bond
加拿大多伦多	加元	枫树债券 Maple Bond
西班牙马德里	欧元	斗牛士债券 Matador Bond
新西兰惠灵顿	新西兰元	贝壳杉债券 Kauri Bond
澳大利亚悉尼	澳元	袋鼠债券 Kangaroo Bond
韩国首尔	韩元	阿里郎债券 Arirang Bond

由于债券市场的国际化程度越来越高，特别是欧洲债券市场迅速发展，债券发行者的资信或债券的风险程度对投资者越来越重要。在国际资本市场上出现了一些专门评定债券和股票信用等级的金融服务公司。在国际资本市场上，应用最为广泛、最有权威性的是美国的标准普尔公司和穆迪投资服务公司。两家公司应债券发行人的要求，对债券进行评级，评定的等级直接关系到债券的发行及其成本。

2. 国际股票市场

股票是股份企业发给股东的，证明其所入股份的凭证。它是股东有权取得红利和股息的有价证券。股票可分为普通股和优先股。优先股股息固定，享有一定优先权；普通股红利取决于企业盈利状况。

股票市场的核心是股票交易所，股票交易所是证券经纪人、自营商等投资机构有组织建立的从事股票交易的公开场所。除了股票交易之外，在股票交易所往往也有债券和金融期货、期权的交易。股票交易所与通常的债券市场不同，它是有组织的、集中的、有固定地点的市场，股票交易所一般只经营已发行上市的股票，所以又称为典型的二级市场。

目前，世界上主要的股市都是高度国际化的：一方面体现在各主要股票交易所之间有现代化的通信联系，某一股市的行情可以迅速传递到其他股市；另一方面，世界上主要的股票交易所已经不仅是其国内公司的股票交易场所，而且都有大量的外国公司的股票上市交易，外国公司上市的数量有的甚至接近或者超过本国公司的数量。股票交易所已经成为国际金融市场的重要组成部分，它对投资者和筹资者都具有国际性。

专栏　国际评级机构对国际市场的影响

在国际上已有100多年发展历史的资信评级是市场经济条件下信用关系的产物，资信评级的对象是个人、经济主体与金融工具履行各种经济承诺的能力及可信任程度。在世界经济一体化的背景下，跨国经贸和金融业务急剧扩张，从事国际经济交易的机构和个人很难靠自己的力量选择和鉴定合作者，因而日益倚重信用中介，特别重视金融评级机构的作用。

在长期的优胜劣汰中，穆迪（Moody）、标准普尔（Standard & Poor's）、惠誉（Fitch IBCA）、汤臣百卫（Thomson Bank Watch）等少数几家信誉较高的国际性评级公司脱颖而出，其业务日益专业化和系统化，越来越多的国际商务活动会参考这些评级机构的评估结果。

评级机构的影响力已经渗透到世界经济的方方面面。评级的变化，往往会直接影响国际社会对某一经济体的信心，推动借贷款利率的升降。因此，评级结果对经济体至关重要，甚至生死攸关。金融评级机构已经成为国际金融领域的一种超级力量，一些舆论称之为“一言毁邦”的“金融警察”。如1997年4月25日，穆迪在降低泰国主权信贷等级后，又降低了泰国三家主要银行的信贷等级，穆迪的降级行动在当时非常引人注目，成了投机者攻击泰铢的信号，最终推倒了东南亚金融危机的第一张多米诺骨牌。

对这些国际评级机构的作用，毁誉参半：一方面，各种国际金融活动越来越依赖这些机构的评级活动；另一方面，由于其对国际金融市场的巨大影响，其运作方式和标准也受到质疑。

第三节　欧洲货币市场

第二次世界大战后，科学技术的迅猛发展推动了生产与资本的国际化步伐，传统的国际金融市场已经不能适应这种发展趋势，在20世纪50年代末60年代初出现了一个规模巨大、不受各国金融法令管制的新型国际金融市场，这就是欧洲货币市场。

一、欧洲货币市场的形成与发展

（一）欧洲货币市场的概念

欧洲货币是在货币发行国境外被储蓄和借贷的各种货币的总称，一般可以理解为境外货币。欧洲货币市场是经营欧洲货币业务的市场，是在一国境外从事该国货币存款、放款、投资、债券发行和买卖业务的市场。应当注意的是，欧洲货币并不是指某个欧洲国家的货币，欧洲货币市场也不仅局限于欧洲境内的金融中心，之所以称其为欧洲货币市场，是因为它起源于欧洲。

（二）欧洲货币市场的形成原因

欧洲货币市场始于欧洲美元。1950 年 12 月 16 日，美国政府在朝鲜战争爆发后，冻结了中国存放于美国的全部资产。苏联及其他东欧国家政府为避免遭受同样的危险，遂将其持有的美元调至美国境外的银行，多数转存于伦敦，形成了最初的欧洲美元，但数量不多。

欧洲货币市场的进一步形成主要基于以下几个原因。

1. 英镑危机

英国政府为稳定英镑，禁止本国银行向英镑区以外的企业发放英镑贷款，伦敦市场的金融机构转而将吸收的美元存款向海外机构贷放，促进了美元存贷业务的发展。这是欧洲货币市场形成的基础。

2. 美国的跨国银行与跨国公司为逃避本国金融法令的管制

美国联邦储备银行的“Q 条例”规定了银行储蓄与存款利率的最高限，而西欧诸国商业银行的存款利率自由变动，致使美国国内存款利率常常低于西欧，美国大批国内存款转移到欧洲货币市场上。《M 项条款》规定商业银行必须向美联储缴纳存款准备金，为逃避这项规定，跨国银行在国外吸收存款营运，也成为促使境外美元发展的重要因素。此外，美国为了缓解国际收支危机，于 1963 年 7 月对居民购买外国在美发行的有价证券征收“利息平衡税”；1965 年，为控制金融机构对外贷款规模，颁布了《自愿限制对外贷款指导方针》，1968 年颁布了《国外直接投资规则》，以直接限制有关机构的对外投资规模。这些都促使美国国内的金融机构与大公司将大量资金调至海外，再贷向世界各地，促进了欧洲美元市场的发展。

3. 美国政府的放纵态度

自 1950 年起，美国国际收支经常项目开始出现逆差。1958 年以后，国际收支逆差进一步扩大。美国为缓冲黄金储备日益减少的压力，对欧洲美元市场的发展采取了纵容态度，促进了这一市场规模的日益扩大。

4. 西欧一些国家实行倒收利息的政策

20 世纪 60 年代，瑞士和德国为了抑制通货膨胀，对境外存户的瑞士法郎和德国马克存款倒收利息，国际垄断组织及其银行为避免损失，为追求瑞士法郎和德国马克升值的利益，遂将手中的瑞士法郎和德国马克存于他国。这就形成了欧洲瑞士法郎、欧洲德国马克等其他欧洲货币，欧洲美元市场逐渐扩大到币种更为广泛的欧洲货币市场。

5. 两次石油提价

20 世纪 70 年代，石油价格大幅度上涨。两次石油提价使得石油输出国的美元收入大幅增长，而石油进口国则出现了巨额的国际收支逆差。大量的石油美元流向欧洲货币市场，通过欧洲货币市场便捷的借贷渠道，为各国政府解决国际收支不平衡提供了充分的资金资源。

6. 生产与资本的国际化

第二次世界大战之后，科学技术迅猛发展，国际分工日益深化，国际贸易竞争加剧，生产和资本的国际化步伐不断加快，跨国公司不断把自己的触角伸向世界的每一个角落，这种遍布全球的生产、贸易及投资活动，需要日益增多的短期资金融通，也需要在母公司与子公司之间以及子公司与子公司之间调拨资金，同时需要通过金融机构获得中长期资本以更新设备和技术。跨国公司既为欧洲货币市场提供了资金来源，又为欧洲货币市场创造了较多的业务机会。

从本质上来说，正是以跨国公司为典型代表的生产与资本的国际化推动了欧洲货币市场的发展与繁荣。

二、欧洲货币市场的特点

欧洲货币市场是完全国际化的市场，是国际金融市场的主体和核心。由于它经营的是境外货币，因此具有许多独特的特点。

（一）欧洲货币市场是高度自由的超国家资金市场

欧洲货币市场既不受市场所在国金融法规的管制，也不受交易货币发行国金融法规的管制，因此是一个超国家的资金市场。由于欧洲货币市场几乎不受任何国家的管制，所以经营非常自由，投资者和筹资者可以自由进出，而且贷款条件灵活、贷款期限多样、贷款用途不限，这是欧洲货币市场能够吸引大量资金的重要原因。

（二）欧洲货币市场是一个批发市场

进入欧洲货币市场进行融资的基本都是一些大客户，主要有跨国公司、各国商业银行和中央银行、官方机构以及一些国际性组织。这些客户的每笔交易额一般都很大，少则几十万美元，多则数亿甚至数十亿美元，所以称其为资金批发市场。

（三）欧洲货币市场主要是一个银行同业市场

在欧洲货币市场上，银行同业间的交易占整个市场交易量的2/3以上，这使得欧洲货币市场成了一个以银行同业拆放业务为主的市场。欧洲货币市场上的银行同业拆放期限有长有短，最短为隔夜，最长不超过一年，拆放主要凭信用，一般不需要签订合同；利率基本上是以LIBOR为基础，拆借金额一般都在100万美元以上。

（四）欧洲货币市场的存贷利差小

由于欧洲货币市场是一个高度自由的超国家资金市场，因此在该市场上经营业务的银行可以免交存款准备金，享受低税率乃至免税，从而降低了经营成本；由于是欧洲货币市场一个以银行同业为主的批发市场，每笔交易金额巨大，贷款客户信誉度高，手续简单，风险较小，因此进一步降低了经营成本。基于以上原因，使得欧洲货币市场具有独特的利率结构，即存款利率高于货币发行国国内的存款利率，而贷款利率低于货币发行国国内的贷款利率，存贷利差小。欧洲货币市场之所以能够发展壮大，受到投资者和筹资者的青睐，根本原因即在于此（见图6－1）。

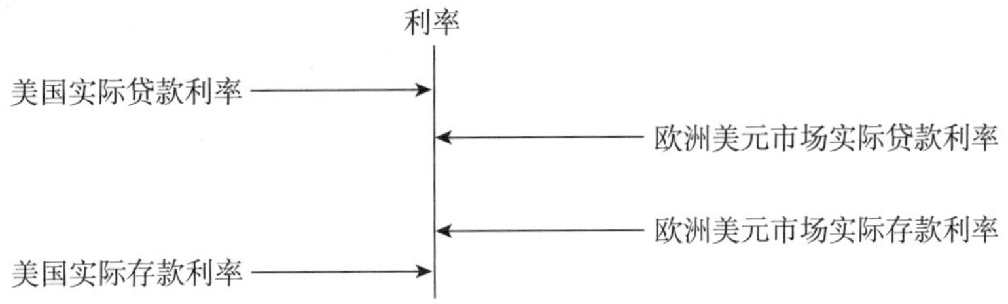

图 6－1　欧洲美元市场利率示意

（五）交易品种繁多，金融创新极其活跃

欧洲货币市场上交易的币种除了美元、欧元、日元等币种之外，还包括瑞士法郎、英镑、加拿大元等币种，以发展中国家货币为交易币种的也并不少见。欧洲货币市场的经营方式非常灵活，交易品种也可根据顾客的需要量身定做，借款期限可长可短，借款条件十分灵活，金融工具不断创新，对客户具有很大的吸引力。

三、欧洲货币市场的类型

欧洲货币市场形成之后，其范围不断拓展，分布地区已不局限于欧洲，很快拓展到亚洲、北美洲和拉丁美洲。欧洲货币市场最大的中心是伦敦，加勒比海地区的巴哈马、欧洲的卢森堡的业务量略少于伦敦，其他各大金融中心也经营境外货币业务。

欧洲货币市场与离岸金融中心同为经营境外货币的市场，前者是境外货币市场的总称，而后者是具体经营境外货币业务的一定地理区域。根据业务对象和营运特点的不同，离岸金融中心可以分为以下几类。

（一）一体型

一体型离岸金融中心是指本国居民参加交易的在岸金融业务与非居民间进行的离岸金融业务之间没有严格的分界，境内资金与境外资金可以随时互相转换。伦敦和中国香港地区就属于这种类型。

（二）分离型

分离型离岸金融中心是指境内金融市场业务与境外业务严格分离的市场。在该市场，对外资银行和金融机构与本国居民之间的金融业务活动加以限制，只准许非居民参与离岸金融业务，其目的在于防止离岸金融交易活动影响和冲击本国货币政策的实施。美国纽约离岸金融市场设立的国际银行设施（International Banking Facilities，IBF）、日本东京离岸市场上设立的海外特别账户以及新加坡离岸市场上设立的亚洲货币账户都属于此类。

20 世纪 80 年代，面对全球蓬勃发展的离岸金融市场及其引发的美元资产外流状况，美国通过创新方式，在美国本土以纽约为中心，建立了 IBF。这是一种特殊形式的离岸金融中心，是由美国的本国或外资银行为非美国居民设立的一种特殊银行账户。它不是通过地理隔离，而是通过在岸与离岸账户之间的隔离，建立离岸业务市场。由于美元是最主要的国际货币，所以该离岸市场经营的不是外币而是本币，并且由于设立在本土，所以它实际上是一种在岸的离岸中心，本国及外资银行可足不出户从事本币离岸业务。

IBF 的出现改写了离岸金融中心和离岸银行业的定义和必要条件：在境外设立机构和经营非本币。此举使得纽约成为真正意义上的、提供全面服务的国际金融中心。

（三）簿记型

簿记型离岸金融中心几乎没有实际的离岸金融业务，只进行借贷投资等业务的记账、转账或者注册等事务手续。其目的在于逃避税收和金融管制。中美洲的一些离岸金融中心如开曼群岛、巴哈马、拿骚和百慕大等就是属于这一类。

从离岸金融中心与本地区的资金关系出发，可以把离岸金融中心划分为基金中心和收放中心。

基金中心主要吸收国际游资，然后贷放给本地区的资金需求者。以新加坡为中心的亚洲美元市场就属于这种类型，它的资金来自世界各地，而贷放的对象主要是东盟成员国或临近的亚太地区国家。

收放中心与基金中心的功能相反，收放中心主要筹集本地区多余的境外货币，然后贷放给世界各地的资金需求者。亚洲新兴的离岸金融中心巴林，主要吸收中东石油出口国的巨额石油美元，然后贷放给世界各地的资金需求者；同时它通过设立在当地的外资银行与金融机构积极参与国际市场的各项金融业务。

全球主要的金融中心及其特点见表 6-2。

表 6-2　全球主要的金融中心及其特点

区域	核心国（地区）或城市	市场特点及类型
西欧	伦敦	全球最大的外汇市场、黄金市场，第四大证券市场。LIBOR 直接影响国际货币市场定价，海上保险和航空保险独具特色。世界资产管理中心，管理的资产占欧洲的 34%、全球的 25%。金融机构最集中的市场，5 平方千米的金融城汇集了英国主要的金融机构以及 500 多家外国银行的支行或办事处。伦敦属于一体型离岸金融中心
	苏黎世	第二大黄金市场，证券交易居于欧洲前列。瑞士为中立国，瑞士法郎稳定。苏黎世以离岸银行服务而闻名于世界
	法兰克福	欧洲中央银行所在地，法兰克福证券交易所是世界著名交易所，仅次于伦敦和纽约的证券交易市场。有 300 多家德国和外国的银行、金融机构驻扎于此
	日内瓦	全球领先的私人银行服务
	卢森堡	债券品种和筹资额居全球第一，是欧洲最大、世界第二的投资基金管理中心，全球第一的基金分销中心
中东	巴林	石油美元收放中心

续表

区域	核心国（地区）或城市	市场特点及类型
亚太	东京	全球第二大股票市场，第三大外汇市场。东京属于分离型离岸金融中心
	香港	金融机构聚集度仅次于伦敦和纽约，是世界第三大银行中心、第四大外汇交易中心、亚太地区最大的保险市场和第二大基金管理中心，属于一体型离岸金融中心
	新加坡	名列纽约和瑞士之后，全球第三的财富管理中心。集聚各类金融机构 600 余家。亚洲美元市场的引领者,分离型离岸金融中心，亚洲美元基金中心
北美	纽约	全球最重要的金融市场，国际美元清算中心，全球最大的证券市场，全球最具流动性的国债市场，全球第二大外汇市场。银行业 1/4 的资产来自外资银行，华尔街有 49 个国家的 187 家外资银行及其分支机构，金融机构聚集度仅次于伦敦。属于分离型离岸金融中心
	芝加哥	全球交易量第一的金融衍生品交易中心
加勒比海	巴哈马、开曼群岛、巴拿马、百慕大等	簿记型离岸金融中心，逃避税收和管制

专栏　人民币国际债券：点心债券和熊猫债券

人民币国际债券包括境内外机构在中国境外发行的离岸人民币债券（中国香港地区俗称“点心债券”，Dim Sum Bond）和境外机构在中国境内发行的人民币债券（俗称“熊猫债券”，Panda Bond）两种，分别属于欧洲债券和外国债券。熊猫债券是在岸市场人民币跨境流出和使用的重要渠道，而离岸人民币债券则成为境外人民币回流的重要形式。人民币国际债券市场的发展是人民币国际化进程中必不可少的一个阶段。

离岸人民币债券是从我国香港地区开始发行的。2007 年，国家开发银行在香港地区发行了第一只人民币债券，发行规模为 50 亿元，期限为 3 年。此后，随着我国放开境内非金融企业赴港发行债券，香港地区离岸人民币债券市场保持高速发展态势，债券品种日益丰富。2012 年 4 月，汇丰银行在伦敦发行人民币债券，这是首只在我国主权领土之外发行的人民币债券，标志着离岸人民币债券市场从香港扩大到其他离岸金融中心。离岸人民币债券在外汇市场一般用各自国家或地区的象征来命名，如在新加坡叫作“狮城债”，在法兰克福称为“歌德债”，而在韩国，离岸人民币债券则被誉为“泡菜债”。

2005 年 2 月，我国允许符合条件的国际开发机构在国内发行人民币债券（即熊猫债券）。当年 10 月，亚洲开发银行和国际金融公司在全国银行间债券市场分别发行了 10 亿元和

11.3 亿元的 10 年期债券，这是我国债券市场对外开放的一个重大突破。2010 年 9 月放开了发债主体、资金运用范围等条件，其他境外金融机构开始通过境内法人子公司发行人民币债券，这种债券并非严格意义上的熊猫债券，被称为“准熊猫债”。2014 年 3 月，戴姆勒公司发行的 1 年期熊猫债券，约合 8 200 万美元，是第一家进入中国内地债券市场的非金融海外公司，虽然规模很小，但是具有里程碑的意义。

截至 2020 年末，“熊猫债”发行主体已涵盖政府类机构、国际开发机构、金融机构和非金融企业等，累计注册/核准(备案)额度 1 万亿元，累计发行金额 4 337.21 亿元。2020 年，银行间债券市场和交易所市场累计发行“熊猫债”42 只，共计 586.51 亿元。①

四、欧洲货币市场的影响及监控

欧洲货币市场自其产生以来，在国际金融领域中扮演着重要的角色，其影响既有积极的一面，也有消极的一面。人们对它的态度，从理论界到实务界都有相当大的分歧。

（一）欧洲货币市场的积极作用

欧洲货币市场形成以后，对世界经济的发展起到积极的推动作用。

（1）欧洲货币市场的存在成为国际资本转移的重要渠道，最大限度地解决了国际资金的供需矛盾，促进了国际贸易与国际投资的发展，推动了世界经济的发展。

（2）为某些国家弥补国际收支逆差提供了手段。1973 年石油危机之后，欧洲货币市场成功地完成了石油美元的回流，避免了世界范围的国际收支失衡。

（3）欧洲货币市场的产生和发展打破了各国际金融中心之间相互隔离的状态，使它们的联系不断加强，它体现着国际金融的真正一体化，降低了国际资金流动的成本，使国际金融市场的有利因素得到最大限度的发挥，促进了经济、生产、市场和金融的国际化。

（二）欧洲货币市场的消极影响

（1）加剧了汇率的波动，影响了国际金融市场的稳定。欧洲货币市场管制较松，巨额欧洲货币在世界范围内自由流动，大进大出，为外汇投机活动提供了方便，加大了汇率波动的幅度，从而加剧了国际金融市场的动荡。

（2）欧洲货币市场削弱了一国国内货币政策的有效性。欧洲货币市场的存在往往使得一些国家的金融政策不能收到预期的效果。当一国为抑制国内通货膨胀而提高利率时，国内的银行和企业可以很方便地从欧洲货币市场上获得低成本的资金；同时，欧洲货币市场上的游资会因高利率而大量涌入，这使得紧缩的货币政策无法达到预期的目的。反之，当一国为刺激经济增长而放松银根、降低利率时，国内资金会流向利率水平较高的欧洲货币市场，这使得宽松的货币政策无以为继。

（3）欧洲货币市场增大了国际贷款的风险。欧洲货币市场的资金来源中，短期资金和同业拆放资金占有相当大的比重，而欧洲货币市场中的很多贷款是中长期的，这种期限上的错配，增加了国际金融市场的脆弱性。

① 中国人民银行，2021 年人民币国际化报告，17 页。

另外，欧洲货币市场上长期巨额信贷牵涉众多的辛迪加成员银行，而银行之间的借贷关系通过网络又遍布全世界各个主要金融中心，一旦一国银行发生危机，极易产生“多米诺骨牌”效应。

欧洲货币市场的消极影响引起了国际金融界的极大关注，自 20 世纪 70 年代以来，各主要西方国家之间一直进行协调，试图对欧洲货币市场进行监控。1971 年 4 月，国际清算银行设立“欧洲货币常设委员会”，以研究对欧洲货币市场应采取的政策。1971 年 6 月，欧洲经济共同体委员会提出各国央行不将其美元存入欧洲货币市场，以削弱其作用。1975 年 12 月，国际清算银行组织成立了“银行管制和监督常设委员会”（即巴塞尔委员会），协调各国对银行的监督。1979 年，参与欧洲货币市场的主要国家提出管制市场的具体措施，主要包括：第一，限制各国央行在欧洲货币市场上的活动；第二，建立欧洲银行的存款准备金制度；第三，建立负责进行欧洲货币市场公开市场活动的机构；第四，协调各国对银行业的管制；第五，建立情报中心。

1988 年 7 月，巴塞尔委员会正式通过了《关于统一国际银行的资本衡量和资本标准协议》（即《巴塞尔协议》），就国际性商业银行资本计算和资本标准达成协议，在国际银行业协调方面取得进展。根据该协议，到 1992 年底，巴塞尔委员会会员国的银行资本占加权风险资产的目标标准比重为 8%，这是所有会员国的国际银行必须达到的最低共同标准。1997 年 9 月，巴塞尔委员会进一步制定了《有效监管的核心原则》，该原则涉及金融监管体系的各项基本要素，为各国实施有效的银行监管建立了一个完备的原则和框架。从 1997 年开始，巴塞尔委员会开始着手对 1988 年版的《巴塞尔协议》进行修订，《巴塞尔协议Ⅱ》于 2003 年底完稿，并于 2006 年起在十国集团内正式生效执行。在雷曼兄弟申请破产两周年之际，《巴塞尔协议Ⅲ》出炉，在一年之内迅速获得最终通过，并于 2011 年韩国首尔 G20 峰会上获得正式批准实施。

随着欧洲货币市场的进一步发展，各主要发达国家为维护本国金融利益，必将不断加强合作，欧洲货币市场的管理有可能进一步加强。

五、亚洲货币市场及其他境外货币市场

（一）亚洲货币市场

亚洲货币市场是指亚太地区的银行经营境外美元和其他境外货币借贷业务的市场，其中，境外美元的交易额占到 90% 以上，故又称为亚洲美元市场。新加坡是亚洲货币市场的交易和结算中心，其他市场主要有香港、东京、马尼拉。亚洲货币市场是欧洲货币市场的延伸，是欧洲货币市场的组成部分。

自 1968 年 10 月开始，在新加坡的银行经政府当局批准，可以通过设立亚洲货币账户的方式，经营境外货币业务，但境外货币业务与境内货币业务是分离的，境外业务不受金融当局关于最低现金余额和法定清偿能力等规定的约束。此后 30 多年中，新加坡离岸金融市场的规模每年以 30% 的增长速度扩展。20 世纪 70 年代末，中国香港地区同新加坡展开了对亚洲境外货币业务的竞争，当局放松了外国银行进入的管制，取消了对外币存款利息收入的预扣税等，从而使新加坡、巴林乃至伦敦、纽约等地的资金被吸引过去，香港地

区的境外美元业务大增。随着日本国际经济地位的提高以及日元国际化进程的加速，东京离岸金融市场迅速崛起。获准经营境外业务的银行按照规定须设立海外特别账户，境外业务实行利率自由化，免征存款利息所得税，但证券交易、远期和期货交易受到严格限制。

亚洲货币市场的资金交易也有短期信贷、中长期信贷和债券业务，短期信贷是其主要业务。市场上的借款人主要是美国、欧洲国家及日本设在亚太地区的跨国公司，其目的是用于该地区的投资。近年来，亚洲货币市场对欧洲及其他地区的资金债权一直低于债务，这表明亚洲货币市场资金来源于外部而运用于区域内部，大量国际资金流入了亚洲，为亚太地区的经济发展提供了资金支持。尽管目前亚洲货币市场的容量较小，存款净额只相当于整个欧洲货币市场的 10% 左右，但亚太地区各国政府政策的积极支持，以及亚太地区经济的发展前景对市场的发展十分有利。

（二）加勒比海离岸市场

以中小岛国为主的加勒比海地区经济不太发达，但由于偏离政局动荡和战乱地区，并且有关的赋税条件极其优惠，故而吸引了大量境外资金。这一地区缺乏伦敦和纽约那样大型市场的基本设施和服务，因此资金交易者往往只是利用它作为记账和划账中心来避税，而不进行实际交易业务。

（三）巴林离岸市场

巴林奉行多样化的经济政策，走金融立国之路，为发展离岸市场制定了各种鼓励性的政策措施；加上巴林地处中东海湾地区，巨额的石油资金以及区位优势使它具有很大的吸引力。巴林市场发展迅速，经营的主要货币是美元，其次是海湾货币。它的存在和发展为回流石油美元畅通了渠道，促进了海湾国家的经济发展和对外投资。

专栏　国内金融市场、涉外金融市场和在岸金融市场、离岸金融市场

在国内金融市场上，资金的供给由本国投资者提供，资金的需求来自本国的筹资者，二者的媒介是本国的金融机构，所使用的货币是本国货币，当事人在从事金融活动时毫无疑问应当遵守本国的法律和相关规定。

在涉外金融市场上，与国内金融市场相比，只是加入了某些涉外因素，如在传统的国际信贷和国际证券发行中，以某种货币筹资（如英镑）只能到该货币的发行国（如伦敦）进行，在该市场发生的金融交易须遵守市场所在地（如英国）的法律和相关规定。基于以上原因，可以说涉外金融市场是国内金融市场的延伸。涉外金融市场构成了传统意义上的国际金融市场。

离岸金融市场是不同于传统的国际金融市场的新型金融市场。离岸金融市场交易的货币通常游离于货币发行国之外，是在市场的非居民之间进行的各种金融交易。无论是从交易使用的货币、资金的供给者、需求者、供需间的媒介还是从市场的范围来看，离岸金融市场才是真正意义上的国际金融市场。正因为如此，有些文献称离岸金融市场为真正或纯粹意义上的国际金融市场，或者说是国际金融市场的核心。

在岸金融市场是国内金融市场和涉外金融市场的统称。例如居民在国内从事的借贷、居民到海外筹资、非居民到国内筹资等金融业务都属于在岸金融市场业务。

国内金融市场、涉外金融市场和离岸金融市场示意见图 6–2。

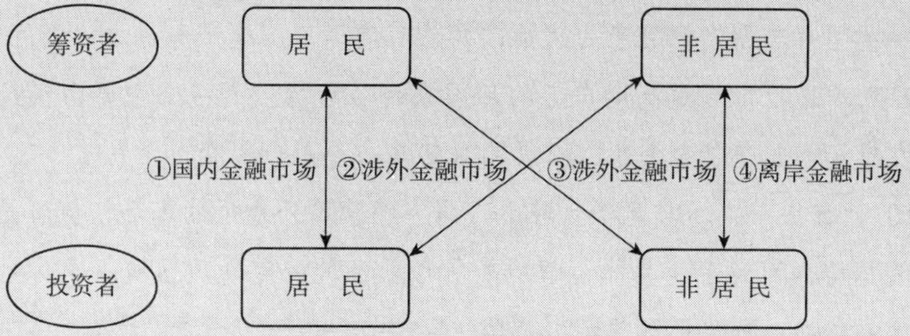

图 6–2　国内金融市场、涉外金融市场和离岸金融市场示意

本章小结

1. 广义的国际金融市场是指进行各种国际金融业务活动的场所，包括货币市场、资本市场、外汇市场和黄金市场。狭义的国际金融市场是指在国际上经营借贷资本的市场，又称国际资金市场。

2. 国际金融市场的形成与发展可以分为三个阶段，欧洲货币市场的形成与发展标志着国际金融市场进入了一个崭新的历史发展阶段。

3. 传统的国际金融市场与新型的欧洲货币市场的区别主要有：业务主体的差别；交易货币的差别；资金来源的差别；受管制程度的差别。

4. 20 世纪 70 年代以来，国际金融市场呈现出一系列新的发展趋势，即一体化趋势、证券化趋势、金融创新趋势、金融机构表外业务日益增加的趋势。

5. 货币市场是指经营期限在 1 年以内的借贷资本的市场。国际货币市场分为：银行短期信贷市场、短期票据市场和贴现市场。银行短期信贷市场以银行同业拆放业务为主，伦敦银行同业拆放市场是典型的同业拆放市场。

6. 资本市场是指经营期限在 1 年以上的借贷资本的市场。资本市场可分为银行中长期贷款市场和中长期证券市场。国际证券市场可分为国际债券市场和国际股票市场。国际债券有欧洲债券和外国债券两种。

7. 欧洲货币是在货币发行国境外被储蓄和借贷的各种货币的总称，一般可以理解为境外货币。欧洲货币市场是经营欧洲货币业务的市场，是在一国境外从事该国货币存款、放款、投资、债券发行和买卖业务的市场。

8. 欧洲货币市场始于欧洲美元。其形成主要基于以下几个原因：英镑危机；美国的跨国银行与跨国公司为逃避本国金融法令的管制；美国政府的放纵态度；西欧一些国家实行倒收利息的政策；两次石油提价；生产与资本的国际化。

9. 欧洲货币市场是高度自由的超国家资金市场，是一个主要由银行同业参与的批发市场，其存贷利差小，交易品种繁多，金融创新极其活跃。

10. 欧洲货币市场与离岸金融中心同为经营境外货币的市场，前者是境外货币市场的总称，而后者是具体经营境外货币业务的一定地理区域。离岸金融中心可以分为一体型、分离型和簿记型三类。

11. 亚洲货币市场是指亚太地区的银行经营境外美元和其他境外货币借贷业务的市场，其中，境外美元的交易额占到90%以上，故又称为亚洲美元市场。

关键概念

国际金融市场	货币市场	LIBOR	CD
资本市场	辛迪加贷款	欧洲货币	欧洲货币市场
欧洲债券	外国债券	金融衍生工具	扬基债券
武士债券			

复习思考题

1. 简述国际金融市场的概念和构成。
2. 传统的国际金融市场和欧洲货币市场有什么区别？
3. 简述国际银行同业拆放市场的特点。
4. 简述欧洲货币市场的概念及特点。
5. 简述欧洲货币市场形成和发展的原因。
6. 离岸金融市场有哪几种类型？
7. 货币市场和资本市场的构成和相应的业务有哪些？

第七章
国际资本流动与金融危机

专业学习目标

了解国际资本流动的概念、类型及原因，理解国际资本流动的发展历程以及20世纪90年代以来国际资本流动的特征；

掌握长期国际资本和短期国际资本流动的积极与消极影响；

领会金融危机的定义及金融安全性衡量指标，理解主要的金融危机理论模型并能运用于实践；

了解中国的国际资本流动现状，理解中国国际资本流动监管从资本管制向宏观审慎监管转变后面的逻辑。

素养目标

认识国际资本流动的历史变迁，培养大历史观和国际视野；理解金融危机的生成机理；了解中国国际资本监管政策的演变过程监管措施。

知识结构导图

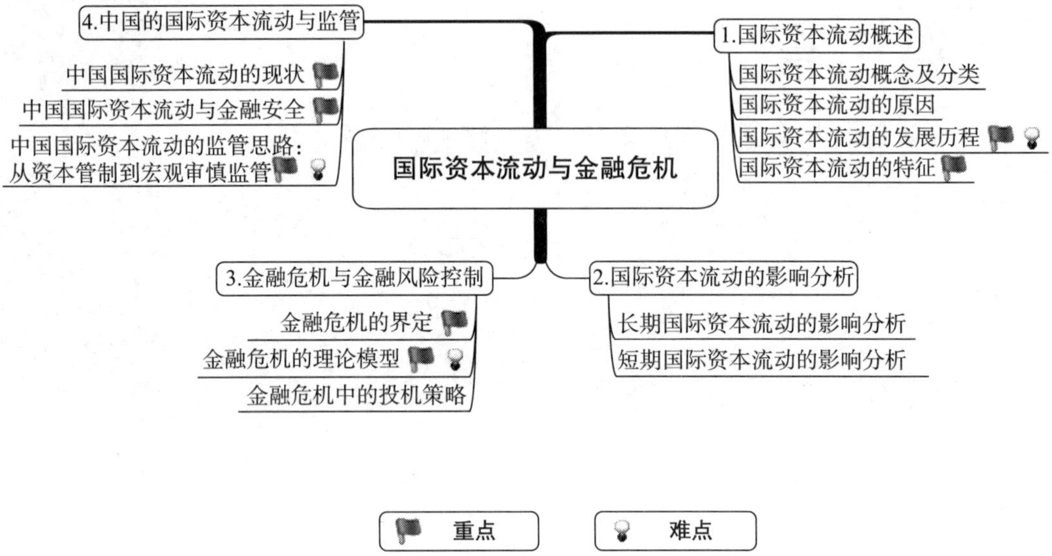

国际资本流动是资本要素在全球进行有效配置的必然要求。从正面效应来看，国际资本流动伴随着金融自由化、经济全球化和一体化的进程，成为推动世界经济增长的主要力量。发展中国家借此也在一定程度上产生了投资增加、福利改善、金融市场深化等良性效果。但同时，国际资本流动也使这些国家暴露于外部动荡之中，经济金融不稳定显著增加，尤其是那些金融部门不健全、宏观经济政策失当的国家甚至付出了债务危机和金融危机的代价，其负面影响不可小觑。如何趋利避害、因势利导利用国际资本流动，使其成为推动技术进步和经济增长的重要动力，不仅具有重要的理论价值，也是实践中必须要面对和解决的问题。

第一节 国际资本流动概述

一、国际资本流动的概念及分类

国际资本是由国内资本转化而来的。国内资本和国际资本没有本质的区别，都是无差异的人类一般劳动成果的生成、凝结和节约，二者没有不可逾越的鸿沟。正是因为各国对资本施加了种种管理规定或管制措施，才使得资本具有了国家的界限。当人类对资本流动的所有管制措施都取消的时候，所有的资本便都成了全球人类共享的国际资本。

（一）国际资本流动的概念

国际资本流动是指资本从一个国家或地区转移到另一国家或地区。这里所说的资本包括货币资本或借贷资本，以及与国外投资相联系的商品资本和生产资本。国际资本流动包括资本在国际上流出与流入两个方面。

一国在一定时期内同其他国家或地区之间的资本流动主要反映在国际收支平衡表的资本与金融账户中。资本流入意味着本国收入外汇，记入本国国际收支平衡表的贷方；资本流出意味着本国支出外汇，记入本国国际收支平衡表的借方。国际资本流动还反映在经常账户中的经常转移项目和平衡账户中的官方储备项目中。经常转移项目反映的是私人和官方的单方面的、无偿的资金移动；官方储备项目则表明有关国家政府之间为结算国际经济交易差额而发生的金融资产转移的金额。

（二）国际资本流动的分类

一般来讲，国际资本流动可划分为长期国际资本流动和短期国际资本流动。

1. 长期国际资本流动

长期国际资本流动，是指使用期限在一年以上的资本在国际上的流动。这种资本多与生产要素的国际转移结合在一起，有着完整的资本循环与增值过程，具有相对的稳定性。具体包括国际直接投资、国际证券投资和国际中长期贷款三种类型。

（1）国际直接投资，是指一国的投资者将资本用于他国的生产或经营，并掌握一定的经营控制权的投资行为，是资本要素国际流动的主要方式之一。直接投资通常采用三种基本方式：开办新企业、跨国并购、利润再投资。

（2）国际证券投资，也称国际间接投资，是指购买外国企业或政府发行的或已上市的股票、债券等有价证券，并以获取股票分红、债券利息收益为目的的投资行为。证券投资既可获得一定的分红或利息，也可利用股票或债券价格波动所带来的价差机会获得套利收益。后者具有投机性短期国际资本流动的特征，但如果套利失败，就会部分转化为长期证券投资。

（3）国际中长期贷款，包括政府贷款、辛迪加贷款、出口信贷和国际金融机构贷款等。

2. 短期国际资本流动

短期国际资本流动，是指使用期限在一年以下（含一年）的国际资本流动。短期国际资本流动从性质上可分为金融性资本流动、贸易性资本流动、保值性资本流动和投机性资本流动。

（1）金融性资本流动，是指由各国的外汇银行和其他金融机构之间因资金头寸调拨而引起的国际资本转移，如同业拆借、套利、套汇等。

（2）贸易性资本流动，是指由国际贸易结算和国际贸易融资所引起的资金流动。

（3）保值性资本流动，是指金融资产持有者为了保证资本的安全性或收益性而进行的国际资本流动。安全因素涉及一国的政局动荡、国有化政策及经济形势恶化引起的本币大幅贬值等；收益因素则与一国强化外汇管制、征税等密切相关。

保值性资本流动的主渠道有：建立各种形式的空壳公司；外方通过各种出口和原材料的定价手段赚取高额利润，变相抽取资本；外汇银行柜面把关不严；外方投资设备作价高估，形成虚假收入等。

（4）投机性资本流动，是指资本持有者在投机心理的支配下，利用国际金融市场利率、汇率、证券价格指数和股票、债券、黄金等其他金融资产价格变动的差异，借助一定的金融工具，进行形式多样的投机活动而引起的资本国际转移。投机性资本流动具有流动性强、收益率高、风险性大、交易量大的特点，它往往脱离实际的经济活动，国际上俗称“热钱”交易。

专栏　　游资

游资（Hot Money），或称为“热钱”（在中国大陆一直翻译为游资，但是港台地区一般使用“热钱”），即寻求短期回报的流动资金。游资，顾名思义，即指尚未投入或约定投入确定的经济领域，处于游动状态的资本。《新帕尔格雷夫经济学大辞典》对游资的定义是：“在固定汇率制度下，资金持有者或者出于对货币预期贬值（或升值）的投机心理，或者受国际利率差收益明显高于外汇风险的刺激，在国际上掀起大规模的短期资本流动，这类移动的短期资本通常被称为游资。”因此，国际游资就是为追求高额投机利润而在全球金融市场中频繁流动、积聚和炒作的短期资金。不能把游资等同于短期资本，后者至少包括流动资金。

在国际金本位制下，不存在游资大规模流动的条件。到了两次世界大战期间，游资就已成为引人注目的事件。1926—1928 年，由于当时国际金融市场中普遍预期法国法郎可能升值，法国就成为当时大笔境外资金竞相流入的目标地。第二次世界大战后游资活动的第一个高峰发生在 1967 年之后。在英镑贬值、法郎贬值、德国马克升值以及德国最终实行浮动汇率制之前，都发生过大规模的投机性资本流动。从那以后，游资的规模就逐渐增大。牙买加体系之后，游资更成为国际金融市场上一种常见的现象。20 世纪 90 年代以来，由于金融全球化飞速发展，游资也有了一些新的特征。首先，高速流动。信息技术的发展使得巨额资金的跨境调度和交易可在瞬间完成。其次，国际游资日益显示出“集体化”倾向。由于机构投资迅速发展，今日的“游资”已不再是“散兵游勇”，而是名副其实的“强力集团”。最后，交易的杠杆化。运用杠杆原理，以较少的保证金买卖几十倍乃至上百倍于保证金的合约金额的金融商品，是游资的惯常投机做法。

长期以来，发展中国家由于国内资金短缺，往往对外汇流出监控比较严格，而对外汇流入缺乏监控。其实，“热钱”带来的隐患正是在其流入时埋下的。21 世纪以来，由于中国经济的高速稳定增长，人民币与美元之间的利差以及人民币强烈升值预期等因素的驱动，国际游资开始通过各种渠道进入中国。尽管对其规模大小有不同的看法，但是，毫无疑问，这对中国的外汇管理以及金融监管形成了巨大的挑战。

二、国际资本流动的原因

国际资本流动的原因，可以从以下不同角度进行分析：

（1）从原动力上看，国际资本流动的根本原因是利益驱动和规避风险。

国际上收益率的差异，必然体现为资金由低收益率的市场向高收益率的市场流动的特征。各国的利率差异既有各国资金供求不平衡的内因，又有如离岸金融市场等金融创新的外部因素。这样，国际资金流动就发挥了自发调节和分配资金总量的作用。

不同金融市场风险的差异也是推动资本跨国流动的原因。牙买加体系再加上金融自由化浪潮下导致的金融环境动荡，使得投资风险加大，投资者必然会在全球范围内进行资产配置，以规避各种经济及政治风险。

（2）从货币信用制度条件上看，信用深化、证券化是国际资本流动的根本制度保障。

货币经济发展到一定阶段必然出现信用深化。国际资本流动本身就是信用跨越国界、信用关系主客体范围扩展的表现，而证券方式更是提供了复杂多样、灵活便利的信用工具和高效率的变现渠道。

（3）从政策方面来看，金融管制的放松为国际资本流动提供了外在的政策环境，鼓励了资本的流动。

20 世纪 80 年代以来，各国兴起了放松外汇管制乃至金融管制的自由化浪潮，对本国的银行信贷市场与证券市场逐步放开，允许外国金融机构进入本国金融市场，允许非居民到国内金融市场筹资，这使得金融机构得以在全球范围内进行金融创新，催化了资本的流动。

（4）从技术方面看，通信技术的发展以及金融配套服务市场的日趋完备，便利了资本流动。

交易成本往往是决定交易可行性的关键因素。与国内资本流动相比，国际资本流动通常要支付更高的现实与潜在交易成本；与长期直接投资相比，短期资本流动由于其在国家、币种、金融工具之间频繁转换，交易成本的意义更为重大。

20 世纪 80 年代以来，信息技术和金融配套服务市场的长足发展大大降低了国际短期资本流动的交易成本，对国际资本的大规模流动发挥了巨大的推动作用。正如美林投资银行家泰斯特林所说："10 年前，如果你认为在墨西哥投资是一个好主意，你也许不知道怎样实现这个想法，但现在它容易得就像拨共同基金的电话号码一样。"

（5）在实践中，国际资本流动具有自发增加、自我循环的倾向。

银行之间的存款派生过程推衍到国际市场上具有类似的派生乘数，但其派生原理具有特殊性，如派生过程不存在法定准备金比率的限制，在理论上具有无限创造存款货币的能力；但同时，国际金融市场上的现金漏损率相当高，又会大大地抵消这一乘数。理论界对这一乘数的大小一直存在很大的争议，一般认为这一乘数可能为 2.5～5.5。

三、国际资本流动的发展历程

19 世纪以来，伴随着国际政治、经济形势的演变，国际资本流动格局发生了多次变化，每次变化又反过对世界政治、经济格局产生了重大影响。金本位制时期是国际资本流动的第一个黄金时期；但在随后的两次世界大战期间陷入低迷时期；布雷顿森林体系和后布雷顿森体系时期，国际资本流动在曲折中前进；20 世纪 90 年代以来，国际资本流动又进入了一个新的黄金发展时期，资本流动规模及活跃度都达到了空前的高度。

（一）第一时期：1870—1914 年，国际资本流动的第一个黄金期

工业革命后，发达资本主义国家拓展世界市场的同时，必然伴随着资本流动。第一次

国际资本流动浪潮发生在1870—1914年的金本位制时期。稳定的金本位体系，保证了外汇市场的相对稳定和国际资本市场的统一，有力地促进了国际资本流动，该时期的国际资本流动非常活跃，规模也比较大。以英国为例，1870—1914年，英国海外资本年输出规模约占其国民收入的4%，个别年份高达7%～9%[①]。

英国是当时最主要的资本输出国，其对外投资占全球的比重最高时达到80%左右，可以说在整个19世纪里，英国都扮演着“世界银行”的角色。其次是法国和德国，但其对外投资的的规模远小于英国，大约相当于英国的三分之一。

该时期的资本大都流向了经济相对比较富裕、资源丰富、与输出国“亲源”较近的欧洲、北美洲（美国和加拿大）和大洋洲（澳大利亚）。例如，1914年欧洲的资本输入为27亿英镑，占当时全球资本输入的26.4%，澳大利亚的资本流入占其GDP的9.5%，加拿大的资本流入占其GDP的6%。

该时期的国际资本流动主要以证券投资和政府贷款为主。世界银行发布的《全球金融发展报告》显示，第一次世界大战之前，全球直接投资存量不足全部海外投资的三分之一，铁路和公用事业（电力、水力、轨道交通及矿藏）是海外投资最喜欢进入的领域，该时期英国对阿根廷、澳大利亚、加拿大及美国的投资中，约有90%投向铁路或政府债券。

（二）第二时期：两次世界大战期间的国际资本流动低迷期

第一次世界大战的爆发导致了金本位体系的崩溃，各国相继实施了以邻为壑的金融政策，黄金和资本管制盛行，导致国际资本流动规模大大萎缩，资本流动性大幅降低，达到了历史低谷。随后1929年开始的资本主义经济大危机使得主要工业化国家都忙于应对国内的失业和经济萧条，相继采取了严厉的贸易保护主义政策，资本管制开始盛行。1939年，当很多国家还没有从危机的阴影中走出来时，第二次世界大战又爆发了。全球60%以上的国家都卷入了战争，国际金融市场遭到了极大破坏，国际资本流动陷入低迷。

这一时期，国际资本流动具有以下一些特点：

第一，两次世界大战使英、法、德等国元气大伤，而美国没有遭受战火的破坏，反而大发战争横财，因此这一期间美国国力大增，对外资本输出快速发展，美国不仅变成了净债权国，而且取代英国成为最大资本输出国。

第二，在流向上，以流入欧洲为主，德国成为最大借款国。

第三，在动因上，支撑资本自由流动的国际金本位制度受到冲击，资本流动的目标也随之改变，过去是以追求高回报和超额利润为主，这时主要是寻求资本的安全避难地。

第四，在两次世界大战期间，私人资本流动仍占较大比例，直接投资与证券投资存在此消彼长的关系。以美国为例，1918年第一次世界大战结束时，直接投资在私人投资中占比为50%多；20世纪20年代，证券投资迅速发展，到1929年，美国的证券投资首次超过直接投资。但由于大萧条期间，近一半的证券投资遭到违约，因此，证券投资在私人投资中占比降至30%左右。到了1945年，美国的海外投资中约有60%是直接投资。[②]

① Kenwood A. G. and Lougheed. The Growth of the International Economy: 1820—1990. London: George Allen & Unwin Press，1992.

② Lipsey R. E.. The Role of Foreign Direct Investment in International Capital Flows. New York: National Bureau of Economic Research，1999.

（三）第三时期：第二次世界大战后至 20 世纪 80 年代，从美元独霸走向动荡多元

这个时期又可以划分为几个特色鲜明的不同阶段。

第一个阶段是从第二次世界大战结束到 1973 年布雷顿森林体系崩溃，国际资本流动以“美元”为特色。美国在战后成为头号强国，布雷顿森林体系确定了以美元为中心的国际货币体系，相对稳定的汇率体系使得贸易迅速扩张，资本流动恢复并加速。美国跨国公司的对外投资和以“美援”为依托的美元大规模跨国流动，构成了国际资本流动的主流。第二次世界大战后，欧洲重建计划引起了庞大的官方资本流动，美国政府实施的马歇尔计划和杜鲁门第四援助计划导致大量美元流入欧洲。从 1945 年 7 月 1 日到 1955 年 6 月 30 日，在“马歇尔计划”的主导下，美国向德国提供贷款 38.7 亿美元；1945 年 12 月，美国与英国签署财政协定，美国向英国提供 37.5 亿美元的低息贷款。到 20 世纪 60 年代，美国的海外投资占全球投资的比重高达 51%。

第二个阶段是从布雷顿森林体系崩溃到 20 世纪 80 年代，称为“石油美元回流”时期。其具有决定性影响的时期是 1973—1974 年和 1979—1980 年。产油国积累的大笔美元资本，首先“回流”到西方国家的银行，再以贷款形式流入亚洲和拉美国家。总额大约为 1 600 亿的石油美元，对亚洲“四小龙”的崛起和巴西等国 20 世纪 70 年代的经济奇迹产生较大的助推作用。这一时期国际资本市场活动状况见表 7－1。

表 7－1　石油危机期间的国际资本市场活动　　单位：百万美元

年份	国际市场筹资总额	年度增长率（%）	OECD 筹资总额	非 OECD 筹资总额
1971	7 492.4		5 338.4	324.6
1972	19 649.8	162.26	13 248.7	4 702.8
1973	29 544.7	50.35	20 314.6	8 499.6
1974	37 161.2	25.78	26 921.2	9 617
1975	40 550	9.12	25 050.6	13 360.6
1976	61 860.5	52.55	40 400.2	17 696
1977	689 49.9	11.46	44 463.2	20 782.1
1978	109 328.7	58.56	69 084.5	36 630.1
1979	118 087.5	8.01	71 752.7	42 494.1
1980	116 461.6	−0.14	77 637.8	34 464.4
1981	199 461	71.27	151 888.7	41 894.9

注：OECD 为经济合作与发展组织的简称。

资料来源：OECD.International Capital Markets Statistics，1950—1995.

在这一阶段，多元化货币开始担当国际资本流动的载体。布雷顿森林体系的崩溃标志着“美元本位”国际金融体系的终结，德国马克、法国法郎、英国英镑和日元等主要货币在国际资本流动中崭露头角。在国际贸易的计价结算方面，美元在 20 世纪 60 年代初占 90%，70 年代只占约 55%；在国际借贷的货币结构方面，20 世纪 60 年代用美元进行的国

际借贷占欧洲货币市场的 90% 左右，到 1973 年，这一比重下降为 70%，1978 年更下降为 67%；在欧洲债券市场方面，60 年代用美元作为票面货币发行的债券占欧洲债券市场的 80% 以上，到 1973 年，这一比重下降到 63%，1978 年再下降为 48%。

此外，国际资本流动从 20 世纪 70 年代前美元的单向输出，转变为在各国之间的相互流动，一些新兴市场国家也逐步加入资本输出国行列。

第三个阶段是 20 世纪 80 年代以后，美国由资本净输出国转变成净输入国。美国自第二次世界大战以来就成为全球最大的资本输出国，这一状况一直持续到 20 世纪 80 年代中期。从 1985 年开始，美国由一个资本净输出国转变为资本净输入国，而且资本净输入的规模越来越大，到 20 世纪 80 年代末，美国已成为全球最大的资本净输入国。与此同时，美国的国际资本流动结构也发生了重大转变。20 世纪 80 年代以前，美国主要是借短（外国愿意购买流动性强的美元资产）贷长（美国向国外供给长期贷款和投资基金）。但从 20 世纪 80 年代中后期开始，美国的国际资本流动结构逐渐由对外长期贷款转变为对外直接投资，而其负债结构仍然是原来的低回报、低风险的债券。

（四）第四时期：20 世纪 90 年代以来的全球化时代

20 世纪 90 年代以来，随着全球金融一体化的发展，各国不断放松资本管制，金融开放度不断提高，国际资本流动进入了一个新的黄金时期。跨境资本流动趋势不断增强，规模不断扩大，速度不断提升，资本流动性达到一个新的水平。

不论是发达国家还是新兴及发展中国家，其资本账户开放度都在不断提高，参与的国家数目也越来越多，国际资本流动规模越来越大，大大促进了国际资本流动的发展。根据 UNCTAD（联合国贸易和发展会议）的统计数据，全球 FDI（外商直接投资）流入和流出规模从 1990 年的 4 498 亿美元，上升至 2000 年的 26 562 亿美元，并于 2007 年达到历史最高峰 42 691 亿美元，受全球金融危机的影响，2008 年之后全球 FDI 流动规模有所下降，2015、2016 年恢复至危机前水平。随后受美国调整税收政策及新冠疫情的影响，2020 年全球 FDI 流入仅 9 290 亿美元，而 2021 年强劲反弹至 1.65 万亿美元。

以国际证券投资为代表的间接投资在规模上超过了直接投资，呈现出证券化趋势。根据 IMF 的《协调组合投资调查》（Coordinated Portfolio Investment Survey，CPIS）的统计，2001 年全球跨境证券资本流动规模为 12.7 万亿美元，2005 年则上升至 26 万亿美元，2010 年则达到 40.1 万亿美元，2013 年则进一步增至 46.7 万亿美元。截至 2021 年 6 月跨境证券投资规模为 75.5 万亿美元。

整体上，发达国家为净资本输出国，发展中国家为净资本输入国，但发达国家的资本流入规模同样突出，发展中国家的资本流出也在逐渐增加。1990 年，新兴及发展中经济体的对外直接投资及其吸收的 FDI 占全球的比重分别为 4.7% 和 16.8%，2000 年则分别上升至 12.1% 和 18.8%，2013 年则进一步增至 32.2% 和 53.6%。[①]，2020 年流入发达经济体 FDI 为 47%，而发展中经济体为 53%。

从资本流动的结构上来说，发达经济体的资本输出主要是高风险、高收益的对外直接投资，而其吸收的资本主要是低风险、低收益的政府债券等金融资本。新兴及发展中经济

① 刘健．国际资本流动格局的发展演变及启示．西南金融，2015（4）．

体却恰好相反，其对外投资主要是以购买美国等发达经济体政府和机构债券的形式存在，收益相对较低，而其吸收的资本主要是 FDI，从而形成了 FDI 与金融资本在不同经济体之间的“双向流动”现象。

美国、欧元区等发达经济体的 FDI 净值占世界 GDP 的比重达 3% 左右，而新兴及发展中经济体的 FDI 净值占世界 GDP 的比重则为 −5% 左右；新兴及发展中经济体的债务和外汇投资净值占世界 GDP 的比重则达到 10% 左右，美国和欧元区则分别为 −11% 和 −4% 左右。[①] 这意味着新兴及发展中经济体一方面是 FDI 的净流入国，另一方面又是债务和外汇资本的净流出国，发达经济体却恰好相反。而且随着全球金融一体化进程的加快，这种“双向资本流动”现象也越来越突出。这种国际资本流动的新格局是历史上没有出现过的，其中所引发的关于新兴国家利用外资的成本与效益问题值得深思和探讨。

四、国际资本流动的特征

20 世纪 90 年代以来，国际资本流动呈现出如下特征。

（一）国际资本流动规模巨大，不再依赖实体经济而呈现独立增长态势

从总量上看，国际资本流动的增长远远快于世界贸易的增长，呈持续性，不受世界经济周期波动的影响。以全球外汇市场日平均交易额为例，1986 年，这一指标为 1 880 亿美元，1989 年升至 5 900 亿美元，1998 年为 2 万亿美元，2007 年为 4.2 万亿美元，2014 年是 6.7 万亿美元，2019 年是 8.3 万亿美元。与之对照的是，具有真实贸易和投资基础的外汇交易比重不断下降，资本流动期限不断缩短。国际贸易与投资交易额占外汇日交易额比重，1977 年为 28.5%，1995 年降至 1.6%，现在则远低于 1%。就总体而言，国际银团贷款平均期限从在 20 世纪 90 年代初期的 6 年左右下降到了 3～4 年。

从速度上看，庞大的国际资本流动呈快速移动之势。以发生货币危机时的投机交易额为例，1947 年 8 月发生大挤兑时，每天的英镑投机交易额不足 1 亿美元；1969 年，德国马克因升值预期而触发资本流入德国，10 天内其外汇储备增加 41 亿美元，日投机交易额最高超过 5 亿美元；1971 年 5 月，1 小时内就有 10 多亿美元流入德国；1973 年 3 月 1 日一天之内，德国联邦银行买入 27 亿美元，号称当时历史上规模最大的外汇市场干预行动；1994 年 12 月，墨西哥中央银行数日之内便损失 50 亿美元储备；1997 年 11 月至 12 月，韩国损失账面储备 100 亿美元、“可用”储备 250 亿美元等。可见，这些资本流动呈“光速”。

从地域上看，在国际资本流动中居于突出地位的一些离岸金融中心都出现在经济和贸易不太发达的国家和地区，如巴哈马、巴林、开曼群岛、菲律宾、阿联酋等。

（二）国际资本流动的结构呈现多元化格局

这主要表现在：第一，国际资本流动既可表现为资本在不同国家或地区之间的流动，又可表现为资本在外汇市场、信贷市场、证券市场以及衍生工具市场间的流动。第二，从

① 刘健．国际资本流动格局的发展演变及启示．西南金融，2015（4）．

国际资本流动的传统方式与衍生工具比较看，后者产生的国际资本流动数量已居于绝对优势地位，而且衍生工具交易的增长速度非常迅速。第三，从衍生工具交易的内部组成来看，场外交易市场衍生工具交易的增长更为迅猛，基本上在国际衍生工具交易中居于主导地位，原因就在于场外交易更简便灵活，交易成本较低。

（三）国际资本流动方向具有逆转性和不稳定性

随着发达国家、新兴国家和发展中国家之间的经济金融发展态势及利率水平、物价水平的差异，汇率波动剧烈、频繁，国际资本流动在国别和地区上存在差别，呈现出可逆性和不稳定性。如 20 世纪 70 年代末到 80 年代初，发达国家经济衰退导致国际利率下降，大量资本流入拉美地区，但最终以债务危机告终；20 世纪 90 年代上半期，发展中国家特别是拉美和亚洲新兴市场经济国家，经历了又一次资本流入浪潮，其结果是 1997 年的亚洲金融危机；20 世纪 90 年代后半期，随着美国新经济结构的转型，资本回流美国的结果是经济泡沫的形成；2007 年，受美国次贷危机的影响，国际资本的大规模逆转性流动成为意料之中的事；2012 年美国经济复苏，尤其是 2014 年美联储在经济向好的背景下逐步缩减购债规模，并于 10 月份正式结束量化宽松货币政策，新兴经济体普遍承受了资金外流和货币贬值压力；2022 年 3 月美联储宣布加息，开启新一轮美元加息周期，也让国际社会对其溢出效应严阵以待。

（四）机构投资者成为国际资本流动的主要载体

自 20 世纪 90 年代以来，机构资金对全球资本流动尤其是对全球证券投资起到了支撑的作用。

机构投资者包括共同基金、对冲基金、养老基金、保险基金、信托公司、基金会、捐款基金以及投资银行、商业银行和证券公司等。在许多工业化国家，居民家庭储蓄行为的多元化以及金融业的开放使机构投资者掌握的金融资本急剧上升。客观上，机构投资者需要将其资本在全球范围内进行配置，从而在国际资本流动中发挥中介作用。

首先，传统机构投资者继续发展。发达经济体的传统机构投资者（如社保基金、保险公司以及共同基金）所管理的资产从 1995 年的 21 万亿美元增长到 2005 年的 53 万亿美元。而到 2011 年年底，仅仅是 OECD 国家的年金基金就达到 21 万亿美元，其中美国占了近 52.6%。截至 2018 年，美国养老保险总资产已达到 30.03 万亿规模。

其次，各国主权财富基金增长迅速。由各国政府管理的主权财富基金最早设立于 20 世纪 50 年代，目前主权基金约有 82 家，其中半数以上是 2000 年以后成立的。主权基金的兴起与全球资源类商品价格上涨密不可分。2010 年由于国际原油价格下跌，主权基金的成立数量为零；但在 2011 年，由于原油价格的再次上涨，全球有 5 家主权基金成立，主权基金的成立又迎来一波高潮。截至 2019 年，主权基金拥有的资产规模约为 8 万多亿美元。

最后，对冲基金增长明显。对冲基金（不包括衍生基金）的数量从 1990 年的 530 个激增到 2005 年的 6 700 个，其所管理的资产同期从 300 亿美元增加到 1.4 万亿美元。2012 年资产规模为 3. 5 万亿～ 4. 6 万亿美元。[①] 大部分对冲基金由欧美资本掌控。2020 年受疫情影响有所萎缩，跌至 3 万亿美元以内。

---

① 傅钧文 . 国际资本流动的新特征及其影响 . 世界经济研究，2012（12）.

专栏　　国际资本流动的另类主体：政府投资者

1992年，泰国中央银行投机英镑获利10亿美元；1993年，马来西亚中央银行因衍生交易失手蒙受巨额亏损；1998年，意大利中央银行向长期资本管理公司投资3.5亿美元。上述案例中，泰国中央银行、马来西亚中央银行这两个政府机构扮演的角色显然与私人机构投资者并无二致，而意大利中央银行则担任了国际资本流动的初级投资者。

其实，政府成为国际资本流动主体并非始于20世纪90年代。在18世纪初期的英国南海泡沫中，瑞士伯尔尼州政府便挪用20万英镑公共资金参与投机，后来由于在泡沫破裂之前及时脱手全部股票而赢得200万英镑厚利。近年来，越来越多的中央银行（尤其是发展中国家的中央银行）参与国际资本流动，如巴西中央银行于2000年11月3日将12亿美元国家外汇储备移交西方私营金融机构管理；加拿大皇家信托担任托管人，委托6家外国金融机构担任资产管理人，并支付0.2%的资产管理费。

2007年美国次贷危机以来，华尔街一片哀鸣，全球经济陷入衰退恐慌，而主权财富基金（Sovereign Wealth Funds，SWFs）开始神秘低调地进入全球金融市场，引起了强烈关注。这些基金就其性质来说，是暂时的救世主还是永远的摇钱树？是单纯的巨人还是危险的玩家？金融市场应该是拥抱它还是拒绝它？这些问题无疑还存在很多争论，但官方资本流动的这一趋势已势不可挡。

主权财富与私人财富相对应，通常是指一国政府通过特定税收与预算分配、自然资源收入和国际收支盈余等方式积累形成的、由政府控制与支配的、一般以外币形式持有的公共财富。主权财富基金既不同于传统的政府养老基金，也不同于那些简单持有储备资产以维护本币稳定的政府机构，而是近年来涌现出来的一种新的专业化、市场化的，积极追求更高收益的投资机构。目前，全球主权财富基金管理的资产规模约8万亿美元。

第二节　国际资本流动的影响分析

国际资本流动在一定程度上打破了国与国之间的界限，使资本得以在全球范围内进行有效配置，有利于世界经济的增长。国际资本流动通过各种方式的投资和贷款，使得国际支付能力得以有效地在各国之间进行转移，有助于国际贸易的顺利开展和全球性国际收支的平衡；国际直接投资有效地促进了生产技术在全球范围内的传播，使科学技术成为人类的共同财富；国际证券投资可以让投资者对其有价证券资产进行更为广泛的多元化组合，从而分散投资风险。国际资本流动也给世界经济发展带来了一些不利的影响，主要是便利了国际金融风险的传播，对资本输出输入国家的经济政策产生冲击。

一、长期国际资本流动的影响分析

长期国际资本流动对经济的影响利弊互现，从总体上看利大于弊。

依经济学原理建立的国际资本流动一般模型表明，国际资本流动可以使各国的资本边际产出率趋于一致，从而提高总产出和整体福利。

从经济与金融的相互关系层面上看，国际资本流动和经济全球化、金融全球化相伴相生，并从几个层面起到了积极的作用：第一，资本流动促进了贸易自由化、出口信贷等金融机制，从而使国际贸易突破了支付限制，扩大了贸易规模。第二，国际资本流动中的跨国直接投资催生了生产国际化。据统计，2/3 的国际贸易是由 500 家跨国公司完成的，世界上最大的 100 个经济体中有 50 家是跨国公司，10 个最大的跨国公司的总收入比最贫穷的 100 个国家的 GDP 总和还要大。跨国公司的生产体系涵盖了约 6 万家跨国公司及其所拥有的 80 多万个国外分支机构，占世界总产量的约 25%。第三，国际资本流动是金融全球化的重要内容。国际金融市场、金融机构、金融工具及金融创新的迅速发展，为各国经济发展和弥补赤字提供了便利的渠道，金融要素成为各国经济增长的引擎。

现实中，长期国际资本流动对经济的这种整体效应能否发挥出来，还取决于一定的制度环境和外在条件。因此，有必要区分长期国际资本流动对资本输入国和资本输出国的不同影响。

（一）对资本输出国的积极影响

一般来说，长期资本的输出国往往是经济发达国家，其积极影响体现在以下几方面。

1. 有助于促进商品出口

为了鼓励本国资本和货物的出口，某些国家采取出口信贷等方式，把资本输出与商品输出结合起来，以增加出口贸易的收入，刺激国内经济增长。

2. 有利于提高资本收益

资本输出国作为资本比较充裕或生产技术具有优势的国家，在其国内市场比较成熟、投资规模较大的背景下，资本边际收益存在递减趋势。资本流入国外是其趋利本性使然。正如马克思所言：“如果资本输往国外，那么，这种情况之所以发生，并不是因为它在国内已经绝对不能使用。这种情况之所以发生，是因为它在国外能够按更高的利润率来使用。”① 1998 年 6 月，世界银行专题报告《外资金融机构进入如何影响国内银行市场？》对 80 个国家 1988—1995 年外资银行在国内市场的经营情况进行加权最小二乘分析，其结论是：在发展中国家，外资银行利润、利差、纳税高于国内银行。就股票市场而言，新兴市场股市波动和上涨幅度之大、市盈率之高，构成了对发达国家资本流入的强大吸引力。就利率、物价、汇率等金融指标的国别差别来看，其间的落差也构成了资本流动的动力。20 世纪 80 年代以来，新兴资本市场的融资利率高出欧美市场两个百分点以上。

3. 有利于提高国际经济地位

通过向外输出资本，输出国可以直接或间接地影响输入国的经济、政治决策，强化其间的关系，从而有利于提高输出国的国际声誉和地位。

---

① 马克思，恩格斯．马克思恩格斯全集．第二十五卷．中共中央马克思恩格斯列宁斯大林著作编译局，译．北京：人民出版社，1974：285.

4. 绕开贸易保护主义的壁垒

长期直接投资是克服贸易保护主义壁垒、获取当地国民待遇、维持和扩大海外市场份额的有效途径。

（二）对资本输出国的消极影响

1. 削弱国内投资和资金供应能力

资本输出过多，会产生替代效应，并导致国内就业机会减少、税收减少，进而影响国内的政治稳定和经济发展。

2. 具有较大的政治和经济风险

资本输入国的政治稳定性、外资政策和措施的弹性、法律规范性、市场波动性等因素无疑是资本输出的最大风险。例如，资本输入国发生政治变革或动乱，实施了不利于资本流出的法规法令，对资本进行国有化改造、拒绝偿还外债引发债务危机等。

3. 培养潜在的竞争对手

在长期资本流动的同时，先进的技术和管理经验也随之转移，输入国与输出国的产品在国际市场上不可避免地会产生竞争。

（三）对资本输入国的积极影响

一般来讲，长期资本的输入国往往是发展中国家或新兴国家。其积极影响主要有以下几个方面。

1. 缓解资本瓶颈

资本形成不足是阻碍发展中国家的主要问题。长期资本流入，可在一定程度上弥补资本短缺的总量不足，填补国内生产的空白，促进经济结构的调整和升级。

2. 引进先进设备和管理经验

长期直接投资能够给输入国带来技术、设备及出口市场，从而起到提高劳动生产率、加速经济发展的作用。

3. 创造就业机会和增加国家财政收入

资本输入在很大程度上是用于创建新企业或改造老企业，这有利于增加就业机会，进而增加国家税收收入，提高国民福利水平。

4. 增强出口创汇能力，改善国际收支

从长期来看，资本输入国可以利用外资所带来的先进技术和海外销售渠道，扩大本国产品的出口，提高国际市场竞争力。

（四）对资本输入国的消极影响

1. 债务负担控制不当容易演变成债务危机

如果过多地借入国际贷款或发行国际证券，超出本国的承受能力，而本国又对外资使用不当，不能相应地形成偿还能力，就会发生偿债困难，甚至导致债务危机。例如，1982年8月墨西哥宣告无法偿还债务，紧接着巴西、阿根廷、委内瑞拉、智利等发展中国家也纷纷延迟偿还外债，从而爆发了20世纪80年代最严重的国际债务危机，涉及面很广且影响深远（见表7–2）。

表 7-2　主要发展中国家 20 世纪 80 年代的外债余额　　单位：十亿美元

国家	1980 年	1981 年	1982 年	1983 年	1984 年	1985 年	1986 年	1987 年	1988 年	1989 年
巴西	71	80	92	98	105	106	114	124	116	111
墨西哥	57	78	86	93	95	97	101	109	101	95
阿根廷	27	36	44	46	49	51	52	58	59	65
委内瑞拉	29	32	32	38	37	35	34	35	35	32
菲律宾	17	21	24	24	24	27	29	30	29	28
智利	12	16	17	18	20	20	21	21	20	18
秘鲁	10	10	12	12	13	14	16	19	19	20
哥伦比亚	7	9	10	11	12	14	15	17	17	17
哥斯达黎加	3	3	4	4	4	4	5	5	5	5
合计	233	285	321	344	359	368	387	418	401	391

资料来源：The World Bank. World Debt Tables，1991—1992.

2. 加深了对外资的依赖

如果输入资本过多且管理不善，就会导致本国经济不能获得应有的发展，对外依赖性就会加强。一旦世界或本国经济情况发生逆转，外资抽逃会使其经济陷入被动，甚至威胁到国家的经济和政治主权。

3. 掠夺资源，强占市场

有些外资投建的经济实体，对当地资源进行掠夺性开采，同时挤占当地销售市场，使本国企业的生存空间变小。有些关系国计民生的命脉部门如果被国际垄断资本控制，可能会使本国丧失经济政策自主权。

二、短期国际资本流动的影响分析

短期国际资本，又称国际投机资本，特指那些没有固定投资领域、期限较短、追逐高额短期利润而在各个金融市场之间移动的资本。它通常以间接投资形式出现，主要流入一国境内的证券市场、衍生产品市场、短期信贷市场等，从事高风险、高预期收益的金融交易。

近年来，国际投机资本因在一些重大国际金融危机中推波助澜而广受关注。据 IMF 估计，20 世纪 90 年代活跃在全球金融市场上的国际投机资本规模已超过了 7.2 万亿美元，每天大约有近 2 万亿美元的投机资本在游移，相当于跨国实物贸易所需资本金额的几百倍。如果考虑其杠杆效应，其规模会更大。

国际投机资本具有的典型特征是：第一，规模大、速度快，快进快出，这是其标志性特征；第二，对市场内外的政治、经济、社会等种种信息极为敏感，并快速做出反应；第三，其投机决策是以预期为基础，受心理因素作用很大；第四，以套利、避险、投机为主要动力，并以投资基金等机构投资者“集团作战”为主，冲击力十分强大。

专栏　规模大意味着什么？

在风云变幻的国际金融市场上，价格随时发生变动，如何立于不败之地？大规模资金与小规模资金显然具有不同的应变策略。

有人断言，雄厚的资本实力和无限的借贷能力本身就是盈利的保证，资本不足就会亏损。这一判断是否具有一定的理性基础和实践证明呢？是的。美国长期资本管理公司当年的“辉煌”业绩与梅里韦瑟等人能够几乎无限制地利用华尔街大银行的金库是分不开的。所罗门兄弟公司的资深经纪人曾经这样描绘长期资本管理公司取得业绩的操作手法：“他一直赌红色会赢，每次轮盘停在黑色，他就双倍提高赌注，在这样的赌博中，只有 1 000 美元的赌徒可能会输，有 10 亿美元的赌徒则能够战胜赌场，因为红色最终都会出现——但是你必须有足够的筹码一直赌到那一刻。”而 1998 年长期资本管理公司破产，原因就是当时公司流动性不足，如果当时长期资本管理公司仍然拥有足够的现金追缴保证金，它就能熬到小概率事件余波平息后、市场恢复正常水平时重现生机。

不仅长期资本管理公司，20 世纪 90 年代另外几起重大衍生交易和投资基金失败案例也都可以归咎于当事方没有足够资金坚持到行情反转的时候。比如，1994 年 12 月，加利福尼亚州橘县基金因利率衍生工具交易亏损 17 亿美元而申请破产，然而，根据默顿·米勒和罗斯的研究，如果橘县基金不申请破产而将其衍生工具头寸持有至下一年的话，其收益将远远超过弥补当初的全部账面亏损；1993 年第四季度油价下跌，导致德国金属公司的美国子公司在短期原油和原油产品期货（及互换）交易多头亏损大约 13 亿美元，但如果该公司能够坚持到 1994 年油价反弹之时，其亏损也可能会转为盈利；1995 年 2 月，日经 225 种股指跌到低谷，尼克·里森的日经指数期货和期权头寸亏损 10 亿美元，倾覆了巴林银行，但如果他有足够资金将这些头寸继续持有至 1995 年 5 月日经 225 种股指比 2 月的最低点上升 30% 之时，他将为巴林银行赢得丰厚盈利。

罗伯森创立的老虎基金管理公司依靠“价值投资法”纵横金融市场 8 年，享誉华尔街，并在 1997 年亚洲金融危机中风云一时。在 20 世纪 90 年代末的网络股热潮中，罗伯森认定技术、网络、电信股热潮是注定要破灭的泡沫，但由于基金股东纷纷赎回投资，自 1998 年 8 月起到 2000 年 3 月撤出的资金高达 76.5 亿美元，仅 2000 年第一季度就撤出了 9 亿美元，老虎基金管理公司总资产从 230 亿美元下降到 65 亿美元，终因难以为继而于 2000 年 3 月 30 日宣布清盘。

老虎基金清盘后仅一周，美国三大股市急剧下行，网络股带头暴跌，4 月 14 日更演变成空前的疯狂。巴菲特也是“价值投资者”的忠实信徒，在技术、网络、电信股热潮中同样损失甚巨，最终在 4 月 10 日—14 日的股市崩盘中获利 5.7 亿美元，并在 2000—2002 年的大熊市中维持了良好的收益。假如老虎基金管理公司不因流动性问题而清盘，多半会与巴菲特一样获利不菲。

所以说，若这些财大气粗的市场参与者都会因资本短缺而失败，那么来自发展中国家的市场参与者必然处于更加不利的地位上。

确实，香格里拉饭店对穷人和富人一体开放，但穷人是否真的能够使用它的客房和餐厅呢？不言而喻。

资料来源：梅新育. 国际游资与国际金融体系. 北京：人民出版社，2004.

短期国际资本流动对经济的影响主要表现在以下几个方面。

（一）影响国际金融市场

首先，短期国际资本流动推动了金融市场一体化进程。若将利率、汇率作为衡量金融市场一体化的指标，那么在国际投机资本套汇套利的作用下，各地汇率差异和利率差异明显缩小，同一金融资产在本国与离岸金融市场上的利率也呈现收敛趋势，甚至连各国长期利率水平的变动也都保持一致的趋势。

其次，短期国际资本流动极大地增加了国际金融市场的流动性。借助于现代化的通信和交易手段，国际资本迅速从一国流向另一国，在满足资金需求的基础上客观地降低了国际金融交易成本。

最后，短期国际资本流动在客观上推动了金融创新，保证金交易、透支交易和衍生工具的创新与使用，为避险需求者提供了分散各种价格风险的新机制，有利于提高国际金融市场的效率和稳定性。

（二）影响国际收支和汇率水平

短期国际资本流动对于国际收支和汇率是一把“双刃剑”。

一方面，它具有稳定和调节作用。其机制是：当一国国际收支出现暂时性逆差，该国货币汇率下跌，如果投资者认为这种下跌是暂时的，就会按较低的汇率买进该国货币，等汇率上升后再卖出该国货币。这样就出现了短期资本流入，有助于弥补国际收支逆差。反之，当一国国际收支出现暂时性顺差时，投机者认为这种上升只是暂时的，就会按较高的汇率卖出该国货币，等待汇率下跌后再买进该国货币，形成短期资本外流，缓解了顺差。由于这种投机性资本流动可以使汇率呈现收敛趋势，从而起到稳定该国货币汇率的作用，被称为“稳定性投机”。

另一方面，它又具有破坏性。其机制是：当一国国际收支出现持续性逆差，该国货币汇率持续下跌时，如果投机者认为汇率可能进一步下跌，就会卖出该国货币，造成资本外流，使国际收支逆差缺口更大。反之，当一国国际收支出现持续性顺差，该国货币汇率持续上升时，投资者若预期汇率会进一步上升，就会买入该国货币，形成资本流入，加剧顺差缺口。由于这种投机性资本流动使得本国货币汇率更加离散和不稳定，波动幅度更大，因而被称为“破坏稳定性投机”。

（三）影响各国货币当局货币政策的独立性

在短期国际资本流动的冲击下，货币当局的利率政策难以完全根据国内的具体情况予以确定。例如，当一国为了控制通货膨胀而采取紧缩性货币政策时，由于利率的提高带来短期内大量资本的涌入，就直接抵消了货币政策的紧缩力度；反之，膨胀性的货币政策又会因为短期国际资本的抽逃而削弱实施效果。

鉴于短期国际资本流动的强大冲击力，并成为近年来国际金融风险或各类金融危机的罪魁祸首或导火索，如何加强管理和控制，成了亟待研究的重大理论课题和政策的热点问题。

第三节 金融危机与金融风险控制

短期投机性资本频繁流动所引致的最极端结果是国际货币危机和金融危机，如 1992 年欧洲货币危机、1994 年墨西哥金融危机、1997 年亚洲金融危机、1998 年俄罗斯金融危机以及 2008 年的全球金融危机等。因此，从国际资本流动角度来审视和剖析危机的表象、生成机制、深层原因并予以风险控制，就显得尤为必要。

一、金融危机的界定

金德尔伯格在《经济过热、经济恐慌及经济崩溃——金融危机史》一书中，对金融危机的界定做了一个形象的比喻：美女很难定义，但遇到时可以认出。从表象上看，国际金融危机呈现多个层面，非常复杂。归纳起来主要有货币危机、债务危机和包括银行危机、股市危机在内的系统性金融危机。

（一）货币危机

货币危机有广义与狭义之分。广义的货币危机是指一国货币的汇率变动在短期内超过一定幅度（如 15%～20%）；狭义的货币危机是指在固定汇率制度或带有固定汇率制度色彩的钉住汇率制度下，市场参与者对一国的固定汇率失去信心，通过外汇市场抛售等操作导致该国固定汇率崩溃、外汇市场持续动荡的事件。

（二）债务危机

债务危机又称支付能力危机，是指一国的债务负担不合理，因无法偿还到期债务而最终引发的危机。从历史上看，债务危机通常发生在发展中国家，但近年来的欧债危机改写了历史。

一般来说，发生债务危机的国家具有一些共性特征：出口不断萎缩，外汇主要来源于举借外债；国际债务条件对债务国不利；债务国缺乏外债管理经验；外债投资效益不高，创汇能力弱；财政赤字高企；等等。当上述特征暴露出来后，就会打击投资者的信心并出现短期资本的快速抽逃，从而引发债务危机。

（三）系统性金融危机

系统性金融危机，是指主要金融领域都出现了严重混乱，如货币危机、银行倒闭、股市崩溃、债务危机相继或同时发生，全部或大部分金融指标急剧、快速恶化，又称全面金融危机。

上述各种危机在某种条件下存在相互联结的关系。例如，债务危机的爆发往往伴随着货币大幅贬值的货币危机，而一系列经济及非经济事件引发的金融危机也会导致货币危机的发生。

（四）衡量金融安全性的指标

一般可以用下列指标作为衡量资本流动安全程度的主要指标。

1. 偿债率

传统意义上的偿债率是指当年的外债还本付息额与当年商品和劳务出口收入的比率，国际上一般认为这一指标在 20% 以下是安全的。

由于这种计算方法仅考虑了经常项目对偿债能力的影响，与当前国际资本流动日益频繁的现实相差较远，因此，经修正的偿债率Ⅱ ＝当年还本付息额 / 当年外汇储备。由于外汇储备来源于经常项目和资本项目，短期内都可以提供偿债保证，作为分母较为合适。一般认为，偿债率Ⅱ不超过 30%～50% 是安全的。

2. 债务率

债务率是指一国当年外债余额占当年商品和劳务出口收入的比率。这是衡量一国负债能力和风险的主要参考指标。国际上公认的债务出口比率为 100%，超过 100% 为外债负担过重。

3. 负债率

负债率是指一国当年外债余额与当年国内生产总值（GDP）之比，表明一国经济发展对外债的依赖程度。国际上公认的最高限度为 20% 以下。

4. 短期债务比率

短期债务比率是指在当年外债余额中，一年和一年期以下的短期债务所占的比率。这是衡量一个国家外债期限和结构是否安全合理的指标。国际上公认的短期债务比率应在 25% 以下。

5. 其他衡量指标

除了上述几种常用的衡量一国偿债能力和承受能力的指标之外，还有一些其他的衡量指标可供参考：

（1）外汇储备 / 外债余额。这是反映一国偿债能力的重要指标，国际警戒线区间为 30%～50%，上下增减 10% 作为警戒线。

（2）短期外债 / 外汇储备。这是衡量一国快速偿债能力的重要指标，国际警戒线是不超过 100%。

（3）经常项目差额 /GDP。该指标主要反映一国对外经济部门的竞争能力，如果经常项目逆差占 GDP 的比重持续过大，说明该国的创汇部门在竞争中处于劣势。持续巨额的经常项目逆差构成了一国经济对外失衡的主要因素。对于实行固定汇率制度或钉住汇率制度的国家而言，为了达到新的均衡，其汇率可能会在某一因素的触发下突然间大幅贬值，引发金融危机。国际上一般认为不超过 5% 是安全的，以此为准，上下增减 1% 作为警戒线。

（4）外汇储备 /M2。该指标是基于供求平衡原则下（是指一国外汇储备不仅能保证正常的国际收支，还能有效地抵御金融危机的冲击）衡量外汇储备是否适度的一个指标。这一指标在国际上没有统一的标准，国内学者根据经验以 12% 作为基准，上下增减 3% 作为警戒线。

（5）（FDI＋ 经常项目差额）/GDP。资本流动的构成及一国资本市场的对外开放程度成为一国对外经济部门稳定与否的重要因素。是用外商直接投资来弥补经常项目逆差，还是用易于外逃的证券投资来弥补将会产生不同的后果。外国直接投资的比例越高，接受投资国就越不会因为资本突然外逃而遭受损失。国际上公认的合理区间为 −2.5%～5%，以此为基准，上下增减 1% 作为警戒线。

二、金融危机的深层原因——理论模型

鉴于金融危机频频爆发及强大的破坏力，分析金融危机产生的深层次原因并采取相应的控制风险的措施，就成为各国决策层及理论界关注的重大课题。正是在此背景下，从 20 世纪 70 年代末起，货币危机理论开始形成并逐步建立了比较独立和完整的理论体系，旨在分析金融危机产生的深层原因及预防对策。按照时间划分，理论模型可以分为三代。

（一）第一代货币危机理论

1979 年，美国经济学家克鲁格曼率先在货币主义理论的基础上研究了固定汇率制度下的货币危机问题，后经弗拉德、戈博等人改进，成为“克鲁格曼 – 弗拉德 – 戈博模型”，被称为第一代货币危机模型。

1. 货币危机的成因

该理论认为，由于政府的宏观经济政策与固定汇率的维持存在着矛盾与冲突，当政府采取扩张性货币信贷政策并伴随巨额财政赤字时，固定汇率必然无法维系，进而引发危机。

2. 货币危机的具体过程

为弥补财政赤字，货币当局会不加控制地持续发行货币，于是形成内在的本币贬值、外币升值的压力。在无法控制基础货币国内供给因素时，中央银行只能进入外汇市场干预，通过外汇储备来实现内部均衡目标。当投机者意识到固定汇率水平已经偏离两种货币的实际价值时，就会大量增持外币头寸。当货币当局为维持固定汇率而不断地抛出外汇，投机者为牟取投机利润而不断增持外币资产时，官方外汇储备的数量多少就成为决定汇率平价能否保持的关键。当官方外汇储备逐渐枯竭时，就是外币突破性升值、本币突破性贬值之时，货币危机就此爆发。

3. 政策建议

第一代货币危机理论的主要结论是紧缩性财政货币政策是防止货币危机发生的关键。它强调宏观基本因素的不协调是导致危机爆发的内在原因，投机性攻击只是外在条件。因此，防范货币危机的主要思路不能仅仅是采取一些限制资本流动的暂时性稳定汇率的措施，而应采取紧缩性的财政和货币政策来改善内部经济运行情况。

第一代货币危机理论模型对 20 世纪 70 年代以来墨西哥的三次货币危机、1982 年的智利货币危机等比较具有解释力。但是，20 世纪 90 年代以来，一些国家的货币危机往往

发生在其基本面比较健康之时，这一理论的局限性就显现出来，于是，新的理论应运而生。

（二）第二代货币危机理论

第二代货币危机理论是由奥伯斯特·菲尔德等人提出的。他们认为，投机者之所以对货币发起攻击，并不是因为经济基础的恶化，而是由贬值预期的自我实现导致的。

1. 货币危机爆发的原因

第二代货币危机理论从投机者与货币当局的博弈均衡角度来诠释危机爆发的原因。在理论上，当投机攻击爆发后，政府可以通过提高利率来抵消市场的贬值预期，吸引外资获得储备来维持平价。但是，如果提高利率维持平价的成本大大高于维持平价所获得的收益，政府就会被迫放弃固定汇率制。同时，对于投机者来说，是否继续攻击也要视其行为的成本收益对比。双方博弈的结果有两种均衡："好的均衡"与"坏的均衡"。前者是公众的贬值预期为零，从而使汇率保持稳定；后者是公众的贬值预期存在，当这种预期达到一定程度时，政府将不断提高利率以维护平价直至最终放弃，其结果就是货币危机。其中，"好的均衡"向"坏的均衡"转换的原因往往是一些与经济基本面无关的事件，如预期或心理因素，故这种货币危机又称为"预期自我实现型货币危机"（Expectations Self–Fulfilling Currency Crisis）。

2. 货币危机的发展过程

货币危机的发展过程表现为政府为抵御投机冲击而持续提高利率直至最终放弃固定汇率制，其中的关键因素取决于预期和利率水平。具体来讲，当公众预期货币将贬值时，政府通过提高利率来维持平价，这就增加了政府维系固定汇率制的成本，而如果提高利率不能降低市场的贬值预期，反而由于各种因素影响导致市场贬值预期进一步增强，则政府只能进一步提高利率，如此反复，直至爆发货币危机。

3. 防范货币危机的政策措施

防范货币危机的政策建议主要有两点：第一，提高政府政策的可信性和透明度，定期公开货币政策、财政政策和其他各种政策的目标，引导公众的预期向"好的均衡"转换。第二，提高交易成本，特别是在投机者的收益相对比较小的时候，可以起到事先防范和引导投机者预期的作用。在理论上，"托宾税"就是广受瞩目的旨在提高交易成本的间接资本管制工具。

专栏　　提高交易成本与"托宾税"

经济学家詹姆斯·托宾于 1978 年最早提出了通过对国际资本交易征税的形式来降低资本的流动性和汇率的波动性的理论。这是外汇交易税的早期雏形，也被称为"托宾税"。

托宾的主要观点是，全世界外汇交易中与真实贸易和国际投资有关者不过一小部分，而黏性的商品和服务价格变动速度又远远滞后于具有充分弹性的金融资产价格变动，通常年通货膨胀率若超过 10%，就足以让整个社会炸开锅，而金融资产价格则可能在转瞬之间暴涨暴落。在规模庞大的投机性交易的频繁冲击之下，宏观经济环境的不确定性上升，贸易和长期投资受到影响，各国中央银行也陷入资本自由化、汇率稳定、货币政策独立性三者不可兼得的困境之中。因此，托宾把投机资本泛滥的国际金融体系比喻为润滑过度的高速列车，时刻有翻车之虞。如果对外汇市场和证券市场的每笔交易都征收小额税收，无疑就像是在“全球金融市场润滑良好、快速运行的飞轮里掺沙子”，这样就增加了从事短线交易的投机者的交易成本，从而减少投机性交易，使汇率趋于稳定，从而降低金融危机发生的概率。当然，托宾税的宗旨并不是反对汇率向真实价值回归，托宾指出，“对货币交易征收国际税的办法能降低汇率的变化莫测程度。不能指望托宾税保护对本国货币高估的汇率，但它可以减缓汇率的下跌速度，为调整争取到时间”。

托宾税有狭义与广义之分。狭义的托宾税仅指对资产交易直接课征的税收形式，如美国在1963年开征的利息平衡税。广义的托宾税则包括其他旨在提高短期资本流动成本的措施，常见的形式有对居民借入的外债制定较高的无息准备金要求，或是规定上述外债准备金在中央银行的滞留期等。20世纪90年代，拉美国家都采取了托宾税的间接管制措施。

无论是在理论上还是在实践中，对托宾税的效率与公平以及能否实现稳定汇率的作用等方面还存在着很大的争议。但是，鉴于已有的国际资本流动调控工具存在着严重缺陷，托宾税的优点也就显现了出来。因此，在一定范围和程度上，可将托宾税视为一种比较有潜力的短期资本流动调控工具。

各国实行托宾税类似措施的相关细节见表7-3。

表7-3 各国实行托宾税类似措施的相关细节

国家	时间与背景	措施和细则	效果
美国	1963—1974年，国际收支逆差，黄金外流	对外国证券产生的利息征收平衡税	缓解了国际收支逆差状况
巴西	1. 1993—1994年，通胀率和国内利率走高，资金涌入 2. 2009年10月，受金融危机影响，大量资金涌入	1. 对外国投资征税5%，对贷款实施差异税率 2. 对流入股票和债券市场的外国投资征收2%交易税，外国资本在固定收益市场应交的金融交易税从2%提高到6%，金融衍生品市场保证金比例从0.38%大幅提高到6%，并对投资债券和其他金融市场中的外国资本征收4%的所得税	1. 维持了一定利差，缓解了本币升值的压力 2. 缓解了资本涌入的压力
马来西亚	1998年，受金融危机影响，股市、汇市暴跌	自1998年10月起，外国投资资本冻结1年	资本流出减少，维持了低利率，外汇储备增加
哥伦比亚	1993—1998年，资本对外开放，利率扩大	短期资本执行47%的无息准备金	降低了资本流入规模，实现了资本结构的调整

续表

国家	时间与背景	措施和细则	效果
泰国	2009 年	对外国投资者获得的资本收益和利息收入征收 15% 的所得税	缓解了资本涌入的压力
韩国	2011 年 1 月，外国投资者对韩国国债的投资大幅增加	对外国投资者获得的债券投资的利息收入征收 15.4% 的预扣税	成功抑制了外国投资者对韩国国债的投资，短期外债占比下降
智利	20 世纪 90 年代初，内外利差扩大，资本流入严重；1995—1998 年，资本流出压力加大	1991 年，对外国借款征收 1.2% 的税，缴纳 20% 的无息准备金；1992 年 5 月提升至 30%，并且不管债务期限长短，准备金都必须存放 1 年。1998 年，资本流入出现逆转，智利及时降低无息准备金的比率，并于 2001 年取消征收	有效防止了短期资本的过度流出流入，避免了类似 1994 年墨西哥的金融危机；改善了资本流入结构，短期资本流入的比例由 1988 年的 96.3% 下降到 1997 年的 2.8%

资料来源：① 陈丹妮，等. 外汇交易税与后危机时代国际资本流动管理. 税务研究，2012（11）.
② 邓敏，等. 金融开放背景下国际资本流动的审慎管理. 金融理论与实践，2012（2）.
③ 孟夏. 宏观审慎视角下的资本流动管理研究. 吉林金融研究，2014（9）.

（三）第三代货币危机理论

1997—1998 年的亚洲金融危机后，麦金农和克鲁格曼提出了“道德风险论”，多米尼克 · 萨尔瓦多和考赛提提出了“基本因素论”，瑞得莱特和萨克斯提出了“金融恐慌论”，这些模型在加入银行和其他金融中介的微观基础上试图对危机成因进行解释，构成了第三代货币危机理论。

1. 道德风险论

一般意义上的道德风险是指因当事人的权利和义务不对称而导致他人的资产或权益受到损失的情形。在金融危机中，道德风险则主要是指政府对存款者所做的隐性或显性担保使金融机构进行风险很高的投资行为，造成了巨额的呆坏账，引起了公众的信心危机和金融机构的偿付危机，最终引发金融危机。

（1）理论背景。在亚洲，道德风险以政府与金融机构之间长期以来存在的错综复杂的资本、业务和人事关系隐蔽地呈现出来。例如，印度尼西亚政府和金融机构高层管理人员的“裙带关系”；韩国政府要求金融机构对大企业集团发放指令性贷款等。由此，人们达成共识，一旦发生危机，政府一定会救助。这种隐性担保会使道德风险的危害更加严重。

（2）危机生成过程及原因。在上述背景下，危机生成过程经历了以下阶段：

第一，金融机构在隐含担保条件下进行投资决策。在投资决策时，由于失败了归别人、成功了归自己的预期，金融机构倾向于选择风险性较高的投资项目。

第二，在金融机构这种扭曲的投资决策和政府隐含担保同时存在的条件下，人们对风险视而不见，仍然放心地将资金贷放给这些机构，进一步激发了其过度借贷。这样，“过度借贷→资产价格上涨→投资过热→金融泡沫”的链条就形成了。

第三，在泡沫存续一段时间之后的一个刹那，金融机构意识到资产价格上涨而形成的“良好”财务状况并不一定良好，开始了“关注和警觉→普遍的金融恐慌→资产价格下跌→泡沫开始破裂→金融机构财务状况恶化→偿付危机”的传导。这时，当人们期待的政府援助并没有出现时，将导致资产价格急速下降，金融市场动荡，金融体系崩溃，危机爆发。

相应地，其理论结论就是：政府的隐含担保导致的道德风险是引发危机的真正原因，货币价值的波动只不过是危机的表象。所以，防范危机的关键就是，尽可能减少政府与金融机构之间的“裙带关系”和过于密切的往来，加强对金融体系和资本市场的监管。

（3）评价。这一理论对亚洲金融危机具有一定的解释力。亚洲各国政府对金融机构的“隐性担保”造成了过度投资和过度借贷，当其中几家财务状况出现问题时，就会引发大规模的金融恐慌。但是，该理论的局限性也显而易见：第一，假定前提是否完全与现实相符。其三个前提分别是：存在政府隐性担保时，金融机构必定会过度投资；风险性投资行为一定会挤出金融机构和其他经济部门的“正当”投资；外资必然会优先考虑具有政府隐性担保的企业或金融机构。事实上，在危机之前，亚洲国家所有类型的投资行为都有所增加，还有半数以上的国际银行贷款和几乎所有的证券投资或直接投资都进入了没有国家担保的非银行企业。第二，没有说明是什么因素促使危机突然爆发，忽略了国际游资的恶意攻击。

2. 基本因素论

基本因素论是在传统的基本因素基础上引申出来的。其基本观点是：

（1）一国的基本因素是决定危机是否会爆发的最关键因素。

（2）基本因素的恶化包括外部不平衡与内部不平衡两方面。前者如经常项目赤字、本币贬值、外汇汇率上升等，后者如金融体系的脆弱性、较低的外汇储备等。

（3）基本因素的恶化程度可以用一个多元化的宏观金融指标体系来进行量化和预警。这些指标一般包括：第一，经常项目赤字，若维持在 GDP 的 5% 或以上，常被视为长期不可维持的一个标志；第二，债务指标；第三，金融脆弱性指标，如不良贷款比率等。

（4）根据这些基本因素不能准确地预测出一国何时爆发金融危机，但能表明危机的趋势。

（5）在许多条件下，投机攻击、政治危机或政治问题是促发金融危机的催化剂。

从总体上看，基本因素论对亚洲金融危机的解释具有一定的说服力。在亚洲金融危机发生前，各国的各项指标都表明风险正在不断累积。

但是这一理论也存在局限，如基本因素作为导致危机、恶化危机的必要条件固然重要，但并不是发生危机的充分条件。这是因为：第一，在 1997 年东南亚金融危机爆发之前，各项经济指标的恶化状况远远没有达到 1994 年墨西哥金融危机发生前拉美各国的恶化程度；第二，亚洲各国的恶化程度并不相同，没有一致的危机预示，如泰国和马来西亚的经常项目赤字较高，而印度尼西亚和韩国则低得多；第三，一些学者的观点表明，经济基本面的恶化只是表明经济的不平衡发展，需要进行适当的调控，并不一定会爆发重大危机；第四，基本因素的恶化与危机的相关性并不足以表明其因果关系同样成立。

3. 金融恐慌论

金融恐慌论认为，一国在危机前大多经历了一个资本迅速内流的过程。但是，外资的流入是很脆弱的，极易受到金融恐慌的影响而发生逆转，一旦发生大规模逆转，危机就会爆发。

金融恐慌之所以会发生，其原因主要有：

（1）一国或一个金融机构的短期债务超过了短期资产的数额。

（2）一国或一个金融机构不具备足够的流动资金来偿还其所有的短期债务。

（3）危机国政府和国际社会的政策失误。

（4）没有一个机构担负最后贷款人的职责。

在该理论下，危机形成的机制是：

（1）在危机前一段较短的时间内，迅速流入的外资潜伏着巨大风险。拉美和亚洲一些发展中国家危机发生前资本流入状况如表 7–4 所示。

表 7–4　发展中国家资本过度流入

国家	资本流入高峰期	净资本流入占 GDP 的年平均比例（%）	FDI 对非 FDI 的平均比例（%）	伴随着资本流入而产生的危机
阿根廷	1991—1994 年	2.5	1.0	1994—1995 年墨西哥比索贬值后的银行危机
巴西	1992—1996 年	3.1	0.2	1995 年银行危机
智利	1978—1981 年	11.1	0.1	1982—1983 年货币和银行危机
捷克共和国	1993—1996 年	8.3	0.6	1997 年货币危机
匈牙利	1993—1995 年	11.8	1.1	1995 年危机
印度尼西亚	1994—1996 年	3.7	1.1	1997 年危机
韩国	1991—1996 年	2.5	0.1	1997 年危机
马来西亚	1982—1986 年	3.1	负数	1985—1988 年银行危机
马来西亚	1991—1996 年	9.8	2.5	1997 年危机
墨西哥	1979—1981 年	2.5	0.7	1982 年危机
墨西哥	1989—1994 年	4.5	0.6	1994—1995 年金融危机
菲律宾	1989—1996 年	4.5	0.5	1997 年危机
菲律宾	1978—1982 年	3.0	0.0	1981 年银行危机、1984 年货币危机
泰国	1978—1984 年	3.0	0.3	1981 年银行危机、1984 年货币危机
泰国	1988—1996 年	9.4	0.2	1997 年危机
委内瑞拉	1992—1995 年	2.2	0.0	1993—1994 年银行危机、1995 年货币危机
委内瑞拉	1976—1979 年	3.9	0.1	1980 年银行危机

资料来源：商务部编写组. 国际金融 . 北京：中国商务出版社，2007.

（2）危机爆发后，金融市场上出现一系统导致金融恐慌的触发事件，如金融机构和企业的破产，政府违背自己的承诺，或者投机者进行恶意炒作等。1997 年 1 月，韩国韩宝钢铁厂在 60 亿美元债务的压力下宣告破产，使得为其提供担保的银行遭受了巨大压力。

（3）金融恐慌不断升级，加速了资本外逃，使各国金融市场和经济在一个很短时间内崩溃。例如，从 20 世纪 70 年代末开始，爆发危机的国家都经历了相似的大规模资本流动逆转（见表 7－5），既增加了宏观经济调控的难度，也放大了危机。

表 7－5 大规模净私人资本流动逆转情况

国别	年份	净私人资本流出占 GDP 的百分比（%）
墨西哥	1981—1983	18
	1993—1995	12
阿根廷	1982—1983	4
	1988—1989	7
委内瑞拉	1987—1990	11
	1992—1994	10
印度尼西亚	1984—1985	5
马来西亚	1986—1989	10
韩国	1996—1997	9
泰国	1996—1997	15
土耳其	1993—1994	6

资料来源：商务部编写组. 国际金融 . 北京：中国商务出版社，2007.

金融恐慌论的政策建议是：第一，改革资本市场和金融体系，使其健康发展，以防患于未然；第二，寻找一个公平有效的组织或机构充当国际最后贷款人，以便及时防止金融恐慌的蔓延和扩大；第三，政策制定者必须全面又谨慎地制定和采取措施，并在危机初现端倪时就采取微调手段，防止因为短期行为对市场情绪产生不利的影响。

金融恐慌论的理论价值毋庸置疑，它结合了基本因素论和道德风险论等理论的诸多优点，引进了市场情绪这一新变量，突出了国际资本流动逆转的触发作用，对危机的恶化做出了新的解释。但是，这一理论仅仅以银行体系和金融机构为中心来概括危机的某种特点，似乎有些片面。

上述理论对货币危机的解释角度和选择的变量尽管不同，但有一个共同的结论：在开放经济条件下，若允许资本自由流动，则固定或钉住汇率制度更易遭受投机者攻击，在市场预期和市场信心看淡的情况下，往往会导致货币危机和汇率制度崩溃。

在金融一体化的环境下，货币危机与银行危机、债务危机、信用危机相互交织，单单从某一视角进行局部均衡分析和简单化理解，是难以对危机做出完满的解释的。因此，货币危机理论的研究任重道远，风险防范的政策措施也需与时俱进。

第四节 中国的国际资本流动与监管

中国经济 40 多年来的高速增长与大量的国际资本跨境流动密不可分。从全球来看，中国日益成为国际资本流动的中心地带，如何对国际资本流动趋利避害，加强对国际资本流动的监管，守住不发生系统性金融风险的底线，保证中国的金融安全，成为亟待解决的问题之一。

一、中国国际资本流动的现状

梳理我国现行的国际资本流动监管及外汇管理体制的框架，可以通过两个口径进行：一是对国际收支平衡表中金融账户下直接投资、证券投资和其他投资的监管；二是外债监管。

（一）直接投资

改革开放以来，来华直接投资一直呈现快速发展趋势，自 1993 年起，我国连续多年成为吸收外资最多的发展中国家。2007 年，中国首次超过美国成为全球最大的外商直接投资接收国。经济稳定增长，居民消费能力不断提升，需求旺盛，市场纵深大，相对较低的投资成本等，都是我国吸引外商直接投资的原因。

改革开放多年以来的财富积累，再加上 2005 年新一轮人民币汇率制度改革政策层面鼓励和支持国内企业走出去，我国对外直接投资从无到有，近年来发展迅速。从单一的吸收外商直接投资到双向互动，越来越多的中国企业走向世界舞台。对外投资形式更趋多样化。我国的直接投资情况参见图 7–1。

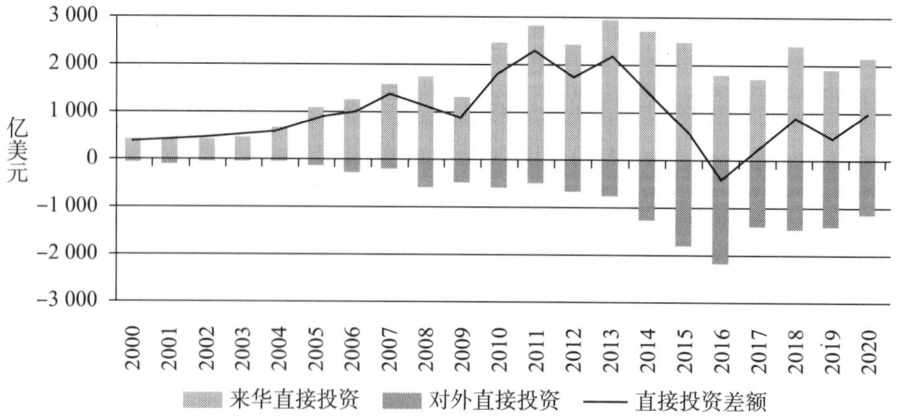

图 7–1　2000 年以来中国的直接投资情况

资料来源：国家外汇管理局，2020 年国际收支报告 .

（二）证券投资

1. 证券发行

国内企业经批准可以在境外上市发行股票，境外发行 H 股的公司经批准可以回购境外流通股票。上市筹集的外汇资金要调回境内保留或结汇，企业在境外和境内开设账户需经批准。

目前我国股票发行市场还没有对外开放，外国企业不能在我国发行股票。国际金融机构和外国企业在我国发行的人民币债券（熊猫债券）数量逐年增加。

2. 证券交易

2002 年，我国推出合格境外机构投资者（Qualified Foreign Institutional Investors，QFII）制度，允许符合条件的境外机构投资者在核定投资额度内进入我国资本市场进行证券投资。2011 年，为配合人民币国际化进程，推出人民币合格境外机构投资者（RQFII）制度，允许符合条件的境外机构投资者使用跨境人民币在境内证券市场投资。RQFII 在投资总额和试点地区双向扩容，为境外投资者提供了多元化选择。2019 年，我国取消了 QFII/RQFII 的投资额度限制。

2006 年，我国实施合格境内机构投资者（Qualified Domestic Institutional Investors，QDII）制度，允许符合条件的境内机构投资者在一定额度内投资境外证券市场。目前对 QDII 还有额度审批管理，截至 2021 年 12 月，累计批准额度 1 575.19 亿美元[①]。

近些年来，我国证券市场双向开放步伐明显加快。2016 年，“深港通”正式开通；2017 年，“债券通”北向正式开通；2018 年，以原油期货为代表的境内期货市场开始对外开放，A 股被纳入 MSCI 指数；2019 年，取消 QFII/RQFII 投资额度限制，“沪伦通”正式落地；2020 年，进一步扩大 QFII/RQFII 投资范围、放宽准入要求，完善审慎管理，取消汇出比例限制，取消有关锁定期要求，允许合格境外投资者就其所持有的证券资产在境内开展外汇套期保值等，极大便利了境外投资者投资境内金融市场。随后，明晟（MSCI）、富时罗素、标普道琼斯以及彭博巴克莱等国际主流指数相继将我国股票和债券纳入其指数体系，并稳步提高纳入权重，境外投资者对我国金融市场的投资需求逐渐增加。

（三）外债

按照《外债管理暂行办法》（2003 年）的定义，我国的外债是指境内机构对非居民承担的以外币表示的债务。我国对各类外债和或有外债实行全口径管理。举借外债、对外担保、外债资金的使用和偿还都须符合国家有关法律、法规的规定。

我国的外债管理长期实行严格的数量控制，近年来开始采取更多的间接调控手段。国家确定中长期和年度外债规模，并合理安排外债的行业、地区、期限、币种结构，以保证足够的清偿能力。企业对外借款（包括项目融资），须经主管部门进行项目和融资的审批，然后通过银行进行融资或直接融资，并进行外债的登记、开户和还本付息、结售汇、汇兑和账户管理。短期贷款实行余额管理与控制。非居民外汇存款要纳入短期外债统计，占用银行的短贷指标。具体管理框架为：国家发展和改革委员会负责金融机构和中资企业中长期外债管理；财政部负责主权外债的管理；国家外汇管理局负责金融机构和中资企业短期

① 国家外汇管理局，《合格境内机构投资者（QDII）投资额度审批情况表》，www.safe.gov.cn.

外债管理，见表 7–6。

表 7–6　我国现行的外债管制框架

受管理机构	受管理的外债种类	管理手段	管理部门
国有商业银行	中长期商业贷款和债券发行	余额控制	发改委、国务院
中资企业和机构	中长期商业贷款和债券发行	计划指标控制	国务院
中资企业	短期借款	余额控制	外管局
外资银行	短中长期债务	总额和期限结构控制	发改委、银保监会、外管局
外资企业	短中长期债务	差额控制[①]	发改委、银保监会、外管局
政府机构、非营利机构	短中长期债务	审批控制	国务院

资料来源：肖凤娟．1978 年以来我国的外汇管理体制改革与资本管制政策．中央财经大学学报，2011（5）．表中内容已根据 2018 年国务院机构改革方案做局部调整。

自 2015 年起，我国按照国际货币基金组织（IMF）数据公布特殊标准（SDDS）的要求，按照季度公布全口径外债。根据 IMF《外债手册》，外债是一个经济体居民（Residents）对境外承担的契约性还款义务。这个定义涵盖了本、外币外债和本币外债，较我国之前的外债管理办法中定义口径更宽。外汇管理局并未对之前的数据按照新口径调整追溯公布，因此 2015 年之后的数据与之前数据不可比。

我国的全口径外债总体状况见表 7–7。

表 7–7　中国全口径外债情况表

口径＼年份	2014 年	2015 年	2016 年	2017 年	2018 年	2019 年	2020 年	2021 年
广义政府	1 134	1 114	1 239	1 687	2 323	2 709	3 795	4 970
短期	73	30	122	170	197	102	109	197
长期	1 061	1 084	1 117	1 516	2 126	2 608	3 685	4 773
中央银行	427	430	555	234	296	363	381	789
短期	105	132	89	108	178	254	263	258
长期	322	298	466	126	118	109	118	531
其他接受存款公司	9 166	6 120	6 042	8 455	8 987	9 179	10 918	11 900
短期	8 123	5 020	4 677	6 696	7 236	6 823	7 763	8 559
长期	1 043	1 100	1 364	1 760	1 752	2 357	3 156	3 341
其他部门	5 125	4 272	4 277	5 212	5 923	5 923	6 081	6 733
短期	3 940	3 041	3 126	3 978	4 579	4 288	4 228	4 657

① 所发生的中长期对外借款总额与短期对外借款余额的差额不能超过项目投资总额与注册资本金的差额。如超过这一差额，则项目投资总额须由国家发展和改革委员会重新审定。

续表

口径 \ 年份	2014年	2015年	2016年	2017年	2018年	2019年	2020年	2021年
长期	1 184	1 231	1 151	1 234	1 343	1 635	1 853	2 076
直接投资：公司间贷款	1 948	1 894	2 045	1 991	2 299	2 533	2 833	3 074
外债总额头寸	17 799	13 830	14 158	17 580	19 828	20 708	24 008	27 466

注：1. 本表按签约期限划分长期、短期外债。

2. 本表统计采用四舍五入法。

3. 本表中 2015 年以来数据按照国际收支平衡表最新修正数据进行了相应调整。

4. 本表为当年 12 月末数据。

数据来源：国家外汇管理局.

二、中国国际资本流动的监管思路：从资本管制到宏观审慎监管

虽然目前中国资本流动还处于相对安全地带，但若把他国的金融危机及其生成因素与中国对照，也不能太过乐观。20 世纪 80 年代以来，许多新兴市场国家都经历了金融危机前后跨境资本流动的大幅波动。在经济全球化的背景下，跨境资本流动呈现出加速和大规模流动之势。国际资本大规模的快速流入和流出，给我国的宏观调控和金融稳定带来了巨大挑战。在金融市场进一步对外开放的背景下，为了获得更多的货币政策独立性并确保金融体系的总体稳定，资本流动的监管手段必须要由简单的直接管制向宏观审慎监管转变，通过强化对金融体系逆周期和跨行业的风险管理，加强对国际资本流动的疏导，提高金融系统的整体抗风险能力。

（一）审慎监管的提出背景

第一，近年来我国资本项目可兑换进程和人民币跨境使用不断推进，传统的单纯依靠资本管制的政策工具效力明显减弱，监管成本上升，监管机构需要及时改变以行政审批和直接管制为主防范风险的惯性思维，加强对跨境资金流动潜在风险的监测和分析，引导市场主体自主识别和管理风险。有鉴于此，十八届三中全会通过的《中共中央关于全面深化改革若干重大问题的决定》中提出：推动资本市场双向开放，有序提高跨境资本和金融交易可兑换程度，建立健全宏观审慎管理框架下的外债和资本流动管理体系，加快实现人民币资本项目可兑换。将资本流动管理纳入了宏观审慎管理的框架。

第二，跨境资本流动存在明显顺周期性。在经济上升时期，资本大量流入，助推经济泡沫；在经济衰退阶段，资本大量出逃，加剧经济衰退。以 2008 年的全球金融危机为例，2005—2006 年国际资本大规模流入新兴经济体，推动了包括中国在内的新兴经济体资产价格迅速上涨，经济过热。2007—2008 年发达国家由于金融危机去杠杆化，国际资本大规模撤出新兴经济体，引发本币大幅贬值和外汇储备急速减少。2009 年以后，发达经济体为刺激经济增长实施量化宽松的货币政策，国际资本再次大规模涌入新兴经济体。据

IMF 统计，从 2010 年 7 月至 2011 年 1 月，流入新兴市场国家的资本占其 GDP 比重达 6%。大规模的资金涌入导致这些国家国内需求大幅上升、资产价格高涨、通胀压力加大，严重影响新兴经济体经济和金融稳定。2012 年欧债危机深化，资本再次大规模流出新兴经济体，这一趋势在 2014 年底美国经济复苏、退出量化宽松政策之后进一步加剧，我国也同样未能幸免。对放开资本账户管制的新兴经济体而言，即使实施更加灵活的汇率制度，跨境资本流动和货币政策制定受发达经济体政策的影响较大，因此单独运用货币政策应对国际资本流动冲击的效果较小，需要更多地采用审慎监管的手段来消除金融风险。

第三，2008 年全球金融危机爆发以来，各国开始从系统的角度思考宏观经济和金融体系稳定性问题，更为关注金融机构、金融行业以及金融行业中存在的顺周期问题对金融稳定的影响。与传统的资本管制试图直接限制资本流动不同，审慎监管在政策制定和工具使用上并不直接针对资本流动本身，而是通过管理与资本流动相关的风险来抑制资本的过度流动。因此，在政策制定和工具使用上更多地关注资本流动带来的信贷增长、资产价格变动，以及金融运行的顺周期性等风险的累积与传染，强调对整个金融系统运行的宏观风险和金融市场状况的关注，通过对资本流动整体状况和风险的监管和控制，来强化金融系统的承压能力以应对资本流动的冲击。

第四，从实践来看，2005 年以来许多新兴经济体纷纷采取审慎监管措施，加大对国际资本流动系统性风险的管理，在币值稳定和金融稳定方面取得较好的效果。尤其是 2005 年到 2007 年，亚洲国家监管强度提升明显，这是该地区国家能较好应对 2008 年金融危机冲击的重要原因。有鉴于此，国际货币基金组织在 2011 年发布了一份执行董事会纪要，首次提出了管理资本流动的审慎监管框架，该政策框架给出了资本流动管理的政策工具箱，以及政策工具的启动条件和实施顺序，适用于资本账户已经开放或大部分开放的国家。同时，IMF 指出，资本流动管理的政策框架没有“放之四海而皆准”的方法，具体的制度框架要依据各国的国情而定，机构管理能力、制度、法律约束，以及资本流入的类型和伴随的经济风险都是需要考虑的因素。同时，IMF 也认为在必要的时候，会员国也可以采用直接管制的办法来应对国际资本流动的冲击。

（二）审慎监管的主要内容

宏观审慎监管框架是一个新概念，但其很多内容我们并不陌生，只不过在 2008 年金融危机之后，人们把一些应对危机的改进政策加以归纳，形成了一些新的提法，并放在宏观审慎监管的框架里，成为各国理论和政策届的共识。宏观审慎监管框架是一个动态发展的框架，其主要目标是维护金融稳定、防范系统性金融风险，其主要特征是建立更强的、体现逆周期性的政策体系，主要内容如下。

1. 强化银行的资本要求和资产负债表

第一，最低资本金要求。《巴塞尔协议Ⅲ》中的最低资本金要求仍然是资本充足率为 8%，其中普通股充足率最低要求从 2% 提高到 4.5%，一级资本充足率最低要求（包括普通股和其他满足一级资本定义的金融工具）由 4% 提高到 6%；在最低资本充足率基础上保留 2.5% 的普通股资本留存缓冲，使普通股资本加上留存资本缓冲后达到 7%，以更好地应对金融冲击；各国根据具体情况可要求银行增加 0～2.5% 的“逆周期超额资本”缓冲，具有系统重要性的金融机构应增加额外资本要求等。更严厉的资本金要求限制了金融机构的财务杠杆。第二，最低流动性标准。巴塞尔委员会将流动性覆盖率（LCR）和净稳定融资比率（NSFR）设定为国际标准，以推动银行改进流动性风险管理，提高防范流动性风险的能力。第三，杠杆率要求。杠杆率被定义为银行一级资本占其表内资产、表外敞口风险与衍生品总风险暴露的比率，最低标准下限初步设置为3%。第四，拨备要求，明确了前瞻性的预期损失动态拨备制度。

2. 通过贷款价值比（Loan To Value，LTV）等指标影响贷款的增长和配置

贷款价值比指的是贷款总额和抵押品价值的比例（例如房地产抵押贷款成数）。针对与短期外币融资有关的负债问题，结合债务与收入限制和贷款与存款比率的上限来运用贷款价值比，防止短期外债过快增长，或对具有风险传导部门的贷款价值比设置上限。由于资本大量流入会造成信贷激增、热钱流入房地产业等风险较大行业，造成资产价格飞涨以至威胁金融稳定，因此对经济周期高度敏感的行业或部门实施信贷杠杆率的限制，有利于减少银行信贷的顺周期性。

3. 广泛意义上的托宾税

不断演变的托宾税也成为应对资本流入的宏观审慎监管新工具。托宾税通过交易成本的上升降低全球流动性和各国货币汇率的波动性。在近三十年的各国实践中，托宾税演化为几种主要形式：外汇交易税、所得税、预扣税和无息准备金等。外汇交易税，即传统意义上的托宾税，是指对外汇交易征收一定比例的外汇交易税；所得税是指对非居民的本币资本所得征税；预扣税则是在获得资金的初始环节预扣一定比例的资金；无息准备金则是对跨境投资按照投资额的一定比率向中央银行缴纳本币或外币存款，该存款在规定期限内实行零存款利率，例如为控制资本流入，对外债、外汇互换和外汇远期交易等计提无息准备金，智利、泰国、马来西亚等国均实施过无息准备金制度。

托宾税的特点是不直接干涉市场主体的具体操作，属于价格手段，通过市场传导，达到防范系统性风险、逆周期调节的目的，弥补微观审慎监管和传统资本流动管制工具在防范资本流动冲击方面的不足。

4. 将影子银行体系纳入监管视野

影子银行（如对冲基金、私募股权基金、特殊目的的实体公司、信托机构等）在发达金融市场的资产规模已经超过了传统商业银行，但游离于监管之外，杠杆率水平和流动性风险都很高，信息也很不透明。同时，影子银行与传统商业银行业务盘根错节，又多通过跨境投资在全球范围内配置资产，很容易引发系统性风险。金融危机之后，国际组织和各国政府都意识到必须将影子银行纳入监管视野，加强影子银行的资本要求和信息披露，规范其交易活动；另外，针对影子银行与传统商业银行间存在“交叉感染”风险的问题，有效隔离风险。

以上应对资本流动冲击的宏观审慎监管工具，也可将其简单地划分为两大类：第一类是基于价格和数量措施，通过监管政策，旨在控制信贷扩张，确保贷款质量以及金融机构稳健性，改变国内外投资者预期、减少国内对外部融资需求、降低国内金融体系脆弱性，间接控制资本冲击风险；第二类是通过直接或间接的税收管制措施，限制国际资本流动数量和结构，这些措施是短期内应对国际资本冲击的主要手段。此外，不排除一些国家在特定时期运用直接管制的措施。资本流动性审慎监管的主要工具及具体措施见表7－8。

表 7-8　资本流动审慎监管的主要工具及具体措施

风险	具体风险	监管工具	具体措施
宏观经济风险	信贷膨胀，资产价格泡沫	强化资本要求和资产负债表	一般意义上的最低资本要求，流动性、杠杆率和拨备要求，贷款价值比、准备金要求等。限制外资银行分支机构的设立或对其信贷增速进行限制等
负债比例过高	债务结构错配，外币债务偏多、期限偏短	针对性的准备要求等审慎措施	对短期外币债务提高准备金要求、外币无息准备金要求或者对外币债务征收一定的税额，将外币负债限制在贷款总额或负债总额的一定比例之内等
资产风险过高	与外汇贷款关联的信用风险	针对性的资产审慎监管措施	对外汇贷款提出更高的资本要求；将银行的外汇贷款和外汇借款证券限制在一定比例之内；限制银行外汇信贷比，如 2013 年我国外管局以银行综合头寸下限管理调节境内外汇贷款；提高外汇贷款的拨备率；限制银行外汇资产的投资；限制向没有采取避险措施的借款申请人提供外汇贷款等
	与未平仓的外汇头寸关联的风险	对金融机构持有的外汇头寸、金融衍生产品等进行审慎监管	限制银行持有的净外汇头寸规模；收紧未平仓合约外汇头寸；加强对外汇流动性的要求；提高资本金与外汇衍生头寸的比例等，如我国外管局 2010 年以银行收付实现制头寸下限管理调控银行远期结售汇业务
外汇市场风险	货币汇率大幅波动	外汇市场干预，更富弹性的汇率制度	建立外汇平准基金，利用公开市场平抑汇率波动，为其他工具使用和政策调整赢得时间；建立符合本国实际的弹性汇率制度等

资料来源：作者根据相关资料整理.

（三）审慎监管的主要特点

资本流动审慎监管的工具和措施具有如下特点：一是从重微观行为转向重宏观总量，突出防范系统性风险；二是从行政管理转向运用经济杠杆，不直接干预银行等金融机构的具体业务，让市场机制发挥更大作用；三是具有逆周期调节效果，当跨境资金流入压力增大时，各项管理工具要求随之上升，反之下降；四是具有足够的灵活性，能够根据形势需要随时调整政策力度。

在实施金融开放战略的背景下，我国应合理运用审慎管理手段加强国际资本流动管理。就短期而言，要明确资本流动审慎监管的目标，建立资本流动风险评估体系，加强金融体系脆弱性管理，设置资本流动逆周期缓冲，减少国际资本流动导致的金融体系风险累计。从中长期来看，要加强审慎监管与宏观经济管理政策的配合，在对冲国际资本流动波动性的基础上，增加本币汇率弹性，加强金融市场体系建设，加快推进人民币国际化步伐。

本章小结

1. 国际资本是由国内资本转化而来的。国内资本和国际资本没有本质的区别，都是无差异的人类一般劳动成果的生成、凝结和节约，二者没有不可逾越的鸿沟。

2. 国际资本流动是指资本从一个国家或地区转移到另一国家或地区，按流动性可划分为长期国际资本流动和短期国际资本流动。

3. 长期国际资本流动，主要有国际直接投资、国际证券投资和国际中长期贷款三种类型。短期国际资本流动从性质上可分为金融性资本流动、贸易性资本流动、保值性资本流动和投机性资本流动。

4. 国际资本流动的原因，可以从不同角度进行分析。其根本原因是利益驱动和规避风险，而信用深化、金融管制放松、通信技术的发展以及金融配套服务市场的日趋完备等因素也推动了资本的国际流动。

5. 伴随着国际贸易和国际分工的深化，国际资本流动经历了四个发展阶段。

6. 20 世纪 80 年代以来，国际资本流动呈现出一些新的特点：国际资本流动规模巨大，不再依赖实体经济而呈现独立增长态势；国际资本流动的结构呈现多元化格局；国际资本流动方向具有逆转性和不稳定性；机构投资者成为国际资本流动的主要载体等。

7. 长期国际资本流动对经济的影响利弊互现，从总体上看利大于弊。而短期国际资本的流动也是一柄“双刃剑”，从总体上看需要加以监控。

8. 国际金融危机呈现多个层面，归纳起来主要有货币危机、债务危机和包括银行危机、股市危机在内的系统性金融危机。

9. 衡量一个国家金融安全的主要指标有偿债率、债务率、负债率、短期债务比率、外汇储备 / 外债余额、短期外债 / 外汇储备、经常项目差额 /GDP 等。

10. 克鲁格曼 – 弗拉德 – 戈博模型被称为第一代货币危机模型。该理论认为，由于政府的宏观经济政策与固定汇率的维持存在着矛盾与冲突，当政府采取扩张性货币政策并伴随巨额财政赤字时，固定汇率必然无法维系，进而引发危机。

11. 第二代货币危机理论是由奥伯斯特 · 菲尔德等人提出的，他们认为，投机者之所以对货币发起攻击，并不是经济基础的恶化，而是由贬值预期的自我实现导致的。

12. 1997—1998 年亚洲金融危机后，麦金农和克鲁格曼提出了“道德风险论”，多米尼克 · 萨尔瓦多和考赛提提出了“基本因素论”，瑞得莱特和萨克斯提出了“金融恐慌论”，这些模型在加入银行和其他金融中介的微观基础上试图对危机成因进行解释，构成了第三代货币危机理论。

13. 中国经济四十多年来的高速增长与大量的国际资本跨境流动密不可分。从全球来看，中国日益成为国际资本流动的中心地带。在金融市场进一步开放的背景下，监管手段必须要由简单的直接管制向宏观审慎监管转变，通过强化对金融体系逆周期和跨行业的风险管理，加强对国际资本流动的疏导，守住不发生系统性金融危机的底线。

关键概念

国际资本流动	货币危机	债务危机	偿债率
负债率	债务率	短期债务比率	系统性金融危机
道德风险	托宾税		

复习思考题

1. 简述国际资本流动的概念及主要类型。
2. 简述国际资本流动的原因。
3. 简述长期资本流动对资本输入国和输出国的影响。
4. 衡量金融安全性的主要指标有哪些?
5. 试分析短期国际资本流动对经济的影响。
6. 试述当代国际资本流动的主要特征。
7. 试论述第一代货币危机理论。
8. 试论述第二代货币危机理论。
9. 试分析中国国际资本流动监管的主要思路。

10. 假设某国某年的国内生产总值是20 000亿美元，当年年末外债余额为1 500亿美元，当年商品和劳务的出口收入为1 300亿美元，当年应偿还债务本金为140亿美元，当年应付债务利息为11亿美元。试分别计算该国的负债率、债务率、偿债率、短期债务比率以及到期应偿还债务与GDP的比率，并分析该国的债务安全情况。

第八章 国际货币体系

专业学习目标

掌握国际货币体系的概念及特征，理解并掌握国际货币体系的发展演变历史过程；

了解金本位制度的概念，掌握国际金本位体系的特征，理解国际金本位体系崩溃的主要原因；

了解布雷顿森林体系建立的背景，掌握布雷顿森林体系的特点，理解布雷顿森林体系崩溃的主要原因及过程；

了解牙买加协议的主要内容，掌握牙买加体系的主要特点；

理解当前国际货币体系面临的主要问题及改革取向。

素养目标

理解国际货币体系演变的底层逻辑；充分认识国际货币体系改革中的矛盾与冲突；深刻认识国际货币体系改革的中国贡献。

知识结构导图

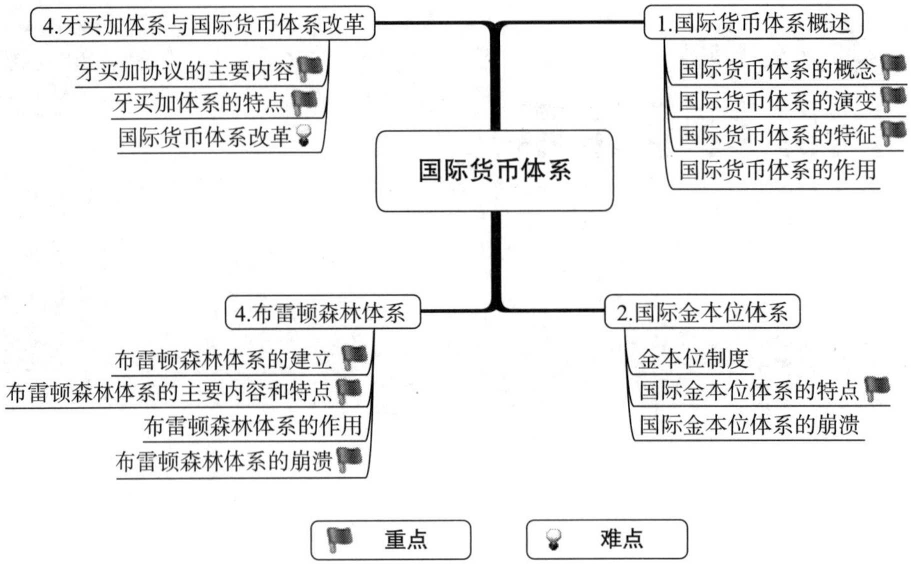

储备资产管理、国际收支调节、汇兑安排及调整构成了国际金融领域的三大支柱，而国际货币体系则是综合研究有关这三大支柱的诸多问题。本章主要讲述国际货币体系的概念和演进，金本位体系、布雷顿森林体系和牙买加体系的特点以及国际货币体系的改革等内容。

第一节 国际货币体系概述

一、国际货币体系的概念

为适应国际贸易与国际支付的需要，各国政府对货币在国际范围内发挥世界货币职能所确定的原则、采取的措施和建立的组织形式，就是国际货币体系（International Monetary System）。国际货币体系涵盖的内容很广泛，概括起来，主要有三方面的内容：（1）国际储备资产的确定；（2）汇率制度的安排；（3）国际收支的调节。

二、国际货币体系的演变

本位货币和汇率安排是划分国际货币体系类型的重要标准。本位货币涉及储备资产的性质，是国际货币体系的基础。从本位货币的角度出发，国际货币体系可以划分为三类：（1）商品本位，如金本位；（2）信用本位，如不兑换纸币本位；（3）混合本位，如金汇兑本位。汇率在国际货币体系中占据着中心的位置，可以按照汇率的弹性大小来划分各种不同类型的国际货币体系。汇率变动的两个极端是固定不变和自由浮动，介于两者之间的有管理浮动、爬行钉住和可调整钉住等。由于汇率体系的健全与否在很大程度上会影响金融市场的稳定与世界经济的发展，所以汇率制度在一切国际货币体系中都占据着重要地位。

根据上述划分标准，可以将历史上国际货币体系的演变划分为三个时期：国际金本位体系时期、布雷顿森林体系时期和牙买加体系时期。

第一次世界大战以前的国际货币体系是典型的国际金本位体系，汇率受铸币平价和黄金输送点的制约，属于固定汇率制度。它是 19 世纪后半期至 20 世纪初期资本主义各国普遍实行的一种货币体系。该体系虽然不是各国协商的结果，但黄金执行世界货币的职能，金本位制度具有国际货币体系的性质。第一次世界大战到第二次世界大战期间，一些国家实行金块本位制与金汇兑本位制，这一时期的国际货币体系属于削弱了的国际金本位体系。

第二次世界大战以后的布雷顿森林体系是以美元为中心的固定汇率制度，采取多种渠道调节国际收支不平衡，维护汇率稳定。

20 世纪 60 年代末 70 年代初的美元贬值使得布雷顿森林体系最终崩溃，1976 年 1 月签订的《牙买加协议》承认了浮动汇率制度的合法性，标志着牙买加体系的建立。实际上，牙买加体系尚不能算作是一个系统的国际货币体系。

三、国际货币体系的特征和评价标准

（一）国际货币体系的特征

从货币制度形成的方式来看，国际货币体系是对在国际经济和金融的长期实践中逐渐形成的惯例和规则的系统性总结，通常以“协定”“协议”等形式确定，不具有严格的法律效力，是一种软法（Soft Law）。

从货币制度的内容和形式来看，国际货币体系是一种国际性安排，是协调的结果，其内容和形式并无十分严格的界定，具有松散性和灵活性的特征。

从货币制度的法律属性来看，国际货币体系的规则和措施对各国只有一定的约束力而不具备法律的强制性。因此，国际货币体系的执行在很大程度上是以相关国家的自觉性和责任感来保证的。

由于国际货币体系没有一个统一的基础，又缺乏一个超乎各国政治、经济主权之上的权威机构和世界性的中央银行来维护和营运，从而使其权威性大打折扣。因此，这就决定了国际货币体系从本质上来说，是属于一种国际协调机制，与严格的制度范畴尚有一定的距离。

（二）国际货币体系的评价标准

评价一种国际货币体系是否理想，应以能否促进国际贸易和国际资本流动的发展，能否提供充足的国际清偿力并保持对国际储备资产的信心，以及能否保证国际收支的失衡能够得到有效而稳定的调节为标准。具体评价指标有以下三个。

1. 规模合理的国际清偿力

理想的国际货币体系应使国际本位货币的发行保持与世界经济及贸易发展相当的增长速度，既要避免因增长过快加剧世界性的通货膨胀，也要避免因增长过慢而导致世界经济和贸易的萎缩。

2. 对储备资产价值稳定抱有信心

在理想的国际货币体系下，各国政府和私人都愿意继续持有国际储备资产，而不发生大规模抛售国际储备资产的危机。

3. 国际收支调节机制

理想的国际货币体系要能使各国公平合理地承担国际收支失衡调节的责任，并使调节付出的代价最小。

四、国际货币体系的作用

国际货币体系的目标在于保障国际贸易和世界经济的稳定发展，其作用主要体现在以下几个方面。

（一）为世界贸易支付清算和国际金融活动提供统一规范的运行规则

统一的国际货币体系不仅为世界经济的运行确定必要的国际货币，对国际货币发行依据与数量、兑换方式与标准等问题做出明确的规定，同时为各国的国民经济核算提供统一的计价标准，这就为世界各国的经济交往提供了较为规范的标准，促进了世界经济的发展。

（二）稳定汇率

国际货币体系的首要任务就是促进汇率的稳定。国际货币体系为各国汇率的稳定提供了统一的计价标准，为各国的汇率安排与协调提供意见与管理措施。

（三）调节国际收支

确定国际收支的调节机制，保证世界经济稳定健康发展，是建立国际货币体系的基本目标和主要作用之一。确定国际收支调节机制要涉及汇率机制、对逆差国的资金融通机制、对储备货币发行国的国际收支纪律约束机制三方面的内容。通过这三种机制对各国的贸易活动、货币流通、汇率变动、国际储备等方面产生影响，从而影响各国的国际收支及其调节。

（四）监督与协调国际货币金融事务

国际货币体系的建立与运作，需要有权威性的协调或组织管理机构。国际货币体系管理机构的职责就是协调与监督世界各国有关的国际货币与金融事务，确保汇率稳定和国际收支平衡。当代世界各国的经济联系日益增强，国际金融市场发展迅猛，如何采取有效的国际合作以保证国际货币体系的有效运作，已经成为当代国际货币体系改革与发展的重要课题。

五、国际货币体系发展演变的一般规律

国际货币体系发展变迁的历史表明，推动国际货币体系发展演变的基本力量是汇率稳定与国际清偿力之间的矛盾发展。

成功的国际货币体系必须同时满足清偿力和稳定的要求，或者至少能够在可以接受的范围之内维持二者的平衡。如果这种平衡遭到破坏，即在稳定条件下国际清偿力匮乏或者泛滥，或者在清偿力适当的情况下汇率动荡不安，这两种情况都表明旧的国际货币体系到了需要改革的关头，需要被新的国际货币体系所代替，这就是一百多年来国际货币体系发展演变的基本规律。

20 世纪 30 年代国际金本位体系的崩溃，固然有第一次世界大战和 1929—1933 年大危机的影响，但其根本原因还在于随着垄断资本主义的发展，对外投资和世界贸易规模的空前增长，对国际清偿力的需求急剧增长。而作为当时国际清偿力的黄金，其开采量远远低于世界经济发展速度，各国的黄金储备严重不足，纸币与黄金的兑换不能维持，纸币取代黄金充当国际清偿手段是历史发展的必然，国际金本位体系宣告瓦解。

第二次世界大战之后，通过《布雷顿森林协定》建立了美元与黄金挂钩、其他货币与美元挂钩的固定汇率体系，重新达成了清偿力与汇率稳定之间的平衡。20 世纪 70 年代，由于美元泛滥，美元的币信大大降低，依靠美元作为国际清偿手段与依靠美元来稳定汇率体系的矛盾尖锐化，导致以美元为中心的固定汇率体系让位于浮动汇率体系。然而，浮动汇率体系虽然解决了国际清偿力的问题，但汇率的稳定性大大降低，因此，国际社会要寻求各种改革和妥协的方案也就不足为奇了。

第二节 国际金本位体系

一、金本位制度

金本位制度是指以黄金作为本位货币，流通中的各种货币与黄金保持固定兑换关系的货币制度。根据货币与黄金的联系程度，金本位制度主要有三种形式：金币本位制、金块本位制和金汇兑本位制。

（一）金币本位制

金币本位制（Gold Specie Standard）的特点是：（1）以法律规定货币的含金量；（2）金币可以自由铸造、自由熔化；（3）流通中的其他货币和金币之间可以法定比率自由兑换，也可以兑换与金币等量的黄金；（4）黄金可以自由地输出或输入本国。以上特点可以概括为“三自由”，即自由铸造 / 自由熔化、自由兑换、自由输出 / 输入。金币本位制盛行于 1880—1914 年。西方主要国家实行金币本位制的时间如表 8－1 所示。

表 8-1　各国实行金币本位制的年份

国家	实行年份	国家	实行年份
英国	1816	瑞士	1874
德国	1871	希腊	1874
瑞典	1873	荷兰	1875
挪威	1873	美国	1879
丹麦	1873	葡萄牙	1891
法国	1874	日本	1897
比利时	1874	俄罗斯	1898

（二）金块本位制

金块本位制（Gold Bullion Standard）的特点是:（1）金币仍作为本位货币，但市场不再流通和使用金币，而是流通纸币;（2）国家储存金块作为储备;（3）不许自由铸造金币，但仍以法律规定纸币的含金量;（4）纸币不能自由兑换金币，但在国际支付或工业用金时，可按规定的限制数量用纸币向央行兑换金块（如英国在 1925 年规定一次至少兑换 400 盎司，价值约 1 700 英镑）。

（三）金汇兑本位制

金汇兑本位制（Gold Exchange Standard ）的特点是:（1）国家规定货币的名义含金量，市场上不再流通金币，只流通银行券;（2）银行券在本国不能兑换黄金，只能兑换为实行金币或金块本位制国家的货币，这些外汇在国外才能兑换成黄金;（3）实行金汇兑本位制的国家使其货币与另一实行金币或金块本位制国家的货币保持固定汇率，通过买卖外汇来维持本国货币币值的稳定;（4）黄金只作为最后的支付手段。

从金币本位制到金块本位制，再到金汇兑本位制，可以看出：第一，货币和黄金的联系越来越弱，货币制度的稳定性也在不断削弱。第二，实行金块本位制，金币不再流通，货币的可兑换性受到限制，可以节约国内经济交易中所需的黄金。实行金汇兑本位制则因大量持有外汇，不仅可以节约国内经济交易所需的黄金，还可以节约国际经济交易中所需的黄金。第三，各国实行的货币制度和国际货币体系之间具有密不可分的联系。世界各国可以同时实行金币本位制或金块本位制，但不能同时实行金汇兑本位制，必须至少有一国实行金币本位制或金块本位制。通常所说的国际金本位体系是指世界主要国家均实行金币本位制情况下的国际货币体系。

这一时期的大英帝国是全球最大的经济体，是最具竞争力的产业领袖，伦敦是无可置疑的全球贸易中心和金融中心，英镑是最主要的储备货币。我们可以将这一时期的国际货币体系称为英镑主导体系。在 19 世纪下半叶，以英镑为中心的国际贸易和投资体系覆盖全球，90% 的国际支付以英镑进行，而印度等国的中央银行则直接持有英镑而不是黄金。“英镑等同于黄金几乎是天经地义的事”。

二、国际金本位体系的特点

（一）黄金充当了国际货币，是国际货币体系的基础

金本位制度的典型特征是金币可以自由铸造和熔化、自由兑换以及自由输出输入。金币的自由铸造和熔化，具有调节货币流通量的作用，因而保证了各国物价水平的稳定；金币的自由兑换，保证了黄金与代表黄金流通的金属铸币和银行券之间的比价相对稳定，从而保持了币值的稳定；金币的自由输出输入，保证了各国货币之间的比价相对稳定。因此，国际金本位体系是一种比较稳定的货币制度。

（二）实行的是典型的固定汇率制度

由于各国货币之间的汇率由它们各自的含金量之比（即铸币平价）决定，金本位制度下的“三自由”将保证外汇市场上的汇率波动维持在铸币平价和黄金运输费用所决定的黄金输送点以内，因此，国际金本位体系是典型的固定汇率制度。

（三）国际收支具有自动调节机制

在金本位制度之下，国际收支具有自动调节机制，即大卫·休谟于 1752 年提出的“物价现金流动机制”。在金本位制度下，一国国际收支出现逆差，则意味着本国黄金的净输出，黄金的输出使得本国的货币供应量减少，从而引起国内物价水平的下跌。物价的下跌提高了本国产品在国际市场上的竞争力，降低了外国商品在本国市场的竞争力，于是出口增加、进口减少，从而使国际收支逆差逐渐消除。

三、国际金本位体系的崩溃

国际金本位体系的缺陷从本质上来说是过分依赖黄金，这主要表现在：（1）国与国之间的清算和支付完全依赖于黄金的输出输入；（2）货币数量的增长主要依赖黄金产量的增长。

首先，英国等核心国家利用其工业强国的优势，向一般外围国家输出商品和资本，黄金源源不断地流入。1913 年，英、美、法、德、意、俄六个国家拥有的黄金总量占世界的 70%，动摇了其他国家实行金本位制的物质基础（见表 8－2）。

表 8－2　主要国家黄金储备数量（古典金本位时期）　　单位：吨

国家	1870 年	1875 年	1880 年	1885 年	1890 年	1895 年	1900 年	1905 年	1910 年	1913 年	1915 年
英国	161	154	171	141	166	305	198	199	223	248	585
法国	217	337	242	344	370	460	544	836	952	1 030	1 457
德国	n/a	43	81	99	186	252	211	267	240	437	876
意大利	31	26	22	142	133	132	115	285	350	355	397
美国	107	87	208	371	442	169	602	1 149	1 660	2 293	2 568
俄罗斯	160	230	195	195	312	695	661	654	954	1 233	1 250

续表

国家	1870 年	1875 年	1880 年	1885 年	1890 年	1895 年	1900 年	1905 年	1910 年	1913 年	1915 年
六国合计	676	877	919	1 293	1 609	2 012	2 332	3 390	4 380	5 597	7 132
世界合计	713	1 089	1 151	1 536	1 969	2 750	3 175	4 710	5 818	8 098	9 392

注：(1）德国的黄金储备数量包括战争基金（1875—1913 年）。(2）没有 1914 年的数据。(3）表中数据计算采用四舍五入原则。

资料来源：国际黄金协会.

其次，黄金的供应必须能够满足世界经济增长的需要，而黄金产量的增长无法与之相适应。这就使得国际金本位体系的物质基础不断削弱。

最后，国际金本位体系顺利运行的基础是各国必须遵守金本位制度下“三自由”的游戏规则，这在没有一个权威性的国际金融机构对其进行监督的体制下是很难实现的。

随着世界经济的发展，破坏国际货币体系稳定性的因素也日益增长。第一次世界大战的爆发彻底摧毁了这一制度。战争期间，各国为筹措军费，对黄金的流动实行控制，同时发行了大量的银行券，使得银行券不能自由地兑换成金币。由于维持国际金本位体系的一些必要条件遭到破坏，国际金本位体系宣告瓦解。

第一次世界大战之后，国际货币体系的重建问题受到各国的普遍重视。1922 年在意大利热那亚召开了世界货币金融会议，讨论重建国际货币体系的问题。热那亚会议吸取了第一次世界大战前国际金本位体系的教训，确定了一种节约黄金的货币制度——国际金汇兑本位体系。自热那亚会议之后，除英国、法国、美国等国实行与黄金直接挂钩的货币制度之外，其他欧洲国家的货币均通过间接挂钩的形式实行了金汇兑本位制，国际金汇兑本位体系于 1925 年建立起来。

国际金汇兑本位体系是一种既以黄金为基础又节约黄金的货币体系。纸币代替黄金流通，充当国际清算和支付的手段。当国际收支发生逆差时，一般先动用外汇储备，如果仍然不能平衡，就要使用黄金作为国际清算的最后手段。从节约黄金的角度来看，这个体系在一段时间内是成功的。但从根本上来讲，在国际金汇兑本位体系之下，黄金数量依然满足不了世界经济增长和维持汇率稳定的需要。黄金的不足发展到一定程度时，国际金汇兑本位体系就会变得十分脆弱，经不起任何冲击。当 1929—1933 年的经济大危机到来时，国际金本位体系便宣告瓦解了。1931 年 9 月，英国宣布停止实行金块本位制；此后不久，25 个国家纷纷效仿；1933 年 3 月，美国停止兑换黄金，放弃金币本位制。至此，国际金本位体系彻底崩溃。

国际金汇兑本位体系崩溃后，世界各国纷纷加强外汇管制，实行竞争性货币贬值和外汇倾销政策。经济大危机过后，英国、美国和法国三国为了恢复国际货币秩序，于 1936 年 9 月达成一项《三国货币协议》（Tripartite Agreement），美国和英国接受了法郎贬值 30% 的结果，承诺不以本国货币贬值作为报复手段。三国政府同意使用各自汇率稳定账户的资金限制三国货币之间的汇率波动，维持货币体系的稳定。这个协议因为第二次世界大战的来临和爆发，很快便瓦解了。因此，这段时期的国际货币体系的基本特征就是无秩序的混乱状态。

第三节 布雷顿森林体系

第二次世界大战爆发前后，各国国际收支危机严重，外汇管制普遍加强，各国货币汇率极端不稳定，国际货币体系处于严重混乱状况。在1943年战争尚未结束但战局已趋明朗的背景下，以英国、美国为代表的资本主义国家开始着手重建战后国际货币体系的工作。

一、布雷顿森林体系的建立

（一）英、美两国经济实力的改变

第二次世界大战使得各国经济实力发生了巨大变化，呈英降美升之势。英国在战争期间遭受了巨大创伤，经济遭到严重破坏。1945年英国工业生产缩减，民用消费品生产仅达1939年的一半，出口额还不到战前水平的1/3，国外资产损失达40亿美元以上，对外债务则高达120亿美元，黄金储备降至100万美元。尽管如此，英镑区和帝国特惠制仍然存在，国际贸易的40%左右采用英镑结算，英镑依然是一种主要的国际储备货币，伦敦依然是一个重要的国际金融中心。因此，英国还想竭力保持其国际地位。战争结束时，美国的工业制成品占世界制成品的一半，对外贸易占世界贸易总额的1/3以上；国外投资急剧增长，它已经成为世界上最大的债权国；黄金储备从1938年的145.1亿美元增加到1945年的200.8亿美元，占世界黄金储备的59%。这一切为建立美元霸权地位创造了条件，事实上，美国也在积极策划取代英国建立一个以美元为支柱的国际货币体系。在这种背景之下，英、美两国政府各自从本国的利益出发，分别提出了重建国际货币体系的方案。

（二）怀特计划与凯恩斯计划

1. 怀特计划

早在1941年美国就提出了由其财政部部长助理怀特拟定的联合与联盟国家平准基金计划（Proposals for the United and Associated Nations Stabilization Fund），简称“怀特计划”。

怀特计划主张存款原则，建议设立“联合国平准基金”，金额不低于50亿美元。会员国在基金中的份额根据会员国的黄金外汇储备、国际收支以及国民收入等因素决定，会员国认缴的份额由黄金和本币构成，认缴的份额大小决定该国在基金中的投票权；基金的任务是促使会员国实行稳定的货币汇率，取消外汇管制、双边结算和复汇率等歧视性措施；基金的货币单位为“尤尼它”（Unita），1尤尼它等于10美元，可同黄金相互兑换，各国货币与尤尼它保持固定比价，不得随意贬值；基金组织向会员国提供短期信贷来解决国际收支问题；基金的办事机构设在拥有最多份额的国家（实际上就是美国）。

可见，怀特计划是从美国作为世界上最大的债权国、国际收支具有大量顺差以及拥有巨额的黄金外汇储备等有利条件出发，企图由美国来控制“联合国平准基金”，通过该基金迫使其他会员国的货币钉住美元，剥夺其他国家货币贬值的自主权，消除其他国家的外汇管制，为美国的对外扩张、商品输出直至建立美元霸权扫清障碍。

2. 凯恩斯计划

1941 年，英国财政大臣首席顾问、著名经济学家凯恩斯拟订了国际清算同盟计划（Proposals for the International Clearing Union），简称“凯恩斯计划”。

凯恩斯计划主张透支原则，按中央银行方式组建国际清算同盟，各国中央银行在国际清算同盟开户往来，这些账户的记账单位“班科”（Bancor）以黄金计价，其价值可由国际清算同盟适时调整。会员国可用黄金换取“班科”，但不能用“班科”换取黄金。各国货币按一定的比价与“班科”建立固定汇率，可适当调整，但未经理事会批准不得随意变动。各会员国在同盟中的份额，按照第二次世界大战前年进出口贸易平均额的 75% 计算。各国的国际收支发生顺差时，将其盈余存入账户；发生逆差时，在 300 亿美元的范围内可以向国际清算同盟透支，而不必采取贷款方式。同盟的总部设在伦敦和纽约。

总之，凯恩斯计划是从英国有巨额外债、国际收支发生严重危机以及黄金外汇储备陷于枯竭的不利情况出发，为维护英国的利益，强调透支原则和双方共同负担国际收支失衡调节责任，其目的是建立一个国际多边清算体系，取消双边结算，创造代替黄金的国际清偿手段，与美国分享国际金融领域的领导权。

（三）布雷顿森林会议

怀特计划和凯恩斯计划均数易其稿。1943 年 4 月 7 日，美国和英国分别公布怀特计划和凯恩斯计划，引起了经济学界和国际社会的巨大反响。

由于两个计划存在很大的差异，基于各自利益的考虑，在 1943 年 6 月到 1944 年 4 月间，英、美两国代表团在国际货币计划的双边谈判中展开了激烈争论，由于美国在政治和经济上的实力远远超过英国，英国被迫放弃自己的计划而接受美国的方案。同时，美国也做了一些让步。最后，双方达成协议。1944 年 4 月，双方发表了基本反映怀特计划的《关于建立国际货币基金组织的专家联合声明》（Joint Statement by Expert on Establishment of an International Monetary Fund）。同年 7 月，在美国的新罕布什尔州的布雷顿森林（Bretton Woods）召开了有 44 国参加的联合与联盟国家国际货币金融会议即布雷顿森林会议，通过了以怀特计划为基础的《国际货币基金组织协定》和《国际复兴与开发银行协定》，总称《布雷顿森林协定》，确定了以美元为中心的国际货币体系——布雷顿森林体系。

布雷顿森林会议是英镑向美元交接权利的仪式，从此国际货币体系正式进入美元时代。

专栏　“两个人”的布雷顿森林会议

布雷顿森林是位于美国东北部新罕布什尔州的一个小镇，坐落在白山国家森林公园内、美国东北部第一高峰华盛顿山的半山腰。1944 年 7 月 1 日，44 个国家的 730 名代表（中国代表团 33 人，规模上仅次于美国）齐聚于此讨论战后国际货币体系。

虽然参会的国家多达 44 个，但是会议的核心成果是在英国与美国之间达成，并且此前已经酝酿了三年之久。早在 1941 年，英国人和美国人就分别独立地提出了各自关于战后国际货币体系安排的计划，一场货币秩序对手戏就此展开，戏的主角分别是美国财政部的哈里·德克斯特·怀特（Harry Dexter White，1892—1948 年），英国著名经济学家约翰·梅纳德·凯恩斯（John Maynard Keynes，1883—1946 年）。这两个足智多谋、志同但道不合的人之间的较量在很大程度上定义了《布雷顿森林协定》。

说他们“志同”是因为：他们都认为重振多边贸易、消除贸易歧视属于货币问题而非贸易问题；他们都致力于建立一个由国际机构管理的、稳定的国际货币体系；他们的计划都创设了一种全新的国际货币单位；他们都认可资本流动可能导致稳定被破坏，允许对资本实施某种程度的管制；他们都希望重建第二次世界大战后的国际货币体系能够得到世界各国的广泛参与。

说他们“道不合”是因为：凯恩斯是一位从小群仆环绕、才华横溢的剑桥学术世家子弟，26 岁即成为剑桥大学终生研究员；而怀特则是出身于波士顿工人阶级家庭、由立陶宛裔犹太移民抚养长大、年逾四十才被任命为财政部部长特别助理一职的技术官僚。凯恩斯想建立一种既能够支持自由贸易又能防止全球出现收支失衡的新货币体系；而怀特则想以终结竞争性货币贬值与贸易保护为目标来创建新型国际货币体系。更重要的不同是他们身后的两个国家：美国是腰缠万贯、黄金充裕的债权国，而英国则是外汇短缺、黄金枯竭的债务国。因此，这场对手戏的结果其实早在会议召开之前已经写就。怀特计划与凯恩斯计划的比较见表 8–3。

表 8–3　怀特计划与凯恩斯计划的比较

相同点	不同点	
	怀特计划	凯恩斯计划
建立一个新的国际货币机构	国际稳定基金，基金资本总额是 50 亿美元。会员国认缴的初始资本金至少一半是黄金。会员国以黄金和本国货币作为抵押进行借款。同时成立复兴开发银行，提供战后重建贷款并对私人贷款进行担保	国际清算联盟，资本金总额是 230 亿美元。会员国不用缴纳资本金，通过发行新货币的形式创造。清算联盟不持有黄金，除非会员国选择向它出售黄金。会员国以无担保的透支原则从联盟取得资金融通
新机构的总部设立	美国（华盛顿）	伦敦总部主席是英国人，负责处理英联邦（加拿大除外）、欧洲和中东业务。纽约总部主席是美国人，负责北美、南美及远东业务

续表

相同点	不同点	
	怀特计划	凯恩斯计划
新机构的投票权应该对经济更强大的国家倾斜	按照1945年会员国的黄金储备、国际收支以及国民收入等因素计算份额。怀特的份额公式赋予了美国事实上的否决权	按照战前国际贸易总额的比重分配份额和投票权。提议在基金成立后的前五年明确赋予了创始国（仅限美国和英国）否决权
新机构要与各会员国紧密合作	基金与会员国政府的财政部打交道	国际清算联盟是一个全球的中央银行，与各会员国的中央银行紧密合作
对遭受国际收支赤字的国家提供临时性资金援助	不关注限制盈余的问题。对债务国提供最低限度的激励，使其无须针对债权国采取竞争性货币贬值或贸易歧视措施	债权国需承担调节责任，对盈余的不断增长施加限制，给予债务国更大的自由
黄金在国际货币体系中的作用	黄金对于维护公众信心十分重要，并且未来也将如此	致力于削弱黄金的这种作用，越早越好、越彻底越好
创建一个新的国际货币单位	“Unita”仅仅是一个记账工具，吸引对国际货币感兴趣的人。推动世界更加以美元为中心，美元成为黄金的代名词。1 Unita=10美元，它只不过是美元的代名词	“Bancor”会随着时间推移变得越来越重要，黄金去货币化，并降低全球对美元的依赖。班科不能兑换黄金
维护汇率稳定	要求会员国在改变其汇率平价时必须取得基金的批准。反映出美国决心阻止其他国家针对美元贬值的意图	设置一个方法来决定会员国货币是否以及在多大幅度上可以贬值或升值。反映出英国迫切希望避免英镑汇率持续高估的问题再度发生
取消汇兑管制和歧视性安排	会员国承诺在基金成立一年之内取消这些限制	允许各会员国自行决定管制的方法和程度
建立一个多边清算体系	例外于多边清算机制的做法需经过基金的审查并批准	鼓励三角贸易，为英镑区的内部清算保留了合法地位
削减关税和贸易壁垒，取消出口补贴	要求会员国做出具体承诺，在没有获得基金同意的情况下禁止提供出口补贴	提议会员国承诺不采取某些恶劣的壁垒或歧视性政策。补贴项下的产品必须用于国内消费，用于出口时可以对其征收补贴税

布雷顿森林会议经过为期三周的紧张谈判，各方达成协议，设立国际货币基金组织和世界银行，确立了美元与黄金挂钩、各国货币与美元挂钩，实行固定但可调整的汇率制度以及经常项目可兑换的战后国际货币秩序。

令人唏嘘的是，怀特和凯恩斯都在布雷顿森林会议之后不久死于心脏病，两人都未能在他们亲手创建的布雷顿森林机构（IMF 和世界银行）任职。这也许就是两位志同道不合的伟人最后的殊途同归吧。

评价布雷顿森林体系的是非功过当然会有很多不同甚至截然相反的声音，但是无论如何，设计一个全球货币体系并交由一个国际机构管理，这是人类历史上从未有过的尝试。即使在 70 多年后的今天看来，这仍然是布雷顿森林会议留给我们的精神遗产。

二、布雷顿森林体系的主要内容和特点

（一）以美元为中心的固定汇率制度

美元与黄金挂钩，其他货币与美元挂钩，“双挂钩”构成了布雷顿森林体系的支柱。《布雷顿森林协定》规定 1 盎司黄金 =35 美元（即 1 美元 =0.888 671 克黄金），美国政府承担其他国家政府或中央银行用美元储备随时向美国按官价兑换黄金的义务；各国货币要规定金平价，并由此确定对美元的比价，汇率波动范围不得超出货币平价的上下 1%，各国政府只有在国际收支出现“基本失衡”时，经基金组织批准才可以进行汇率调整。因而，布雷顿森林体系下的汇率制度是可调整的固定汇率制度。通过这些规定，使美元取得等同于黄金的地位，这在人类历史上是第一次。美元居于国际货币体系的中心地位，起着世界货币的职能。

（二）多种途径调节国际收支不平衡

在布雷顿森林体系下，当一国发生短期的国际收支失衡时，国际货币基金组织可向其提供短期资金融通，以协助其解决国际收支困难。

此外，《布雷顿森林协定》还规定了“稀缺货币条款”，其目的是促使顺差国承担调节国际收支的责任。根据规定，当一国的国际收支持续出现大量顺差时，逆差国对该顺差国货币的需求将明显持续增长，并向基金组织借取该种货币，这就会使这种货币在基金组织的库存急剧下降，当该国货币在国际货币基金组织的库存下降到其份额的 75% 以下时，国际货币基金组织可将该国货币宣布为“稀缺货币”，并按逆差国的需要进行限额分配；逆差国有权对“稀缺货币”采取临时性的兑换限制措施。

当会员国发生国际收支根本性不平衡，其他调节措施无效或者代价太高时，改变汇兑平价就成了最终的选择。但是，会员国的汇率变动需提前通知 IMF，并经过该组织 85% 的投票权赞成后才能实施。在布雷顿森林体系之下，汇率变动并不频繁，两次大规模的汇率变动发生在 1949 年和 1967 年，都与英镑贬值有关。

（三）取消外汇管制

《国际货币基金组织协定》第八条规定，会员国不得对经常项目的支付采取歧视性的

货币措施，要在兑换性的基础上实行多边支付。但有三种情况可以例外：（1）国际货币基金组织允许对资本流动实施外汇管制；（2）该协定第十四条规定允许会员国采取过渡性安排，推迟履行货币可兑换性的义务；（3）会员国有权对“稀缺货币”采取临时性的兑换限制，可限制进口该国的商品和劳务，从而迫使“稀缺货币”发行国采取调节国际收支的措施。但是，这一条款并未得到实施。

（四）建立了一个永久性的国际金融机构即国际货币基金组织

国际货币基金组织是战后国际货币体系的核心，它的各项规定构成了国际金融领域的基本秩序。它通过对会员国进行监督、磋商和融通资金，在一定程度上维持着国际金融形势的稳定。它在协调西方发达国家之间的利益冲突、维护汇兑平价方面功不可没。尤其是在20世纪60年代美元危机此起彼伏，固定汇率制度摇摇欲坠时，IMF采取了一系列措施，使得布雷顿森林体系得以维持30年之久。

总之，在布雷顿森林体系下，美元与黄金挂钩、各国货币与美元挂钩是这一体系的两大支柱；而基金组织兼有监管、信贷和协调三方面的职能，是这一体系正常运转的中心。该体系的特点可以概括为：美元与黄金并驾齐驱构成国际储备资产；以美元为中心的固定汇率制度；主要靠会员国调整国内政策、IMF贷款和国际协调辅助，调整国际收支。

三、布雷顿森林体系的作用

（一）促进了国际贸易的发展和世界经济增长

布雷顿森林体系的建立，从客观上来说是符合当时世界经济形势的。第二次世界大战之后，各国急需建立一个多边支付体系和多边贸易体系，以促进贸易的发展和各国经济的恢复与发展。当时，只有美元才有能力在全球范围内向这样一种多边体系提供所需要的多边支付手段和清算手段。此外，布雷顿森林体系下的固定汇率制度减少了国际交易中的汇率风险，促进了国际贸易、国际信贷与国际投资的发展。美元等同于黄金，作为黄金的补充，源源不断地流向世界，这在一定程度上弥补了当时普遍存在的国际清偿能力和支付手段的不足，因而有利于外汇管制的放松和贸易的自由化，并对国际资本流动和国际金融一体化起到了积极的推动作用。

（二）确立了美元的霸权地位

布雷顿森林体系确立了美元的霸权地位，使美国得以利用美元的国际储备货币地位，一方面增强了其国际金融中心的作用，巩固美元的霸权；另一方面通过大量发放对外贷款或投资，从政治上和经济上控制其他国家，并能够获取高额利息收入。美元的储备货币地位使得美国可以使用美元对外直接进行支付，弥补国际收支赤字，事实上是向持有美元储备的国家征收了“铸币税”。铸币税是货币发行获得的净收益，即铸币同金银条块的铸造成本或纸币面值与纸币的印刷成本之间的净收益。

四、布雷顿森林体系的崩溃

（一）布雷顿森林体系崩溃的原因

1. 无法解决的特里芬难题

美国经济学家罗伯特·特里芬（Robert Triffin）在其1960年出版的《美元与黄金危机》一书中指出，如果没有别的储备货币来取代美元，以美元为中心的汇兑平价体系必将崩溃。因为美元同时承担了相互矛盾的双重职能：第一，为世界经济和贸易发展提供清偿力；第二，保持美元的币信，维持美元按官价兑换黄金。为了满足世界各国对美元储备的需要，美国只能通过对外负债的形式提供美元，也就是保持国际收支逆差。然而，如果美国国际收支长期逆差，美元就势必会贬值而不能按照官价兑换黄金。如果为了维护美元的币信，美国就应该保持国际收支顺差，而这会导致世界各国缺乏必要的国际清偿手段而降低生产和贸易的发展速度。美元在布雷顿森林体系下的这种两难处境被称为特里芬难题（Triffin Dilemma）。

2. 僵化的汇兑体系不能适应经济格局的变动

布雷顿森林体系把维持固定汇率制度放在首要地位，会员国在国际收支出现根本性不平衡时才可以申请改变汇率。事实上，各国改变汇率的次数极少。1950—1971年，主要资本主义国家的货币汇率尤为稳定，日元一直纹丝未动，英镑在1967年贬值过1次，法郎在1958年和1969年贬值过2次，德国马克在1961年、1969年升值过2次，美元也始终力求稳定。然而，在这21年间，美、英、法、日、德五国的经济实力和地位发生了巨大变化。反映在国际收支上，美国持续逆差，英、法两国逆差年份多于顺差年份，日本和德国则积累了巨额顺差。如果不是各国央行在外汇市场上极力干预，美元、英镑、法郎贬值，日元和德国马克升值是必然的，而布雷顿森林体系的准则不能被轻易突破。尽管发达国家经济周期不同步，客观上要求各国采取不同的宏观经济政策，但是固定汇率制度把大家捆绑在一起，财政金融政策在国家间的传递畅通无阻，常常干扰一国实施独立的经济政策。经济发展不平衡导致了各国通货膨胀率和利率水平的差异，从而使国际资本流动加剧，固定汇率制度难以维持。这种僵化的状态违背了“可调整的钉住汇率体系”的初衷，矛盾的累积最终要冲破布雷顿森林体系的约束。

3. 国际收支调节的效率不高，IMF协调解决国际收支的能力有限

在布雷顿森林体系下的汇率虽可调节，但因固定汇率的多边性而增加了调整平价的难度，并且汇价的波动只允许在平价上下1%的幅度内，使得汇率显得过于刚性。当一国发生国际收支逆差时，往往不得不采取紧缩性的财政和货币政策，对国内经济造成较大的冲击。

另外，利用IMF调节国际收支不平衡存在财力和公平问题。IMF成立时筹集了88亿美元，1959年首次增到149亿美元，1965年第二次增资到210亿美元，贷款要求大大超过其财力。尽管IMF与十国集团达成了60亿美元的借款总安排，还创造了93.15亿的SDRs，但仍然无法满足会员国为维持汇率稳定而需要的贷款支持，于是IMF不得不进入国际金融市场拆借资金，对会员国的贷款条件也越来越严格，发展中国家在IMF的贷款条件中明显处于极其不利的地位。

（二）布雷顿森林体系的崩溃

布雷顿森林体系的崩溃过程就是美元危机的不断爆发、拯救、再爆发、再拯救，直至无力回天的过程。美元危机，是指国际金融市场上大量抛售美元抢购黄金和其他国家货币，并用美元向美国兑换黄金，导致美元不断贬值，黄金价格不断攀升的现象。伦敦黄金市场的金价变动反映了这一危机的整体过程（见表 8-4）。

表 8-4　伦敦黄金市场的金价变动（1965—1974 年）　单位：每盎司黄金的美元价格

1965 年	1966 年	1967 年	1968 年	1969 年	1970 年	1971 年	1972 年	1973 年	1974 年
35.12	35.19	35.20	41.90	35.20	37.37	43.63	64.90	112.25	186.50

资料来源：IMF. 国际金融统计年鉴，1992.

美元危机的程度，同流出美国的美元数额有关。流出的美元超过美国黄金储备的余额，被称为“悬突额”，这是预测美元危机的一个很好的指标（见表 8-5）。

表 8-5　美元输出的增加和黄金储备的下降（1962—1972 年）　单位：亿美元

年份	黄金储备	美元输出	美元悬突额
1962	160.0	115.3	＋44.7
1963	156.0	131.6	＋24.4
1964	154.7	160.8	−6.1
1965	140.7	172.7	−32.0
1966	132.4	209.6	−77.2
1967	120.7	233.2	−112.5
1968	108.9	264.5	−155.6
1969	118.6	376.6	−258.0
1970	110.7	312.7	−202.0
1971	102.1	269.1	−167.0
1972	96.6	344.3	−247.7

资料来源：IMF. 国际金融统计，1992.

布雷顿森林体系时期主要国家的黄金储备数量如表 8-6 所示。

表 8-6　主要国家的黄金储备数量（布雷顿森林体系时期：从建立到崩溃）　单位：公吨

	1935 年	1940 年	1945 年	1950 年	1955 年	1960 年	1965 年	1970 年	1973 年
英国	1 464	n/a	1 773	2 543	1 788	2 489	2 012	1 198	653
法国	3 907	1 773	1 378	588	837	1 458	4 182	3 139	3 139
德国	56	n/a	n/a	0	817	2 640	3 919	3 537	3 658
意大利	240	122	28	227	313	1 958	2 136	2 565	2 565

续表

	1935年	1940年	1945年	1950年	1955年	1960年	1965年	1970年	1973年
美国	8 998	19 543	17 848	20 279	19 331	15 822	12 499	9 839	8 584
五国合计	14 665	n/a	n/a	23 637	23 086	24 367	24 748	20 278	18 599
世界合计	20 124	n/a	n/a	31 096	33 173	35 892	38 754	36 606	36 798

资料来源：国际黄金协会.

从20世纪60年代初至1973年共发生了四次美元危机，分别是在1960年10月、1968年3月、1971年、1972年和1973年。每一次危机，美国和国际货币基金组织都采取了一些措施，然而并不能从根本上解决布雷顿森林体系的内在矛盾。

1971年8月15日，美国总统尼克松宣布“新经济政策”，正式停止履行外国政府或中央银行用美元向美国政府兑换黄金的义务，这表明，美元与黄金挂钩这一大支柱已经倒塌，国际货币体系进入信用货币时代。

1972年和1973年，第四次美元危机爆发。1973年，西方国家之间经过协商与斗争，最终达成协议：主要国家的货币实行浮动汇率制度（西欧共同体国家的货币实行联合浮动），这意味着其他国家货币与美元挂钩的固定汇率制度的垮台。至此，布雷顿森林体系完全崩溃。

专栏

美元危机与美国和IMF对布雷顿森林体系的挽救措施

1. 第一次美元危机：1960年10月

在西欧经济已逐渐恢复和发展的背景下，1960年美国国内短期外债已超过全部黄金储备，1960年10月伦敦市场抛售美元抢购黄金的浪潮，使黄金高达每盎司41.5美元，高出官价20%。

美国与IMF拯救危机的措施有：

（1）通过君子协定，稳定黄金价格。在美国的策划下，欧洲主要国家的中央银行达成一项君子协定，彼此约定购买黄金的价格不超过35.20美元（即35美元＋0.25%手续费＋运费）。

（2）通过《巴塞尔协定》。1961年3月，参加国际清算银行理事会的美国、英国、德国、法国、意大利、荷兰、比利时、瑞典8国中央银行通过了《巴塞尔协定》，在发生国际收支困难时，各国中央银行应在外汇市场上合作，以维持彼此汇率的稳定。

（3）建立“黄金总库”，以维持黄金官价的稳定。1961年10月，美国联合英国、法国、意大利、荷兰、比利时、瑞士及德国建立了“黄金总库”。总库所需要的黄金由美国承担50%，英国、法国、意大利各承担9.3%，瑞士、荷兰、比利时各承担3.7%。指定英格兰银行代理总库进行日常的业务活动，在伦敦市场买卖黄金，以防止金价超过官价。黄金总库设立之后，效果良好，直到1968年终止前，伦敦市场的金价一直没有超过35.2美元。“黄金总库”旨在用其他国家的黄金来补充美国的黄金，维持黄金－美元本位制。

（4）借款总安排。1961年11月，IMF在巴黎同美国、英国、加拿大、德国、日本、法国、意大利、荷兰、比利时、瑞典10国签订了借款总安排协议。按照协议规定，当IMF缺少这些国家的货币时，可通过借款总安排向有关国家借入必要的资金，贷给发生国际收支困难的国家。参加借款总安排的10个出资国称作“十国集团”，又叫“巴黎俱乐部”。借款总安排当时的资金总额为60亿美元，主要目的是向美国以外的另外9个国家借入款项，支援美国，缓和美元危机。

（5）货币互换协定（Swap Agreement）。1962年3月，美国与14个西方主要国家的中央银行签订了总额为117.3亿美元的货币互换协定，彼此提供对等的短期信贷资金，用于干预外汇市场，维持汇率稳定。

2. 第二次美元危机：1968年3月

20世纪60年代中期，美国陷入越南战争，国际收支状况日益恶化，到1968年3月，美国的黄金储备已经降至约120亿美元，只能够偿付其对外短期负债的1/3。结果，在伦敦、巴黎和苏黎世的黄金市场上爆发了规模空前的抛售美元、抢购黄金的第二次美元危机。在半个月内，美国的黄金储备流失了14亿美元，市场的金价一度涨至44美元/盎司。美国政府被迫要求英国自3月15日起暂时关闭伦敦黄金市场。凭“黄金总库”和美国的黄金储备，已无力维持美元与黄金的固定比价。

美国与IMF拯救危机的措施有：

（1）实行“黄金双价制”。经过黄金总库成员国协商后，宣布解散黄金总库，实行黄金双价制。即在官方之间的黄金市场上，仍然维持1盎司黄金等于35美元的官价，而在私人黄金市场上，价格则完全由市场供求状况决定。

（2）创立“特别提款权”。1969年，IMF第24届年会通过了设立“特别提款权”的决议。特别提款权作为“纸黄金”，既是对黄金的补充，又可以节约黄金，利用特别提款权可以进一步扩大基金组织的贷款能力，减少美元外流，弥补国际收支逆差。美国最早提出这个方案的目的不是用特别提款权来最终取代黄金－美元本位，而是以特别提款权来补充黄金－美元本位，特别提款权在更大程度上是对美元的一种补充。特别提款权逐步代替黄金作为国际储备，为以后建立一种脱离黄金而又不影响美元特权地位的新货币体系奠定基础。

3. 第三次美元危机：1971年

在美国国际收支危机不断恶化，资本不断外流，对外贸易突然出现逆差的情况下，1971年5月爆发了第三次美元危机。市场大量抛售美元，抢购黄金。法国政府带头以美元向美国兑换黄金。美国的黄金储备减少到102亿美元，而对外短期负债增加到520亿美元，美元地位岌岌可危。

美国与IMF拯救危机的措施有：

（1）1971 年 8 月 15 日，尼克松宣布“新经济政策”，正式停止履行外国政府或中央银行用美元向美国政府兑换黄金的义务，并对外国商品征收 10% 的进口附加税，同时迫使联邦德国和日本等国实行货币升值。这表明，美元与黄金挂钩这一大支柱已经倒塌。

（2）1971 年 12 月，十国集团达成《史密森协议》，或称《华盛顿协议》。具体内容是：

第一，美元对黄金的官价贬值 7.89%，即从每盎司黄金 35 美元提高到 38 美元，这是第二次世界大战后美元第一次正式贬值。

第二，美元同时对一些国家的货币贬值 2.76%～7.66%，如日元升值 7.66%，德国马克和瑞士法郎各升值 4.61%，比利时法郎和荷兰盾升值 2.76%。

第三，将市场汇率的允许波动幅度从平价上下的 1% 扩大为 2.25%，以图增加货币制度的灵活性和弹性。

第四，取消 10% 的进口附加税。

《史密森协议》是挽救布雷顿森林体系的最后一次尝试，作为一种仓促的、暂时性的措施，其没有涉及国际货币制度的根本变革，平价的调整幅度也很小，反映了各国的矛盾和斗争，因此，事实上也并未能够阻止布雷顿森林体系的崩溃。

4. 第四次美元危机：1972 年和 1973 年

1972 年和 1973 年，国际金融市场上再次掀起抛售美元，抢购德国马克、日元和黄金的浪潮，第四次美元危机爆发。美国被迫宣布将美元贬值 10%，金融市场上再现抛售美元的狂潮，黄金价格一涨再涨，美元汇价一跌再跌。

1973 年，西方国家之间经过协商与斗争，最终达成协议：西方国家的货币实行浮动汇率制度；在德国马克升值 3% 的条件下，德国、法国等西欧共同市场国家的货币对美元实行联合浮动，彼此之间则实行固定汇率制度；英国、意大利、爱尔兰单独浮动，暂不参加共同浮动。此外，其他主要西方国家的货币也都实行了浮动汇率制度。这意味着其他国家货币与美元挂钩的固定汇率制度的垮台。至此，布雷顿森林体系完全崩溃。

第四节 牙买加体系与国际货币体系改革

布雷顿森林体系崩溃以后，国际金融形势更加动荡不安，各国都在探寻国际货币体系改革的新方案。1976 年，IMF 国际货币制度临时委员会在牙买加首都金斯敦召开会议，并达成了《牙买加协议》（Jamaica Agreement）。同年 4 月，IMF 理事会通过国际货币基金组织协定的第二次修正案（第一次修正案是在 1968 年，授权国际货币基金组织发行特别提款权），认可了 1971 年以来国际货币体系的重大变化。从此，国际货币体系进入了一个新的阶段，称为“牙买加体系”时期。

一、《牙买加协议》的主要内容

（一）浮动汇率合法化

1973 年以后，浮动汇率逐渐成为事实。修改后的基金协定规定，会员国可以自行选择汇率制度，事实上承认了固定汇率制度与浮动汇率制度并存。但会员国的汇率政策应该同基金组织协商，并接受基金组织的监督。在货币秩序稳定后，经基金组织 85% 投票权同意，恢复稳定的可调整的固定汇率制度。

（二）黄金非货币化

新的条款废除了原协定中所有的黄金条款，并规定黄金不再作为各国货币定值的标准；废除黄金官价，会员国之间可以在市场上买卖黄金；会员国之间以及会员国与基金组织之间，取消以黄金清算债权债务的义务；基金组织持有的黄金部分出售，部分按官价退还给原缴纳的会员国，剩下的酌情处理。

（三）逐渐提高特别提款权的国际储备地位

修订 SDR 的有关条款，扩大 SDR 的作用，使 SDR 逐步取代黄金和美元成为主要的国际储备资产。协议规定各会员国之间可以自由进行 SDR 交易，而不必征得 IMF 的同意。IMF 与会员国之间的交易以 SDR 代替黄金，IMF 一般账户中所持有的资产一律以 SDR 表示。在 IMF 一般业务交易中扩大 SDR 的使用范围，并且尽量扩大 SDR 的其他业务使用范围。另外，IMF 应随时对 SDR 制度进行监督，适时修改或增减有关规定。

（四）扩大对发展中国家的资金融通

用按市价出售的黄金超过官价的收益部分设立一笔信托基金，用于向最不发达的发展中国家提供优惠贷款或者援助，帮助其解决国际收支问题。扩大基金组织信用贷款的额度，使各会员国从 IMF 可获得的各种融资总和由占其份额的 100% 增加到 145%，并放宽“出口波动补偿贷款”的额度，由占其份额的 50% 提高到 75%。这一举措对后来许多发展中国家在发生国际收支困难和金融危机时进行自救发挥了重要作用。

（五）增加会员国份额

根据该协定，会员国的份额从原来的 292 亿特别提款权增至 390 亿特别提款权，即增长了 33.6%，各会员国的基金份额也有所调整，主要是增加了 OPEC（石油输出国组织）的份额，从而提高了 IMF 的清偿力。

二、牙买加体系的特点

牙买加体系实际上是以美元为中心的多元化国际储备和浮动汇率的货币体系。其主要特征如下。

（一）国际储备多元化

国际储备多元化突出表现为黄金非货币化，美元地位被削弱，德国马克、日元及 SDR、欧洲货币单位（ECU，后被欧元所取代）在世界储备中的地位逐渐提高。

在布雷顿森林体系下，世界储备主要是美元和黄金，外汇储备 90% 以上是美元，结构比较单一。在牙买加体系下，美元垄断外汇储备的时代已经一去不复返了。外汇储备呈现出鲜明的多元化。但多元化并非多足鼎立，美元的中心货币地位仍然存在。美元在官方外汇储备中的比重不低于 50%，美元作为国际储备似乎已经成为全球的惯例，私人部门也仍然把美元视为融资工具和重要的价值储存手段。尽管在国际支付中近年来欧元的比例已经与美元的比例不相上下，但考虑到大宗商品仍然使用美元作为定价和结算货币，欧元还暂时无法与美元相抗衡，而其他货币如人民币等在很长时间内还无法与美元相提并论。因此，也有人把当前的国际货币体系形象地称为只有“一个半国际货币”体系。美元霸权的衰落将是一个漫长的历史进程。

此外，牙买加体系下还有一种超主权储备货币——SDR。SDR 由当今经济实力最强的五种货币（美元、欧元、人民币、日元、英镑）构成，能够平衡各主要货币之间的升降，因而比构成自身的任何一种货币都稳定。SDR 作为新型的储备货币得到日益广泛的运用。IMF 及其他国际金融组织使用 SDR 作为核算单位开展活动，私人部门筹资时也更多地以 SDR 计值。但是 IMF 分配的 SDR 有限，在储备中的比重很小，远不能满足各国的需要，SDR 的分配涉及一系列技术问题和利益矛盾，因此不可能增长很快。

（二）汇率制度安排多样化

在牙买加体系下，浮动汇率与固定汇率并存，国际汇率体系呈现出两大特点：一是区域内实行稳定的汇率制度，包括欧盟及其实行钉住汇率制度的国家；二是主要货币之间的汇率波动剧烈。发展趋势是实行固定汇率制度的国家越来越少、实行灵活的汇率制度的国家不断增多。汇率制度实践形式的多样性及向浮动的汇率制度转变的国际趋势是当今国际汇率体系的主要特点。

（三）国际收支调节方法的多样化

在牙买加体系下，解决国际收支不平衡主要有以下几条途径：（1）利用国内经济政策消除国际收支不平衡。（2）充分利用汇率机制，通过汇率的适度调整来调节国际收支。（3）通过融资来调节国际收支。与布雷顿森林体系不同，牙买加体系下以 IMF 为中心，结合各国政府和商业银行，给逆差国提供贷款，成为平衡国际收支的一条重要途径。（4）加强国际上的协调与合作。

在牙买加体系下，国际货币合作及金融政策协调有两条渠道：第一是 IMF。IMF 每年召开一次年会，磋商国际金融稳定、国际收支平衡、国际债务及国际银行业等重大问题，交流各国的货币金融政策，并制定一些共同遵守的准则。迄今为止，IMF 依然是最重要的国际金融组织，在促进国际货币体系的有效合作方面发挥着巨大作用。第二是从 G7 到 G8 再到 G20 的首脑会议。西方七国首脑会议实际上是布雷顿森林体系崩溃的产物，布雷顿森林体系的崩溃及石油危机的冲击，使得西方各国陷入了一片混乱之中。基于共同的利益，占西方国家生产 80% 的七国首脑会议应运而生。七国首脑会议始于 1975 年 11 月的朗布依埃会议，此次会议讨论的焦点正是国际货币体系问题。1985 年 9 月，西方五国财长聚首纽约的广场饭店，决定联合干预汇市，实现了美元的软着陆。广场会议标志着西方主要国家通过协调来调控国际汇率的开始。

牙买加体系下，多元化的国际储备缓解了特里芬难题；多种汇率制度并存打破了布雷顿森林体系的僵化局面；多种机制共同调节国际收支，降低了调节成本，提高了调节效率。因此，牙买加体系在克服各种危机、推动世界经济稳定发展方面起到了积极的作用。

然而，牙买加体系并非是一个完美的体系，许多经济学家认为它是一个“没有体系的体系”，从而要求改革现行的国际货币体系，建立国际货币新秩序。牙买加体系的主要弊端表现在：第一，汇率体系极不稳定；第二，发达国家和发展中国家矛盾重重，南北冲突更加尖锐；第三，国际收支调节机制不健全，四大调节渠道都有局限性，世界范围内的国际收支不平衡问题并没有得到根本解决。

三、国际货币体系改革

有关国际货币体系改革问题的研究一直非常活跃。总的来看，国际货币体系改革方案主要集中在国际储备资产的确定和汇率制度的选择两个方面，其中，国际储备资产的确定是最基本的。下面介绍几个影响较大的方案。

（一）恢复金本位制度方案

法国经济学家吕埃夫（J.Rueff）鉴于现行国际货币体系没有自动调节机能，极力主张分步骤地恢复金本位制度，即首先提高黄金价格，各国可持有美元向美国兑换黄金，国际上的债权债务完全用黄金清算。由于黄金价格提高会刺激黄金生产增加，这样就可以解决国际清偿能力问题了。

恢复金本位制度实行起来很困难，其主要原因有：（1）世界黄金总存量和年产量远远赶不上世界经济发展的要求，满足不了流通的需要；（2）黄金生产和储备只集中在少数几个国家，在全世界范围很难普遍实行金本位制度；（3）提高黄金价格使少数黄金生产国和黄金储备多的国家获利太多，显然不够合理；（4）提高黄金价格不能根本解决国际清偿能力问题；（5）金本位制度对国际收支的自动调节作用，在目前经济形势下很难发挥作用。

（二）改进的金汇兑本位制度方案

这一建议主要是为改善以美元为中心的国际金汇兑本位制度而提出的，它包括几种不同的方案：（1）英国学者哈罗德（R.Harrod）提议应经常性地提高金价来维持世界清偿力的增长和金汇兑本位制；（2）瑞士学者拉兹（F.A.Lutz）建议用以黄金为基础的多种储备货币制度来取代单一的黄金 - 美元制，使国际清偿力和储备货币的来源多样化，以此摆脱对美元的过分依赖；（3）美国学者伯恩斯坦（E.M.Bernstein）主张由基金组织设立一种新的储备单位来补充美元，以此限制美国的国际收支逆差和满足国际储备增长的需要。这种储备单位的价值是以黄金为基础的，可用于国际清算和支付。

（三）美元本位制度方案

美国经济学家金德尔伯格、麦金农和德斯普雷斯主张实行“世界美元本位制”，即美元与黄金脱钩（美元不能兑换黄金），美国在国内推行稳定美元的财政和货币政策，让市场力量来决定各国官方和私人所需美元的数量。一国要增加美元持有量，就应对美元贬值；一国要减少美元持有量，就应对美元升值。

主张实行美元本位制度的人认为，国际储备资产中半数以上是美元，在全球支付结算中美元是占比最高的货币，重要大宗商品仍以美元定价和结算，实际上美元仍作为关键货币发挥着重要作用。但是，由于以美元为中心的布雷顿森林体系的缺陷和过分依赖一国货币的弊端，因此很难恢复美元本位制。这里既有过去的教训产生对美元的信心问题，也有美国经济地位相对下降的现实问题。

（四）国际管理的通货本位制度方案

这一方案即建立超国家的国际信用储备制度，在此基础上创立国际储备货币。具体来说，这一方案就是将国际货币基金组织改组成世界性的中央银行，使之可以通过信贷的方式来调节国际流通手段和支付手段的余缺。

这一方案最早是由美国经济学家罗伯特·特里芬在其 1960 年出版的《黄金和美元危机》（Gold and Dollar Crisis）一书中提出来的。1982 年在《2000 年的国际货币体系》一文中他进一步将这一设想具体化了。在分析了各国国际储备的需求趋势和布雷顿森林体系的内在缺陷后，他指出，世界黄金的产量无法满足各国储备需求的增长，而依靠美元作为中心货币或关键货币来满足世界对国际清偿力的需求又会导致美元的两难困境和货币体系的危机。摆脱这种危机的根本办法是把国际货币体系转移到一种国际性的货币上来。根据两次世界大战之间国际货币史的经验教训，特里芬提出让国际货币基金组织向世界中央银行的方向转化，由其创造并发行一种由国际管理的本位货币，以此满足世界各国对清偿力增长的需要。所以，这一建议又被称为“国际管理的通货本位制度”。

2008 年全球金融危机之后，韦格勒、蒙代尔等人呼吁建立一个超主权储备体系，蒙代尔还进一步阐述了实现的具体途径。由于统一货币缺乏各国政府的一致支持，所以应该在强国之间首先建立一种共同货币。他提出可建立一种类似于欧元的新国际货币体系。美欧元（Dollar–Euro）以美国货币和欧洲货币为基础，美元与欧元保持固定汇率，其他货币与美欧元挂钩。待其他经济发达国家汇率逐步稳定时也可以申请加入美欧元体系。

专栏　周小川：创设一种超主权的储备货币

2008 年金融危机爆发以来，全球范围内关于改革国际货币体系的呼声此起彼伏。时任中国人民银行行长周小川在 2009 年 3 月发表的《关于改革国际货币体系的思考》一文中提出创设一种超主权储备货币的想法。

所谓超主权储备货币（Super–sovereign Reserve Currency），是指由一个超越主权国家的货币管理机构（如国际货币基金组织）发行的、在国际范围内充当计价尺度、交换媒介与储藏手段的货币。“20 世纪 40 年代凯恩斯就曾提出采用 30 种有代表性的商品作为定值基础建立国际货币单位‘Bancor’的设想，遗憾的是未能实施，而其后以怀特方案为基础的布雷顿森林体系的崩溃显示凯恩斯的方案可能更有远见。”

周小川在这篇文章中指出“当一国货币成为全世界初级产品定价货币、贸易结算货币和储备货币后，该国对经济失衡的汇率调整是无效的，因为多数国家货币都以该国货币为参照。经济全球化既受益于一种被普遍接受的储备货币，又为发行这种货币的制度缺陷所害……危机未必是储备货币发行当局的故意，但却是制度性缺陷的必然。”

“超主权储备货币不仅克服了主权信用货币的内在风险，也为调节全球流动性提供了可能。由一个全球性机构管理的国际储备货币将使全球流动性的创造和调控成为可能，当一国主权货币不再作为全球贸易的尺度和参照基准时，该国汇率政策对失衡的调节效果会大大增强。这些能极大地降低未来危机发生的风险、增强危机处理的能力。”

“创造一种与主权国家脱钩并能保持币值长期稳定的国际储备货币，从而避免主权信用货币作为储备货币的内在缺陷，是国际货币体系改革的理想目标。”然而，现阶段没有实现的可能。周小川呼吁国际社会充分发挥SDR的作用，因为SDR具有超主权储备货币的特征和潜力。他提出了扩大SDR的发行，进一步完善SDR的定值和发行方式；拓宽SDR使用范围，建立起SDR与其他货币之间的清算关系；积极推动在国际贸易、大宗商品定价、投资和企业记账中使用SDR计价；积极推动创立SDR计值的资产，增强其吸引力等建议。

资料来源：周小川 . 关于改革国际货币体系的思考 . 中国金融，2009（7）.

（五）商品性储备通货本位制度方案

这一建议是由英国学者卡尔多（N.Kaldor）和丁伯根（J.Tinbergen）提出的。他们认为，把储备货币的价值固定在黄金这一种商品上具有内在的不稳定性，因此建议选用一组在世界贸易中有代表性的商品，经某种加权平均的数学处理后确定储备货币与这组商品的比价。这种方法的优点是：普通商品的产量增长比黄金快，一组商品的加权平均比黄金价格更稳定。这样货币体系便从黄金－美元汇兑本位制度转向了一组商品－美元(或多种储备货币）汇兑本位制度。

（六）关于汇率制度的改革方案

（1）美国经济学家弗里德曼（M.Friedman）、索门（Sohmen）和约翰逊（H.Johnson）认为固定汇率制度使一国在国际收支发生逆差时缺少了一种可供选择的调节手段——汇率变动。为了维持固定汇率制度，不仅一国会产生内外均衡矛盾，而且从世界范围来看，固定汇率制度也倾向于使国际储备需求过度增长。因此，他们主张实行浮动汇率制度，以汇率浮动来代替储备运用，这样不但可以减少美元的输出，还有利于自由竞争和国际贸易的发展。

（2）英国学者威廉姆逊（J.H.Williamson）建议实行爬行钉住汇率制度（Crawling Peg)。爬行钉住汇率制度实际上是一种短期稳定、长期灵活的汇率制度，由此延伸出来的滑动钉住汇率制度（Sliding Peg）和微调的汇率制度，都属于这一制度的范畴。

这是一种介于固定汇率和浮动汇率之间的汇率制度，其优点是：从长期看，汇率随宏观经济和国际收支状况阶段性地调整，以避免汇率制度的刚性和国际收支的持续逆差；从短期看，汇率又具有相对稳定性，由此可避免汇率剧烈波动对国际贸易和资本流动的不利影响。威廉姆逊还特别强调了这种汇率制度对发展中国家的适用性。

（3）美国学者马克卢普（F.Machlup）和哈伯勒（G.Harberler）提议实行复合汇率制度。各国根据自己的实际情况采用恰当的汇率制度，对世界而言，就有多种多样的汇率制度。与这一建议有关的是采用固定汇率制度条件的讨论——最适度货币区理论（Optimal Currency Area Theory），主要代表人物有美国的蒙代尔、凯南（P.Kenen）和麦金农。

（4）英国学者威廉姆逊等人还提出了两个介于固定汇率和浮动汇率之间的汇率制度改革建议：第一，汇率目标区方案，汇率目标区是指通过协商规定主要货币之间汇率波动的目标幅度（幅度可达10%），当汇率波动超越目标区时就实行干预；第二，宽幅波动方案，即允许各国将汇率波动的幅度从原来的平价上下各1%扩大到更大的幅度（比如10%）。这两种建议都旨在既扩大汇率的灵活性、增加汇率在调节国际收支和储备需求方面的作用，又保持汇率的相对稳定性，在一定程度上维持汇率对各国国际收支和财政货币政策的约束力，以保证世界货币金融领域的稳定。

四、国际货币体系改革的前景①

在国际货币体系改革的问题上，各国学者由于背景和立场不同会有不同的声音，发达国家之间、发达国家与发展中国家之间也会因为利益冲突而存在着尖锐的矛盾。争论的焦点主要集中在以下几个方面。

（一）在储备资产方面：坚守美元本位还是去美元化？

布雷顿森林体系解体后，美国相对实力虽然较第二次世界大战后初期显著下降，但由于路径依赖和备选方案缺乏，美元仍是国际货币体系的支柱，这也是当前国际货币体系的最大争议点。

1976年《牙买加协议》之后的黄金非货币化，使得美国摆脱了为世界提供美元流动性与维持美元黄金可兑换性之间的两难处境，获得了更大政策空间。一方面，美国通过不断膨胀的贸易逆差输出储备货币美元；另一方面，以非常低的利率发行国债吸引美元回流。受益于提供全球储备货币，美国可以不受限制地持续扩大这种低成本负债，事实侵占了贸易顺差国的经济资源；同时也形成了过度消费、过度借贷的经济发展模式，埋下了2008年全球金融海啸的伏笔。自布雷顿森林体系崩溃以来，每隔十年就爆发一次的全球金融危机已经证明这种国际经济格局的不可持续。美国前财长康纳利的那句名言“美元是我们的货币，你们的麻烦”一针见血。

然而，储备货币改革仍无可替代方案。金本位制度已退出历史舞台，而引入超主权货币的倡议还响应寥寥。无论是做实特别提款权还是新设纸黄金，都是基于信用本位。尽管这种与主权国家脱钩的安排有助于破解特里芬难题，但其市场信誉不一定好于一个主权国家的信誉，而且涉及货币主权甚至财政主权的让渡，操作层面困难重重。

从目前的趋势来看，还是会沿着储备货币多元化的方向继续发展。任何新兴储备货币都要与现存储备货币展开竞争，其道路必定是漫长而曲折的。欧元的推出曾带来了希望，然而欧债危机的不断蔓延和深化，让人们看到了即使在统一的欧元区内，经济政策的协调都是非常艰巨的任务。甚至有人预言，在一个乱糟糟的欧洲和一个统一强大的美国之间，我更愿意选择美国和美元。日元的国际化曾在20世纪80年代获得较大进展，然而泡沫经

① 参阅管涛，等．未竟的改革：后布雷顿森林时代的国际货币体系．国际金融研究，2014（10）.

济的崩溃让日元国际化停滞不前甚至出现了倒退。近年来，随着对外开放的不断深入，总体经济实力的不断增强，让人民币成为国际储备货币的呼声鹊起。然而，目前我国的金融市场还缺乏具有足够深度和广度以及高度的流动性，交易便捷性不够，投资渠道和投资工具相对匮乏，资本项目仍有一定程度的管制，人民币要成为国际储备货币中的重要一员，还有很漫长的路要走。

（二）在汇率制度方面：浮动还是固定?

布雷顿森林体系时代，固定汇率制度是法定安排，浮动汇率制度是非法的。1976 年签订的《牙买加协议》和《国际货币基金组织章程第二修订案》终结了布雷顿森林体系，浮动汇率制度的合法性得以确认。但什么是最优汇率制度选择仍是一个充满争议的问题。

弹性汇率制度安排似乎是大势所趋。美、日、欧等主要经济体较早就实行了浮动汇率安排。1997 年亚洲金融危机之前，大部分新兴经济体维持名义或实际的钉住汇率制度。在经历多次货币金融危机后，新兴经济体越来越多地选择浮动汇率制度，追求货币政策独立性和资本自由流动。管理汇率波动仍有一定市场。联系汇率制度（货币发行局制度）或者钉住汇率安排对小型开放经济体具有相当大的吸引力。而中国的实践表明，一半管理一半浮动的制度也有可能存活。目前，IMF 会员国的汇率制度安排呈现出多样性，不同程度的管理浮动汇率安排成为主流。

然而，浮动汇率制度下的汇率超调（Over–Shoot）是一大痼疾，由于缺乏制度化的汇率协调机制，还易引发竞争性贬值。2008 年国际金融危机发生后，主要发达经济体纷纷实施量化宽松的货币政策就引起了对货币战争的广泛质疑。此外，即使是浮动汇率制度，也难以隔绝国外货币政策对本国的溢出影响。国际汇率政策协调困难重重。新兴市场和发展中国家，作为国际金融市场价格的接受者，饱受汇率大起大落的冲击之苦。尽管国际社会呼吁要在主要货币之间建立全球性的有管理的浮动汇率安排，然而居于国际货币体系主导地位的发达经济体，基于对内政策优先的考虑，对此却缺乏响应。

（三）在国际收支调节的责任方面：顺差方还是逆差方?

在布雷顿森林体系建立之初，英国希望顺差国美国能更多地承担国际收支的调节责任，美国毫不犹豫地拒绝了，认为这是逆差国自己的事情。等到 20 世纪 80 年代美国经常项目逆差越来越大时，美国认为顺差国操纵了汇率，应该更多地承担国际收支的调节任务，于是联合英、法、德、加、日等国签订了《广场协议》，逼迫日元升值。进入 21 世纪之后，矛头便对准了中国，指责中国政府操纵了人民币汇率。由一个国家的主权信用货币充当世界货币时，必然面临国际收支的调节问题。在现有的国际货币体系框架下，找不到根本的解决方案，只能是修修补补。

（四）在全球货币金融事务治理的民主化方面：改良还是再造?

2008 年国际金融危机爆发以来，加剧了现行以美元为中心的国际货币体系的矛盾。通过全球治理推进国际货币体系改革的呼声日高、共识增多，但仍存在着很多根本性的难题。

首先是缺乏一个有说服力的替代方案。尽管对现行的货币体系不满意，但无论是国际储备货币构成、汇率制度选择还是国际收支调节、资本账户开放等重大问题，均拿不出一个各方都可接受的替代方案。各方诉求不同，立场难以统一。

其次是缺乏领导者。货币主导权的争夺是大国权力平衡的角逐。当前，没有一个经济体有能力提供这样一种国际公共产品。美国虽然仍是超级强国，但没有实力再建一个布雷顿森林体系，而且作为最大的既得利益者也没有动力推动改革。欧盟、日本等没有与美国媲美的综合国力，并且各自内部问题重重。新兴经济体更不具备改革主导者的实力。

最后是缺乏凝聚力。一方面，国家间政策协调越来越难。就大国而言，对内平衡优先于对外平衡，经济政策取向永远以国内为主，不大会关心其政策对他国的影响，也不愿承担过多的国际义务。另一方面，全球范围的监督约束也越来越难。国际货币基金组织等国际组织一直由发达国家主导，对外监督饱受诟病，面对发达经济体危机时又束手无策。二十国集团（G20）虽然囊括了主要新兴经济体，但协调各国立场更为困难，并且没有执行机构。

总之，通过对当前各国实力对比，说明以美元为主的国际货币体系在短期内无法发生颠覆性改变，国际货币体系改革不可能走得太快。新兴市场国家在国际货币体系改革中的话语权和代表性不可能在短时间内解决，争取全球金融治理的民主权利依然任重而道远。

本章小结

1. 为适应国际贸易与国际支付的需要，各国政府对货币在国际范围内发挥世界货币职能所确定的原则、采取的措施和建立的组织形式，就是国际货币体系。国际货币体系主要有三方面的内容：（1）国际储备资产的确定；（2）汇率制度的安排；（3）国际收支的调节。

2. 本位货币和汇率安排是划分国际货币体系类型的重要标准。根据这个标准，可以将历史上的国际货币体系演变划分为三个时期：国际金本位体系时期；布雷顿森林体系时期；牙买加体系时期。

3. 国际货币体系是在国际经济和金融的长期实践中，逐渐形成的惯例和规则的系统性总结，不具有严格的法律效力，从本质上来说属于一种国际协调机制，与严格的制度范畴有一定的距离。

4. 国际货币体系发展变迁的历史表明，推动国际货币体系发展演变的基本力量是汇率稳定与国际清偿力之间的矛盾发展。

5. 国际金本位体系的特点是：黄金充当了国际货币，是国际货币制度的基础；实行的是典型的固定汇率制度；国际收支具有自动调节机制。国际金本位体系的缺点是它过分依赖黄金。

6. 国际金汇兑本位体系是一种既以黄金为基础又节约黄金的货币体系，是被削弱了的国际金本位体系。

7. 布雷顿森林体系的核心内容是双挂钩。其主要内容和特点是：以美元为中心的固定汇率制度；多种途径调节国际收支不平衡；取消外汇管制；建立了一个永久性的国际金融机构即国际货币基金组织。

8. 布雷顿森林体系崩溃的原因在于：无法解决的特里芬难题；僵化的汇兑体系不能适应经济格局的变动；国际收支调节的效率不高，IMF 协调解决国际收支的能力有限。

9. 牙买加体系实际上是以美元为主导、多元化国际储备和浮动汇率制度的货币体系。其主要特征是：国际储备多元化；汇率制度安排多样化；国际收支调节方法多样化。

10. 牙买加体系并非一个完美的体系，许多经济学家认为它是一个“没有体系的体系”，从而要求改革现行的国际货币体系，并提出了各种各样的改革方案。

关键概念

国际货币体系	国际金本位体系	金币本位制	金块本位制
金汇兑本位制	布雷顿森林体系	特里芬难题	牙买加体系

复习思考题

1. 什么是国际货币体系？其划分的标准是什么？
2. 简述国际金本位体系的特点。
3. 国际金本位体系的优缺点是什么？
4. 简述布雷顿森林体系的特点。
5. 试分析布雷顿森林体系崩溃的原因。
6.《牙买加协议》的主要内容是什么？
7. 简述牙买加体系的特点。

第九章 国际金融组织与国际金融治理体系

专业学习目标

掌握国际货币基金组织（IMF）的基本宗旨、治理结构和主要业务活动；
掌握国际复兴与开发银行（IBRD）的基本宗旨、治理结构和主要业务活动；
了解国际开发协会、国际金融公司的基本宗旨与业务活动；
理解并掌握 IMF 与世界银行集团的异同；
理解第二次世界大战以来国际金融治理体系的变迁；
理解并掌握目前国际金融治理体系的现状及变革取向；
了解我国参与国际金融治理体系改革与重建的情况。

素养目标

全面认识国际金融治理体系改革与重建中的矛盾与冲突；理解国际治理体系改革的中国方案中所蕴含的东方智慧；认识人类命运共同体的本质含义，提升使命感和责任感。

导图知识结构

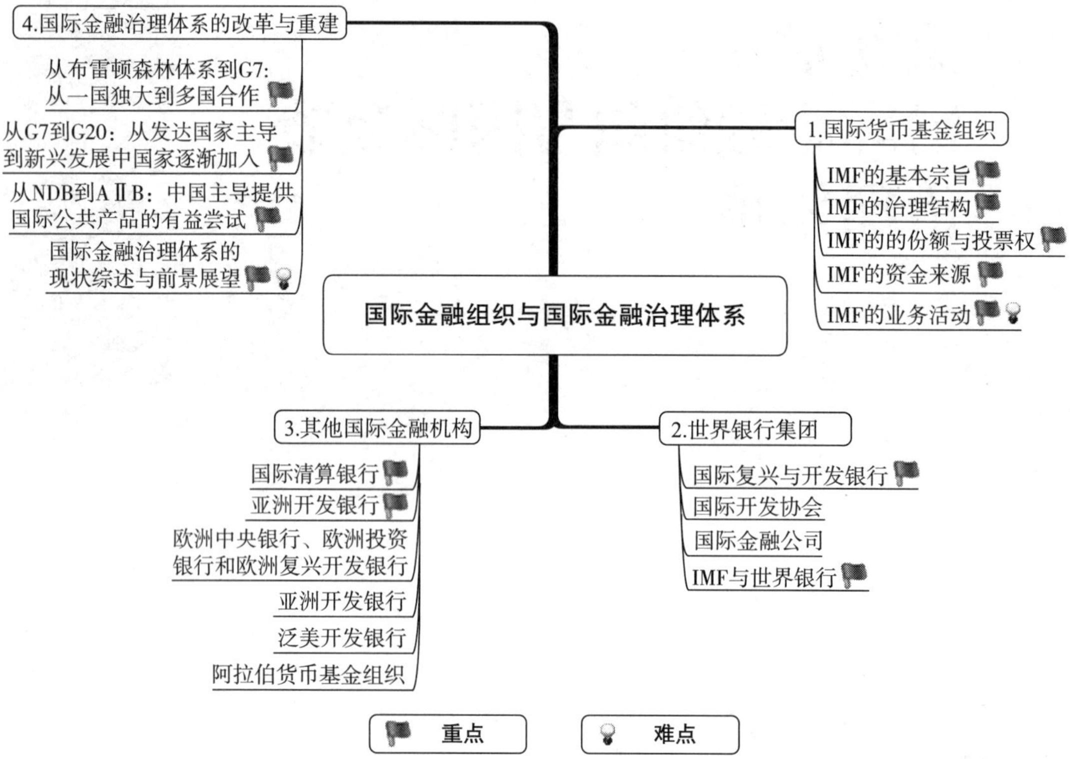

自第二次世界大战后建立布雷顿森林体系以来，世界经济格局发生了深刻变化。然而，在国际金融治理领域，以美国为核心的发达国家仍居于绝对的支配地位，经济格局和金融权力之间明显错配，全球性金融危机频繁爆发。实现储备货币的多元化，重建和增设多层级的国际金融机构，实现经济格局和金融治理权力之间的匹配，是未来国际金融体系重建的主要内容。本章讲述主要的国际金融组织，以及围绕着这些组织诞生与变革的国际金融治理体系的改革与重建之路。

第一节 国际货币基金组织

1944 年 7 月 1 日在美国新罕布什尔州召开的、有 44 个国家代表参加的布雷顿森林会议，决定成立国际货币基金组织和国际复兴开发银行，这两个机构因此也被称为布雷顿森林机构。

1945 年 12 月 27 日，29 个国家的代表在美国华盛顿举行仪式，正式签署了《国际货币基金组织协定》(International Monetary Fund Agreement)。1946 年 3 月，根据该协定国际货币基金组织（IMF）正式宣告成立，并于 1947 年 3 月开始营业，总部设在美国的华盛顿。截至 2022 年 1 月，国际货币基金组织会员国为 190 个。

一、IMF 基本宗旨

基金组织成立时制定了六条宗旨：（1）通过设立一个就国际货币问题进行协商和合作的常设机构，促进国际货币合作；（2）促进国际贸易平衡发展，并借此提高和保持较高的就业率和实际收入水平，开发所有会员国的生产性资源，以此作为经济政策的主要目标；（3）促进汇率的稳定，保持会员国之间有秩序的汇兑安排，避免竞争性通货贬值；（4）协助建立会员国之间经常性交易的多边支付体系，取消阻碍国际贸易发展的外汇限制；（5）在有充分保障的前提下向会员国提供暂时性资金融通，以增强其信心，使其有机会在无须采取有损于本国和国际繁荣的情况下，纠正国际收支失衡；（6）根据上述宗旨，缩短会员国国际收支失衡的时间，减轻失衡的程度。

综上所述，国际货币基金组织的基本职能可以归结为三个方面：一是通过制定及实施国际金融和货币事务中的行为准则来实行其管理职能；二是向会员国提供短期信用，调整国际收支的不平衡，维持汇率稳定；三是为会员国就货币与金融问题进行协商与合作提供场所。概括起来，国际货币基金组织的宗旨就是维护国际货币体系的稳定。

二、IMF 组织机构与治理结构

IMF 的组织机构由理事会（Board of Governors）、执行董事会（Executive Board）、总裁和若干业务职能机构组成。

理事会是基金组织的最高权力机构，由基金组织每个会员国任命一位理事和一位副理事组成。理事由各会员国委派，通常由一国的财政部部长或中央银行行长担任。按照《国际货币基金组织协定》的规定，理事会具有若干特定的权力，凡协定没有直接授权执行董事会或总裁的权力均属于理事会。除协定规定的理事会特有的权力如接纳新会员国、决定份额、分配特别提款权等外，理事会可将其他权力委托执行董事会行使。理事会召开会议至少需由 15 个会员国提出要求，或者提出要求的会员国的投票数总和占理事会总票数的四分之一。理事会通常每年秋季举行一次年会。

执行董事会由执行董事和总裁组成，总裁充当主席，是负责处理日常业务的常设机构。目前执行董事会由 24 名执行董事组成，其中 8 个国家（美国、日本、德国、英国、法国、沙特阿拉伯、俄罗斯、中国）各自选派 1 名执行董事，其余 16 名董事由其他会员国按国家集团或按地区分组推选产生。执行董事会负责处理基金组织的日常事务。总裁由执行董事会推选，总管基金组织的业务工作，是最高行政领导者。目前，基金组织的总裁是保加利亚人克里斯塔利娜·格奥尔基耶娃（Kristalina/vanova Georgieva-kinova）

国际货币基金组织的机构设置如图 9－1 所示。

国际货币和金融委员会（International Monetary & Finance Committee，IMFC）的前身是国际货币基金组织理事会关于国际货币制度的临时委员会，简称临时委员会（Interim

Committee），成立于 1973 年，1999 年 9 月改为现在的名称。IMFC 是基金组织的政策咨询委员会，负责审议基金组织和国际货币与金融体系面临的主要政策问题。该委员会有 24 名成员，反映了基金组织执董会的构成。 发展委员会（Development Committee）的正式名称是世界银行和基金组织理事会关于向发展中国家转移实际资源的部长级联合委员会。这两个委员会都是部长级委员会，每年开会 2～4 次，讨论国际货币体系和开发援助的重大问题。由于这两个委员会的成员来自主要国家且政治级别高，所以其决议往往最后就是理事会的决议。

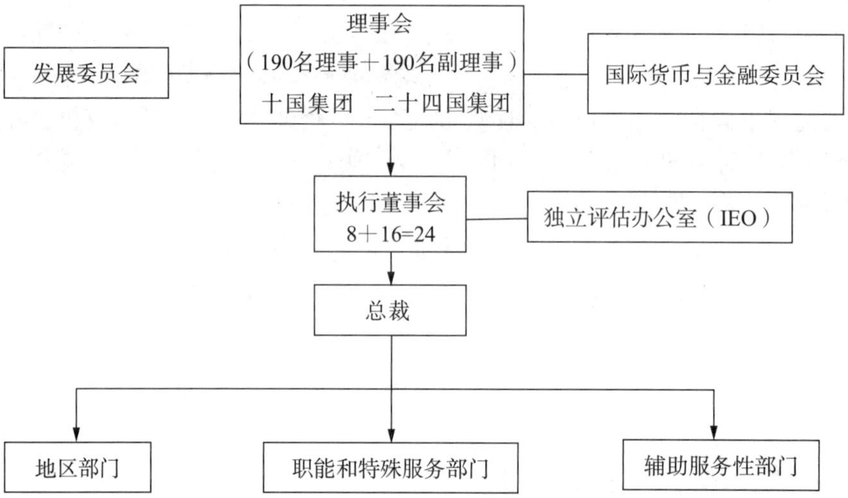

图 9－1　国际货币基金组织机构设置

资料来源：IMF 网站 .

2001 年执行董事会下设了独立评估办公室（IEO），负责评估基金组织的政策与活动，旨在提高基金组织的透明度和问责，并支持执行董事会的机构治理与监督职责。独立评估办公室完全独立于基金组织管理层，其工作与执行董事会保持适当距离，但会向执行董事会报告工作结果。

基金组织的总裁、副总裁之下共设三大类业务部门，即地区部门、职能和特殊服务部门以及辅助服务性部门。具体而言，地区部门包括非洲部、亚太部、欧洲部、中东和中亚部以及西半球部。职能和特殊服务部门包括对外关系部、财政事务部、研究部、统计部、财务部、法律部和基金学院等，辅助服务性部门包括人力资源部、秘书部和技术与综合服务部。

专栏　　十国集团和二十四国集团

由于经济利益的不同，国际货币基金组织中形成了发展中国家和发达国家两个集团。代表发达国家利益的集团为“十国集团”（Group of Ten），包括比利时、加拿大、法国、德国、意大利、日本、荷兰、瑞典、英国和美国。1962 年，为了维护布雷顿森林体系，上述十国与基金组织签订了借款总安排（General Arrangement to Borrow），在签订协定前，这十国曾在一起研究是否向基金组织贷款，之后这些国家就被称为“十国集团”。

十国集团的形成最初只是为了商讨签订贷款总协定，然而集团形成不久，各国便在其他主要问题上也采取联合行动，特别是在涉及国际货币基金组织或国际金融体制等重大问题上采取一致行动。尽管十国集团的国家数量有限，但由于其掌握着基金组织的绝大多数投票权，十国集团已成为基金组织的“卫星”组织，一定程度上左右着基金组织的决策。遇有重大问题时，基金组织或其他会员国往往首先要与十国集团讨论或敦请十国集团采取联合行动。基金组织向十国集团提供人力方面的支持。

与十国集团相应的是由发展中国家组成的二十四国集团。该集团包括除十国集团以外的几乎所有发展中国家会员国。1971 年 11 月，以七十七国集团为主的发展中国家在秘鲁利马集会，决定建立由财政部部长、中央银行行长等组成的小组委员会，协调发展中国家的货币金融政策。该小组委员会便是人们通称的二十四国集团。二十四国集团由亚、非、拉三个地区的发展中国家分别指派八名代表组成，其他发展中国家也派代表参加。二十四国集团的成员一般在基金组织年会或理事会、货币与金融委员会召开会议期间集会。其主要宗旨是研讨、磋商与发展中国家相关的重要国际金融问题，以及基金组织、世界银行所应采取的政策或措施等。二十四国集团的主要作用是在国际货币基金组织内形成发展中国家自己的力量。与十国集团一样，二十四国集团也得到基金组织提供的人力方面的支持。

三、基金组织的份额和投票权

会员国要向基金组织缴纳份额，其性质相当于股东加入股份公司的股本金。2008 年新的份额公式较以往的 5 个公式[①]更加简单、透明，包含 4 个变量即国内生产总值（GDP）、开放度、波动度和储备，权重分别是 50%、30%、15% 和 5%。GDP 由按市场汇率计算的 GDP 和按 PPP 计算的 GDP 加权组成，权重分别是 60% 和 40%。

会员国缴纳份额的办法是：份额的 25% 用可兑换货币或特别提款权缴纳，这部分为储备档头寸（Reserve Tranche）；份额的 75% 以本国货币缴纳。基金组织规定，每五年对基金份额进行一次普遍检查，如有必要，可对会员国的份额进行调整。

IMF 定期（不超过五年）对成员国的份额进行总检查，利用份额公式评估份额的充足性并在必要时提出调整，分别对应普遍增资和特别增资。普遍增资是所有会员国按照现有份额等比例增资，特别增资是增加个别会员国的份额，只有特别增资才能改变 IMF 的份额结构。份额的任何变更需经 85% 的多数票通过；同时，会员国份额变更需经本国同意。自成立以来 IMF 份额检查情况见表 9－1。

表 9－1　自成立以来 IMF 份额检查情况一览

份额检查	通过决议的日期	总增资幅度（%）
第一次五年期检查	未建议增资	—
第二次五年期检查	未建议增资	—

① 1944 年以来，IMF 一共有 6 个份额公式，前 5 个公式过于复杂，而且缺乏透明度，一直备受批评。

续表

份额检查	通过决议的日期	总增资幅度（%）
1958/1959 年	1959 年 2 月、4 月	60.7
第三次五年期检查	未建议增资	—
第四次五年期检查	1965 年 3 月	30.7
第五次五年期检查	1970 年 2 月	35.4
第六次五年期检查	1976 年 3 月	33.6
第七次五年期检查	1978 年 12 月	50.9
第八次五年期检查	1983 年 3 月	47.5
第九次五年期检查	1990 年 6 月	50.0
第十次五年期检查	未建议增资	—
第十一次五年期检查	1998 年 1 月	45.0
第十二次五年期检查	未建议增资	—
第十三次五年期检查	未建议增资	—
第十四次五年期检查	2010 年 12 月	100.0①

资料来源：国际货币基金组织网站.

会员国缴纳的份额除了作为国际货币基金组织发放短期信用的资金来源外，份额大小还有其他三个方面的作用：一是决定会员国投票权的多少，份额越大，票数就越多；二是决定会员国从国际货币基金组织借款或提款的额度，一个会员国可以从基金组织获得的最大融资额度同其份额成比例；三是决定会员国分配的特别提款权的多少。主要国家在 IMF 的份额和投票数见表 9-2。

表 9-2　IMF 份额排名前十的国家　　单位：百万 SDRs，%

国家	排序	份额	份额占比	投票数	投票数占比
美国	1	82 994.2	17.43	831 401	16.50
日本	2	30 820.5	6.47	309 664	6.14
中国	3	30 482.9	6.40	306 288	6.08
德国	4	26 634.4	5.59	267 803	5.31
英国	4	20 155.1	4.23	203 010	4.03
法国	6	20 155.1	4.23	203 010	4.03
意大利	7	15 070	3.16	152 159	3.02
印度	8	13 114.4	2.75	132 603	2.63
俄罗斯	9	12 903.7	2.71	130 469	2.59

① 2015 年 12 月 18 日，时隔五年之后，美国参众两院终于批准了 IMF2010 年份额和治理改革方案，因此，从 2016 年才开始实际增资。

续表

国家	排序	份额	份额占比	投票数	投票数占比
巴西	10	11 042	2.32	111 879	2.22
全部成员国		476 272	100	5 039 930	100

说明：投票数及其占比随着成员国对 IMF 的借款与贷款数量的变化而变化。以上的数据截至 2022 年 1 月。

资料来源：国际货币基金组织网站：http://www.imf.org.

基金组织的活动由会员国投票决定。基金组织的每一个会员国都有 250 票基本投票权，反映出主权国家平等的原则。加权票则基于份额产生，每缴纳 10 万特别提款权的份额增加 1 票。此外，会员国的票数还要做以下调整：到投票日为止，国际货币基金组织贷出的会员国货币，每达到 40 万美元，则给该会员国增加 1 票；会员国从基金组织中的借款，每借 40 万美元，则减少 1 票。250 基本票自实施以来一直没有调整，随着 IMF 数次增资之后，基本票在总投票中的比重不断下降，从 IMF 成立之初的 11.3% 降至约 2%，基本票体现主权平等的职能基本丧失，发达国家在 IMF 中占据了绝大优势。在 2008 年的 IMF 改革方案中，基本票增加至 750 票，使比例从 2.1% 增至 5.5%，IMF 承诺创立一个机构以确保基本投票权与总投票权的比例不变，然而这个承诺能否兑现还有待观察。而且即使兑现了这个承诺，5.5% 投票权在分配给 190 个会员国后，在 IMF 的投票决策中也起不到作用。①

长期以来，美国的投票权一直超过 16%，截至 2022 年 1 月，美国的投票数占总投票数的 16.5%。按照基金组织协定的规定，重大问题须经全体会员国投票并获得 85%② 的同意才能通过并生效，因此美国便拥有了“一票否决权”，凡是不经美国同意的事项都无法予以实施。值得注意的是，IMF 自成立以来，通过修改《国际货币基金组织协定》，增加特别多数通过的事项。IMF 成立之初，规定需要特别多数方能做出决策的条款共 9 项；第一次修订增加至 18 项，第二次修订后增加至 39 项。多年来，需要特别多数通过的事项已经超过 50 项，任何影响美国切身利益的提议都有可能被美国一票否决，严重影响 IMF 的合法性与有效性。

四、资金来源

IMF 的资金来源主要有以下几个途径。

（一）会员国缴纳的份额

从表 9－2 可知，目前 IMF 会员国认缴的份额约为 4 762 亿 SDR，约合 6 610 亿美元。

① IMF 创立之初是 44 个会员国家，基本投票权比例为 11.3%。现在是 190 个，如果按照成立之初的这个比例类比，现在基本投票权在总投票权中的比例应该为 48.54%，占总投票权的一半。

② IMF 投票表决是基于加权表决、以多数票原则的表决方式。多数票制度包括 51% 的简单多数、70% 的特别多数和 85% 的特别多数三种。一般的事项只需要简单多数通过即可。某些特别事项的决定需要特别多数通过，而份额的增加、协定及其附则的修订等需要 85% 的特别多数通过。

（二）借款

IMF 向某些会员国借入资金。除了通过政府渠道，也可以向私人机构借款。

基金组织有两项常设信贷额度，即借款总安排（GAB，1962 年设立，共启动 10 次，最后一次是 1998 年）和新借款安排（NAB，1998 年设立并于 2010 年大幅扩大）。根据这两项安排，会员国或其机构随时可通过启用安排贷给基金组织额外资金。只有在新借款安排参与方不接受新借款安排下确定的启动期提议，才可以提出调用借款总安排资源的建议。也就是说，新借款安排基本代替了原来的借款总安排。

新借款安排是基金组织与 38 个会员国和机构之间的一系列信贷安排，包括与许多新兴市场经济体的安排。只有 85% 有投票资格的总信贷安排参与方接受，并随后得到执行董事会的批准，总裁关于“启动”新借款安排的提议才会生效。新借款安排启动后，最长期限为 6 个月；一旦启动，其提供的补充资源最高可达 3 700 亿特别提款权（约合 5 262 亿美元）。

此外，还有双边借款安排。这是基金组织与某些会员国的借款安排，获得的资源对基金组织份额和新借款安排资源起着第二道防线的作用。

（三）出售黄金

经 85% 投票数同意，IMF 可以出售手中的黄金以获得资金。1976 年，IMF 决定将其所持有黄金的 1/6（即 2 500 万盎司）按市价出售，所得利润作为信托基金，用于向最贫穷的会员国提供优惠信贷，这是一项特殊的资金来源。

2010 年 12 月，IMF 出售了 403.3 吨黄金（占当时 IMF 持有量的 1/8），一部分利润用于满足 IMF 贷款的资金需求，剩下利润仍拨入信托基金，用于向低收入会员国提供贷款。目前，IMF 持有黄金 2 814 吨。

此外，IMF 还可获得捐赠资金。

五、业务活动

（一）汇率监督与政策协调

基金组织负责监督国际货币体系，监测其会员国的经济和金融政策，这一活动称作监督（Surveillance），由《国际货币基金组织协定》第四条款予以确立，是基金组织的核心职责之一。

根据《国际货币基金组织协定》的有关规定，各会员国应该“避免操纵汇率或国际货币制度来妨碍国际收支有秩序地调整而获取对其他会员国不公平的竞争优势”。因此，各会员国要保证同基金组织和其他成员国进行合作，以保证有秩序的汇率安排和促进汇率的稳定。为确保国际货币体系的有效运转，基金组织要对会员国的汇率政策及汇兑安排进行监督，在考虑各国具体情况的前提下，确保会员国履行《国际货币基金组织协定》所规定的义务。

基金组织对待会员国所采取的汇兑措施的原则是：努力在各会员国之间建立一项经常性交易的多边支付制度，并通过消除限制来促进世界贸易的均衡发展。这些原则在《国际货币基金组织协定》第八条款和第十四条款中做了规定。第八条款规定了会员国在这些方面的一般义务；第十四条款则规定了尚不能接受第八条款义务的会员国的过渡办法。基金组织对会员国履行这些义务进行监督。

在布雷顿森林体系下，会员国要改变其货币汇率，须事先同基金组织磋商并取得批准。在当前的浮动汇率制度下，尽管会员国调整其货币汇率不须基金组织的批准，但基金组织仍然在“监督与协调”方面发挥着重要作用。基金组织的监督主要有国别监督 / 双边监督、地区监督和全球监督三种形式。作为监督过程的一部分，基金组织会重点指出稳定可能面临的风险，并就必要的政策调整提出建议。

1. 国别监督 / 双边监督

根据《国际货币基金组织协定》第四条款的规定，基金组织与会员国定期举行磋商（通常每年一次），讨论会员国的经济政策，也称为第四条款磋商。基金组织工作人员将根据磋商情况撰写磋商报告，提交基金组织执行董事会讨论。基金组织将按照自愿的原则对外公布磋商报告，目前几乎所有会员国都同意对外公布。

2. 地区监督

作为对国别磋商的补充，基金组织还检查地区性的经济和金融政策。基金组织定期与欧盟、西非经济与货币联盟、中非经济与货币联盟及东加勒比货币联盟等地区性组织进行磋商。基金组织定期发布《地区经济展望》（REO）报告，详细地分析世界五个主要地区的情况。

3. 全球监督

基金组织还会监测和评估世界经济和全球金融市场的发展趋势，并分析会员国政策对全球经济的溢出影响。全球监督的关键工具包括《世界经济展望》（WEO）、《全球金融稳定报告》（GFSR）和《财政监测报告》（FM）等定期出版物。

2008 年 11 月，G20 要求基金组织和金融稳定理事会（FSB）通过合作定期开展早期预警测试（EWE），评估全球经济面临的低概率但具有重大影响的风险，并确定缓解风险的政策。演练从宏观经济和金融视角综合评估系统性风险，并利用一系列量化工具和进行大范围磋商。基金组织一般在经济、宏观金融和主权风险关切方面发挥主导作用，金融稳定理事会由来自会员国金融监管机构和中央银行的专家与政策制定者组成，一般负责金融体系监管事宜。

相互评估过程（MAP）是由二十国集团（G20）在 2009 年匹兹堡峰会提出的政策合作方法，旨在确保集体政策行动能惠及各方。G20 要求基金组织与其他国际机构合作确定单个 G20 国家的政策是否与 G20 的集体增长目标一致，还要求基金组织帮助 G20 会员国制定“指示性指南”，每两年使用这些指南确定并评估会员国之间的重大失衡。

自 2011 年以来，基金组织撰写《溢出效应报告》，分析中国、欧元区、日本、美国和英国世界五个最大经济体的经济政策对伙伴经济体的影响，并将研究溢出影响放在了基金组织修改后监督框架的核心位置，这使基金组织可以更好地评估国别政策产生的全球影响，并就这些政策提出建议。

基金组织管理层及其工作人员还经常与 G7、G24 和 G20 的财政、央行行长和其他官员共同探讨全球经济政策问题，以便加强基金组织对世界经济和金融市场的监督。

除此之外，基金组织理事会（即年会）自 20 世纪 80 年代以来一直把协调会员国经济政策和货币政策作为会议的重要议题，这也是基金组织发挥监督与协调职能的重要渠道。

（二）创造储备资产

在基金组织理事会 1969 年年会上正式决定创设 SDR，以补充国际储备的不足，并于 1970 年开始分配。当会员国发生国际收支逆差时，可以动用 SDR，划给另一会员国以偿付逆差，或偿还基金组织的贷款。截至 2022 年 1 月，IMF 共计分配了 2 040 亿 SDR。

（三）贷款业务

基金组织的一个核心功能是按照基金组织的政策与程序，向已发生或可能会发生国际收支问题的会员国提供金融援助。这种援助使各国可以重新积累国际储备、稳定本币币值、继续为进口付款，在恢复经济增长的同时，实施政策纠正潜在的国际收支问题。此外，基金组织还提供预防性融资，用以防止和应对危机的发生。

基金组织的贷款工具也在不断完善中，以满足成员不断变化的需求。具体来说其贷款具有如下特点。

1. 贷款的对象

限于会员国政府，它只和会员国的财政部、中央银行、外汇平准基金组织或其他类似的财政机构往来。

2. 贷款的用途

限于会员国因弥补经常项目收支而发生的国际收支暂时不平衡。近年来，也增设了支持会员国为解决国际收支困难而进行的经济结构调整与经济改革的贷款。

3. 贷款的规模

同会员国向基金组织缴纳的份额成正比例关系。

4. 贷款的方式

会员国向基金组织借款和还款分别采用“购买”（Purchase）和“购回”（Re–purchase）的方式。所谓“购买”，即借款国用价值相当于借款额的本国货币来购买弥补国际收支逆差所需的外汇。这在技术上虽不同于一般的国际借款，但效果是一样的。而从基金组织的角度来看，会员国借款只是改变了基金组织持有的货币构成。所谓“购回”，即借款国还款时，要用自己原来所借外汇购回本国货币。

5. 贷款的条件性

贷款的条件性是指基金组织在向会员国提供贷款时都附加了相应的条件，目的是使贷款与国际收支的改善前景相结合，保证贷款的使用不损害基金组织的流动性，并有助于调整贷款国的经济状况。贷款的条件性是基金组织在行使其职能过程中最具争议的问题。

（四）技术援助与培训（Technical Assistant and Training）

基金组织的技术援助涵盖与宏观经济和金融稳定有关的各类问题，主要由基金组织四个部门（财政事务部、法律部、货币与资本市场部、统计部）提供。IMF 向会员国提供技术援助，旨在帮助会员国提高政策制定和执行水平，技术援助领域包括税收政策与管理、支出管理、货币与汇率政策、银行和金融体系监管、统计技术等。

除上述业务之外，近年来基金组织在减贫与减债、加强国际金融体系建设等方面做出了努力和尝试。

20 世纪 90 年代，联合国提出千年发展目标，即到 2015 年将绝对贫困人口减少一半。1996 年，基金组织和世界银行发起了重债穷国减债倡议，旨在联合多边机构、巴黎俱乐部和其他官方双边贷款人实施减债战略，将重债穷国的债务降低到可持续的水平。1999 年 9 月，基金组织和世界银行修改了重债穷国减债计划的适用标准，加大了减债战略的深度、广度和力度。

1999 年，基金组织和世界银行联合推出金融部门评估规划（Financial Sector Assessment Program，FSAP），旨在对会员国的金融体系进行全面评估和监测，帮助会员国识别实际的和潜在的问题。2009 年 8 月，我国正式启动 FSAP，2012 年 10 月完成首次评估。

除进行例行的监督和在自愿的基础上推行金融稳定评估规划外，基金组织和其他国际组织及管理机构发展了一系列标准和行为准则，用以帮助各国改善其经济环境和提高经济与金融管理水平。这些标准和准则涉及数据公布、财政透明度、货币与金融政策透明度、银行监管、证券与保险业管理、支付系统、公司治理、破产清算、国际会计和审计等领域。1999 年 1 月，为评估会员国执行国际标准和准则的情况，基金组织启动了名为“标准与准则遵守情况报告”（Report on Observance of Standards and Codes，ROSCs）的规划。目前，基金组织鼓励各国在自愿的基础上实施以上标准和准则。

专栏　**中国与 IMF**

1944 年 7 月 1 日至 22 日，由 33 人组成的中国代表团（规模仅次于东道主美国）参加了布雷顿森林会议。1945 年 12 月 27 日，中国作为 30 个国家的代表之一在华盛顿参加了《国际货币基金组织协定》和《国际复兴开发银行协定》的签署仪式。布雷顿森林体系宣告成立，中国是 IMF 的创始会员国。当时份额列第三位的苏联政府决定不出席会议，中国在基金组织的份额排位居于美、英之后，名列第三。

新中国成立以后，1950 年，政务院总理兼外交部部长周恩来致电基金组织，严正声明中华人民共和国是代表中国的唯一合法政府，要求恢复中国在基金组织的合法席位。然而，由于国内外政治环境的制约，中国在基金组织的代表权问题长期得不到解决。

1980 年 4 月 17 日和 5 月 15 日，基金组织和世界银行的执行董事会先后通过了中华人民共和国政府代表中国的决议，恢复了中华人民共和国在基金组织和世界银行的合法席位。由于占据中国在基金组织合法席位的国民党当局经济实力不足，无力在 1959 年至 1980 年基金组织的几次普遍增资中增加份额，使中国的份额从创建初期的第三位下降到第 16 位。1980 年 9 月，基金组织通过决议，将中国份额从 5.5 亿特别提款权增加到 12 亿特别提款权。11 月，中国份额又随基金组织的普遍增资而进一步增加到 18 亿特别提款权，在基金组织内的排名上升到第 8 位。在此基础上，中国在基金组织获得了单独选区的地位，从而有权选举自己的执行董事，直接参加基金组织日常事务的决策与管理。

此后，中国在基金组织中的份额又通过几次普遍增资和特别增资而得以增加。2010 年，在IMF的“一揽子”改革方案中，中国的份额提升至6.390%，仅比日本少0.071%，位列第三。

2011年7月，朱明被任命为IMF第四副总裁，这是自IMF创立以来，首次打破管理层“一正三副”的模式。这也是自2008年金融危机之后，IMF寻求自身变革的一部分，即让以中国为代表的新兴国家更多地参与到IMF治理结构中来。

根据国务院的授权，中国人民银行负责主管国际货币基金组织中国方面的事务，与基金组织建立了良好的合作关系。

我国先后于1981年和1986年从基金组织借入7.59亿特别提款权（约合8.8亿美元）和5.98亿特别提款权（约合7.3亿美元）的贷款，用于弥补国际收支逆差，支持经济结构调整和经济体制改革。到20世纪90年代初，上述两笔贷款已全部提前归还。此后，中国一直是基金组织的债权国，为基金组织的各项贷款安排提供资金。

中国按基金组织章程定期与基金组织举行磋商，分金融、财税、对外和实际四大宏观经济部门，就经济中存在的主要问题交换意见。2004年11月，中国首次对外公布了第四条款磋商报告，此后定期公布该报告。基金组织通过其技术援助先后为中国20世纪80年代的中央银行体系改革、1994年的汇率并轨、1995年《中国人民银行法》的制定、1996年的经常项目可兑换以及20世纪90年代以来相继实施的各项改革政策的实施提供了咨询与技术培训。

第二节 世界银行集团

1944年7月，布雷顿森林会议通过了《国际复兴开发银行协定》(Articles of Agreement of the International Bank for Reconstruction and Development)，1945年2月建立了国际复兴与开发银行（IBRD）。1956年7月和1960年9月又分别建立了世界银行的附属机构国际金融公司（IFC）和国际开发协会（IDA）。此外，1966年世界银行成立了国际投资争端解决中心（ICSID），作为解决一国与他国民间投资争端的国际性专门机构。1988年，世界银行建立了多边投资担保机构（MIGA），该机构的任务是对“合格的投资”提供非商业性风险担保，以促进国际直接投资的发展。这五个机构统称为世界银行集团，总部均设在华盛顿。目前世行有189个成员国。

一、国际复兴开发银行

（一）基本宗旨

根据《国际复兴开发银行协定》，其宗旨可以概括为：通过组织和提供长期贷款和投资，为会员国提供生产性资金，促进会员国的资源开发和经济发展。IBRD进一步将自己的目标明确为一句口号：消除绝对贫困，促进共享繁荣。

具体来说，包括如下内容：（1）对用于生产目的的投资提供便利，以协助会员国的复兴与开发；鼓励较不发达国家生产与资源的开发。（2）利用担保或参与私人贷款及其他私人投资的方式，促进会员国的外国私人投资。（3）用鼓励国际投资以开发会员国生产资源的方式，促进会员国国际贸易长期均衡增长，并保持国际收支的平衡。（4）在贷款、担保或组织其他渠道的资金中，保证重要项目和时间上紧迫的项目，不论大小都能优先安排进行。（5）在业务中适当照顾各会员国境内工商业，使其免受国际投资的过大影响。世界银行的一切业务，都是以上述宗旨为准则的。

此外，为了保证上述宗旨的实现，世界银行还规定：银行及其官员不得干预会员国的政治，其一切决定也不应受有关会员国政治形势的影响，应只与经济方面的考虑有关。

（二）组织机构与治理结构

IBRD 的组织机构与国际货币基金组织相似，也是由理事会下设执行董事会作为决策机构。

理事会是世界银行的最高决策机构，理事会由各会员国选派 1 名理事和 1 名副理事组成，任期 5 年，连选可以连任。副理事只有在理事缺席时，才有投票权。各会员国一般都委派财政部部长、中央银行行长或其他地位相当的高级官员担任。理事会的主要职责是：批准接纳新会员国，决定普遍增加或调整会员国的应缴股本，决定银行净收入的分配以及其他重大问题。理事会通常在每年 9 月和 IMF 一起举行联合年会，必要时可以召开特别会议。

银行的日常事务由理事会授权执行董事会负责。世界银行现有 25 位常驻执董，任期两年，其中 5 位执行董事由美国、日本、德国、英国和法国指派。另外 20 位执董由其余会员国组成选区推选产生。中国、俄罗斯和沙特阿拉伯各自构成一个单独的选区，单独选派执董 1 位，其他会员国分别联合组成多国选区，选举每两年举行一次。执行董事会选举 1 人为行长和执行董事会主席，负责日常事务，但无投票权，只在执行董事会表决中双方票数相当时，才可以投决定性的 1 票。行长任期 5 年，可以连任。按照一条不成文的规定，世界银行的行长是一个美国人，而 IMF 的总裁是一个欧洲人。世界银行的行长同时是世界银行集团的总裁，担任集团其他四个组织的总裁。目前世界银行行长是戴维 · 马尔帕斯，此前他是美国财政部副部长。

各会员国的投票根据其持有的股份决定，其股份与投票权的计算规则和 IMF 类似。每个会员国享有基本投票权 250 票。此外，每认缴股金 10 万美元增加 1 票。一般情况下，各国认缴股份的多少是根据该国的经济和财政力量，并参照它在国际货币基金组织认缴份额的多少来决定。截止到 2022 年 1 月 7 日，IBRD 最大的 5 个股东是美国（15.56% 的投票权）、日本（7.31%）、中国（5.42%）、德国（4.17%）、英国和法国（各 3.85%）。由于任何重要的决议必须由 85% 以上的投票权决定，美国一国可以一票否决。

（三）资金来源

国际复兴开发银行的资金主要来自以下四个方面。

1. 会员国缴纳的股金

IBRD 成立之初，法定资本约 100 亿美元，分为 10 万股，每股 10 万美元，后经过多次增资。按规定，会员国先缴付一部分认缴股本，其余为待缴股本（或储备金）。

目前，IBRD 各会员国认缴的股东份额合计为 2 328 亿美元，实际缴纳的股本金为 140

亿美元，占股东承诺份额的 6%，其余 94% 称为待缴股本，IBRD 可以在需要的时候要求会员国追缴。这部分资本虽然没有实际到位，但它为 IBRD 的债务和贷款承诺提供了一种担保，因而可以增强 IBRD 在国际金融市场上的信用等级。

2. 在国际金融市场上融资

目前，IBRD 的资金里不到百分之五是会员国认缴的股金，其余资金几乎全部筹自金融市场。IBRD 作为世界上最审慎和管理最保守的金融机构之一，始终保持 3A 信用评级，能以非常优惠的条件在世界各地通过发行债券的方式筹集资金。购买者主要为养老基金、保险机构、其他金融机构、一般企业及个人。

3. 出让银行债权

将贷款债权转手给私人投资者，主要是国际商业银行等金融机构，这样可以迅速收回一部分资金，以提高世界银行贷款资金的周转能力。

4. 利润收入

IBRD 历年来的业务净收益都不分配给股东，除赠予国际开发协会和撒哈拉以南非洲地区特别基金款项外，都留做准备金，作为 IBRD 的资金来源之一。

（四）贷款活动

IBRD 的贷款有如下特点：第一，IBRD 的贷款对象只限于会员国政府、中央银行担保的公私机构。第二，贷款一般要与 IBRD 审定批准的特定项目相结合，但只提供该项目建设资金总额的 30%～50%，其余部分由借款国自己筹集，这部分资金通常称为国内配套资金。第三，申请贷款的国家确实不能以合理的条件从其他方面取得贷款时，IBRD 才考虑发放贷款、参加贷款或者提供保证。第四，贷款必须专款专用，并接受 IBRD 的监督，保证贷款只用于双方约定的项目和目的。第五，贷款期限较长，一般为数年，可达 20 至 30 年，还有 5 到 10 年的宽限期，贷款利率比较优惠。宽限期指的是自贷款发放之日到第一笔本金偿还之日为止的一段时间，宽限期内借款者无须偿还本金，从而降低了资金压力。宽限期越长，贷款资金使用越充分。第六，贷款使用不同的货币，对承担贷款项目的承包商或物资供应商，一般用该承包商、供应商所在国的货币支付；如由借款国承包商供应本地物资，则用借款国货币支付；如本地供应商购买进口物资，则用出口国的货币进行支付。

IBRD 除了单独向借款国提供贷款外，还牵头组织或会同其他官方资金来源和商业银行向发展中国家提供联合融资。

专栏　　世界银行集团的形成

根据 1944 年 7 月布雷顿森林会议通过的《国际复兴开发银行协定》，1945 年 2 月正式成立了国际复兴开发银行，俗称世界银行，并于 1946 年 6 月 25 日正式开业，1947 年 11 月成为联合国专门机构之一，总部设在华盛顿。

1951 年 3 月，美国国际开发咨询局建议在世界银行下设立国际金融公司，专门对发展中国家的私人企业贷款或投资。1954 年，世界银行同会员国政府协商后正式决定建立国际金融公司。1956 年 7 月 24 日，公司正式宣告成立，总部设在华盛顿，作为世界银行的附属机构。1957年2月20日，它成为联合国的专门机构之一。

1944年举行布雷顿森林会议时，各国所关心的重点是重建一个开放的世界经济和稳定的汇率制度，而不是对发展提供资金，所以当时讨论的焦点是国际货币基金组织而不是世界银行。随着欧洲经济的复兴，资金问题日益突出，引起了越来越多的注意。人们感到世界银行的贷款条件严格，有很多局限，不能满足发展中国家的资金需求。1957年，美国参议员迈克·门罗尼向美国参议院提出设立国际开发协会的建议。1959年9月，美国在世界银行的代表正式向理事会提出这一建议，并获同年10月举行的世界银行第十四届年会通过。1960年9月24日，国际开发协会在华盛顿正式成立，11月8日开始营业。国际开发协会是世界银行的附属机构，有时和世界银行一起合称为"银行"，它也是联合国的专门机构之一。

第二次世界大战以后，新独立的发展中国家纷纷对涉及重要自然资源和国民经济命脉的外资企业实行国有化，引起了发达国家与发展中国家之间的矛盾和纠纷，为解决这类纠纷，1965年3月18日，世界银行执行董事会正式通过了《解决国家与他国国民之间投资争端公约》(即《华盛顿公约》)，于1966年10月正式生效。根据该公约，在世界银行总部设立了国际投资争端解决中心，作为解决民间投资争端的国际性专门机构。国际投资争端解决中心是世界银行集团的第四个成员。

20世纪50年代以来,为了对国际私人投资的政治风险提供国际性保护,一些国际组织、民间团体和私人机构致力于创设多边投资担保机构，世界银行也一直在进行研究。1985年10月，世界银行年会通过了《多边投资担保机构公约》，该公约的中心任务是建立一个多边投资担保机构。1988年4月12日，公约正式生效。多边投资担保机构成为世界银行集团的第五个成员。多边投资担保机构鼓励会员国相互之间进行以生产为目的的投资，特别是向发展中国家的投资。该机构的主要业务是对合格的投资提供担保，从而使投资者免遭非商业性风险所造成的损失，并从事研究，以促进国际直接投资的发展。

世界银行集团的组成见图9-2。

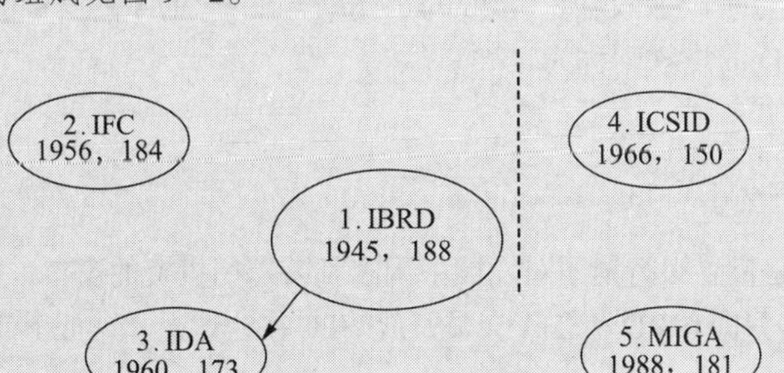

图9-2　世界银行集团的组成

注：1～5代表成立的时间顺序。简称下面的第一个数字是各机构成立的年份，第二个数字是截至2015年该机构的会员国家数量。1、2、3都发放贷款，其余两个不发放贷款;4是投资争端仲裁，5是提供投资担保。

资料来源：The Word Bank Group.

二、国际开发协会

20 世纪 50 年代末和 60 年代初，发展中国家经济增长缓慢，债务负担越来越重。在这种情况下，建立一个新的国际金融机构，向广大发展中国家特别是收入低、债务重的发展中国家提供高度优惠的援助性贷款，以帮助它们改善债务结构，减轻债务负担，发展生产和提高人民生活水平，尤为迫切。国际开发协会就是在这种背景下于 1960 年成立的。目前，IDA 是全球最大的提供多边优惠贷款渠道，也是世界银行帮助最贫困国家消除绝对贫困、促进共享繁荣两大目标的主要工具。

（一）宗旨

按照《国际开发协会章程》，IDA 的宗旨是帮助世界上欠发达地区的协会会员国促进经济发展，提高生产力，从而提高生活水平，以比通常贷款更为灵活、在国际收支方面负担较轻的条件提供资金，以解决它们在重要发展领域的资金需要，从而进一步发展国际复兴开发银行的开发目标并补充其活动。IDA 并不是一个独立于 IBRD 的机构，它们实际上是一套人马、两块牌子。

（二）资金来源

IDA 的资金主要来自合作伙伴政府捐款。其他资金来源包括 IBRD 净收入转移、IFC 赠款和借款国偿还 IDA 贷款的回流资金。

（三）贷款

IDA 只向低收入发展中国家的政府或者隶属于政府的实体提供贷款。收入的标准在不断变化，最初定为人均国民收入在 250 美元以下，2022 财年的标准是人均国民收入在 1 025 美元以下的会员国才有资格获得 IDA 的贷款。

IDA 的贷款原则和程序与 IBRD 的做法基本相同，原则上只对借款国具有优先发展意义的项目或发展计划提供贷款。偿还期为 35 至 40 年，宽限期为 10 年。对信贷资金不收取利息，但对未支付余额加收 0～0.5% 的承诺费。由于 IDA 的贷款条件优惠，因此又称为“软贷款”，IBRD 的贷款则称为“硬贷款”。

三、国际金融公司

国际金融公司是世界银行集团对发展中国家私人部门投资的窗口，也是联合国的专门机构之一。其会员资格只向 IBRD 和 IDA 会员开放。IFC 在法律上和财务上完全独立于世界银行。

（一）基本宗旨

《国际金融公司协定》规定，IFC 的宗旨是鼓励发展中国家私人部门的发展，从而促进发展中国家的经济增长，并以此补充世界银行集团其他成员的活动。

（二）组织机构

IFC 的管理办法和组织机构与 IBRD 相同。最高决策机构是理事会，并设有管理日常业务的执行董事会。公司的正副理事、正副执行董事都是由世界银行的正副理事和正副执行董事兼任。公司的经理则由世界银行行长兼任，其余内部机构人员也多数由世界银行的相应机构和人员监管和兼任。根据《国际金融公司协定》的规定，只有 IBRD 的会员国才能成为 IFC 的会员国。我国于 1980 年 5 月同时恢复了在 IFC 的合法席位。目前，我国 IFC 的认缴股本占比为 2.41%，投票权占比为 2.30%，排在 G8、加纳、印度等国后面，位列第 11 名。

（三）资金来源

IFC 的资金来源主要是会员国认缴的股本，IFC 成立以来，已经进行了多次增资活动。除会员国缴付的股本外，还有留存收益和来自 IBRD 以及某些国家政府的贷款及在国际金融市场的借款。

（四）贷款与投资

IFC 为项目提供贷款和股本投资。IFC 与发起公司和融资伙伴共同承担风险，但不参与项目的管理。在项目投资总额当中，IFC 只承担部分融资。IFC 每投资 1 美元，便能带来其他投资者和债权人 5 美元的投资。IFC 的章程规定它按照商业原则运作，获取利润。自从成立之日起，公司每年都在盈利。

IFC 一般不对大型企业投资，而以中小企业为主要投资对象。IFC 的贷款不需要政府担保，可以直接贷给私人企业。贷款期限一般为 7 至 15 年，每一笔贷款一般不超过 200 万至 400 万美元，贷款须以原借款的货币偿还。贷款的利息根据资金投放的风险和预期的收益等因素确定，一般为年利 6% 至 7%，有的高达 10%，有时还要参加借款企业的分红。和私营金融机构一样，IFC 寻求利润回报，并与其私人部门的合伙方共同分担所有的风险。贷款的对象主要是亚洲、非洲、拉丁美洲的不发达国家。IFC 在进行投资前，对投资项目的可行性研究十分严格，要派专家小组对项目进行全面的考察评估，要求项目有合理的盈利水平，并且对东道国的经济发展做出贡献。另外，IFC 在进行投资的同时，还向项目主办企业提供必要的技术援助，并且向会员国政府提供政策咨询服务，以协助创造良好的投资环境，从而达到促进私人投资的目的。

中国加入 IFC 后，积极寻求合作的机会，并取得了较好成效。中国目前是 IFC 第九大投资国家。

世界银行集团近年来为会员国提供资金概况见表 9－3。

表 9－3　世界银行集团近年来为会员国提供的资金概况

	2017 财年	2018 财年	2019 财年	2020 财年	2021 财年
World Bank Group					
承诺额	68 274	74 265	68 105	83 547	98 830
拨付额	43 853	45 724	49 395	54 367	60 596
IBRD					
承诺额	22 611	23 002	23 191	27 976	30 523
拨付额	17 861	17 389	20 182	20 238	23 691

续表

	2017 财年	2018 财年	2019 财年	2020 财年	2021 财年
IDA					
承诺额	19 513	24 010	21 932	30 365	36 028
拨付额	12 718	14 383	17 549	21 179	22 921
IFC					
承诺额	18 345	19 027	14 684	17 604	20 669
拨付额	10 355	11 149	9 074	10 518	11 438
MIGA					
总保额	4 842	5 251	5 548	3 961	5 199
受援国实施的信托基金					
承诺额	2 962	2 976	2 749	3 641	6 411
拨付额	2 919	2 803	2 590	2 433	2 546

数据来源：世界银行集团：www.worldbank.org.

四、国际货币基金组织与世界银行

1944 年 7 月，44 个国家的代表在美国新罕布什尔州布雷顿森林召开会议，创建了国际货币基金组织和世界银行。从此以后，人们称这两个国际金融组织为布雷顿森林机构。基金组织和世界银行是一对“孪生”的政府间机构。一个国家要加入世界银行，首先必须成为基金组织的会员国。基金组织和世界银行有许多相似之处。它们都关心经济问题，集中精力加强与会员国的经济交往；经常举办和参加国际会议，研讨关注的问题；经常与会员国进行有关经济调整方案的谈判，或者向会员国提供各种技术援助。这两个机构每年秋季联合举行年会，各会员国的财政部部长和中央银行行长聚集在一起，共同探讨全球性经济问题。此外，这两个机构的总部都设在华盛顿，办公大楼隔街相望，并且共享一个图书馆和其他设施，定期交换经济数据，不定期地向会员国派遣联合考察团。

尽管如此，基金组织和世界银行之间仍有区别。基金组织是一个国际货币合作机构，寻求维护会员国之间有秩序的多边支付体系和汇兑安排；世界银行是一个开发机构，向会员国融通发展经济所需的资金。由于两者的宗旨不同，它们的基本职责、资金来源、贷款形式、贷款目的等诸方面均存在较大差异。基金组织和世界银行是两个性质不同的机构，但是它们密切合作，协同工作。近年来，重视经济结构调整以及频繁爆发的金融危机导致了基金组织和世界银行更为广泛的合作。

专栏　　世界银行集团与中国

1981 年 5 月 11 日，中国正式恢复了在世界银行的代表权。此后，我国与世界银行的合作关系得到迅速发展。双方的合作规模从无到有，从小到大；合作的领域也日益广泛。

双方的合作顺利而有成效，无论是从贷款规模还是从合作发展经济调研等方面，都取得了令人瞩目的成果，成为世界银行与其会员国开展成功合作的典范。

1981 年，世界银行向中国提供第一笔贷款，用于支持中国的大学发展项目。从那时以来，世界银行贷款项目涉及国民经济的各个部门，遍及中国的大多数省、市、自治区，其中基础设施项目贷款（交通、能源、工业、城市建设等）占贷款总额的一半以上，其余资金投向农业、社会部门（教育、卫生、社会保障等）、环保以及供水和环境卫生等项目。中国曾是世界银行贷款项目和贷款数量最多的国家，也是执行世界银行贷款项目最好的国家之一。

财政部是世界银行集团在中国开展业务活动的主要对口部门，国家发展和改革委员会对合作计划的制订也起着极为重要的作用。中国已于 1999 年 7 月 1 日起不再从 IDA 贷款，现在仅从 IBRD 贷款。

第三节 国际金融治理体系的改革与重建

在世界经济格局的基础层面已经发生巨大变化的同时，国际金融体系的制度层面却基本维持了第二次世界大战结束以来的状态：以美国为核心、以 G7 等发达国家为主导、以美元霸权为特征、大量发展中国家几乎没有话语权的全球金融治理体系。这种话语权与经济实力和影响力的不对等，不仅不公平，而且已经成为当今全球金融不稳定的重要因素。因此，以中国为代表的新兴市场国家应积极推动全球金融治理体系的改革与重建，维护自身利益，促进世界经济的长期稳定增长。

一、从布雷顿森林机构到 G7：从一国独大到多国合作

第二次世界大战之后，美国凭借着强大的政治、经济和军事实力，建立了一个以 IMF 和世界银行这两个布雷顿森林机构为抓手，以美元为霸主的国际金融体系。在布雷顿森林体系时期，IMF 和世界银行的主要职能是保证黄金 – 美元本位的有效运转。

20 世纪 60 年代美国陷入越南战争后，国际收支日益恶化，黄金外流严重，国际金融市场对美国能否维持黄金官价产生了怀疑。1967 年，法国、德国、日本、英国和美国组成了 G5，举行财政部部长和央行行长会议，共同商讨面临的金融和经济问题。步入 20 世纪 70 年代以后，美元停止兑换黄金、布雷顿森林体系瓦解、1973—1975 年的经济危机、两次石油危机等一系列事件接踵而至。为解决货币危机，协调经济政策，1975 年 7 月，法国倡议召开 G5 首脑会议，议程为“涉及世界经济危机的所有问题”。10 月初，在纽约举行的筹备小组会议决定邀请意大利参加，同年 11 月 15—17 日，G6 首脑第一次会议在法国的朗布依埃举行。1976 年的第二次会议在波多黎各首府圣胡安召开，加拿大总理应邀出席，会议决定 G7 首脑会议以后每年轮流在各参加国召开，G7 首脑会议就此诞生，成

为发达国家协调政治和经济政策的重要平台。多项有影响的国际行动计划均在这一框架内达成，比如著名的《广场协议》就是 G7 的合作成果。

G7 的建立反映了美国霸权地位的相对衰落，主要发达国家用一种相互协调的"软制度"代替布雷顿森林时代的"硬制度"，协调管理国际货币金融事务。IMF 的职能也发生了重要的变革，即由布雷顿森林时代的汇率监管发展成为后布雷顿森林时代的政策监督、提供短期金融援助即作为全球最后贷款人。IMF 和世界银行配合 G7 一起管理国际金融体系，它们在很大程度上成为 G7 的一个执行机构。

1997 年的东亚金融危机尽管被控制在地区层面，但是仍然引发了国际社会对全球性金融危机的忧虑，以及对国际金融治理体系的反思。在危机中，IMF 等国际金融机构在贷款的条件和规模等方面设置了苛刻的门槛，但无力阻止危机的蔓延。危机之后，东亚国家普遍对国际金融机构失去信任，增持外汇储备，以提升自身对抗金融危机的能力。

此次危机使发达国家意识到，如果不对国际金融治理体系进行变革，将会使自己的合法性和代表性受到质疑进而降低影响力。时任美国财长的劳伦斯·萨默斯（Lawrence Summers）倡议建立一个包括新兴国家在内的紧密小组，目的是在国际范围内推行七国集团达成的共识，并使其合法化。1999 年 12 月，七国集团邀请来自全球新兴国家的财长和央行行长在柏林召开了第一次非正式会议，标志着包含新兴国家在内的非正式对话机制——二十国集团[①]（G20）宣告成立。G20 19 个国家的 GDP 占当时世界总量的 81%，具有充足的代表性和合法性，它第一次将新兴国家纳入国际金融治理改革的讨论中来，朝着全球性国际金融治理体系的重建迈出了第一步。

此后，G20 部长级会议成为一个常态化、连续性的对话机制，为新兴国家参与国际金融治理提供了一定的制度保证。然而，从 1999—2008 年的十年中，G20 部长级会议并没有发挥出国际金融治理的实际功效。第一，二十国集团只是一个部长级的协商论坛，而不是一个基于投票的决策实体。其成果都是以联合声明的形式体现出来的，对会员国并没有硬约束力。第二，G20 从成立伊始就被 G7 牢牢控制，其运行规则和会员国遴选标准，甚至议题的设定等都由 G7 主导，新兴国家在这个机制中并没有发言权。G7 创建 G20 的目的不是将新兴国家纳入国际金融治理的决策机制中来，而是为了将 G7 的决策合法化并得到更好的执行。第三，新兴国家在 G20 中并不能将占据多数席位的优势转化为更大的影响力，也无意在这样一个不具决策能力的论坛中投入更多的资源。

二、从 G7 到 G20：从发达国家主导到新兴发展中国家逐渐加入

每一次大的金融危机都是国际金融治理体系发生变迁的重要推动因素。由美国次贷危机引发的全球金融危机重创了国际金融市场，随后希腊等国家又引发了欧洲债务危机，发达国家内部双重危机的叠加，打击了国际社会对以 G7 和 IMF 为核心的传统国际金融治理体系的信心，为更加根本性的制度变革提供了契机。

2008 年底，G7 决定将 1999 年底成立的 G20 部长级会议升格为首脑峰会，并在 2010 年

① 二十国集团包括 G7 的 7 个国家（美国、英国、德国、法国、加拿大、意大利、日本）、金砖五国（巴西、俄罗斯、印度、中国、南非）、墨西哥、阿根廷、韩国、印度尼西亚、沙特阿拉伯、土耳其、澳大利亚 19 个国家以及欧盟，共计 20 个成员。

匹兹堡峰会上正式确定由其代替 G7 成为新的国际经济合作的核心平台，实现了国际金融治理的制度突变。从 2008 年 11 月 15 日召开第一次 G20 峰会，截至 2021 年底一共召开了 16 次峰会，出台了一系列应对金融危机和改善国际金融治理的措施，并取得了实质性的成效。

尽管 G20 峰会还没有从根本上搭建了一个全新的国际金融治理体系，但是其在国际金融治理中体现出来的传统大国与新兴国家联合共治的方式有着不同于布雷顿森林体系时代和 G7 时代的鲜明特色，它标志着一个更加具有包容性和代表性的国际金融治理时代的来临。

第一，将新兴国家参与国际金融治理制度化。2009 年匹兹堡峰会正式将 G20 峰会作为讨论全球经济议题的主要平台，代替之前的 G7，从而打破了发达国家对国际金融治理的垄断性权力，对国际金融治理的权力转移给予了制度化的确认。

第二，通过 G20 峰会各国达成了联手刺激经济和扭转国际经济失衡的共识，为金融危机之后的经济复苏提供了支撑。

第三，G20 系列峰会对现有的国际金融治理体系提出了卓有成效的改革方案。例如，在 G20 的推动下，IMF 制定了一个自其成立以来力度最大的一个治理改革方案（参见本章第一节）。又如，G20 峰会达成了加强金融市场监管和金融产品信息通报的合作共识，峰会将监督和执行的任务交给了 IMF 和金融稳定委员会（Financial Stability Board，FBS）。

然而，从本质上来说，G20 峰会仍然是一种论坛性质的国际合作，而不是一种制度性的硬约束。当面临共同的经济和金融冲击时，合作容易取得成果；而一旦危机过去，它仍将面临治理乏力的困境。

第一，峰会虽然达成了很多了国际合作的具体措施，但是由于不是硬约束，协议虽然容易达成，落实却是大问题，如 IMF 的 2010 年改革方案到现在仍然不能落实就是一个最好的证明。G20 没有常设机构，峰会之后各会员国根据自己的意愿履行承诺，也缺乏对不履行承诺国家的惩罚措施，这虽然在一定程度上增加了 G20 的灵活性，但同时加大了其无效性。“三驾马车”的运作方式也不能从根本上弥补上述缺陷。

第二，G20 峰会要成为国际金融治理体系的核心平台，需要发达国家向发展中国家转移更多的治理权力，而这必将是一个漫长而曲折的过程。2008 年金融危机虽然削弱了西方发达国家在金融治理结构中的地位，但并没有改变其掌握主导权的事实。发达国家仍保持着对 IMF 和世界银行等国际机构的绝对控制权，重大国际事务的议题和国际规则的制定也仍由发达国家主导。发达国家作为现有治理结构中的既得利益集团，一方面希望以中国为代表的新兴国家能配合来解决一些棘手的问题，但另一方面并不愿意新兴国家就此在治理结构中占据一席之位。一旦迫在眉睫的问题解决了，其地位就会迅速弱化，从最近几届的峰会就可以看到这种趋势。

因此，G20 虽然为新兴国家提供了发言的平台，但 G20 能否成为一个具有约束力的全球金融治理机制仍然存在很大的不确定性。至少从目前来看，还没有这个可能。

专栏　　金融稳定委员会（FSB）

2009 年 G20 伦敦峰会决议设立一个全球的金融监管体系，金融稳定委员会在此背景下应运而生。金融稳定委员会的前身是金融稳定论坛，由 11 个发达国家的财政部部长和央行行长以及IMF、世界银行等一些国际组织构成，没有发展中国家的代表。改组后的金融稳定委员会吸纳了所有G20会员国，提高了代表性；下设机构扩大，职能更为广泛。目前，FSB的会员机构包括20多个国家（地区）的央行、财政部和监管机构以及主要国际金融组织和专业委员会。[①]中国财政部、中国人民银行、银监会以及香港金融管理局均为该委员会的会员机构。

金融稳定委员会的具体职能包括：评估全球金融系统脆弱性，监督各国改进行动；促进各国监管机构合作和信息交换，对各国监管政策和监管标准提供建议；协调国际标准制定机构的工作；为跨国界风险管理制订应急预案等。简单地说，其职能首先是制定技术性标准来识别和评估风险状况，其次是提出监管的建议，最后就是一旦出事，按照既定预案进行应急管理。金融稳定委员会设立全体会议和指导委员会，同时成立三个常设委员会——脆弱性评估委员会、监管和管理合作委员会以及标准执行委员会。另外，金融稳定委员会成立一个工作组以推动跨境风险管理的落实。

IMF于2010年9月正式接受其在金融稳定委员会的会员地位。IMF主要负责监督全球金融体系以及评估各国实施金融部门监管政策和标准的情况。而FSB则负责详细制定这些政策和标准、促进国际合作及评估金融脆弱性。IMF是FSB指导委员会的会员，IMF与FSB每年两次合作开展早期预警演习。

从上述变化来看，全球金融治理体系的发展趋势总体上是积极的，但这些趋势还不足以改变其由发达国家主导的根本属性。全球金融治理问题从本质上来说是全球性公共物品。所谓全球性公共物品，是指那些具有很强跨国界外部性的商品、资源、服务，以及规章、制度和政策。第二次世界大战结束以来的70多年历史表明，美国一直是全球性公共物品的主要供给者。不断爆发的金融危机也表明，原有的全球性公共物品供给体系的缺陷不断显现，新兴国家整体崛起后所需的公共物品严重匮乏，需要创新供给机制。

三、从NDB到AIIB：中国主导提供全球性公共物品的有益尝试

倡导、推动筹建金砖国家开发银行和亚洲基础设施投资银行，在向发展中国家提供基础设施投资资金的同时，制定更多满足发展中国家需要的制度和规则，参与构建一个新的国际金融合作机制和治理体系，是中国尝试向全球提供公共物品的有益尝试。

（一）金砖国家开发银行

2001年，美国高盛公司首次提出“金砖四国”概念，囊括了全球最大的四个新兴市场国家（巴西、俄罗斯、印度和中国，BRIC）。2009年6月，四国领导人在俄罗斯举行首次会晤，并发表联合声明。2010年4月，第二次金砖四国峰会在巴西召开，商定推动金砖四国合作与协调的具体措施。2010年11月，南非申请加入金砖国家。至此，金砖四国变成了金砖五国，并更名为金砖国家（BRICS）。金砖国家合作机制初步形成。

① FSB包括以下国家或地区：中国、香港地区、法国、德国、美国、新加坡、意大利、日本、墨西哥、荷兰、俄罗斯、沙特阿拉伯、南非、韩国、西班牙、瑞士、土耳其、印度尼西亚、阿根廷、澳大利亚、巴西、加拿大、印度、英国以及下列国际组织：国际清算银行、欧洲央行、欧盟委员会、国际货币基金组织、经济合作与发展组织、世界银行等。

2013 年 3 月，金砖国家领导人会议在南非德班举行，会后发表的《德班宣言》，决定设立金砖国家开发银行、外汇储备库等。2014 年 7 月 15 日，在巴西福塔莱萨举行的金砖国家领导人第六次会晤上，金砖五国（巴西、俄罗斯、印度、中国、南非）领导人签署协议，宣布成立金砖国家开发银行，即新开发银行（the New Development Bank，NDB）。[①]

金砖国家开发银行是一个政府间合作的多边开发性金融机构，由金砖五国作为创始国发起设立，主要目的是为金砖国家以及其他新兴市场经济体和发展中国家的基础设施建设、可持续发展项目筹措资金。法定资本为 1 000 亿美元，初始认缴资本为 500 亿美元，创始五国分别出资 100 亿美元；总部设在上海，同时在南非设有非洲区域中心；银行首任理事会主席和首任董事会主席分别来自俄罗斯和巴西，首任行长来自印度。

1. 成立背景

第一，以金砖五国为代表的新兴市场经济体在过去二十年中的迅速崛起，改变了世界经济格局。1990 年，金砖五国在世界经济中所占的份额仅为 7.98%，2012 年这一数字上升到了 20.32%。与此同时，发达国家在世界经济中所占的份额则处于不断下降的趋势。新兴市场经济体和发展中国家在世界经济格局中地位的上升不仅体现在规模上，而且体现在增速上。1990 年之后的绝大多数年份里，发展中国家的经济增速远高于发达国家，特别是在 2000 年之后，发展中国家与发达国家之间的经济增速差进一步拉大。此外，发展中国家在国际贸易中更加活跃，金砖国家等新兴市场经济体尤为如此。以 2012 年为例，金砖国家的出口总额高达 38 268 亿美元，占世界总出口额的 14.75%；金砖国家的进口总额高达 37 938 亿美元，占世界总进口额的 14.95%。

第二，现存的国际金融治理体系没有对这种经济格局的变化做出应对。发展中国家在现有国际金融体系中仍处于非常被动和劣势的地位。例如，金砖国家合计占到世界经济总量的约 1/5，但其在国际复兴开发银行和国际开发协会的投票权份额仅分别为 13.08% 和 7.08%。IMF2010 年的改革方案受阻，直接促使新兴经济体被迫在外围寻求突破。

第三，发展中国家之间的经贸联系日益紧密，“南南合作”（发展中国家之间的合作）基础不断稳固。由于所处的发展阶段不同，发展中国家相互之间的贸易互补性很强。“南南贸易”增长速度远超过国际贸易的平均增长速度。新兴七国（金砖五国加上韩国、墨西哥）2005 年从发展中国家的进口总额比 1995 年增长了 3 倍，而同期从发达国家的进口额只增长了 1.3 倍。

第四，发展中国家基础设施投资缺口巨大，需要借助多边金融机构获取低成本的长期资源。根据世界银行的估计[②]，发展中国家存在大约 1 万亿美元的基础设施缺口，并且随着更多的低收入国家进入发展正轨，全球基础设施的投资需求会更大，而已有的多边开发机构仅能提供约 40% 的融资。自启动运营至 2022 年 3 月，累计批准成员国约 80 个项目，贷款总额达 300 亿美元。

2. 金砖国家开发银行的特点

首先，它是一个以发展中国家为主导的多边金融机构，不同于现有的国际开发机构多以发达国家为主导。

① 金砖国家领导人第六次会晤签署的《福塔莱萨宣言》官方英文版本中使用的名称是“the New Development Bank”，直译即为“新开发银行”；而《福塔莱萨宣言》的中文官方版本中使用的名称仍是“金砖国家开发银行”。

② 世界银行2014 年年度报告。

其次，它是一个世界性的多边金融机构。纵观其他开发性金融机构，除了世界银行以外，其他都是区域性的，主要服务于区域内国家的基础设施开发和可持续发展。而金砖国家开发银行具有世界性：其五个创始会员国分布在四大洲，分别在拉美、东欧和中亚、南亚、东亚、非洲等区域经济体中占有重要的地位，具有广泛的代表性；尽管只以金砖五国为创始国，但是其会员国和受惠国是开放的，随着条件的成熟，今后会有更多的发展中国家纳入该机构，截至 2022 年 3 月，已有孟加拉国、埃及、阿联酋和乌拉圭四个新成员加入。

最后，它是一个平权决策的多边金融机构。与现有大多数多边金融机构以某一或某些大国为主导的发起、决策方式不同，金砖国家开发银行没有制度上的主导发起人和主导决策者，其初始资金由创始会员国平等出资，任何一国都不拥有制度上的主导权。这种平权的发起、决策模式可以说是国际多边合作的一次创新和试验。

3. 可能遇到的问题

第一，金砖国家还只是一个松散的、非正式的合作框架。会员国在政治体制和国际政治立场上存在很大分歧；在经济上各自面临不同的挑战，如俄罗斯面临资源魔咒，中国面临经济换挡减速等，金砖国家在深化合作方面会遇到很多现实困难。中国是五个国家中经济体量最大的国家，也是其他四个会员国最大的贸易伙伴，是金砖国家开发银行的核心推动力量。如何在发挥主导作用和平衡会员利益诉求之间找到平衡点将直接影响金砖国家开发银行的运行和影响力。

第二，平权决策模式可能引发的效率问题。尤其是考虑到五个创始会员国在文化背景上具有较强的异质性、利益诉求不尽相同时，这一问题会更为突出。

第三，金砖国家在金融市场建设方面都还存在着很多劣势，如金融制度不健全，市场容量小，缺乏流动性，金融人才欠缺等。同时，金砖国家崛起的时间较短，缺乏国际金融治理机制的运作经验，彼此之间的合作也缺乏长期磨合。

总之，金砖国家开发银行兼具了以发展中国家为主导、世界性和平权决策三个特点，它试图打破发达国家在国际金融治理体系中的垄断，同时是对现有多边和区域开发性金融机构的有益补充。

（二）亚洲基础设施投资银行

亚洲基础设施投资银行（Asian Infrastructure Investment Bank，AIIB，以下简称亚投行）由中国倡导设立，是一个政府间的亚洲区域多边开发机构。《亚洲基础设施投资银行协定》指出了其职能：“通过在基础设施及其他生产性领域的投资，促进亚洲经济可持续发展、创造财富并改善基础设施互联互通；与其他多边和双边开发机构紧密合作，推进区域合作和伙伴关系，应对发展挑战。”总部设在北京，于 2015 年 12 月 25 日开业，首任行长金立群。

亚投行的资本规模为 1 000 亿美元，认缴资本为 500 亿美元，各国根据 GDP 总量确定持股比例，其中亚洲国家持股 75%，区域外国家持股 25%。

1. 成立背景和过程

2013 年 10 月 2 日，中国主席习近平提出筹建倡议。2014 年 10 月 24 日，包括中国、印度、新加坡等在内的 21 个首批意向创始成员国的财长和授权代表在北京签约，共同决定成立亚洲基础设施投资银行。2015 年 3 月 12 号，英国财政部宣布，英国向中方提交了作为意向创始成员国加入亚投行的确认函，正式申请加入亚投行，成为首个申请加入亚投行的主要西方国家，带动了一大批发达国家加入亚投行。2015 年 6 月 29 日，《亚洲基础设施投资银行协定》签署仪式在北京举行，亚投行 57 个意向创始成员国财长或授权代表出席了签署仪式。2015 年 12 月 25 日，该协定生效，亚投行正式成立。

2. 亚投行的特点

第一，成员广泛，代表性强。

57 个创始成员国中，联合国安理会五大常任理事国占四席：中国、英国、法国、俄罗斯；G20 中已占 14 席：中国、印度、印度尼西亚、沙特阿拉伯、法国、德国、意大利、英国、澳大利亚、土耳其、韩国、巴西、俄罗斯、南非；G7 中有四个：英国、法国、德国、意大利；金砖五国全部加入亚投行。按大洲分，亚洲 34 国，欧洲 18 国，大洋洲 2 国，南美洲 1 国，非洲 2 国。截至 2022 年 3 月，亚投行有 105 个成员国，是全球第二大多边开发机构。成员国人口占全球 70%，GDP 占全球 65%。

第二，其治理结构和 IMF、ADB 等国际金融组织类似。

亚投行的法定股本为 1 000 亿美元，分为 100 万股，每股的票面价值为 10 万美元。初始法定股本分为实缴股本和待缴股本。实缴股本的票面总价值为 200 亿美元，分 5 次缴清，每次缴纳 20%。待缴股本的票面总价值为 800 亿美元。区域内外成员出资比例为 75 : 25。经理事会超级多数同意后，亚投行可增加法定股本及下调区域内成员出资比例，但区域内成员出资比例不得低于 70%。区域内外成员认缴股本以 GDP（按照 60% 市场汇率法和 40% 购买力平价法加权平均计算）为基本依据进行分配。

亚投行设立理事会、董事会、管理层三层管理架构。董事会共有 12 名董事，其中区域内 9 名，区域外 3 名。行长 1 名，从区域内成员产生，任期 5 年，可连选连任一次。同时设立副行长若干名。

亚投行的总投票权由基本投票权、创始成员享有的创始成员投票权以及股份投票权三个部分组成。基本投票权占总投票权的 12%，由全体成员（包括创始成员和今后加入的普通成员）平均分配；每个创始成员同时拥有 600 票创始成员投票权，基本投票权和创始成员投票权占总投票权的比重约为 15%。每个成员的股份投票权等于其持有的亚投行股份数。亚投行的基本投票权和创始成员投票权比率要远远高于 IMF、IBRD 以及 ADB 等传统国际金融组织，具有更高的代表性和平等性。

理事会采用简单多数、特别多数和超级多数原则进行决策。简单多数是指投票权的半数以上；特别多数是指理事人数占理事总人数半数以上且所代表投票权不低于成员总投票权一半的多数通过；超级多数是指理事人数占理事总人数三分之二以上且所代表投票权不低于成员总投票权四分之三的多数通过。按现有各创始成员的认缴股本计算，目前中国投票权占总投票权的 26.06%，这意味着中国在亚投行拥有对重大事项的一票否决权。

第三，这是中国第一次主导建立的国际金融组织，由中国人担任机构的首脑。

在现有多边金融机构中，被低估的地位使得中国并没有发挥应有的作用。例如中国在亚洲开发银行中中国持股比例不仅大大低于位列第一的日本，甚至和区域外的美国相比，也只有其持股比例的一半左右。在现有国际金融组织主要以发达国家为主导的背景下，中国主导建立亚投行，一方面能通过竞争继续推动 IMF 和 WB 等国际金融机构的进一步改革，另一方面也可以补充世界银行和亚行在亚太地区的投融资与国际援助职能。

总之，更多体现新兴市场国家意志的亚投行是一种新型的南北金融合作形式，是全球金融治理改革中的一项制度创新。亚投行的建立是中国参与全球金融治理、尝试提供全球公共物品的重要里程碑。这不仅是对中国扮演全球角色、承担大国责任的一次测试，也是对其他国家，特别是发达国家接纳新兴金融力量的一次测试。亚投行作为一个包容、高效以及充分体现新兴市场国家意志的新型多边金融机构，反映了中国的诉求，符合成员国的利益，有助于推动国际金融治理体系的变革，改善全球金融治理结构，从而惠及世界经济的长期可持续发展。

四、国际金融治理体系的现状综述与前景展望

尽管 2008 年的全球金融危机迫使发达国家寻求与其他国家和经济体的合作，但从总体上来看，并没有影响发达国家在国际金融治理体系中的核心地位，也没有从根本上改变全球金融治理体系的权力分布状态，美国的主导地位也未受到挑战。欧盟虽然深陷债务危机英国脱欧、俄乌战争等之中，各项改革步履艰难，经济复苏缓慢，但其在制定国际规则方面依然表现出很强的影响力。

国际货币体系从单极向多元过渡，会伴随着国际金融市场的动荡不安。维护全球金融稳定是一个公共物品，需要各方有意愿合作，并通过一些运行有效的机构才有可能提供。可行的途径有两种：一个是针对现有的国际金融组织进行存量改革；另一个是以体现发展中国家和新兴经济体重要性为核心开展的增量改革。前面谈到的 IMF、IBRD 等的改革问题是存量改革；本节中谈到的 NDB 和 AIIB 是增量改革。国际金融治理体系见图 9－3。

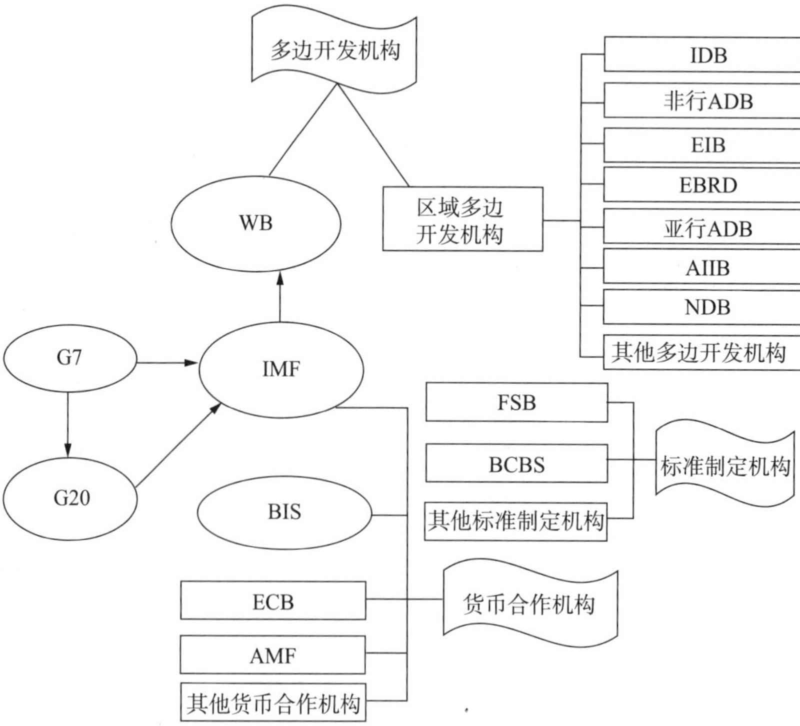

图 9－3　国际金融治理体系

当前，我国迎来了与国际金融组织合作的重要转型期，应该积极参与国际金融组织的改革；同时要正视现实，降低期望，在存量改革的同时注重增量革新，不断提高我国在国际货币金融事务中的话语权。与G20等综合性的国际协调机制相比，BCBS、FSB等负责国际金融运行具体技术规则制定的组织实际上对我国的金融改革和发展具有更为直接的影响，我国应该积极参与这些规则的磋商和制定，加强相关人才的培养和输送，扩大我国在这些组织中的影响力和专业话语权。

近年来，我国参与全球金融治理，经历了一个从被动到主动的过程；经历了一个从引入和服从国际金融体系规则到影响、参与和部分制定体系规则的过程。其中，有两个重要因素不容忽视，首先是国力的发展为我国更有效参与全球金融治理奠定了物质基础；其次是我国较好地关注了广大发展中国家利益，国际社会中期望我国进一步发挥作用的积极因素在不断增长。这是我国参与全球金融治理的发展空间不断上升的两股支撑力量。

本章小结

1. 国际金融组织分为三种类型：（1）全球性的，如IMF和IBRD；（2）洲际性或半区域性的，如国际清算银行BIS等；（3）区域性的。这些国际金融组织都是政府间的国际金融组织，各国在组织中的发言权和影响力的大小取决于各自出资比例的大小。

2. IMF的基本职能可以归结为三个方面：一是通过制定和实施国际金融和货币事务中的行为准则来实行其管理职能；二是向会员国提供短期信用，调整国际收支的不平衡，维持汇率稳定；三是为会员国就货币与金融问题进行协商与合作提供场所。

3. IMF的组织机构由理事会、执行董事会、总裁和若干业务职能机构组成。在理事会和执行理事会之间还有两个机构：一个是国际货币和金融委员会；另一个是发展委员会。IMF的资金来源主要有会员国缴纳的份额、借款和出售黄金。IMF的业务活动主要有：汇率监督与政策协调；创造储备资产；贷款业务等。

4. IBRD通过组织和提供长期贷款和投资，为会员国提供生产性资金，促进会员国的资源开发和经济发展。IBRD的组织机构与国际货币基金组织相似，也是由理事会下设执行董事会作为决策机构。IBRD的资金主要来自会员国缴纳的股金、在国际金融市场上融资、出让银行债权、利润收入。

5. IDA只向低收入的发展中国家政府或者隶属于政府的实体提供贷款，条件优惠，又称为“软贷款”。

6. IFC 主要是向发展中国家的私人部门提供无担保的贷款和股本投资。

关键概念

国际货币基金组织	世界银行集团	十国集团
二十四国集团	发展委员会	国际货币与金融委员会
份额	硬贷款	软贷款
宽限期	巴塞尔委员会	巴塞尔协议
G7	G20	金融稳定委员会
金砖国家开发银行	亚洲基础设施投资银行	

复习思考题

1. 国际货币基金组织的基本宗旨是什么？有哪些业务活动？
2. 世界银行集团是由哪些机构组成的？各机构的宗旨及主要业务领域有什么不同？
3. IMF 和世界银行在基本宗旨方面有什么区别？
4. 国际货币基金组织和世界银行的贷款有什么不同？
5. 简述巴塞尔协议的演变及其主要内容。
6. 简述亚洲基础设施投资银行的成立背景和主要特点。